INGA RUMPF

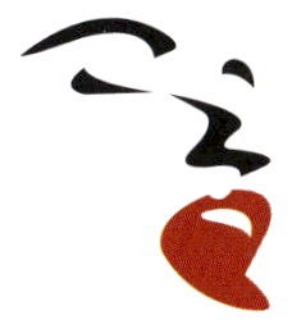

Eine autobiografische Zeitreise

INGA RUMPF

Darf ich was vorsingen?

Ellert & Richter Verlag

Für Andreas

Vorwort

Eigentlich wollte ich keine Autobiografie schreiben – zu viele Daten, Bands, Stationen meiner Laufbahn – so viel wurde schon über mich berichtet. Also, wozu, und wen interessiert das überhaupt noch? Aber dann kamen mir doch viele Anekdoten, die auf und hinter der Bühne und sonst noch so passierten, in den Sinn. Die schrieb ich auf, und dann packte mich die Chronologie der Ereignisse – ich wollte die Geschichte meiner Zeit dokumentieren, und das nicht nur als Musikerin. Ich wusste, es würde eine oft schmerzliche, manchmal lustig-bizarre, auf jeden Fall aber schwierige Erinnerungsarbeit werden. Manchmal dauerte die Recherche meines Lebens länger als das Schreiben selbst, aber über die Jahrzehnte hatte ich nach und nach das Wichtigste aus Presse, TV-Mitschnitten, Fotos und Musik archiviert und teilweise digitalisiert. Daran konnte ich mich zeitlich orientieren. Gut auch, dass ich größere Erlebnisse in meinen Tagebüchern festgehalten hatte, so konnte ich sie mit meiner Erinnerung vergleichen. Aus dem hektischen Gekritzel in meinen Terminkalendern allein wäre ich nicht schlau geworden.

Ich bin in den 1960er-Jahren angetreten mit dem Wunsch zu singen, Menschen und Länder kennenzulernen und meinen Lebensunterhalt mit Musik zu verdienen. Herausgekommen ist viel Leben in einer Zeit des Aufbruchs der Deutschen Rockmusik, viele Aufs und Abs und das Erinnern an gleichgesinnte Menschen auf der Suche nach Selbstfindung und Anerkennung.

Ich danke all meinen Begleitern und Begleiterinnen und wünsche euch eine gute Zeitreise!

Eure Inga

Station 1

In The Beginning

1946–1969

Meine Kindheit und Jugend und wie ich entdecke, dass man mit Singen Geld verdienen kann. Meine erste Band Die City Preachers und Wohngemeinschaft mit Udo Lindenberg.

Als ich vier Jahre alt war, sang ich auf einer Feier ein paar Volkslieder, und jemand drückte mir ein Fünfmarkstück in die Hand. Ich dachte: Na, das mach ich öfter. Damals waren fünf Mark so viel wie heute fünfzig Euro, eine unglaubliche Summe für ein kleines Mädchen wie mich.

Geboren wurde ich am 2. August 1946. Aufgewachsen bin ich in Hamburg St. Georg, Lange Reihe Nr. 7, im Nachkriegsdeutschland, in der sogenannten schlechten Zeit. Unsere 32 Quadratmeter große Wohnung im dritten Stock hatte als einzige Wasserstelle einen Hahn über einem Ausgussbecken in der Küche. Eine Toilette gab es draußen auf dem Treppenabsatz für die Etagennachbarn und uns. Das 150 Jahre alte Fachwerkhaus hatte zwei Kriege überstanden, die Wände und Fußböden waren schief und krumm. Es steht immer noch, und als ich kürzlich wieder einmal die Lange Reihe entlangging und vor dem alten Haus stand, öffnete jemand die Tür und ich schlüpfte hinein. Ungläubig sah ich mich im Treppenhaus um – wie winzig mir alles vorkam!

Wir hatten nicht viel, fühlten uns dennoch nicht wie arme Leute. Meine Eltern waren beide fleißig, Mutti nähte und strickte, nicht nur für meine sechs Jahre ältere Schwester Regina und mich, sondern auch für die Leute in der Nachbarschaft. Sie war Ostpreußin und konnte aus jedem Bisschen eine gute Mahlzeit zaubern. Papa fuhr zur See, seit er 21 Jahre alt war, ein Seemann durch und durch.

Während des Zweiten Weltkriegs war er bei der Handelsmarine gewesen, zweimal wurde er von englischen Fliegerbomben in der Adria versenkt. Nun, nach dem verlorenen Krieg, musste er im Hamburger Hafen die Schiffe, auf denen er einst gefahren war, verschrotten. Das war eine üble Arbeit. Das Blei des Krieges hatte er überstanden, nun gefährdeten die Dämpfe der Bleifarben seine Gesundheit. Oft herrschte bei uns in der kleinen Küche dicke Luft, weil Papa schlechte Laune von dieser erniedrigenden Arbeit hatte.

Meine Eltern waren beide musikalisch. Meine Mutter Martha, geb. Nadolny, hatte als junge Frau in ihrer Heimat im Kirchenchor gesungen, summte nun alle Schlager aus dem Radio mit, und wenn Hans Albers erklang, bekam sie feuchte Augen. Dessen Geburtsort lag übrigens nur wenige Häuser weiter, nämlich in der Langen Reihe Nr. 71. Mein Vater Heinrich Rumpf hatte eine musische Allroundbegabung. Er spielte Akkordeon und Mundharmonika, baute Modellschiffe, malte Seebilder nach Postkartenmotiven und besohlte mit seinem handwerklichen Geschick unsere Schuhe auf einem eisernen Dreifuß. Zu Weihnachten bastelte Papa uns Kindern Puppenwagen, Roller und sogar ein Karussell aus Holzresten und hatte seinen Spaß daran. Von Mutti gab es Selbstgestricktes, Genähtes, Selbstgebackenes, und die Geschenke wurden in monatelanger, abendlicher Vorarbeit in Verstecken geheimgehalten. Ich guckte mir alle Fertigkeiten von meinen Eltern ab, hatte auch als Kind schon ein musisches Talent.

Manchmal bekamen meine Schwester Regina und ich Prügel vom Vater, doch wir wussten nicht warum. Wir flüchteten dann ins elterliche Schlafzimmer auf die Betten, mein Vater mit einem Stock hinterher, so ging es schreiend und polternd um den Bettkasten herum. Mutti stand weinend und händeringend in der Tür: "Meijn Jott, oh meijn Jott – schlach doch mich und nich die Kinder!" Wenn mein Vater sich endlich beruhigt hatte, herrschte eine tiefe Bedrücktheit, und wir waren froh, wenn er sich wieder seiner Malerei widmete. Doch beim kleinsten Mucks flog der Pinsel durch die Küche und das war's dann: "Ab zu Bett!" Und dann kam noch hinterher: "Mit euch fahr ich noch Schlitten!" Da konnte man sich schon mal warm anziehen. Allerdings nicht für eine fröhliche Winterpartie, sondern eine ordentliche Tracht Prügel. Umarmungen, Küsschen oder andere Zärtlichkeiten gab es bei uns nicht. Einmal, als ich Geburtstag hatte, sagte mein Vater: “Na, du hast ja heute Geburtstag, dann komm mal her.” Ich durfte auf seinen Schoß klettern, und ich weiß noch heute, wie es sich anfühlte und wie mein kleines Herz vor Aufregung pochte.

Weil unsere Wohnung so klein war, wurde jeder verfügbare Platz zum Abstellen unserer Sachen genutzt. Unter dem Ehebett lagerten ein Dutzend Schuhkartons, auf dem Kleiderschrank im Schlafzimmer standen Einweckgläser und Dosen mit Kräutern. In jeder freien Ecke montierten meine Eltern Vorhänge an die Wände, hinter denen sich unsere Wintersachen verbargen. Im Winter war die Wohnung eiskalt, geheizt wurde nur in der Küche, sonntags auch im kleinen Wohnzimmer. Das Schlafzimmer konnte man nicht heizen, bei Frost bildeten sich dicke Eisblumen an den Fensterscheiben, und das Bettzeug war vom Atem hartgefroren. Die Küche war winzig wie der Tisch, an dem nur meine Eltern und meine Schwester Platz fanden. Ich war ja noch klein, mein Teller wurde auf die ausgeklappte Backofentür gestellt, ich hockte mich zum Essen auf einen kleinen Schemel davor.

Irgendwann fing ich an zu stottern. Ich glaube, dass unser Vater uns durch seine Unberechenbarkeit einschüchterte. Meine Schwester litt noch stärker unter seiner strengen Dominanz, sie bekam ein Magengeschwür. Nur wenn ich sang, fühlte ich mich frei, und keiner konnte mir etwas anhaben. So eroberte ich mir immer mehr Freiräume, ging auch schon mal durch unser Haus, klingelte bei den Nachbarn und fragte: “Darf ich was vorsingen?” Dann bekam ich eine Zwei- oder Fünfpfennigmünze in die Hand gedrückt und zog mit meiner Schwester los. In einer Bäckerei gab es für ein paar Pfennige eine Tüte mit Kuchenbruch und abgeschnittene Krusten der Butterkuchen vom Blech. Oder wir liefen zum Kaufmann *Günnel* in der Langen Reihe zum Salmis-Einkauf. Meine Schwester schämte sich etwas und schickte mich vor. Wenn ich, mit der Nasenspitze auf dem Thekenrand, das Geld hochhielt und zur Verkäuferin sagte:

1950. Mit Mutti, Papa und meiner Schwester Regina beim sonntäglichen Spaziergang an der Alster.

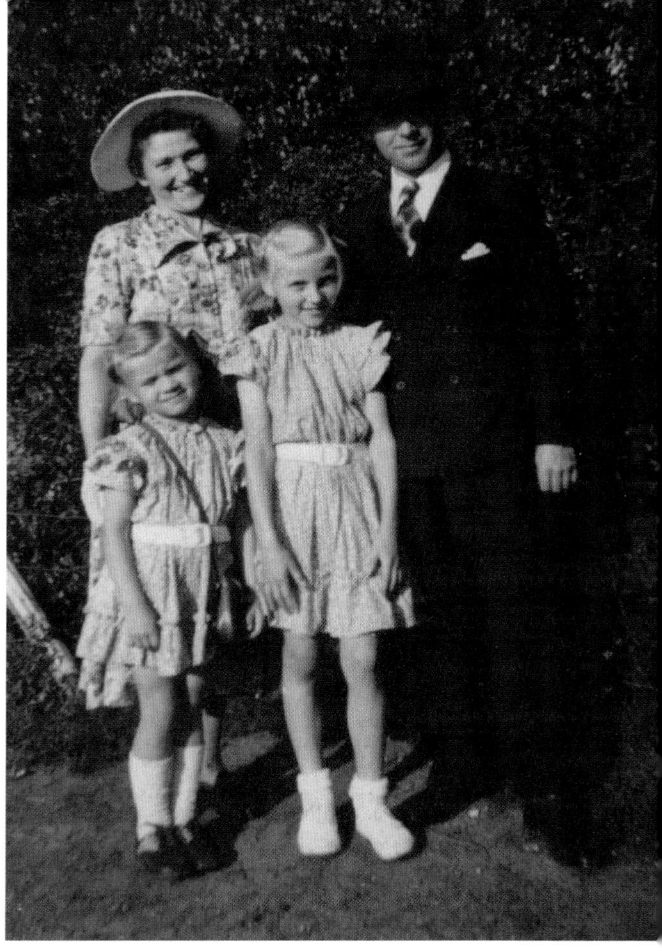

1950. Fast eine Weltreise – mit dem Dampfer über die breite Elbe nach Moorwerder in den Kinderhort. Und wo sitzt Klein-Inga? Natürlich zwischen den Jungs und hat schon eine Idee für eine Band.

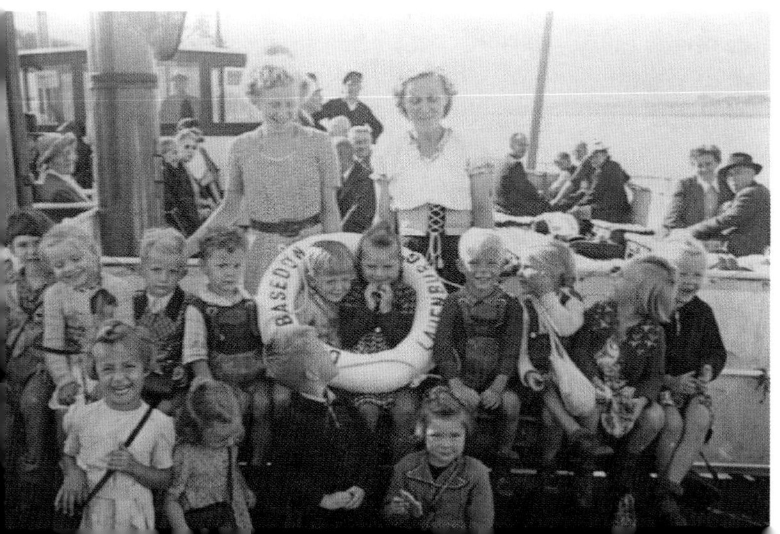

"Für zwei Pfennig Salmis, bitte", bekam ich eine weiße Spitztüte mit blauen Sternchen drauf, und unsere geliebten Salmis steckten in der äußersten Spitze der Tüte. Ja, ich war zwar schüchtern, aber mutig. Die Salmis liebe ich noch immer und trage bis heute stets eine kleine Blechdose bei mir. Damals klebten wir die Pastillen mit Spucke auf den Handrücken und leckten daran, bis nur noch ein dunkelbrauner Hauch davon übrig war.

In der Vorschulzeit brachte mich meine Mutter zu den Landungsbrücken. Von dort ging es mit einem Dampfer nach Moorwerder in den Kinderhort. Ohne die Eltern mit dem schwankenden Schiff über die breite Elbe hinüber zur Insel Wilhelmsburg, wo der Ort Moorwerder liegt, zu schippern, war für uns Kinder aufregend, fast eine Weltreise. Es gab gute Verpflegung, wir bastelten und lernten Lieder, die wir vor unseren gerührten Eltern bei einer *Hänsel-und-Gretel*-Aufführung zum Besten gaben. Hänsel aber fing an zu weinen, alle lachten, und er schämte sich so, dass die Vorstellung abgebrochen werden musste. Ich spielte da schon auf einem kleinen Glockenspiel.

Beim Norddeutschen Rundfunk (NDR) gab es einen Kinderchor, da wollte ich gern mitmachen, aber die zehn Pfennig für die Straßenbahn konnten meine Eltern nicht erübrigen. Geld wurde überhaupt nur für notwendigste Fahrten ausgegeben. An Urlaubsreisen im heutigen Sinne war nicht zu denken. Aber wir hatten Tante Minna, das war die ostpreußische ältere Schwester meiner Mutter, und Onkel Emil, ihren Mann, denen nach der Flucht ein Bauernhof in Schenefeld bei Hamburg zugewiesen wurde. Dort halfen sie dem alten Breckwoldt, einem alleinstehenden Landwirt, und wir durften sie zu Feiertagen oder in den Ferien besuchen. Das war eine tolle Sache, in der Straßenbahnlinie Zwei vom Hamburger ZOB vorn beim Fahrer zu stehen, natürlich mit den anderen Kindern um den besten Platz drängelnd. Eine ganze Stunde dauerte die Fahrt, und als wir auf dem Hof ankamen, gab es erstmal eine riesige Pfanne mit in Speck gebratenen Spiegeleiern und Muckefuck-Kaffee, begleitet von Tante Minnas Singsang in ihrer masurischen Heimatsprache: "Von nuscht kommt nuscht!" Wir konnten uns die schönsten Freiheiten erlauben,

1952. Ich als Reiterin auf dem Hamburger "Dom". Mutti passt auf, dass ich nicht runterfalle, Papa fotografiert mit der Agfa Box-Kamera.

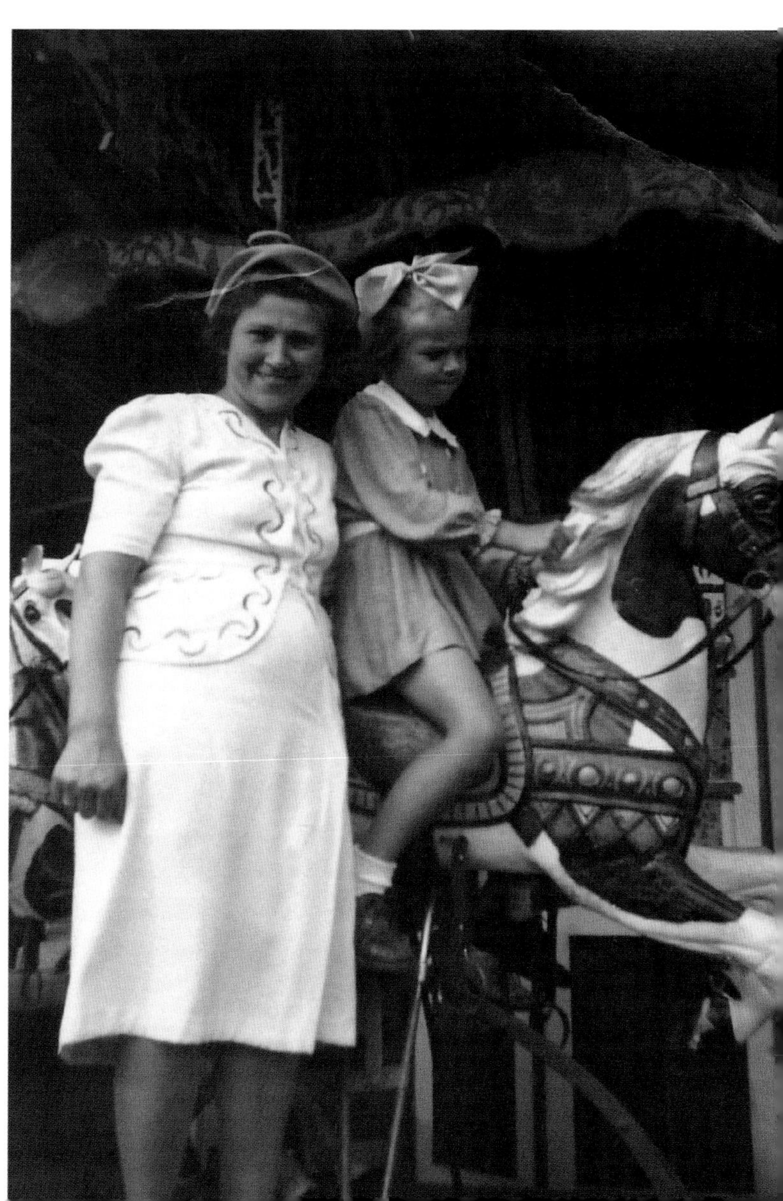

1956. Klar zum Entern! Regina und ich als Leichtmatrosinnen. Mutti im Hintergrund in ihrem schönsten Sonntagskleid auf der Beluga.

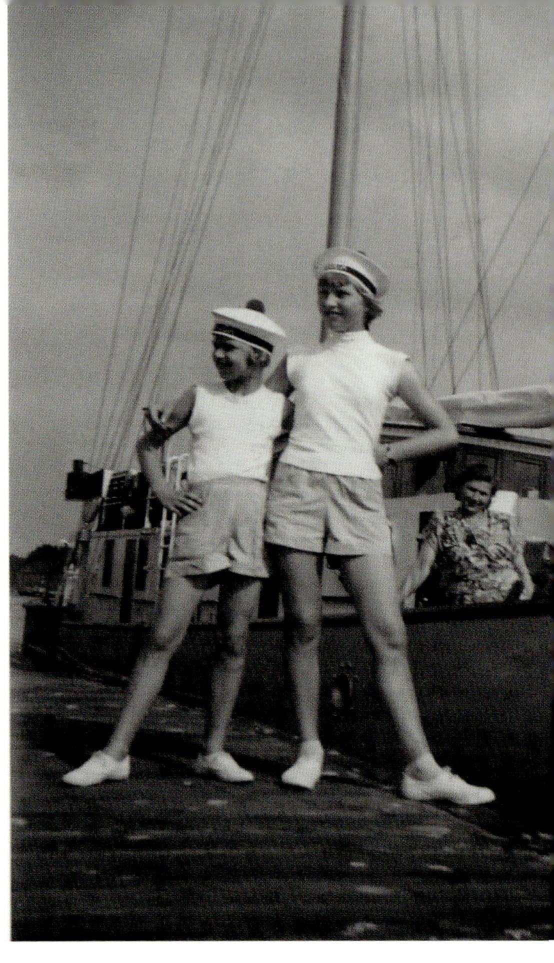

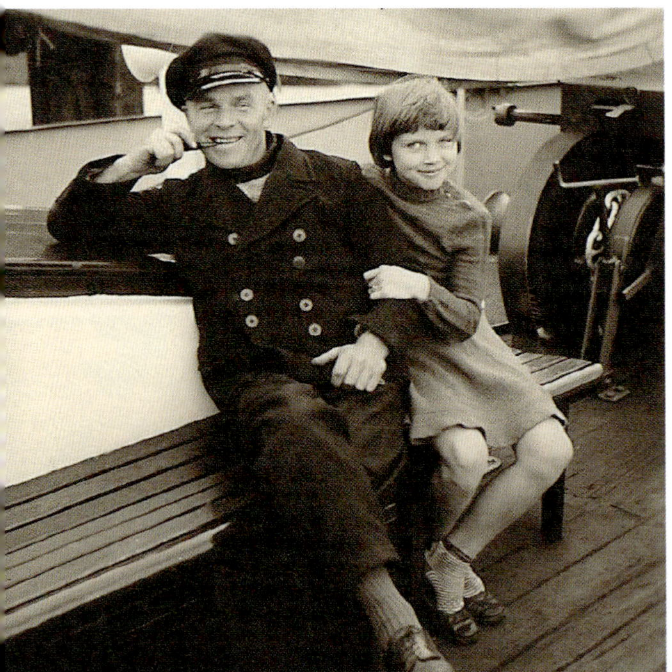

Das Seemanns-Outfit von Papa steht mir heute auch gut. Nur die Pfeife lass ich mal weg.

barfuß durch das warme Gras laufen, in der Diele herumtollen oder bei der Ernte auf dem beladenen, schwankenden Heuwagen sitzen. Auf der stillen, holprigen Dorfstraße lernte ich Fahrradfahren und auch, wie man ein Schwein schlachtet. Das empfanden wir Kinder als ganz natürlich. Neugierig schauten wir den Frauen zu, wie sie in der Blutwurstsuppe herumrührten oder Koteletts von der Rippe schnitten. Das Schönste aber, was ich mir als Kind vorstellen konnte, waren die Osterfeste in Schenefeld! Den Ostersonntagmorgen konnte ich kaum erwarten. In aller Frühe wachte ich auf und schaute durch das Fenster in den Garten, auf der Suche nach versteckten Eiern. Später am Morgen erschien endlich meine Mutter und weckte mich: "Komm, der Osterhase war da!", und die ganze Familie ging mit Körbchen raus auf Eiersuche. Überall in den Buchsbaumhecken, unter Osterglockenbüscheln, sogar in den Ästen der Bäume lagen sie versteckt. Es waren keine verpackten Schokoladeneier aus dem Supermarkt. Nein, Tante Minna hatte in der Zeit vor Ostern alle Eier aus dem Hühnerstall gesammelt, gekocht und bunt eingefärbt. Das waren eine ganze Menge, die wir fanden, und viele wurden noch am selben Tag aufgegessen. Mir platzte bald der Bauch von den hartgekochten Eiern, ich war satt und glücklich über das Zusammensein mit Tante und Onkel, Cousinen und Cousins in der milden Frühlingsluft, nach all den langen, dunklen Monaten des Winters in der Stadt. Flüchtlinge waren nach dem Krieg nicht gut angesehen, erst später lernten die Einheimischen, dass es sich bei ihnen um fleißige und ordentliche Leute handelte. Wenn meine Verwandten zusammensaßen, hörte ich in ihren Gesprächen ständig das Wort "Lastenausgleich". Ich konnte mir darunter nichts vorstellen. Erst als sich Onkel und Tante in den 1960er-Jahren ein bescheidenes, kleines Häuschen bauten, verstand ich, dass der deutsche Staat ihnen eine Entschädigung für ihr im Krieg verlorenes Zuhause gegeben hatte.

An Sommerwochenenden ging es mit Fahrrädern, einem Rucksack voller Butterbrote und Flaschen mit Pfefferminztee in die Harburger Berge, manchmal auch mit der Eisenbahn in den Sachsenwald nach Aumühle. Da wurde dann an einem schattigen Plätzchen die große Wolldecke ausgerollt und Papa legte sein müdes Haupt auf

Muttis Bauch. Wir durften keinen Krach machen, aßen Blaubeeren direkt vom Busch, flochten Kränze aus Blumen, Blättern und Zweigen und meine Schwester brachte mir das Schreiben bei. Ich lernte meinen ersten Buchstaben: M. (Komisch, dass ich mich gerade an diesen Buchstaben erinnere. Vielleicht hatte ich in meiner kindlichen Fantasie zwei Katzenöhrchen gesehen?) Damals konnte man noch in der Elbe baden. An besonders heißen Sommertagen radelten Mutti und Papa mit uns Kindern an den Elbstrand nach Oevelgönne in Hamburg-Ottensen. Ich sehe mich noch, festgeklammert auf dem Rücken meines Vaters, wie er mit mir durch das schmuddelige Elbwasser schwimmt. Von fern, von der anderen Elbuferseite, schallte der betriebsame Lärm der großen Werften herüber, und die vorbeiziehenden Schiffe machten große Wellen. Doch Papa war ein guter Schwimmer und passte auf, dass ich nicht zu viel Wasser schluckte.

Regina und ich liebten unsere Rollschuhe, mit denen wir auf der asphaltierten "Koppel", einer ruhigen Straße, die parallel zur Langen Reihe verlief, hin und her sausten. Die eisernen Rollschuhgestelle klemmten wir mit Lederriemen unter die Schuhsohlen und mithilfe eines Schlüssels justierten wir die Spannbacken. Oft lösten sich die Gestelle von den Sohlen, und wir flogen mitten in der rasanten Fahrt in hohem Bogen auf die Nase. Nur selten kamen wir ohne Nasenbluten und aufgerissene Knie und Hände nach Hause. Unsere Mutter besaß zwar keine entzündungshemmende Jodtinktur, hatte aber ein altes Hausmittel parat: Sie zerkaute Schwarzbrot, schmierte den Spuckebrei auf die blutigen Schrammen und wickelte eine Mullbinde drumherum. Ich erinnere mich, dass die Wunden danach ziemlich schnell und ohne Komplikationen verheilten. Als unsere Füße aus den Rollschuhgestellen rauswuchsen, gab es zum Geburtstag endlich die heißersehnten, fest an die weißen Stiefel montierten Rollen aus Gummi, die auch nicht solch ohrenbetäubenden Lärm wie die eisernen machten. Mit denen konnten wir dann Wettrennen mit den Nachbarskindern wagen. Unser Stadtteil St. Georg bot uns Kindern neben mehreren Spielplätzen auch viele andere Freizeitmöglichkeiten. Wir hatten es nicht weit bis zur Alster mit den Bootsanlegern und den verträumten kleinen Halbinseln, die zum Versteckspielen einluden. Auf den Alsterwiesen konnten wir Federball spielen. Wenn im Winter die Alster mal nicht zugefroren war, liefen wir, die Schlittschuhe um den Hals gehängt, zur Eislaufbahn im Freizeitpark *Planten un Blomen*. Aus den Lautsprechern quäkten die damals angesagten Hits, die uns zu waghalsigen Pirouetten beflügelten. An manchen Sonntagen drückten meine Eltern meiner Schwester und mir jeweils fünfzig Pfennig in die Hand und schickten uns nach dem Essen ins Kino, wo wir mit einer Horde anderer Kinder *Zorro* oder *Dick und Doof* zujubelten. Meine Eltern machten es sich derweil auf der Couch für einen Mittagsschlaf bequem, stellten im Radio Operettenmusik an, und ich denke mal, sie hatten Sex. Nachmittags wurde Kaffee getrunken und Streuselkuchen gegessen, dann wurden wir Kinder herausgeputzt. Rosa Taftkleider, weiße Kniestrümpfe und braune Schnürstiefelchen. Auch die Eltern machten sich schick. Mutti mit Hütchen, Handtasche, Handschuhen und Lippenstift, Papa im Sonntagsanzug und mit steifem Hut, wir Kinder rechts und links. Dann ging es zum Spaziergang an die Alster. Im Sommer gab es für jeden ein Eis mit Sahne. An Wochentagen, sofern das Wetter es zuließ, waren wir bis zum Sonnenuntergang draußen, spielten auf dem Spielplatz mit unseren Hula-Hoop-Reifen oder an der Hauswand Geschichtenball. Wenn Papa mit seinem Fahrrad mit Hilfsmotor um die Ecke bog, hieß es: "Raufkommen, Hände waschen, Abendbrot!"

Immer wurden wir vor Mitschnackern gewarnt, denn St. Georg war Rotlichtbezirk, liegt es doch direkt am Hauptbahnhof, wo sich Freier und Damen heimlich trafen. Dieses Thema war ansonsten tabu bei uns, aber meine Schwester hatte schon mitgekriegt, wie man *es* macht, und einmal, vor dem Einschlafen, flüsterte sie es mir ins Ohr. So war ich schon mal vorgewarnt, denn fast wäre *es* tatsächlich passiert. Aber ich lief schnell nach Hause und erzählte meiner empörten Mutter davon.

Als ich älter war, ging ich in den Schulferien arbeiten. Ich trug Blumen aus und gebügelte Wäsche, arbeitete im Nähmaschinenladen *Schwidrowski* in der Langen Reihe, am FOTOFIX in einem Kaufhaus, verkaufte auch am Süßwarenstand, wo ich mir heimlich Bonbons einsteckte. Für die älteren Nachbarn im Haus putzte ich Fenster oder ging einkaufen. So lernte ich meinen Stadtteil gut kennen und verdiente immer etwas Geld. Schließlich kaufte ich mir davon ein Transistorradio, mit dem ich die aktuellen Hits auf Radio Luxemburg hörte, bis ich einschlief, der Kopfhörer mir aus dem Ohr rutschte und sich die teuren Batterien entluden. Ich sammelte auch Fotokarten von meinen Lieblingsschauspielern, die gab es für zehn Pfennig im Buchladen. Die schwarz-weißen Karten von James Dean und Brigitte Bardot waren meine Schätze, und manchmal kundschaftete ich aus, wo es einen Filmverleih in der Nähe gab. Dort fragte ich nach echten Fotos von Schauspielern, das war dann etwas ganz Besonderes. Ich hortete auch Broschüren und Prospekte, stempelte sie mit meiner Kinderpost ab und unterschrieb ganz wichtig mit meinem Namen. Mit ungefähr zehn Jahren baute ich aus einer Zigarrenkiste, Gummibändern und Pappe so etwas wie eine Gitarre und übte vor dem Spiegel wilde Verrenkungen. Das war nämlich 1956 der größte Hit – Elvis Presley! Der Schrecken aller anständigen Leute machte uns Teenagern Feuer unterm Hintern. *Wo meine Sonne scheint* von Caterina Valente und der *Lachende Vagabund* von Fred Bertelmann waren abgemeldet. Jetzt galt es, schnell eine Gitarre zu bekommen. Zu jedem Fest wünschte ich sie mir, aber Mutti meinte, wenn schon ein Musikinstrument, dann ein Klavier. Oder eine Geige. Weil ein Klavier jedoch so gar nicht zu unserem Lebensstil passte, gingen wir eines Tages zu einem Geigenbauer und ich hielt das ungeliebte Teil in den Händen. Nein, das ging gar nicht! "Das Gequietsche", beschwor ich meine Mutter, "das macht doch keinen Spaß!" 1959 lag sie endlich unterm Weihnachtsbaum! Ich war überglücklich und wusste: Jetzt fängt ein neues Leben an! Es war eine billige Klampfe, aber das war mir egal. Der Geruch des Holzes, das Gefühl, die Saiten zum Schwingen zu bringen, verhieß Großartiges. Ich hatte keine Ahnung, wie die Akkorde zu greifen waren, probierte dies und jenes aus, bis ich aufgeregt meinte, ich hätte einen neuen Akkord erfunden. Eine Mitschülerin konnte ganz gut Gitarre spielen und zeigte mir ein paar einfache Griffe. Die übte ich wie besessen, quälte meine Fingerkuppen so lange, bis Hornhaut darauf gewachsen war. Wenn ich aus der Schule kam, flog als erstes mein Ranzen in die Ecke, und ich spielte meinen Schulfrust weg. Mit den drei Griffen, die ich nun kannte, gab ich bald darauf schon für fünfzig Pfennig die Stunde Unterricht in meiner Nachbarschaft, denn viele Kinder hatten sich ebenfalls eine Gitarre zugelegt. Doch so verheißungsvoll solch ein Instrument auch sein mag, es ist mit Üben verbunden, und bald lagen bei vielen die Gitarren in der Ecke. Ich jedoch spielte alle gängigen Lieder der Zeit rauf und runter, kaufte mir kleine bunte Schlagertexthefte für fünfzig Pfennig das Stück und war bei Klassenreisen, Ausflügen und festlichen Anlässen eine unentbehrliche Troubadourine. Mit Mutti ging ich nach *Planten un Blomen*, wo in einer Konzertmuschel Männerbands spielten, die ich genau beobachtete. Auch das Davor und Danach interessierte mich brennend, wie sie ihre Verstärker auf- und abbauten, Kabel verlegten und ihre Instrumente stimmten. Eines Tages besuchte Peter Kraus unsere Schule. Wir Mädchen flatterten vor Aufregung. Das Schlager-Idol in unserer Klasse! Meine Freundin hatte ihre Gitarre dabei und auf der spielte der Star einige seiner Lieder. Dann setzte er sich geradewegs auf meine Schulbank und sprach mich an. Ich wurde knallrot und brachte kein Wort heraus. Er war für einen neuen Film auf Promotiontour und verteilte in den Schulen großzügig Autogramme. Ja, ich wurde bei jeder Gelegenheit rot und fing an zu stottern, wenn ich etwas gefragt wurde. Ich sprach auch nicht in zusammenhängenden Sätzen, denn bei uns zu Hause gab es nur halbe Sätze und Kommandos. Das musste reichen, um zu verstehen, was der andere wollte. Wenn Papa mich von oben streng ansah und fragte: "Sagst du auch die Wahrheit?", verstieg ich mich in die abenteuerlichsten Wortverdrehungen und ließ mich auf die merkwürdigsten Gedankensprünge ein, weil ich dachte, meine Wahrheit würde in seinen Ohren vielleicht eine Lügengeschichte sein. Bei späteren Interviews bekam ich bei dem Gedanken "Sagst du auch die Wahrheit?" stets einen Flashback. Ich hatte Schwierigkeiten, auf den Punkt zu kommen, redete mich um Kopf und Kragen und wusste am Ende nicht mehr, was ich zu Anfang gesagt hatte. Wenn ich in der Deutschstunde einen Aufsatz zurückbekam, stand oft rot darunter: "Am

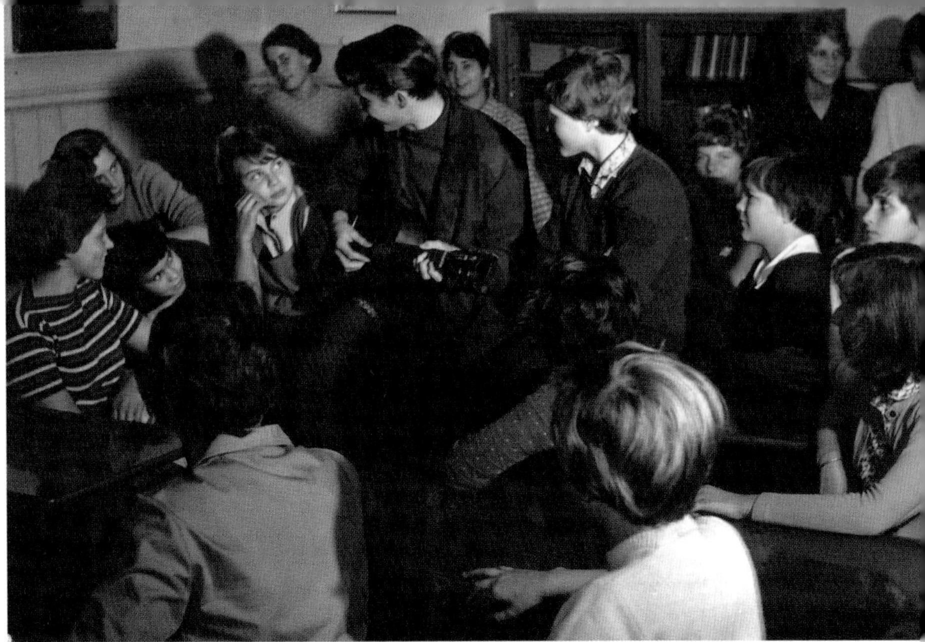

1959. Superstar Peter Kraus besucht unsere Schulklasse. Selbst auf dem Schwarz-Weiß-Foto sieht man, wie ich erröte.

Thema vorbei." Von Mutti konnte ich keine Nachhilfe erwarten, sie war in ihrer "Kalten Heimat" nur fünf Jahre zur Schule gegangen. Auf dem Land, so hieß es, gibt's Wichtigeres zu tun.

Ich war eine Leseratte. Dabei interessierten mich die Schulbücher nicht so sehr wie die Abenteuer- und Quizbücher aus der Leihbücherei. Für zehn Pfennig konnte man drei Bücher ausleihen, das war für mich wie Weihnachten! Ich verschlang in Nullkommanichts die Jugendliteratur von Mark Twain bis Astrid Lindgren. Schon auf dem eine Dreiviertelstunde dauernden Weg zur Bücherei in den Kohlhöfen in Hamburg-Neustadt malte ich mir aus, was ich als nächstes lesen würde, und war bitter enttäuscht, wenn mir ein anderes Kind das begehrte Buch vor der Nase weggeschnappt hatte. Zu Hause machte ich schnell meine Schularbeiten, um dann in die aufregenden Geschichten abzutauchen. Ich musste als Erste zu Bett gehen, trotz meiner Quengelei. Weil ich nicht schlafen konnte, las ich unter der Bettdecke mit einer Taschenlampe weiter. Wenn die Batterie leer war, musste die Straßenbeleuchtung ausreichen. So verdarb ich mir gründlich die Augen und bekam wegen Kurzsichtigkeit eine Brille. Oh, wie schrecklich! Doch schon damals gab es diese schicken neumodischen Brillen mit schwarzem, eckigem Gestell, die bald zum Modeartikel wurden. Diese Brillenform mag ich bis heute, trug dennoch jahrzehntelang Kontaktlinsen, vor allem auf der Bühne, weil ich den direkten Augenkontakt schätze.

Zur Schule ging ich erst so richtig gern, als ich in die siebte Klasse der Realschule kam, nachdem ich eine Ehrenrunde in der sechsten Volksschulklasse gedreht hatte. Die neue Klassenlehrerin hieß Frau Ludwig und hatte eine besondere Art, uns Schülerinnen zu motivieren. Endlich kapierte auch ich die Mathematik. Unser neuer Lehrer Herr Flügel, der wirklich ein lustiger Vogel war und eine heitere Stimmung verbreitete, brachte uns dazu, alle Aufgaben fein säuberlich in einem Ordner abzuheften. Diesen Ordner besitze ich noch heute und kann darin bei Bedarf die vergessenen Formeln nachschlagen. Wir hatten Hauswirtschaftslehre und lernten, wie man Kohlrouladen, Mehlschwitze und Pudding kocht. Auch das kann ich noch aus einem Heft von damals ablesen. Besonders gern ging ich zum Schwimmunterricht ins *Holthusenbad* in Eppendorf, das im Krieg weitgehend verschont geblieben war, Meeresfiguren auf den grünen Fliesen und ein großes Schwimmbecken hatte. Ich war eine gute Schwimmerin, und wenn es mit der Familie an einen See ging, blieb ich so lange im Wasser, bis Mutti mich laut rufend rausholte: "Du hast schon ganz blaue Lippen!"

Meine dreißig Klassenkameradinnen entstammten verschiedenen Gesellschaftsschichten, dennoch waren wir eine eingeschworene Gemeinschaft, die bis zum Ende der Schulzeit und darüber hinaus dank späterer Klassentreffen hielt. Ich bin bis heute mit Gina befreundet, die ähnlich kreativ ist wie ich. Wir überboten uns damals mit neuen Kleidern, die wir aus Kaufhausstoffen nähten. Wir zeichneten um die Wette, gingen zusammen zum Gymnastikunterricht und standen in Malkursen der Volkshochschulen Modell. Unsere ersten Liebeleien wurden ausgiebig besprochen und in Tagebüchern genauestens festgehalten. Wir konkurrierten um unser Gewicht, waren dabei verrückt nach Rumkugeln von Bäcker *Reinecke* in der Langen Reihe, die wir mit einer Tasse schwarzen Kaffee für zehn Pfennig am Stehtisch vorm *Tchibo*-Kaffeeladen genüsslich verzehrten. Dort rauchten wir auch heimlich die ersten *Player's* ohne Filter. Gina hatte einen Bruder, der zur See fuhr und mir bunte Streichholzschachteln aus aller Welt mitbrachte und so mein Fernweh linderte. Von ihm bekam ich auch meine erste *Levi's*-Jeans, deren dunkles Indigo durch häufiges Waschen und Tragen bereits hellblau verblasst war. Ich war selig über diese Hose, die zwar an den Beinen etwas zu kurz war, ich aber mithilfe eines Stücks Stoff verlängerte. Meine Mutter hatte für diese "Cowboyhosen" überhaupt nichts übrig und schimpfte: "Dass du in diesen Arbeiterhosen herumlaufen magst!"

Bald war die Wandergitarre out. Also kaufte ich mir eine sexy, rote Schlaggitarre und suchte Musiker, mit denen ich spielen konnte. Im *Haus der Jugend,* in Hamburg St. Pauli, trat ich einer Skiffle Group bei, die genau die Musik machte, die ich so liebte. Wir nannten uns *Pawn Shop Skiffle Group*, denn das Haus der Jugend war einst ein Pfandhaus. Es waren fünf Jungs, die Banjo, Gitarre, Waschbrett und Teebass spielten. Der Teebass ist eine Teekiste, in

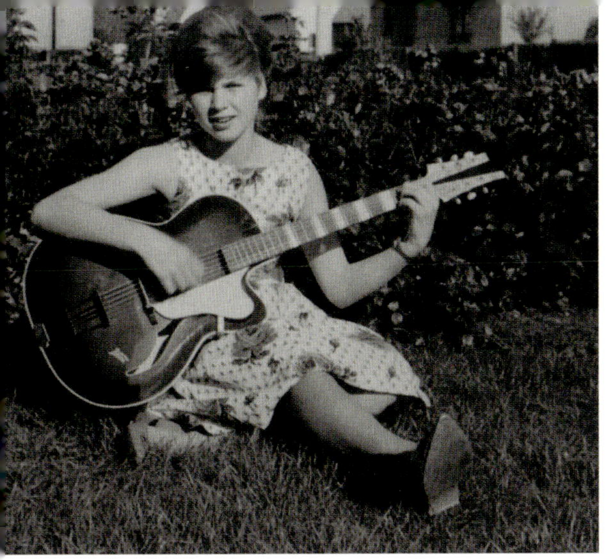

1960. Mit meiner roten Schlaggitarre im Garten von Tante Minna und Onkel Emil. Meine Schwester Regina fotografiert.

1961. Meine erste Band, die *Pawn Shop Skiffle Group*, im Haus der Jugend in Hamburg St. Pauli.

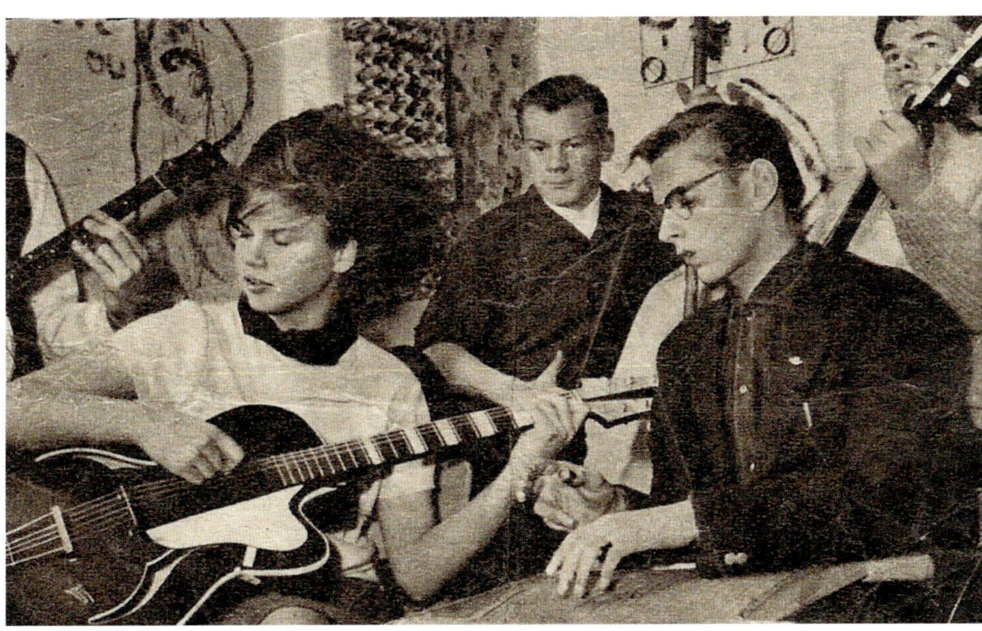

die ein rundes Loch gesägt wird und an der ein Stock und eine Nylonschnur befestigt werden. In Ermangelung eines richtigen Basses stellte das damals eine gute Alternative dar. Später gesellte sich zu unserer Band sogar noch ein Drummer – für eine Amateurband schon bemerkenswert. Ich war mit meinem Pettycoat und Pferdeschwanz das Küken der Band, lernte schnell weitere Gitarrenakkorde und sang die aktuellen Songs, meistens amerikanische Country-Musik. *Tom Dooley* war eines meiner Lieblingsstücke. Die englischen Texte konnte ich natürlich nur phonetisch nachsingen, nachdem ich sie einige Male gehört und schnell mitgeschrieben hatte, denn Texte davon gab es nicht zu kaufen. Üben durfte ich nur am Sonnabend, um 19 Uhr musste ich zu Hause sein, denn der St. Pauli-Kiez war ein gefährliches Pflaster.

Eines Tages kam ein Filmteam vom NDR und zeichnete einige Bands auf. Wir sollten auch mit dabei sein. Zuvor hatte ich aber noch einen Soloauftritt. Da war nämlich ein Junge, der den Ton nicht richtig traf. Immer versuchte er es aufs Neue, und die Fernsehleute verloren allmählich die Geduld, einer sich immer wiederholenden Probe beizuwohnen. Ich ging zu dem Jungen, um zu helfen, und sang mit ihm, aber es war zwecklos, die Aufnahme wurde schließlich abgebrochen. “Dann sing du das doch”, wurde mir gesagt, doch ich mochte das Lied nun nicht mehr und trug stattdessen *Charlie Brown* vor. Wow! Ein einmaliges Erlebnis, mit all den Scheinwerfern und Kameras und dem ganzen Drumherum. Am 30. Dezember 1960 wurde die Show im Nachmittagsprogramm des Ersten Deutschen Fernsehens ausgestrahlt. Wir liehen uns einen Fernsehapparat, und die ganze Nachbarschaft saß in unserem kleinen Wohnzimmer. “Du wirst noch mal entdeckt”, hieß es. Unsere Inga! Ja, meinen Geburtsnamen Ingeborg hatte ich mit 15 Jahren in Inga geändert. Ingeborg schien mir zu altbacken. Die Sendung würde ich zu gern noch mal sehen, Nachforschungen beim NDR blieben bisher jedoch erfolglos.

Meine Schwester ging an den Wochenenden mit ihren Freundinnen zum Tanzen in verschiedene Jazz-Lokale. Hot Jazz war damals angesagt. Ich bettelte so lange, bis sie mich, widerwillig, ins *Pigalle*, ein Kellerlokal in der Spitalerstraße, mitnahm. Zu diesem Zeitpunkt war ich erst 15 Jahre alt und ganz stolz, mit meiner großen Schwester unterwegs zu sein. Es war atemberaubend, diese heißen Rhythmen zu hören. Ich sah ganz keck aus mit meinem Pferdeschwanz und engem Rock, und wurde ein paarmal zum Tanzen aufgefordert. Um 22 Uhr aber hieß es: “Ab ins Bett” – Jugendschutz! –, und ich wurde zu Hause abgeliefert. Meine Schwester lief schnell die paar Minuten zum Lokal zurück und schloss erst spätnachts mit hochroten Wangen die Wohnungstür wieder auf.

Inzwischen hatte ich gelernt, dass ich meine Gitarre verstärken konnte. Ein Bananenstecker hinten ins Radio, und schon tönte es laut durchs Wohnzimmer. Mutti kam rein und sagte erschrocken: “Bist du im Radio?” Hahaha. Klar, da wollte ich rein. Meinem Vater gefiel diese “Hottentotten”-Musik überhaupt nicht, und ich durfte ihm nicht damit kommen. Na, der musste es ja wissen. Zu der Zeit hatte mein Vater schon eine außereheliche Braut, von der wir noch nichts ahnten. Aber als schließlich alles ans Licht kam, stürzte für meine Mutter der Himmel ein. Meine Schwester und ich litten mit ihr, doch, ganz ehrlich, für mich war es eine Befreiung. Endlich hörte der Druck auf, endlich konnte ich mich entfalten. Wir verfügten ein paar Jahre lang über noch weniger Geld, denn Papa zog aus und schickte nur noch das gesetzlich vorgeschriebene Kinder- und Wirtschaftsgeld. Es war alles knapp, aber meine Schwester ging in die Lehre und gab Haushaltsgeld ab, und ich verdiente ja auch immer ein paar Mark dazu. Zum Einkaufen ging es einmal in der Woche zur Markthalle am Hauptbahnhof, da war es am billigsten. Vor allem nach Feierabend, wenn die Stände abgeräumt und die angeditschten Pfirsiche für ein paar Pfennige feilgeboten wurden. Diese Pfirsiche waren die saftigsten, die braunen Stellen konnte man ja rausschneiden. So schleppten Mutti und ich die schweren Taschen und Einkaufsnetze bis nach Hause die schmalen Stufen hoch in den dritten Stock. Zur Belohnung gab es ein großes Mandelhörnchen. Weil bei uns alles so knapp war, ging ich ständig auf Futtersuche. Ich stibitzte aus dem Vorratsschrank Äpfel, die für meine Schwester bestimmt waren, und aus dem Kochtopf die geschälten, rohen Kartoffeln, die ich mit Zucker oder Salz aß. Wenn wir inständig baten, briet

Mutti auch mal Haferflocken in Zucker und Margarine, die schmeckten fast so lecker wie gebrannte Mandeln.

In der Zwischenzeit war mein Vater "vernünftig" geworden, und Mutti und wir Kinder durften in den Schulferien nach Travemünde, wo er einen Traumjob hatte. Ihm war eine Anstellung als Bootsmann auf einem Segelkutter angeboten worden, der als Vergnügungsschiff umgerüstet war. Mit Fugenpech, viel Ölfarbe und ständigem Wasserpumpen musste er dafür sorgen, dass der alte Kahn nicht absoff. Für mich waren es die herrlichsten Kindheitserlebnisse; mit sonnengebräuntem Gesicht auf dem sich wiegenden Schiffsdeck am Ruder zu stehen, eine seltene *Coca Cola* zu trinken, abends in der spakig riechenden Koje zu liegen und den Rest vom *Ahoi*-Brausepulver aus der Tüte zu lecken. Danach verspürte ich eine Zeit lang den brennenden Wunsch, Funkerin zu werden, und bekam zu Weihnachten ein Buch mit dem Titel *Hertha, die Bordfunkerin*. Ich lernte das Morsealphabet, studierte Signalflaggen, konnte Seemannsknoten binden und spielte auf Papas Schifferklavier *Wir fuhren nach Madagaskar und hatten die Pest an Bord*. Damals dachten wir noch, alles würde gutgehen mit der Familie, aber dann hatte Papa doch wieder eine neue Hafenbraut, die er später auch heiratete. Auch meine Mutter lernte mit 62 Jahren beim Tanzen noch einen neuen, wunderbaren Mann kennen, den sie ehelichte. Sie blühte nochmal richtig auf. Also wurde am Ende doch noch alles gut!

1964 gab es in St. Georg eine Teestube, die ein Türke namens Derwisch, ein Liebhaber der Künste, betrieb. Da ging ich oft abends mit meiner Freundin und meiner Gitarre hin, setzte mich in eine Ecke, spielte und sang meine Lieder. Existentialismus war angesagt, Camus und Sartre, Juliette Gréco. Schwarze Lackmäntel, ausgeleierte, viel zu große Strickpullis, enge Röcke und lange Haare mit Pony ein Muss! Schachspieler und Maler, Schriftsteller und Filmemacher waren die ständigen Gäste der Teestube. Es wurde politisiert und diskutiert, und ich hörte mit roten Ohren zu, schrieb mir heimlich die Fremdwörter auf und schlug sie zu Hause nach. Feten wurden in Privatwohnungen gefeiert, jeder brachte etwas zu Trinken mit, meistens Rotwein, gern auch süßen Samos für Einsfuffzig.

Ich schleppte meine Gitarre überall mit hin und verliebte mich heftig in einen Maler. Er schrieb mir flammende Liebesbriefe auf Packpapier epischen Ausmaßes, die gerade noch so durch den Schlitz unseres Briefkastens passten, wartete auf der anderen Straßenseite, dass ich ihn sähe und herunterkäme. Meine Mutter und meine Schwester veräppelten mich: "Da unten steht wieder dein Rosenkavalier", waren gleichzeitig in Sorge, denn schließlich war ich erst 18. Ich litt und verteidigte meine erste Liebe. Doch bald darauf folgte ein fieser Liebeskummer, denn er hatte noch eine andere Muse, die schwanger wurde und ein Kind von ihm bekam.

Ich entdeckte Blues und Gospel. Meine größten Vorbilder waren Nina Simone und Mahalia Jackson, die mich von ihrer Stimmfarbe und ihrem Gefühlsausdruck her am meisten ansprachen. Ich hörte ihre LPs rauf und runter, nachdem ich mir einen Plattenspieler geliehen hatte. Die Intensität dieser Sängerinnen beeindruckte mich so sehr, dass mir manchmal die Tränen kamen. Auch die Stimme von Billie Holiday berührte mich sehr, aber zu ihrer Musik und ihren Texten hatte ich (noch) keinen Draht. Von einem Bekannten lieh ich mir ein Tonbandgerät, nachdem ich meinte, genug geübt zu haben, und nahm meine Lieblingsstücke auf, unter anderem einige Songs von Bob Dylan, *Blowing In The Wind, Walking Down The Line,* und Woody Guthrie, *Nine Hundred Miles From Home*. Zwar verstand ich die Texte damals gar nicht richtig, dennoch sang ich sie einfach phonetisch nach Gehör und spielte mit meiner Gitarre dazu, so gut ich konnte. Viele dieser Songs bestanden aus nur drei Akkorden, in Dur oder Moll, das wusste ich nicht so genau. Die Melodie musste bluesig klingen, das allein zählte. Das Tonband von 1964 habe ich vor einigen Jahren digitalisieren lassen. Es war erstaunlicherweise immer noch intakt und hatte einen satten Klang. Meine Interpretation, na ja, die war halt noch etwas ungelenk.

In der Teestube saß eines Tages ein junger Engländer, John O'Brien-Docker, der nach Talenten für seine neugegründete Folkband *Die City Preachers* suchte. Er hörte mich singen, und so war ich bald Mitglied dieser bunten Truppe. Wegen der großen Mitgliederzahl boten wir viele Musikstile, heute würde man "Weltmusik" dazu sagen. Flamenco, Chansons, Gypsy Swing, jiddische und griechische Lieder, American Folk und mein Blues und Gospel – das kam gut an. Manchmal musizierten bis zu zwanzig Leute – alles Amateure – auf der Bühne. Weil wir selbst so begeistert waren, rissen wir auch unser Publikum mit. Die Presse und das Fernsehen berichteten über uns, und plötzlich wurden wir vom Geheimtipp zu Deutschlands Folkloregruppe Nummer Eins. Wir traten in Hamburg und später bei Kulturveranstaltungen in ganz Deutschland auf. Eine Gage bekam ich natürlich auch. Meine Mutter sah das alles mit Argwohn. Sie war zwar stolz, dass ich so enthusiastisch auf der Bühne stand, aber ohne eine Lehre zu machen, kam ich nicht davon! “Du kommst noch unter die Räder”, hieß es. “Kinder, lernt was, seid selbstständig!” Das wurde uns seit frühester Kindheit eingeprägt. Nein, es sollte uns Mädchen nicht so ergehen wie ihr. Weil ich ganz gut in Fremdsprachen war, entschied meine Mutter: “Du wirst Stewardess. Oder was im Im- und Export.” Ich lernte etwas Steno, denn das konnte meine Schwester auch schon, und ging in einen Schreibmaschinenkurs. Aber das war nichts für mich! Ich maulte und wurde zur Berufsberatung geschickt. Dort war man ebenfalls der Meinung, ich sollte einen künstlerischen, handwerklichen Beruf ausüben. Wie wäre es mit Goldschmiedin? Nee, das war auch nicht das Richtige für mich. Stattdessen wollte ich eine Zeichenmappe unterm Arm tragen, einen weißen Malerkittel anziehen, und so nahm ich auf den letzten Drücker eine Ausbildungsstelle als Schaufenstergestalterin an. Das war 1964 ein Beruf, der noch gerade so durchging. Alle zwei Wochen kam für einige Stunden ein Dekorateur in meine Lehrstelle, ein Modehaus in Hamburg-Altona, und tauschte die Ware in den Schaufenstern aus, und ich sah ihm dabei zu, wie er das tat. In der Berufsschule lernte ich etwas über Materialkunde, Schriftstile und was man so zum Nageln und Hämmern im Fenster brauchte. Die Zeit in dem Modeladen erinnere ich eher als zweite Schlafstätte. Ich hielt mich oft im Keller auf, in dem Stoffballen mit der samtenen Ausschlagware für die Fenster lagerten. Wenn dann oben mit einem lauten Quietschen die Tür aufgerissen wurde und jemand herunter schrie: “Fräulein Rumpf, kommen Sie mal”, schrak ich aus meinen

1964. Lehrjahre als Schaufenstergestalterin in Hamburg-Altona. Im Deko-Keller empfängt das Transistorradio auf dem Tisch gerade noch so eben ein Signal.

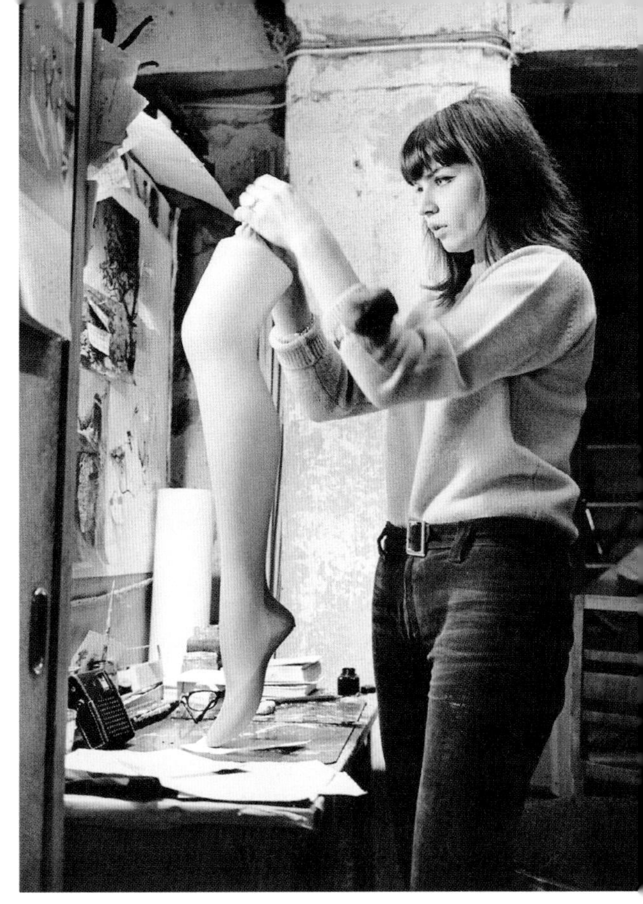

1965. Gospel und Blues, Proben mit den *City Preachers*. Von links: ich, John O'Brien-Docker im Hintergrund, Ingo Werther, Klaus Jentzen (ein Gast), Götz Humpf.

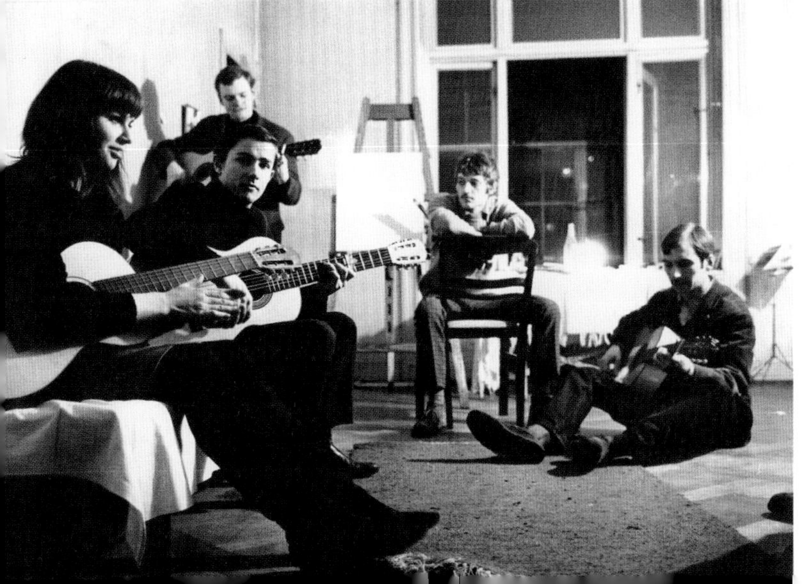

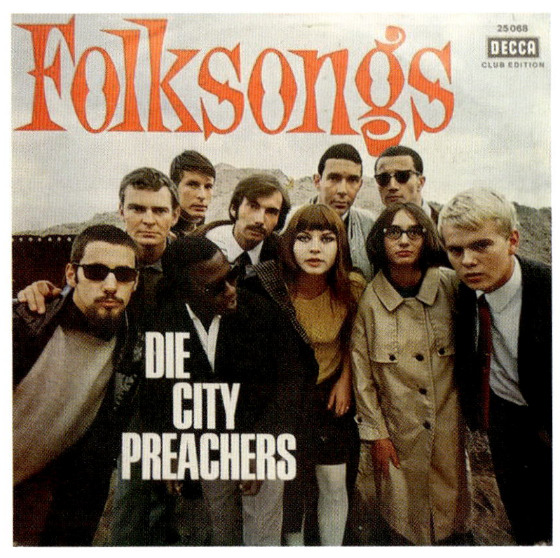

1967. Folksongs – eine der ersten Platten mit den *City Preachers*. Von links, vorn: Bruno Schmidli, Reebop Kwaku Baah, ich, Sibylle Kynast, Michael Laukeninks. Von links, hintere Reihe: John O'Brien-Docker, Reinhart Firchow, Götz Humpf, Claus Firchow, Hans-Jörg Assmann.

1967. Ein Teil der *City Preachers* in der Galerie *Mensch* am Hamburger Fischmarkt. Von links: Sibylle Kynast, John O'Brien-Docker, Michael Laukeninks, ich, Eckart Kahlhofer, Götz Humpf.

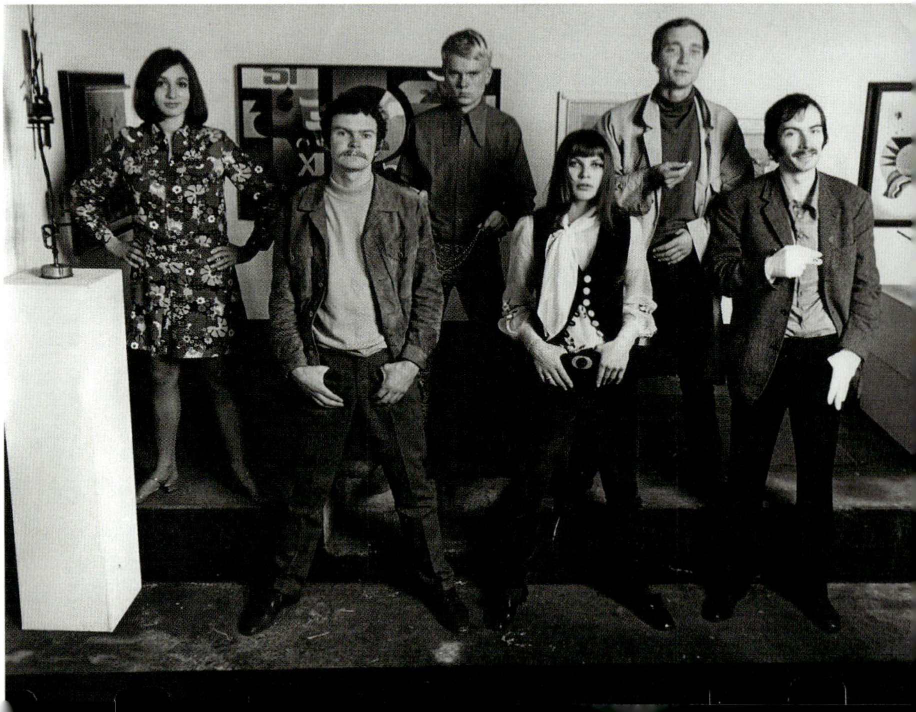

Träumen hoch, zog mir das Nadelkissen über den Arm und rannte die Treppe nach oben. Es war eine Qual, im Sommer eine Affenhitze, im Winter saukalt. Und immer war ich müde vom nächtlichen Musizieren und Rumtreiben auf der Reeperbahn, wo englische und amerikanische Bands gerade Twist, Soul und die tolle Beatmusik im *Star Club* und im *Top Ten* spielten. Weil ich noch keine 21 Jahre alt war, musste ich nach wie vor um 22 Uhr aus den Läden raus. Einmal wurde ich ein paar Minuten später erwischt, und die Polizei brachte mich nach Hause. Mutti jammerte: "Jetzt kommst du doch noch unter die Räder!" Zur Strafe musste ich Sozialdienst leisten: ein Wochenende Treppen putzen in einem Krankenhaus. Das war hart, und dass meine Mutter sich um mich sorgte, tat mir leid. Aber es zog mich weiterhin nach draußen, denn irgendwo war immer irgendwas los, und das wollte ich keinesfalls verpassen.

Besonders gern verbrachte ich meine Zeit mit der Künstlergruppe *Cruizin 4*, bestehend aus Dirk Zimmer, genannt Dizi, Gunter Gerlach, Herman Prigann und Werner Nöfer, die alle Malerei an der Hochschule für Bildende Künste in Hamburg-Lerchenfeld studierten. Dizi war mit seiner jungenhaften, fröhlichen Art ein Mädchenschwarm, und natürlich verliebte auch ich mich in ihn. Wir hatten eine kurze Liebelei. Er lebte in einem Keller in der Langen Reihe, und nach der Arbeit huschte ich schnell aus der elterlichen Wohnung, um ihn und die anderen, die gerade da waren, zu besuchen. Ich liebte den Geruch der Ölfarben und das Bohème-Leben, aber im Winter war es in dem Kellerloch eiskalt, weil kein Geld für Kohlen da war. Wir schmissen das wenige Geld, das wir hatten, zusammen und hielten uns stundenlang in einer Fischbratküche auf, wo wir uns aufwärmten und die billigste Mahlzeit, Fischstäbchen mit Mayo, hungrig verspeisten. Kräftig gefeiert wurde auf Galerieeröffnungen und Ausstellungen. Dort gab es jede Menge kostenlose, alkoholische Getränke, die unserer Clique zu kreativen Höhenflügen verhalfen. Die Maler, damals alle Mitte zwanzig, erfanden neue Maltechniken und medienwirksame Aktionen. Im November 1966 brachen sie mit einem Happening in der Kneipe *Cosinus* den Weltrekord im Dauermalen. Sie arbeiteten 61 Stunden durch, und ich hielt sie über viele Stunden mit meiner Musik wach. Später, etwa 1968, entstand übrigens das erste Wallpainting Deutschlands an dem Hamburger Musikclub *Gruenspan* von Dieter Glasmacher und Werner Nöfer.

Bevor meine dreijährige Lehrzeit 1967 zu Ende ging, sang ich beim *LiLa Lerchenfeld*, dem rauschenden Faschingsfest der bildenden Künstler, gefühlte zwanzig Stunden lang, war danach 14 Tage heiser und konnte mich nur per Zeichensprache verständigen. Trotz meiner ständigen Müdigkeit gab es von meinem Chef nur ab und zu mal einen verwarnenden Blick. Er hatte ein Konzert der *City Preachers* mit Wohlwollen gesehen und ließ mir vieles durchgehen. Ich machte meinen Abschluss, bekam meinen Kaufmannsgehilfenbrief, Mutti war beruhigt und ich froh, dass die drei Lehrjahre vorbei waren. Ich hatte meine Pflicht erfüllt, jetzt konnte das wahre Leben beginnen! Nun ging es endlich richtig los mit der Musik! *Die City Preachers* hatten sich inzwischen ein großes Repertoire erarbeitet. Wir nahmen eine Platte nach der anderen auf, spielten in größeren Konzerthallen und Radiosendern. Und dann, Mitte der 1960er-Jahre, sah ich im Foyer des Funkhauses *Sender Freies Berlin* Eric Burdon und *The Animals.* Burdens Stimme, der ganze Auftritt der Band, all das entsprach genau dem, was ich und die unverstandene Jugend empfanden. Eric und *The Animals* verkörperten unser Lebensgefühl, ohne dass sie selbst es vielleicht ahnten. *The House Of The Rising Sun.*

Irgendwann zu dieser Zeit hatte ich mit einem Musikagenten Kontakt, der auf der Suche war nach Künstlern, die in Vietnam bei den dort stationierten US-Soldaten auftreten sollten. Ich dachte, das Angebot könnte ich mir ja mal anhören. Wo war das eigentlich – Vietnam? Ich hatte keine Ahnung! Mein Freund Götz klärte mich auf: “Dort findet ein gefährlicher Stellvertreterkrieg zwischen den USA und der Sowjetunion statt. Zigtausende Soldaten und vietnamesische Zivilisten werden regelrecht verheizt.” Für weltpolitische Zusammenhänge fehlte mir damals das Urteilsvermögen, doch spätestens, nachdem Martin Luther King und Robert Kennedy 1968 ermordet wurden, bekam das freundliche Bild, das wir bis dahin von den USA hatten, einen Riss.

Über Gospel und Blues kam ich zum Soul. Wenn *Die City Preachers* einen Auftritt in München in einem biederen Kulturschuppen hatten, ging es danach sofort ans Isartor ins legendäre *Tabarin*, wo die heißesten Soulbands spielten und schwarze GIs eine coole Show abzogen. James Browns *Sex Machine* traf genau ins erotische Epizentrum meiner erwachenden Sexualität. Und auch Wilson Picketts *Land Of Thousand Dances* hatte fast jede Band in ihrem Repertoire. Ich war zwar noch nie eine große Tänzerin gewesen, aber bei diesen Songs stand ich wie unter Strom und hätte die Nacht bis zum Morgen durchtanzen können. Einmal erlebte ich allerdings, wie so eine Nacht endete. Die Stimmung war dermaßen aufgeladen – es ging natürlich um Mädchen –, sodass es zwischen den GIs explodierte und eine heftige Schlägerei begann. Kurzerhand rief der Gastwirt die MP, der Laden wurde dichtgemacht, die Soldaten in Handschellen abgeführt, und die Gäste konnten nach Hause gehen.

Auch *Die City Preachers* wurden mittlerweile zum Showact und bastelten an einem Outfit. Das durfte natürlich nicht viel kosten, und nach gründlicher Kalkulation des Budgets nahmen meine Mutter und ich die Maße der sechs männlichen Bandmitglieder und kauften Stoffe und Nähgarn. In unserer kleinen Küche häuften sich Berge von schwarzem Samt für Hosen und Westen, weißem Stoff für die Hemden und bunter Seide für Schals. Wochenlang wurde Maß genommen, genäht, anprobiert und geändert. Feiner schwarzer Samtstaub legte sich über sämtliche Möbel unserer Wohnung. Dann endlich war unsere Garderobe rechtzeitig und vorzeigbar fertig für das große Konzert im Audimax der Universität Hamburg. Natürlich hatte auch ich mir einen schwarzen Samtanzug mit weißer Bluse genäht.

Ich fing an, mich an eigenen Stücken zu versuchen, mithilfe von John, da mein Schulenglisch für einen Songtext nicht ausreichte. Mein erster eigener Song, der auf Platte erschien, hieß *In The Beginning,* ein Blues. Bei den vielen Konzert- und Fernsehauftritten war ich verstärkt in den Vordergrund gerückt und zusammen mit John das Aushängeschild der *City Preachers* geworden. Ich bekam von der Plattenfirma TELDEC einen Single-Vertrag. Hurra! Ein großer Schritt in Richtung Erfolg. Aber ich hatte überhaupt keine Ah-

1968. Dieser selbstgenähte braune Samtanzug wurde beim Schlager-Wettbewerb in Berlin strikt abgelehnt.

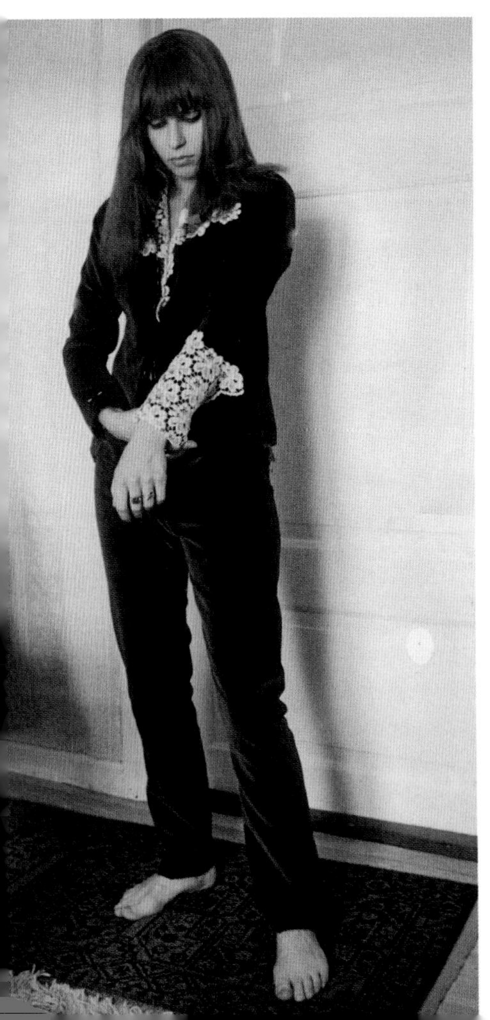

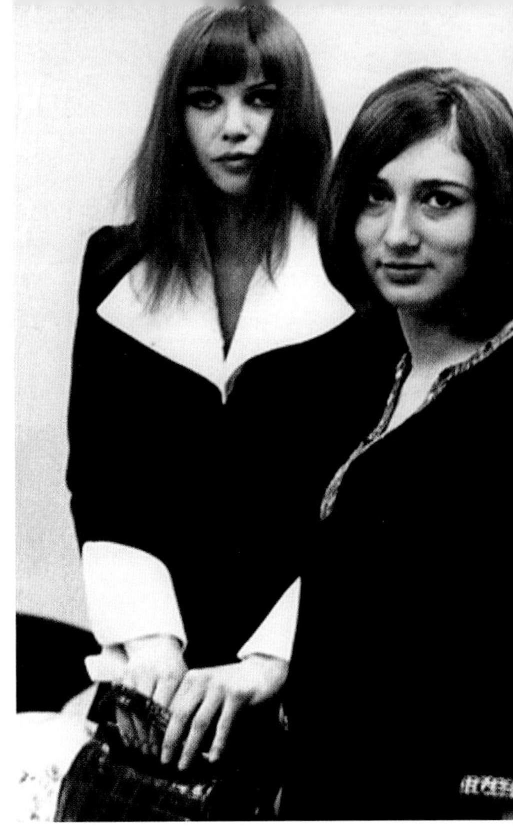

1968. Im selbstgenähten schwarzen Samtanzug. Sibylle Kynast und ich kurz vor einem Auftritt im Hamburger Audimax.

nung von Musikverträgen, und alles, was damit zusammenhing, interessierte mich damals auch nicht. Ich wollte einfach nur singen und neue Songs kennenlernen. *Bonnie and Clyde* hieß Johns und meine erste gemeinsame Single, die erst auf Englisch, dann auf Deutsch erschien. Schließlich waren wir wandlungsfähig. Und weil ich nun schon mal auf Deutsch sang, sollten weitere deutsche Lieder folgen. Meine Mutter jubelte: "Damit verdienst du dir noch ein Häuschen!"

1968 fand ein Schlager-Wettbewerb in Berlin statt, bei dem ich mitmachen sollte. *Schade um die Tränen* hieß der Song, mit dem ich auftrat und der so gar nichts Folkiges, Bluesiges mehr hatte. Bedrückt schaute ich mir diese neue Schlagerszene an – wie absurd mir das alles vorkam! Nein, das war nicht die Welt, in der ich Erfolg haben wollte. Ich hatte mir extra einen schönen dunkelbraunen Samtanzug mit weißer Rüschenbluse aus Seide genäht. Das wollte ich auf der Bühne tragen. Doch als die Dame von der Plattenfirma das Outfit sah, ging sie mit mir schnell ein türkisfarbenes Chiffonkleid kaufen und dazu farblich passende Pumps. Wie unwohl ich mich darin fühlte! Am Ende belegte ich den achten Platz. Und war um eine Erfahrung reicher.

Aus Amerika schwappte mit Bob Dylan, Joan Baez und vielen anderen engagierten Akteuren die Protestwelle nach Deutschland, die die Gräuel des Vietnamkriegs thematisierten und anprangerten. Durch unsere Straße zog ein langer Demonstrationszug. Ich wollte schnell runter und mitlaufen. "Nein, da gehst du auf keinen Fall mit", schimpfte Mutti. "Doch, ich MUSS!!!"

1969 produzierten wir eine LP mit deutschsprachigen Popsongs à la *The Beach Boys* und deutschen Texten von John O'Brien-Docker, und erhielten daraufhin das Angebot für einen eigenen Film mit einem ausgeflippten Drehbuch: *Der Kürbis – Das Transportproblem und die Traumtänzer*. Wir fuhren nach Grünwald bei München, und für die noch übrig gebliebenen Mitglieder der *City Preachers* wurden ganz professionell Kostüme geschneidert. Jeder bekam eine Charakterrolle zugewiesen: Sibylle Kynast wurde zu einer eleganten Geisterfrau in wehendem Chiffon, Dagmar Krause, die dritte Sän-

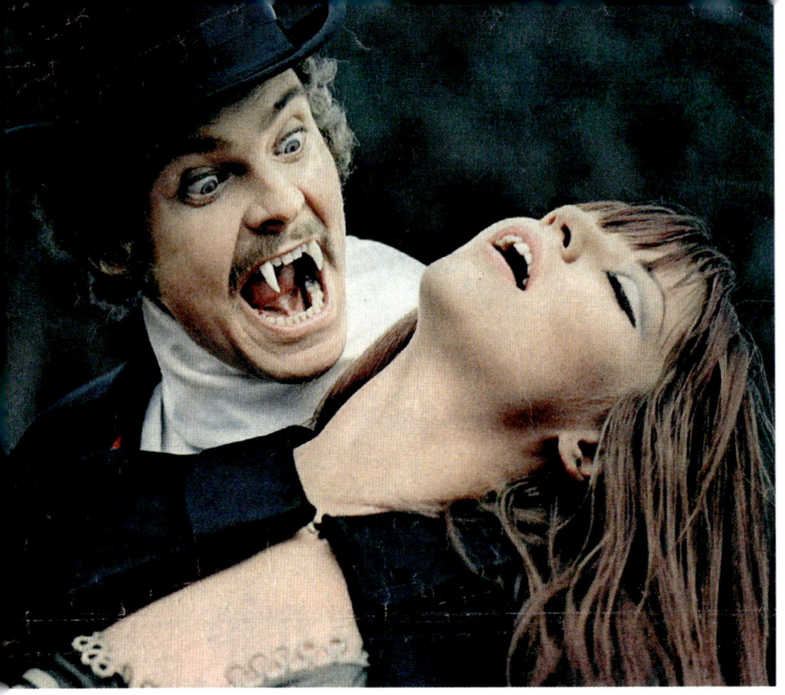

1968. Aus einer Filmszene mit dem "Chef" der *City Preachers*, John O'Brien-Docker.

1967. Mit meinem Musikerkollegen und langjährigem Freund Götz Humpf.

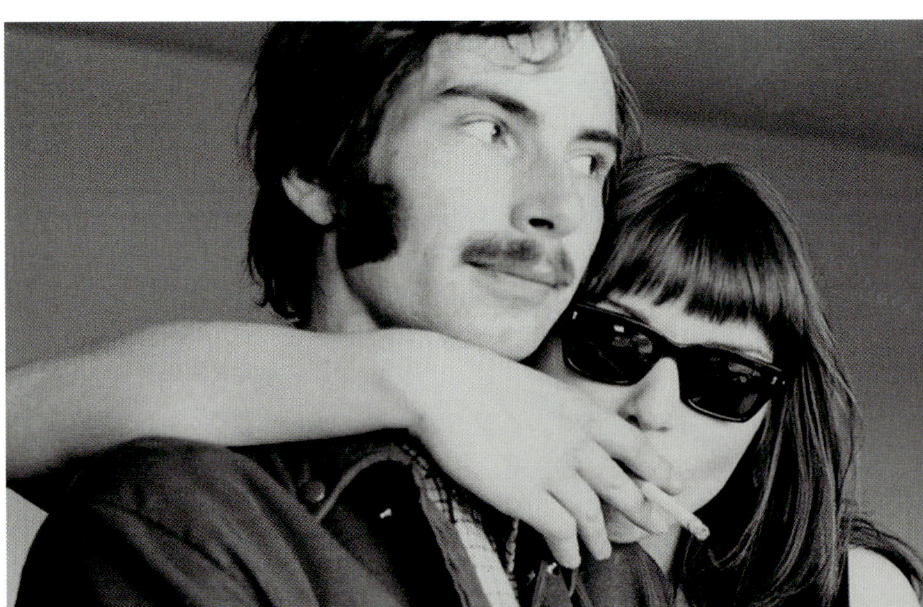

gerin, wurde eine spirrelige kleine Dame aus der Biedermeierzeit und Michael Laukeninks passend dazu in einen schwarzen Anzug mit Melone auf dem Kopf gesteckt. Sepp Plecher, der Bassist, bekam einen khaki-gelben Forscheranzug und ein Schmetterlingsfangnetz. Eckart Kahlhofer wurde zum Harlekin, John O'Brien-Docker zum Vampir und ich, zum Glück einigermaßen normal, bekam einen tollen braunen Lederminirock mit enger Lederweste verpasst. Die Dreharbeiten waren ziemlich aufwändig und zeitraubend – und total ausgeflippt, die Handlung verstand niemand. Dann knallte es bei uns. Vorausgegangen war ein wochenlanger Krach. Streit um Tantiemen, Projekte und Musikstilistik – die Gruppe trennte sich von John, unserem Gründer. Die Zeitungen meldeten im Januar 1969: "*Die City Preachers* lösen sich auf." Und ein paar Tage später: "Inga ist der neue Chef." Streit gab es nun auch um den Namen, den sowohl John als auch die neue Formation zunächst für sich beanspruchten. Doch in unserer demokratischen Gemeinschaft gab es keinen neuen Chef und auch keine neue Chefin, und mir war ohnehin klar, dass ich sowieso nicht beim Folk bleiben, sondern mich musikalisch weiterentwickeln wollte. Der harte Kern der Band zog in eine WG in der Nähe des Hamburger Freihafens und suchte nach neuen Musikern. Zuerst fanden wir Karl-Heinz Schott, einen Bassisten, der schon Erfahrungen in Tanzbands gesammelt, Hitparaden rauf und runter gespielt hatte und aus einer Kapelle ausgestiegen war, weil er es unter seiner Würde fand, eine Affenmaske auf der Bühne zu tragen. Er besaß einen E-Bass, sah gut aus mit seinen dunklen Haaren und indigenem Gesicht und brachte den nötigen Sound in unseren verstaubten Folk-Pop-Laden. Unser Stammlokal wurde das *Jazzhouse,* das nur wenige Schritte gegenüber, in der Brandstwiete, lag und Norddeutschlands Hotspot für Musiker und Fans darstellte. Dort probten wir und spielten bereits ab 1967 beinahe jeden Sonntagabend ein Konzert mit wachsendem Stammpublikum. Der Gastwirt, Fred Christmann, war selbst Musiker und ein wirklich netter Mensch, der seinen Künstlern oft Drinks spendierte. Und weil die Künstler viel Durst hatten, fiel so mancher Deckel, und nicht nur der, unter den Tisch. Eines Abends trafen wir

Udo Lindenberg, der gerade aus Gronau nach Hamburg gekommen war und die meiste Zeit mit den Jazzern jammte. Udo liebte den Soul und Blues und konnte auch ganz gut singen. So beschlossen wir, mit ihm als Drummer unsere weiteren Konzerte zu spielen. Wie Karl-Heinz zuvor, zog nun auch Udo in unsere WG. Die Wohnung hatte den typischen gutbürgerlichen Zuschnitt: vier Zimmer, Dienstbotenkammer und ein sogenanntes Berliner Zimmer. Dieser Raum war sehr schmal und stellte eher ein Durchgangszimmer dar, in das gerade mal ein Bett und ein Stuhl passten. Hier quartierte sich Udo ein, und weil wir viel unterwegs und selten zu Hause waren, reichte ihm das. Die Küche war unser Gruppen-Treffpunkt, wo wir mit Michael Laukeninks, der inzwischen als Organisator, Manager und Fotograf der *City Preachers* fungierte, über die kommenden Auftritte diskutierten. Auch ein paar Häuser weiter, beim Jugoslawen am Alten Fischmarkt, verbrachten wir viel Zeit. Dort saßen wir gern bei Ćevapčići und Bier einige Stunden auf der Terrasse, diskutierten über Gott und die Welt und schauten dem Treiben auf der Straße zu. Das dort herrschende Flair gegenüber dem Freihafen und dem alten SPIEGEL-Gebäude war in den 1970er-Jahren noch richtig urig und hamburgisch.

In dieser WG besaß ich das erste eigene Zimmer meines Lebens. Total happy gestaltete ich den mittelgroßen Raum nach meinem Geschmack. Ich strich die Wände und Decke beige-braun und ließ ein Waschbecken einbauen. Auf dem Sperrmüll fand ich eine Couch, einen kleinen Tisch und einen riesigen antiken Schreibtisch, dessen Beine abgebrochen waren. Ich reparierte die Möbel und besorgte noch eine Kleiderstange für meine wenigen Klamotten – mehr brauchte ich nicht. Das Wichtigste aber konnte ich mir nun auch endlich leisten: einen Plattenspieler! Wie viele meiner Generation, die sich dem Mainstream verweigerten, sich als progressiv und alternativ empfanden, hörte ich meine Lieblingsplatten von Jimi Hendrix, Dr. John, den *Rolling Stones* und *Pink Floyd*, las dazu William S. Burroughs, Jack Kerouac, Henry Miller, das *Tao Te Ching*, die Bibel und Science-Fiction-Bücher. Als Science-Fiction-Fan blieb mir eine der größten Leistungen der Menschheit – die Mondlandung am 20./21. Juli 1969 – in lebendiger Erinnerung. Voller Vorfreunde auf die Live-Übertragung im Fernsehen versammelte sich unsere kleine WG im Zimmer von Michael, der als einziger ein Fernsehgerät besaß. Es wurde eine lange Nacht mit schwarz-weißen, ruckeligen Fernsehbildern bis in die Morgenstunden, als die Mondfähre *Eagle* von *Apollo 11* auf dem Mond landete und Neil Armstrong als erster Mensch auf dem Erdtrabanten spazierte. "Ein kleiner Schritt für den Menschen, ein großer Sprung für die Menschheit."

Gemeinsam mit Dagmar Krause produzierte ich eine weitere Solo-LP für das Label der Zeitschrift *HÖRZU*. Jede von uns bekam eine LP-Seite, auf der wir ziemlich schräge Musik ablieferten. Dagmar sang Lieder von *Gläsernen Frauen* und ich über die *Bhagavad Gita*. Bei einem Fototermin im Springer-Hochhaus traf ich den Franzosen Jean-Jacques Kravetz, der dort als Label-Assistent jobbte, nachdem er zunächst Bote gewesen war. Wir kamen ins Gespräch, und ich erfuhr, dass er aus Paris stammte und seiner Urlaubsliebe nach Hamburg gefolgt war. Und dass er Musiker sei. Ich fand das, was er mit großem Charme und auf französischgefärbtem Englisch erzählte, interessant. Wir tauschten unsere Adressen aus, und schon kurz darauf hörte ich ihn mit einer Band, in der er Orgel spielte, im *Jazzhouse*. *A Whiter Shade Of Pale* von *Procol Harum* – ich war hin und weg! Udo schrieb ihm in unserem Namen eine Nachricht und lud ihn zu einer Session ein. Für mich bleibt unvergessen, wie er ganz entspannt *Summertime* am Klavier anspielte und uns die Kinnlade herunterfiel. Das war genau das, was wir brauchten! Jean-Jacques hatte auf dem Pariser Konservatorium Harmonie- und Kompositionslehre studiert und in etlichen Bands Orgel und Klavier gespielt. Wir dagegen waren Autodidakten und hatten uns alles selbst beigebracht. Ich konnte noch nicht einmal richtig Noten lesen. Wir fingen umgehend an zu proben, denn wir sollten am Wochenende Konzerte in Berlin und Bochum spielen. Ja, von nun an galten wir als eine moderne Band und erweiterten stetig unser Repertoire.

Aus dem Sommer 1969 bleiben mir – neben der Mondlandung – zwei weitere Ereignisse unvergessen: Zum einen *Woodstock*, die Mutter aller Festivals, wovon wir zunächst nur aus der Ferne erfuh-

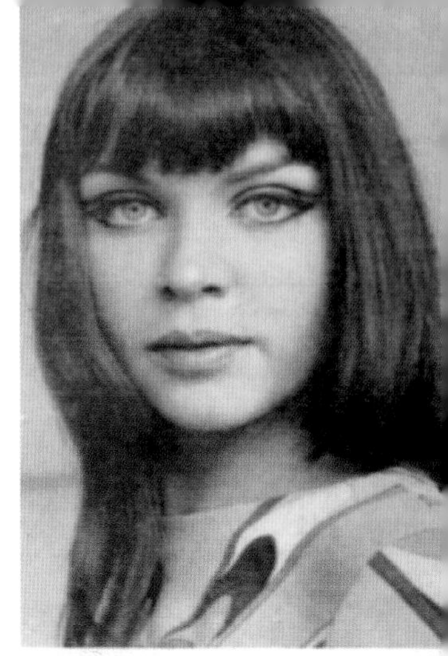

1968. Meine zweite Autogrammkarte. Im bunten Hippie-Kleid, mit kajalgeschminkten Augen.

1969. Die vorletzte Besetzung der *City Preachers*. Von links: ich, Udo Lindenberg, Karl-Heinz Schott, Dagmar Krause, Jean-Jacques Kravetz.

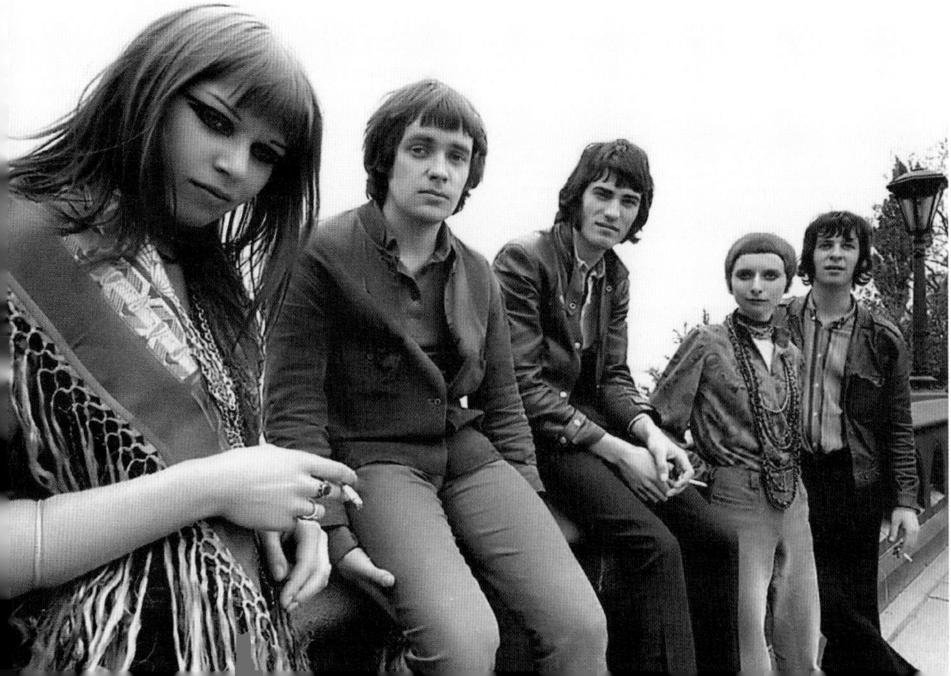

ren, dann aber, als wir den Dokumentarfilm auf der Kinoleinwand sahen, umso begeisterter waren. Zum anderen ein Fernsehauftritt mit den *City Preachers,* der uns nach Amsterdam führte. Wir waren der Ersatz für Alexandra, die für kurze Zeit ebenfalls Mitglied unserer Band gewesen war und im Juli 1969 bei einem Autounfall tödlich verunglückte. Da in Amsterdam sämtliche Hotels ausgebucht waren, mussten wir mit den beiden Zimmern, die für Alexandra gebucht worden waren, Vorlieb nehmen. Wir waren sieben oder acht Personen. Nach unserem Auftritt verbrachten wir den ersten Teil der Nacht im Musikclub *Paradiso,* der auch als "Kiffer-Paradies" bekannt war. Im zweiten Teil der Nacht war es dann egal, wo wir lagen – wir fanden sowieso keinen Schlaf. Am darauffolgenden Tag fuhren wir unausgeschlafen, aber fröhlich zurück nach Hamburg.

Inzwischen verdienten wir ganz gutes Geld. Jean-Jacques kaufte sich auf Raten eine Hammondorgel. Die war zwar ziemlich teuer, aber seine Farfisa-Orgel genügte ihm nicht mehr. Wenn wir nicht probten oder auf Reisen waren, spielten Udo, Karl-Heinz und Jean-Jacques als Trio nachts in den *Riverkasematten* am Hamburger Hafen, und groovten sich immer besser ein. Bis eines Tages Jean-Jacques der Kragen platzte, weil Udo ihn in seiner Musikerehre verletzte. Die ganze Story erfuhren wir am nächsten Tag in unserer WG-Küche: Jean-Jacques hatte sich wohl nicht korrekt an ein Arrangement gehalten, woraufhin Udo sich darüber lautstark vor dem Publikum beschwerte: "Du bist kein guter Musiker, wenn du einen Song nicht mal in der richtigen Reihenfolge spielen kannst." So ein Kollegenanschiss auf offener Bühne geht natürlich gar nicht, und Jean-Jacques, sensibler Franzose, weigerte sich, weiterhin mit Udo zu spielen, und drohte auszusteigen. Udo war ein guter Musiker, aber er konnte auch ganz schön nerven. Wir anderen waren jedenfalls der Auffassung, Jean-Jacques sollte bleiben. Also räumte Udo sein Durchgangszimmer und Jean-Jacques besorgte einen neuen Schlagzeuger: Carsten Bohn, mit dem es gut klappte. Aber es handelte sich nun nicht mehr um die alten *City Preachers* – sondern um die Urbesetzung von *Frumpy.*

Station 2

How The Gipsy Was Born 1970–1972

Der Beginn von Frumpy.
Auf großer Fahrt mit "Spooky Tooth" durch Europa.
Die Luft ist raus, erstmal ist Schluss mit Frumpy.

Ich zog mich zurück, räumte Muttis Nähkästen auf, schrieb Texte und ruhte mich aus. Die anderen Musiker der gerade aufgelösten *Preachers*-Band machten weiter, probten mit einem befreundeten englischen Sänger, traten mit ihm auf und verkauften sich als englische Band. Dabei spielten sie das alte Programm der *City Preachers,* dazu einige neue Songs sowie den Klassiker *Das Brandenburgische Konzert* von Johann Sebastian Bach mit Improvisationen von Jean-Jacques. Nach ein paar Wochen Funkstille riefen sie mich an und fragten, ob ich mal einen Auftritt von ihnen anschauen wollte. Der englische Sänger war nicht besonders überzeugend, aber die Band inzwischen zusammengewachsen; sie spielte wirklich gut. "Hast du Bock mitzumachen?" Oh ja, die Ruhe bekam mir nämlich gar nicht. Also verabredeten wir uns im neuen Übungsraum und legten los. Die drei konnten stundenlang auf Rhythmen, Riffs und Sequenzen improvisieren. Ich klinkte mich mit meinem Gesang aus willkürlich gewählten englischen Worten ein, wann immer ich eine Melodie dazu fand, und formte daraus zu Hause einen akzeptablen Text. So entstanden neue Sounds mit unseren verschiedenen Einflüssen aus Rhythm'n'Blues, Klassik sowie Pop- und Jazzelementen. Und weil ich erstmal auf meine Gitarre verzichtete, wurde ich die größte aller Tamburinspielerinnen, denn außer Singen hatte ich weiter nichts zu tun. Jean-Jacques, der in Frankreich schon eine Größe war und bei Michel Polnareff und in diversen französischen

Clubs gespielt hatte, kam die grandiose Idee, bei einem Clubbesitzer in Megève anzurufen. Dort, meinte er, könnten wir tagsüber proben und nachts im Club spielen und so ein bisschen Geld verdienen. Gesagt, getan! Einen Tag vor der Abfahrt nach Südfrankreich, am 6. März 1970, gab meine gute Mutter ihrem neuen Schatz das Jawort und ich den beiden meinen Segen. Dann waren wir endlich frei und unterwegs in eine glückliche Zukunft.

Ich erinnere unsere lange Fahrt nach Megève, auf der sich Carsten und Karl-Heinz am Steuer abwechselten, als total ausgelassen, und als wir endlich dort ankamen, waren wir von der weißen Schneepracht wie angeturnt und überdreht, und wir lachten uns kaputt, bis alles wehtat. Nachdem wir eine kleine, gemütliche Blockhütte bezogen hatten, ging es in den Club, wo wir sehr freundlich aufgenommen wurden. Wir übten einige gängige Songs ein, zu denen getanzt werden konnte. Carsten sang *Gimme Some Lovin'* und ich ein paar Stevie-Wonder-Stücke. Nachts wurde von Mitternacht bis vier Uhr morgens gespielt. Tagsüber feilten wir weiter an unserem eigenen Sound. Die Atmosphäre war gelöst und wir verstanden uns wunderbar, sodass Karl-Heinz und ich uns ineinander verliebten. Obwohl wir versuchten, es erstmal unter Verschluss zu halten, kriegten Jean-Jacques und Carsten schnell spitz, dass da etwas zwischen uns lief.

Bald hatten wir genügend eigene Stücke zusammen, die zwei Wochen in Megève waren vorüber, und so zuckelten wir wieder zurück nach Hause. Dort erwartete mich Götz Humpf, mein langjähriger Freund und Gitarrist aus *City-Preachers*-Zeiten, dem ich meine neue Liebe offenbaren musste. Götz war meine erste richtige Beziehung gewesen, betört hatte er mich anfangs mit seiner Blues-Mundharmonika, seinem Flamenco-Spiel auf der Gitarre und seiner stillen, etwas abwesenden Art. Ich hatte wissen wollen, was sich dahinter verbarg, und ihn in Paris verführt, wohin wir zusammen mit John O'Brien-Docker getrampt waren. Schließlich waren wir im VW-Käfer seiner Mutter nach Almeria in Spanien gefahren, doch seine introvertierte Art hatte mich bald so genervt, dass wir ständig über Banalitäten stritten. Die Musik aber hatte uns dann doch irgendwie vier Jahre zusammengehalten.

In der Wohnung meiner Eltern, die ich nach Muttis Hochzeit gekapert hatte, flogen erstmal das Wohnzimmer-Buffet sowie das elterliche Schlafzimmer samt Frisierkommode raus. Lediglich die Matratzen behielt ich. Ich kaufte neue Schallplatten, und besonders die LP *Joe Cocker!* spielte ich so oft ab, bis die Rillen ausgeleiert waren. Immer, wenn ich heute *Delta Lady* höre, erscheinen vor meinem geistigen Auge die Szenen der ersten innigen und noch scheuen Stunden mit Karl-Heinz auf der ausgeklappten Couch meiner Eltern. Geschichte wiederholt sich doch ... Meine Nachbarn beobachteten mein unschickliches Tun argwöhnisch. Bald stand der Hauswirt in der Tür, sah mein liederliches Bettenlager, und mir wurde gekündigt. Zu diesem Zeitpunkt waren Karl-Heinz und ich bereits ein Paar, und so suchten wir uns zusammen eine kleine Neubauwohnung in Hamburg-Eimsbüttel. Ein Zimmer, Kochnische und Bad. Die Wände und Böden waren endlich mal gerade, und ich musste mich nicht mehr in einer Zinkwanne waschen. Ein kleiner Balkon zum Hinterhof vergrößerte unseren Wohnbereich.

Unsere neue Band brauchte dringend einen Namen. Dafür trafen wir uns auf ein halbes Hähnchen im *Wienerwald*. Carsten hatte sich schon Gedanken gemacht und brachte eine Platte der englischen Band *Raven* mit. Ein Titel auf dem Album hieß *Frumpy*. Den Begriff, der etwa so viel bedeutet wie "alte Schreckschraube" oder auch "Vogelscheuche", fanden wir so abgefahren und cool, dass wir nicht länger darüber nachdachten; der neue Bandname war geboren: FRUMPY! Unser Manager, noch immer Michael Laukeninks, hatte diverse Auftritte für uns gebucht, allerdings noch unter dem Vorzeichen der *City Preachers*. Und so waren die örtlichen Veranstalter alles andere als begeistert über unseren neuen, rockigen Stil. Inzwischen hatte sich die Musikszene in Deutschland jedoch gewandelt, die Bands aus den USA und England hatten gute Vorarbeit geleistet. In meinem Terminkalender von 1970 sind für den April 13 Auftrittsorte notiert, von Kiel (*Mensa*) bis München (*Circus Krone*). Im Hamburger Audimax am 14. April hatte es sich herumgesprochen, dass wir gut seien. Und so warteten bereits einige Fans vor dem Veranstaltungsort auf uns, obwohl wir zu diesem Zeitpunkt noch keine

LP veröffentlicht hatten. Unsere Musik gewann an Intensität und Stil. Aus Mangel an Stücken improvisierten wir das ein oder andere Mal einen Song über zwanzig Minuten und steigerten uns in ein Thema hinein. Unser Publikum flippte begeistert aus! Ich trug damals dasselbe Outfit wie meine Kollegen: Jeans, Unterhemd, lange Haare. Erst auf den zweiten Blick stellten die Leute fest, dass es sich bei mir um eine Frau handelte. Meine dunkle Stimme und mein androgynes Äußeres waren ungewohnt und ganz anders, als sie es von Sängerinnen gewohnt waren.

Irgendwann spielten wir in der *Lila Eule,* einem Kellerlokal in Bremen. Nach unserem Auftritt sprach uns ein junger Kerl an: "Das war ja ein geiler Auftritt! Ich bin Bodo Albes, Musikagent aus Bremerhaven, und möchte euch managen, wenn ihr einverstanden seid." Am nächsten Tag fuhren wir in sein Büro und besprachen eine mögliche Zusammenarbeit. Der coole Typ gefiel uns, vor allem, weil er schon viele amerikanische und englische Bands nach Deutschland geholt hatte und eine größere Tournee mit der bekannten englischen Band *Spooky Tooth* plante. Bodo zog bald nach Hamburg, wir trafen uns öfter, und schnell sorgte er dafür, dass sich ein Scout der Plattenfirma *Phonogram* einen unserer Auftritte anhörte. Dem gefiel das, was er hörte, und so stellte er uns einen Vertrag in Aussicht. Wir jubelten und produzierten schnell ein Demoband im Hamburger *Windrose Studio.* Dann ging es weiter, kreuz und quer durch ganz Deutschland, im Bulli-Transporter von Michael, unserem Noch-Manager. Manchmal passierte es, dass, nachdem wir ein paar hundert Kilometer gefahren waren, uns die Seele aus dem Leib gespielt hatten und müde und hungrig vor dem gebuchten Hotel standen, der Nachtportier an die Tür kam, uns langhaarige Gestalten sah, den Kopf schüttelte und wieder ging. Wir waren sauer, aber was blieb uns anderes übrig, als wieder nach Hause zu fahren? Carsten übernahm als gelernter Speditionskaufmann unsere bescheidenen Abrechnungen und war vom Steuer nicht wegzukriegen. So fuhren wir unzählige Male die A7 Richtung Hamburg, krochen mit fünfzig Kilometern die Stunde die Kasseler Berge hoch, und ich wachte bei Sonnenaufgang verschlafen auf, als wir die Elbbrücken überquerten. Die Männer waren da immer noch am Sabbeln – dank *Captagon-* und *"Hallo Wach"*-Tabletten.

Dann endlich war der Schallplattenvertrag mit Optionen für weitere Alben unterzeichnet und das Tonstudio vom *Philips*-Konzern in Hilversum gebucht. Wir schafften es, sämtliche Titel in nur vier Tagen aufzunehmen, denn wir waren ja durch unsere Auftritte richtig fit. Der Grafiker Klaus Witt entwarf ein außergewöhnliches Plattencover, das uns sehr gefiel: Ein buntes Chamäleon schlängelt sich über die Umrisse einer Weltkarte und verändert bei Bewegung des Covers seine Farben. Das passte, denn unsere Platte hieß *All Will Be Changed.* Sie kam im September 1970 in die Läden, gerade rechtzeitig für die Herbstkonzerte und das berühmt-berüchtigte Fehmarn-Festival *Love and Peace,* zu dem wir am 5. September fuhren. In jener Zeit waren Open-Air-Konzerte total angesagt, und die Veranstalter hatten für das dreitägige Festival eine Drehbühne für das schnelle Wechseln der Bands installiert. Wir traten am Samstagnachmittag des zweiten Festivaltages auf, vor einer riesigen Menschenmenge, die übermüdet und mürrisch zuhörte. Eine Rockerbande, die als Ordner angestellt und wohl auf Drogen war, hielt alle in Schach und verbreitete Angst und Schrecken. Als wir fertig gespielt hatten, packten wir sogleich unsere Sachen zusammen und fuhren zurück nach Hause über die Fehmarnsundbrücke. Beim Zurückschauen sah ich, wie sich ein dunkler Regenschauer wie durch einen riesigen Trichter über dem Festivalgelände ergoss. Am nächsten Tag spielte Jimi Hendrix sein allerletztes Konzert, und der Mythos *Love and Peace* fand sein Ende mit dem Abfackeln der Drehbühne durch die Rockerbande. Damals sammelte ich noch keine Plakate oder Pressematerial. Gute Freunde schenkten mir später das Fehmarn-Festival-Plakat und ich sah, wie schön und einfallsreich es gestaltet war. Danke Daniela und Eugen von Fehmarn!

Im Herbst/Winter 1970 waren wir dann tatsächlich auf großer Europa-Tournee als Support für die englische Band *Spooky Tooth,* zusammen mit Bodo Albes' Hausband *Cravinkel,* die sich nach Kralle Krawinkel benannte. Kralle war später der Gitarrist von *Trio.* Für die Tour hatte Bodo Albes einen Reisebus gemietet, was sich als äußerst komfortabel für die drei Bands herausstellte. Für mich, als einzige Frau, war es jedoch mitunter sehr peinlich, wenn die Männer ihre Pornohefte herausholten und sich Schweinkram zuriefen. Dann versteckte ich meinen Kopf hinter einem Buch und tat so, als hätte ich nichts gehört. Damals gab es noch keine Political Correctness. Ansonsten waren die Musiker höflich und kollegial zu mir, und bald wuchs der Respekt mehr und mehr, denn unsere Band war verdammt gut und wir spielten den Top Act sozusagen an die Wand. Durch musikalische Differenzen hatten *Spooky Tooth* ihren Organisten Gary Wright verloren und einen anderen Keyboarder dabei, der jedoch nicht das Kaliber seines Vorgängers besaß. Und so kämpfte sich die Band trotz des grandiosen Sängers Mike Harrison und des Gitarristen Luther Grosvenor durch die Konzerte, und die Rufe: "FRUMPY, FRUMPY, FRUMPY" wurden immer lauter. Wir wurden gefeiert, aber wir verdienten nichts. Die Gagen gingen an den Top Act, wir erhielten nur ein Taschengeld. Über die einzelnen Städte auf der Fünfzig-Konzerte-Tournee besitze ich keine Aufzeichnungen, da muss ich mich auf Jean-Jacques' Erinnerung verlassen. Er schreibt in seiner Biografie, dass es u. a. nach Paris, Wien, Marseille, Brüssel, Kopenhagen und Stockholm ging. Wir fuhren 40 000 Kilometer – fast eine Erdumrundung. War ich dabei? Ich weiß es nicht mehr, bin wohl nur zu den Auftritten aufgewacht und danach sofort wieder eingeschlafen. Solch eine Tour ist verdammt anstrengend, vor allem für Sänger, denn die haben keinen Lautstärkeregler am Hals, den sie lauter drehen können. Ich war manchmal heiser und kämpfte mit der miserablen Tonqualität der Monitoranlagen. "Mach das bloß aus!", rief ich den Roadies zu, denn ich hörte meine Stimme lieber aus dem Saal als diesen nasalen Telefonsound! Oft litt ich unter Zahnschmerzen und hatte eine dicke Backe, aber keine Zeit zum Zahnarzt zu gehen, denn wir waren ja ständig unterwegs! Doch sobald ich auf der Bühne stand, waren Schmerzen und Müdigkeit verflogen.

Im Jahr 1971 ging es weiter mit der Tour, die allerdings unter keinem guten Stern stand. Oft wollte das Publikum keinen Eintritt zahlen und stürmte die Hallen, zerschlug Fenster und Türen, bis die

Polizei eintraf und alle hinauswarf. In der Mensa der Freien Universität Berlin war die Situation besonders schlimm. Wir fingen an zu spielen, die Studenten machten Randale. Die Polizei kam, warf Tränengas, holte den Knüppel raus, und der Saal wurde geräumt. Die Veranstalter hatten nur Kosten, aber keine Gage für uns. Dass wir nur mit einem Schuldschein abgespeist wurden, erlebten wir öfter. Oder der Veranstalter brannte mit dem Rest der Kohle durch, und wir standen ohne Geld da, obwohl wir ein Konzert abgeliefert hatten. Dennoch – die Tour war ein Erfolg für uns, und wir konnten noch dazu einen Deal mit *Spooky Tooth* aushandeln: Wir kauften ihnen ihre fantastische Gesangs- und Verstärkeranlage ab, deren Sound klar und satt rüberkam. Ich lernte, dass meine Stimme am besten klang mit dem Mikrofon *Shure SM 58*. Das ist bis heute so.

Unsere LP *All Will Be Changed* war zwar nicht besonders kommerziell, kam nicht in die Charts, wurde aber zu einem Kultalbum, das in allen Diskotheken gespielt wurde. Wir hatten zunächst keine Fernsehauftritte, denn die TV-Stationen brachten noch immer Heino und andere deutsche Schlagerstars oder weltbekannte Showgrößen in die Studios. In den Musikzeitschriften aber standen gute LP-Kritiken, es wurden Fotos von uns gemacht und über unsere Konzerte berichtet. Im NDR lief die Radiosendung *Musik für junge Leute,* die uns und andere deutsche Gruppen vorstellte. Und schließlich gab es endlich einen mutigen Regisseur bei Radio Bremen, der mit der Jugendsendung *Beat Club* frischen Wind in den kleinkarierten Wohnstubenmief brachte: Mike Leckebusch holte die neue Musik, und damit den Trend der Zeit – deutschen Underground und angloamerikanische Subkultur –, in den Sender. Und wir waren als Erste mit dabei! Das gab unserem Debütalbum ordentlich Dampf; unsere Plattenfirma und wir freuten uns: 30 000 verkaufte LPs! Das bedeutete für uns als Band einen warmen Regen, besonders für Jean-Jacques und mich. Wir hatten die meisten Songs zusammen geschrieben, und so überwies die GEMA einen Batzen Lizenzgebühren auf unsere Konten. Thomas M. Stein, bis 2004 Geschäftsführer bei der *Bertelsmann Music Group (BMG)* und Mitglied in der Jury der ersten und zweiten Staffel von *Deutschland*

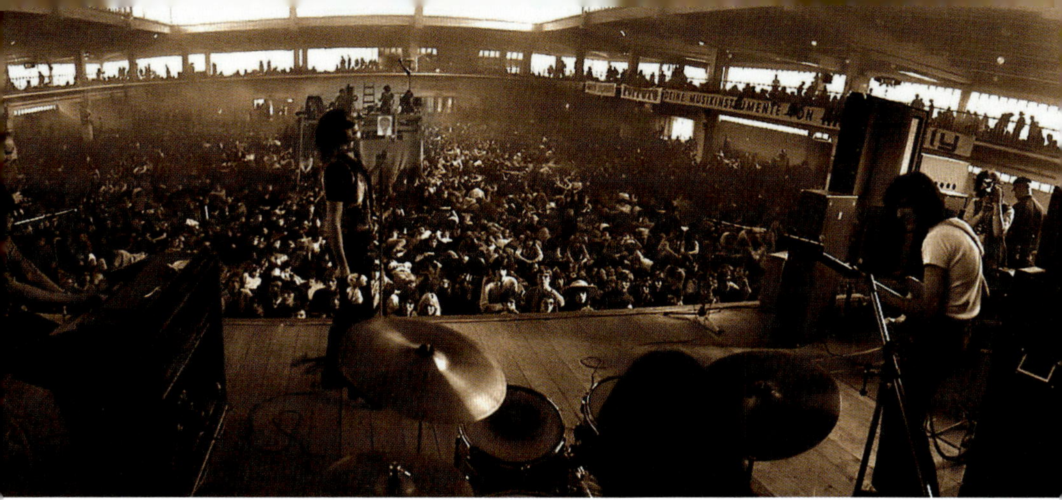

1970. Eines der ersten Fotos von *Frumpy* bei einem Konzert in der *Ernst-Merck-Halle* in Hamburg.

1970. Geniales Design: Erst auf den zweiten Blick erkennt man die Umrisse der Weltkarte unter dem prächtig-bunten Chamäleon.

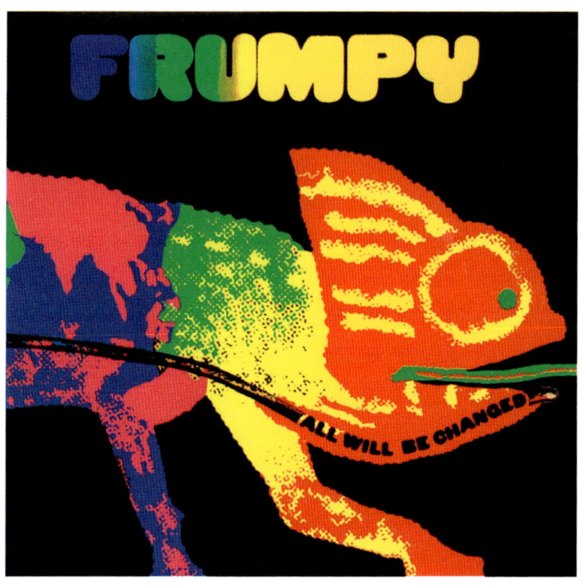

sucht den Superstar, trug dazu nicht unerheblich bei. Wir trafen uns Anfang der 2000er-Jahre oft als Juroren beim *Message Music Contest* in Köln, und er erinnerte sich: "In den Anfangsjahren meiner beruflichen Laufbahn wurde ich ca. 1970 zum Verkaufsleiter der Ladenkette *montanus* ernannt. Übrigens meine erste Berührung mit Musik und Künstlern, die nicht aus meiner schwäbischen Heimat (Gotthilf Fischer) und meinem Elternhaus (Ernst Mosch) stammten. Als Verkaufsleiter war ich angehalten, mir immer wieder etwas Neues einfallen zu lassen, um den Umsatz (was sonst) zu steigern. In Oldenburg wurde das *Frumpy*-Album zum Bestseller allein dadurch, dass ich das komplette Schaufenster mit dem wunderbaren Album dekoriert hatte. Eine Leiter und mehrere Wäscheleinen dienten dazu, das farbenfrohe, erfrischende Album zu präsentieren. Einer meiner Gründe war das sehr aufwändige und für diese Zeit passende Cover, das die Käufer ansprach. Damals waren Haptik und Musik noch eine Symbiose und ein großer Teil des Marketings. Das doppelte, farbintensive Plastikcover und die Musik waren für deutsche Verhältnisse international." Vielen Dank, lieber Thomas Stein!

Wir kauften einen gebrauchten Ford Transit mit Doppelbereifung, mit dem wir zu den Konzerten reisten, inklusive unserer Anlage und Instrumente. Die Fahrerei war nun etwas bequemer, wir hatten mehr Platz. Da passte sogar noch ein Roadie als Hilfe für unseren Bühnenaufbau hinein. Hans Riebesehl, der diesen schweren Dienst zuvor bei der Hamburger Band *The Rattles* versehen hatte, war unser Fahrer, Backline-Aufbauer, Kassierer und Joint-Dreher in einer Person. Weil er die Arbeit bald nicht mehr allein schaffte, stieß Walter Rudat dazu, der von Bernd Gutt abgelöst wurde. Manchmal begleitete uns auch Bodo, unser Manager, dann wurden während der Fahrt unerbittliche "Mau Mau"-Schlachten um Pfennige ausgetragen, bis kurz vor unserem Auftritt jemand in die Bühnengarderobe stürmte und rief: "Noch fünf Minuten!"

In der freien Zeit zwischen den Auftritten war ich unermüdlich an der Nähmaschine: Aus Lederresten schneiderte ich mir einen langen Patchwork- und für Karl-Heinz einen hellbraunen, langen *Django*-Ledermantel. Die gebatikten Unterhemden landeten im

Putztücher-Beutel, und es wurden indische und britische T-Shirts mit Sternchen drauf eingekauft. Nach und nach füllte sich mein Kleiderschrank, der bis dato nur Jeanshosen und -jacken gesehen hatte, mit neuen, hippen Klamotten. Für unsere Wohnung kaufte ich acht große Schaumstoffblöcke, die ich mit dunkelbraunem Samt bezog. Das sah schon wohnlicher aus als ein Matratzenlager!

Die Besetzung unserer Band – Orgel, Bass, Schlagzeug und Gesang – zeigte uns bald unsere Grenzen auf. Meine akustische Gitarre, die ich bei *Singing Songs* spielte, reichte nicht für eine musikalische Entwicklung, die wir für eine neue LP brauchten. Wir suchten und fanden den 19-jährigen Hamburger Blues-Gitarristen Rainer Baumann, probten neue Songs ein, spielten sie live auf Konzerten und feilten sie weiter aus. Mitte Mai 1971 ging es wieder ins *Windrose Studio,* Rainer Goltermann war unser Produzent. Diesmal dauerten die Aufnahmen etwas länger, sieben Tage. Es wurde ein bisschen Chor von mir synchronisiert, ansonsten bestanden alle Aufnahmen wie schon bei der ersten LP aus live eingespielten One Takes. Die ließen wir erstmal eine Woche sacken. Für die Abmischung nahmen wir einen Umweg über Hilversum, wo wir beim letzten Mal im *Philips*-Studio ein Mellotron entdeckt hatten. Das musste unbedingt für den Anfang von *Duty* auf die Scheibe, ein zu dieser Zeit ungewöhnlicher Klang und Vorläufer der digitalen Keyboards. Für unsere zweite LP *Frumpy 2* hatte sich unsere Plattenfirma wieder etwas Ungewöhnliches ausgedacht: Ein rundes, poppiges Cover in einer durchsichtigen Plastiktasche umhüllte eine buntgefärbte Schallplatte. Mit seinen vier Stücken schlug sie in den deutschen Musikmarkt ein wie eine Bombe. Die Zehn-Minuten-Version von *How The Gipsy Was Born* dröhnte aus den Lautsprechern der Szenekneipen und Radios. Die Idee zum Text kam mir 1970 beim Lesen eines kirgisischen Märchens. Damals fand ich die darin beschriebene Darstellung der Ethnien schlüssig, und sie passte gut zu Jean-Jacques' Komposition, die wie ein musikalisches Mandala auf mich wirkte. Der verborgene Kreationismus, also die wortwörtliche Auslegung des biblischen Schöpfungsberichts im ersten Vers des Textes, fiel mir erst später auf und entspricht nicht meiner Überzeugung von der Darwin'schen Evolutionstheorie. Dieser Song wurde für *Frumpy* ein Erfolgstitel und gehört noch immer zu den Höhepunkten meiner Konzerte. Die meisten Smartphones werden zum Filmen hochgehalten, wenn wir dieses Stück spielen. Vor allem in den neuen Bundesländern.

Weiter ging es mit der Tour, auch nach Skandinavien, wo wir uns erst einen Ruf erspielen mussten. In Deutschland waren unsere Gagen inzwischen etwas gestiegen, die Hallen und Open Airs gerammelt voll mit neuen Fans. Manchmal dauerte eine Festivalnacht bis in den Morgen, und wir hatten ewig Zeit, uns miteinander zu unterhalten und unsere Erfahrungen auszutauschen. Wenn wir als letzte Band auftraten, war das Publikum schon am Eindösen oder lag bekifft auf den mitgebrachten Decken und kriegte nichts mehr mit. Die Warterei bis in die Morgenstunden nahm kein Ende, die Bands vor uns überzogen ihre vorgegebenen Zeiten, und manchmal trank ich aus Langeweile so viel Bier, dass ich mich für den Auftritt wieder fit machen musste. Das aufgebaute Adrenalin hielt stundenlang an. Ich konnte nicht einschlafen, war am nächsten Morgen so kaputt, dass ich mich gleich in den Ford Transit zwischen die Boxen legte und bis zum nächsten Auftrittsort weiterschlief. Auf den Open-Air-Festivals gab es selten so etwas wie Dixi-Klos, für die Männer brauchte man das nicht. Ich war meistens in großer Not. Mich hinter die Bühne zu hocken, ging gar nicht. Einmal hatte ich so einen Druck, dass ich mir nicht anders zu helfen wusste, als auf die Ladefläche eines Band-Trucks zu steigen und dort in eine Ecke zu pieseln. Schön war das nicht.

Unser Band-Apparat lief gut, aber Jean-Jacques hatte Eheprobleme und litt sehr unter der Entscheidung, die seine Frau von ihm forderte: "Entweder ich oder die Band!" Der Arme, aber es gab nur eine Antwort: "Frumpy!" Eine Kränkung, die sie ihm nicht verzieh. Sie reichte die Scheidung ein. Ihr beider Sohn Pascal war zu dieser Zeit gerade sechs Monate alt und Jean-Jacques am Boden zerstört. Aber es musste ja weitergehen. Wir tourten weiter durch Deutschland, und siehe da, Jean-Jacques fand auf einem Zelt-Festival in Walsrode seine neue Liebe: Inge.

Das damals sehr konservative ZDF lud uns in Ilja Richters *Disco 71* nach Berlin ein. Durch die DDR nach West-Berlin zu reisen, war für uns Langhaarige der Horror schlechthin. Wir mussten stets damit rechnen, dass die DDR-Grenzer unseren vollgepackten Ford Transit auseinandernahmen und wir mit der Verspätung einen Auftritt verpassten. Und so kam es auch einmal auf einer Nachtfahrt von Berlin zurück nach Hamburg: Am Kontrollpunkt wurden wir herausgewinkt in eine große Halle, die Männer mussten die Gerätschaften und Instrumente ausladen und dann die Halle verlassen, nach draußen in die Eiseskälte. Alle Taschen wurden uns abgenommen. Auch meine. Es dauerte endlos, bis sich etwas tat. Ich wurde in ein Büro geführt, wo ich meine Tasche auf dem Tisch eines Beamten wiedersah. Daneben mein aufgeschlagenes Tagebuch. Er blickte mich streng an: "So so, Sie haben also einen Verlobten? Ist er hier?" Ich war total verdattert und konnte nicht glauben, dass er in meinem Tagebuch meine geheimsten Gedanken gelesen hatte. Was aus der Schnüffelei wurde, habe ich vergessen – oder verdrängt. Im Morgengrauen konnten die Jungs unseren Ford Transit jedenfalls wieder beladen, die Spürhunde, deren Sabber noch überall klebte, hatten nichts gefunden.

Bodo, unser Manager und Agent, hielt gute Kontakte nach England und buchte für uns eine kleine Tour. Am 27. August 1971 fuhren wir direkt von Hamburg mit der *Prinz-Hamlet*-Fähre über den Ärmelkanal nach Harwich. Die teure Schiffsreise war für uns kostenlos und von der Fährgesellschaft gesponsert. Als Gegenleistung sollten wir während der Überfahrt auftreten. Diese Seefahrt war gar nicht lustig, denn es zog ein Sturm mit Windstärke Zehn auf. Im Hamburger Hafen war zunächst noch alles ruhig. Nach dem Ablegen bauten wir alle Instrumente in der Messe auf, bis auf Jean-Jacques' Hammondorgel, die blieb im Laderaum der Fähre. Als wir dann ohne Jean-Jacques zu spielen begannen, merkte ich, wie sich der Mikrofonständer langsam zur Seite neigte. Ich sah zu meinen Kollegen und in deren grün-weiße Gesichter. Der Seegang wurde schlimmer, die Gäste verschwanden in ihren Kabinen, wir brachen unsere Mucke ab und verstauten die Geräte. Karl-Heinz lag flach und weiß wie die Wand in unserer Kajüte. Ich hingegen fand es super, ging nach oben an Deck, schaute auf den Horizont und wiegte mich mit dem rollenden Schiff. Ich bin eben die Tochter eines Seemanns!

Die Tour durch England lief ganz gut, wir verdienten zwar wieder nichts und die Verpflegung war auch eine Qual, aber wir kamen gut an beim musikverwöhnten englischen Publikum. In Herford spielten wir mit der Band *Mott The Hoople* auf einem großen Marktplatz. Die Engländer wurden ausgebuht, aber wir standen gut da und bekamen sogar eine erstklassige Zeitungskritik. In London war es schon schwieriger. Dort hatte der deutsche Krautrock einen etwas merkwürdigen Ruf. Als wir im Londoner Club *Speakeasy* unser Equipment aufbauten, flatterten uns ganz schön die Knie. Abends beim Konzert saßen unsere Idole direkt vor uns und hörten nach einer Weile genau zu. Ich glaube, bei den anwesenden Gitarrengöttern Eric Clapton, Pete Townshend, Jeff Beck und den anderen Musikern haben wir einen ganz guten Eindruck hinterlassen und mussten uns nicht schämen.

In Hamburg, unserer Heimatstadt, spielten wir unzählige Male, vor allem in unserer Lieblingshalle, der Hamburger *Fabrik*. Dort herrschte immer eine unglaubliche Atmosphäre: Unten standen die Fans dichtgedrängt bis nach hinten an die Tür, oben hingen sie über dem Geländer der Empore; um die 2000 Menschen, mehr passten nicht hinein. Draußen vor der Tür standen aber noch weitere 500, die reinwollten. Das gab ein ordentliches Verkehrschaos! Ich erinnere mich, dass während eines Konzerts ein Eisbecher von der Galerie auf mich runterflog. Ich hielt meine Augen beim Singen geschlossen, trat aber genau in diesem Moment einen Schritt zurück, sodass der Matschkram mich verfehlte und vor meinen Füßen landete. Alles jubelte! Meine Mutter kam zu jedem Konzert. Sie freute sich für mich, aber sie kritisierte auch: "Das war ja alles ganz schön, aber warum schreist du denn so? Das muss von innen kommen, etwa so: Aaaaaaaahhh." Tja, sie musste ja auch nicht gegen ein donnerndes Schlagzeug, röhrende Instrumente und fiese Feedbacks aus den Lautsprechern ansingen. Aber egal, wie der Sound auch war, ich verspürte immer den unbändigen Willen, ein gutes Konzert über die Bühne zu bringen.

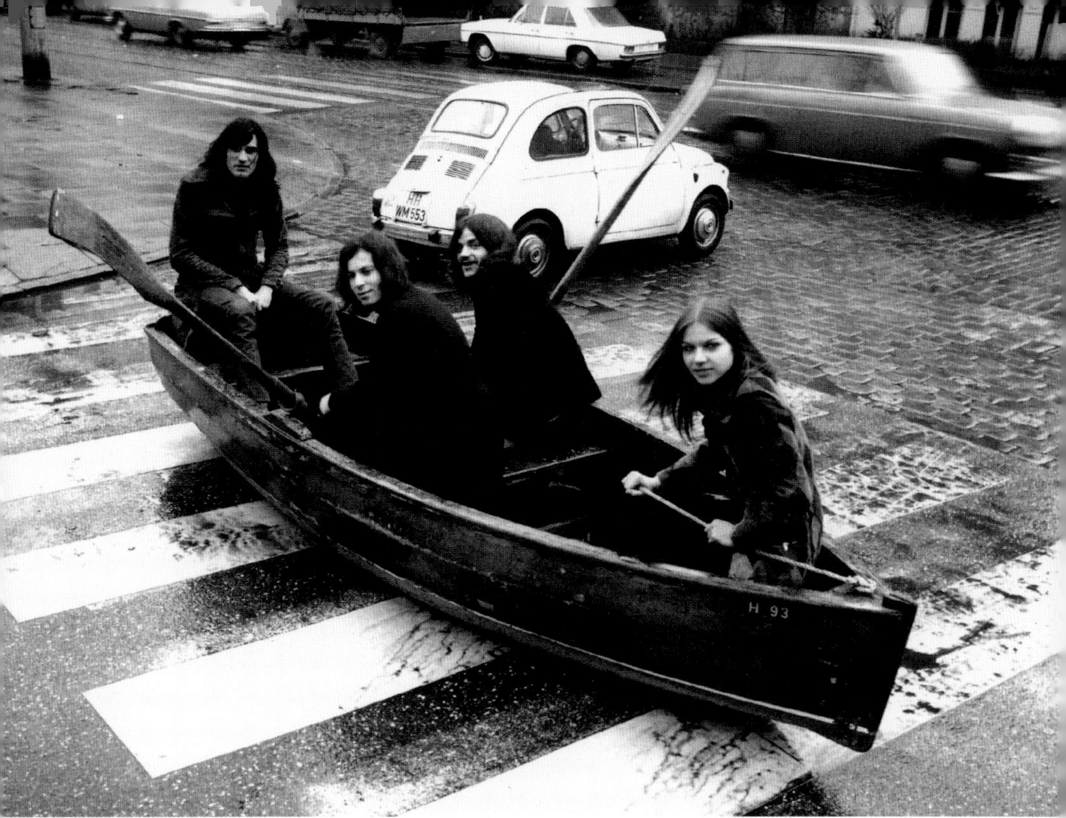

1971. Langsam rudern wir uns nach vorn. *Frumpy* noch in der Originalbesetzung. Jean-Jacques und Carsten in der Mitte, Karl-Heinz und ich außen, in selbstgenähten Patchwork-Ledermänteln.

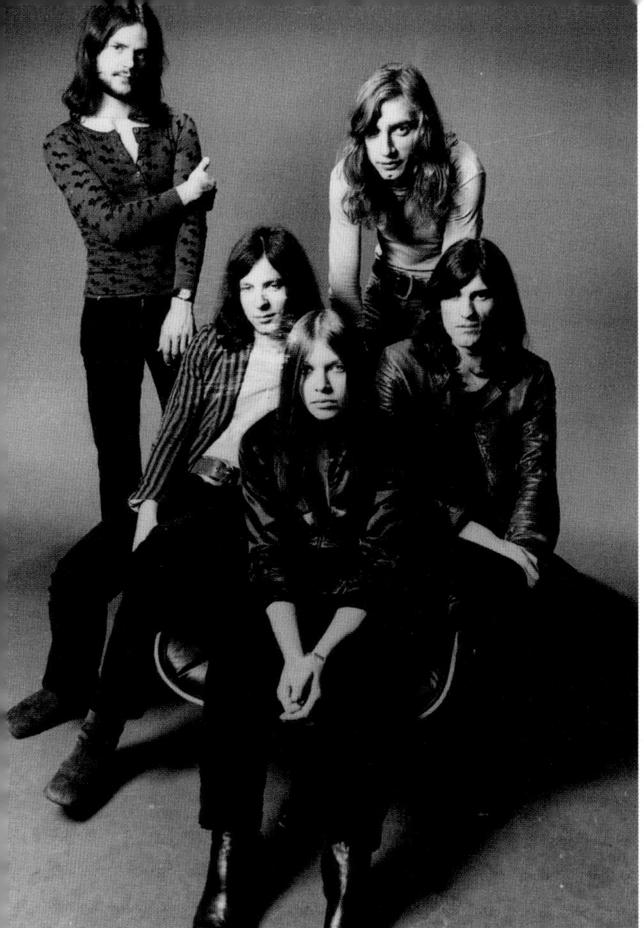

1971. *Frumpy* hat
nun einen Gitarristen:
Rainer Baumann
(hinten rechts).

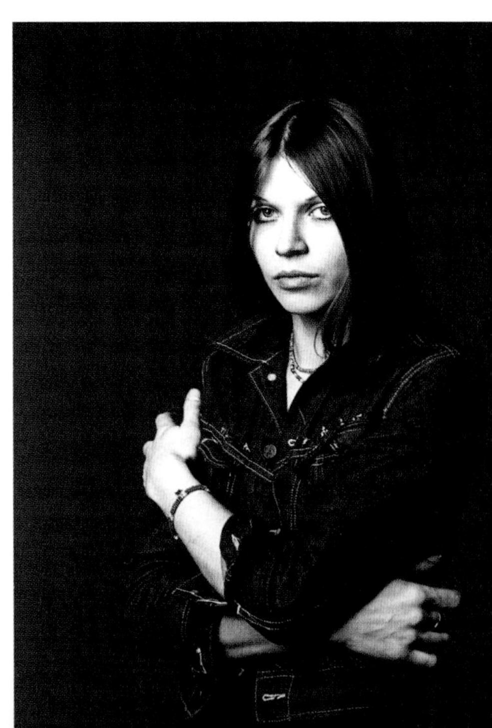

1971. Etwas hanseatisch
zugeknöpft, doch
als Frontfrau schon im
Fokus der Presse.

Wir waren mit *Frumpy* auf dem Höhepunkt, doch unsere musikalische Entwicklung begann zu stocken. Rainer Baumann konnte den Improvisationen der drei anderen nicht so folgen, wie Jean-Jacques es gern gehabt hätte. Er spielte interessante Soli, aber die Rhythmusgitarre beherrschte er nicht. Das hielt Jean-Jacques immer weniger aus, und weil der Rest der Band anderer Meinung war, drohte er mit dem Ausstieg, sollte nicht ein anderer Gitarrist kommen. Da wir schon die dritte *Frumpy*-LP vor uns hatten, luden wir den Hannoveraner Organisten Erwin Kania ein mitzumachen. Nach einigen Konzerten und auch im *Windrose Studio* stellten wir jedoch fest, dass er Jean-Jacques' Orgelspiel nicht ersetzen konnte. Also rief Bodo Albes Jean-Jacques an und bat ihn, sich das, was wir schon auf Band hatten, einmal anzuhören. Der hatte in der Zwischenzeit aber schon einen eigenen Plattendeal mit der *Phonogram* und ein Album mit Udo Lindenberg und Steffi Stephan am Bass aufgenommen. Die Platte erschien unter seinem Namen *Kravetz,* und ich sang darauf seine Komposition, für die Udo den Text geschrieben hatte: *I'd Like To Be A Child Again*. Die Platte blieb allerdings ein Einzelstück, denn – welch Wunder – Jean-Jacques stieg wieder bei *Frumpy* ein, jedoch nur unter der Bedingung, dass Rainer Baumann zukünftig durch den Hannoveraner Gitarristen Thomas Kretschmer, der auf seiner Solo-LP mitgespielt hatte, ersetzt wurde. Rainer spielte die LP noch bis zum Ende ein, und schied dann aus. Mit Thomas Kretschmers AC-30-Verstärker, Effektgeräten und seinem filigranen Gitarrenspiel stellte er Carsten und den Rest der Band vollauf zufrieden und wir die dritte *Frumpy*-LP *By The Way* fertig. Thomas Kuckuck, unser Toningenieur, hatte ein gutes Ohr und erfinderische Genialität. Er baute die erste Rhythmus-Maschine der Welt, die Ike Turner ihm abkaufen wollte, wenn ich mich recht erinnere.

Bei Jean-Jacques war die Liebe zu seiner Freundin Inge so groß, dass sie heirateten. Nach dem Standesamt ging es gleich ins Studio, wo er begann, die Orgelspuren zu überspielen. Inge war begeistert, dass er wieder bei uns mitmachte, und sogar bereit, zugunsten der Aufnahmen auf ihre Hochzeitsnacht zu verzichten. Das mag im ersten Moment wie ein Happy End klingen, und während ich diese

Chronologie niederschreibe, durchlebe ich die Höhen und Tiefen erneut. Doch es kam für unsere Fans und Freunde, und natürlich auch für uns, schlimmer! Vom vielen Touren waren wir erschöpft und gingen uns auf die Nerven. Die Zustände auf den Festivals wurden immer unerträglicher. Das dreitägige Open-Air-Festival in Germersheim im Mai 1972, ursprünglich in Mannheim geplant, verlief teilweise chaotisch. Schon die Anfahrt zum Gelände durch eine viel zu schmale Zufahrtsstraße mit beidseitig parkenden Autos (wie 1969 in Woodstock) war eine zeitraubende Tortur: "Die martialisch auftretenden Bühnenordner waren mit Eisenketten, feststehenden Messern, Stahlrohren und Schlagringen bewaffnet, durch sie entstanden mehrere blutige Zwischenfälle. Das Wiesengelände, auf dem ein Teil der Besucher – auch unmittelbar vor der Bühne – zeltete, war morastig. Die Germersheimer Obrigkeit hatte Angst vor über 50 000 Rauschgiftsüchtigen und schickte fast 500 Beamte. Bereits in der Mitte des Geländes war die Musik nur noch schwer wahrzunehmen", lautet ein Wikipedia-Eintrag. Unser Auftritt erfolgte direkt am ersten Tag, und ich beklagte mich in einem Interview, dass "die deutschen Musiker benachteiligt würden, sie müssten stets als Erstes spielen und hätten keine Möglichkeit, sich auf den Auftritt vorzubereiten". Dabei vergaß ich, dass es sich um ein *British Rock Meeting* handelte. Wir kamen wohl so mittelprächtig an, ich hörte mich kaum auf der Bühne, der Monitorsound war mal wieder unterirdisch. Der Manager von *Pink Floyd*, Steve O'Rourke, hatte uns aber gehört, fand unseren Auftritt gelungen und bot uns einen weltweiten Deal an. Ich lernte hinter der Bühne die damals noch junge Schweizer Schlagersängerin Paola kennen, die als Festivalbesucherin dort war, und wir unterhielten uns wohl recht lange, es wäre mir sonst nicht in Erinnerung geblieben.

Drogen wurden auf den Konzerten zu einem immer größeren Problem. Einmal spielten wir mit *Frumpy* im Hamburger *Gruenspan*, das für seine psychedelischen Bildprojektionen im Saal bekannt war. Mitten im Set stieg eine junge Frau auf die Bühne, hob ihr langes Kleid hoch und pinkelte ungeniert los. Es gab niemanden, der sie von der Bühne holte, und wir waren am Spielen. Ein anderes Mal hatte ein

Drummer zu viel durcheinander genossen und übergab sich, während er spielte. Als es ans Abräumen ging, ekelten sich die Roadies so sehr, dass sie die herumliegenden Kabel einfach abschnitten. Es gab viele verrückte Leute um uns herum. Ständig wollten angetörnte Fans mit uns fahren, uns zu sich einladen und mit uns in ihren WGs weiterfeiern. Und jede Menge Groupies, die unseren Zeitplan durcheinanderbrachten. Mit unseren Fans hatte ich, soweit sie sich respektvoll verhielten, keine Probleme. Manche drückten ihre Verehrung durch kleine Geschenke aus, die sie mir nach einem Konzert überreichten. Oder sie wollten einfach nur ein Autogramm. Damals gab es noch keine Absperrungen im Backstagebereich. So konnte es durchaus passieren, dass aus einer ungesicherten Bühnengarderobe meine zwölfsaitige Gitarre geklaut wurde. Später kam der Dieb in eines unserer Konzerte und prahlte mit seiner Tat. Manchmal kam ich nach einem Auftritt von der Bühne, vom Singen noch voller Endorphine, glückselig und wie losgelöst, als hätte ich Raum und Zeit vergessen. Da konnte ich es überhaupt nicht ertragen, wenn mich jemand anfassen oder gar umarmen wollte. Dieser Zustand lässt sich wirklich als abgehoben bezeichnen, im positiven Sinne. Aus manchen Begegnungen wurden auch langjährige Freundschaften.

Einmal spielten wir mit unserer späteren Band *Atlantis* in Bayreuth. Dort traf ich den 16-jährigen Moncha, ein Allroundtalent, das jahrelang wunderschöne Portraits von mir zeichnete und mir zuschickte. Später machte er eine Schneiderausbildung und ich bekam tolle selbstgenähte Sachen von ihm. Er malt immer noch und hat auf meiner Homepage eine kleine Galerie. Auch ein anderer Fan wurde zum Freund: Stefan, damals Architekt in Dortmund, kannte mich aus *Atlantis*-Zeiten und kam später zu Auftritten meiner verschiedenen Bands. Irgendwann schickte er mir eine Radioaufnahme eines Konzerts zu, wir telefonierten und hatten ein gutes Gespräch. Dann, nach einem Auftritt in der Hamburger Laeiszhalle, stand er plötzlich vor mir und gab sich zu erkennen. “Ach, du bist das!” Ich fand ihn sympathisch, und seitdem sind wir gute Freunde.

Sogar ein Geschäftspartner war einst ein “Verehrer”: Andreas Linke, mein Manager und Backofficer, hatte schon 1969 in seinem

Jugendzimmer ein Poster von mir über seinem Bett hängen. Das verriet mir eines Tages seine Mutter. Als er Journalist wurde, führte er viele Interviews mit mir und den Bands meiner Anfangszeit. In den 2000er-Jahren suchte er nach einer beruflichen Veränderung, und ich schlug ihm vor, ins Künstlermanagement einzusteigen. Das gelang ihm mithilfe seines Freundes Jürgen Hoffmann. Darüber, und dass er mir seit nun zwanzig Jahren zur Seite steht und mein bester Freund und Manager geworden ist, bin ich sehr froh. Denn es ist verdammt schwer, in diesem Business einen Vertrauten zu finden, mit dem man eine große Übereinstimmung hat.

Bei *Frumpy* gab es immer wieder Stress zwischen Carsten und Karl-Heinz. Carsten missfielen dessen Essgewohnheiten, und dass er und ich ein Paar mit einer Stimme waren, war ihm ein Dorn im Auge. Thomas Kretschmer hielt sich aus allem raus, aber Jean-Jacques gingen die ständigen Querelen auf den Geist. Zum dritten Mal waren wir bei Mike Leckebusch in den *Beat Club* eingeladen und ausgerechnet dort kriegten sich Carsten und Karl-Heinz während der Aufnahmen mit blöden Sprüchen so richtig in die Wolle! Auf der Showbühne hielten sie sich noch zurück, aber hinter den Kulissen explodierte die aufgestaute Spannung. Nach wildem Herumgeschreie, Diskutieren und Schuldzuweisungen war klar: Die Band ist am Ende und wird aufgelöst! Ich sehe noch immer Thomas Kretschmers Gesicht vor mir: Das kann doch alles nicht wahr sein! Gerade einmal drei Monate dabei, hatte er sich voll reingeschafft in die neuen Stücke, ein ganz sensibler Künstler, ständig an sich zweifelnd und grübelnd, und dann sowas! Was für ein Drama! Nachdem die Streithähne sich beruhigt hatten, kam natürlich die Frage auf: Wie geht es nun weiter, wie sollten wir das alles Bodo, der Plattenfirma und der Presse erklären? Und weiter: Wer will noch mit wem weiterspielen? Was Karl-Heinz damals allen verschwieg: Seine Mutter war gestorben, und am Tag nach der *Beat Club*-Aufzeichnung sollte die Beerdigung stattfinden. Aber er war wohl zu cool, um seine Gefühle zu zeigen und um Verständnis und Mitgefühl zu bitten.

Tatsächlich waren er und ich die meiste Zeit einer Meinung. Wir waren fest liiert und er mein Beschützer, der gut aufpasste, dass ich

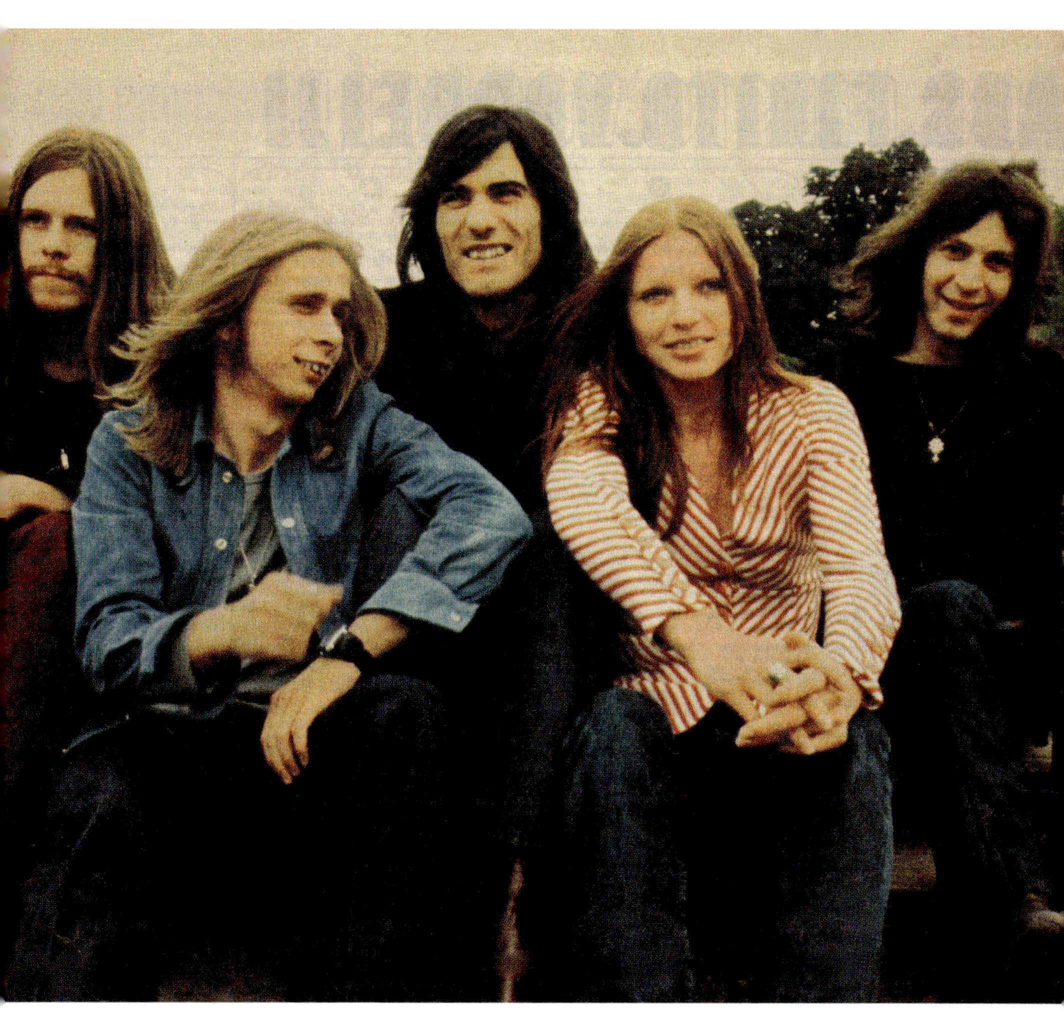

1972. Erste *Atlantis*-Besetzung.
Von links: Frank Diez, Curt Cress, Karl-Heinz, ich, Jean-Jacques.

in meiner Blauäugigkeit nicht über den Tisch gezogen wurde. Immer waren wir mit Musik beschäftigt. Zu Hause arbeitete ich an Texten und Kompositionen, und sobald ich anfing, meine Gitarre zu spielen, hatte Karl-Heinz schon seinen Bass in der Hand und feilte eine passende Basslinie zur Melodie aus. Wenn ich meinte, ein Song wäre fertig, nahmen wir alles mit meinem REVOX-Tonbandgerät auf. Ich spielte Gitarre, sang die Melodiestimme und manchmal ein paar Chorstimmen hinterher. Es war ein Zwei-Spur-Gerät mit Synchronisationsmöglichkeiten, die leider sehr begrenzt waren. Irgendwann wurden die Takes immer leiser. Aber es reichte für eine Demoaufnahme. Einige Songs davon wurden, neu eingespielt, auf unsere LPs gebracht, andere taugten nichts oder wurden erstmal liegengelassen. Im Juli 1972 erschien eine Doppel-LP, *Frumpy Live,* die wir noch mit Rainer Baumann aufgenommen hatten und die unsere große Stärke – Live-Auftritte – bewies. Wir spielten die restlichen Konzerte in der aktuellen Besetzung recht und schlecht und ohne großen Spaß. Manchmal schreckte ich aus einem Albtraum auf: Mit Entsetzen sah ich, dass die Bühne an einem steilen Abhang gebaut war, auf der man unmöglich spielen konnte. Oder ich saß in der Garderobe, hatte rein gar nichts anzuziehen und keiner in der Band wusste, welche Lieder auf unserem Programm standen. Schön auch: Meine Gitarre hatte keine Saiten und das Klavier keine Tasten, es gab nur Knöpfe und Schalter, die keinen Sinn ergaben.

Jean-Jacques entschied sich nach der Trennung von *Frumpy* für mich und Karl-Heinz. Mit Bodo waren wir der Meinung, dass die Presse über die Auflösung von *Frumpy* informiert werden müsste. Dafür ließen wir eine Todesanzeige mit Kreuz veröffentlichen: "Nach drei LPs, zwei Singles und unzähligen Auftritten im In- und Ausland ist im August 1972 zu Hamburg der deutschen Popfans liebstes Kind FRUMPY im Alter von fast drei Jahren von uns gegangen. Die Todesursache waren musikalische Differenzen ... Es wird gebeten, von Beileidsbekundungen Abstand zu nehmen, denn Inga, Karl-Heinz und Jean-Jacques werden bald wieder unter anderem Namen von sich hören lassen."

Station 3

Friends

1972–1975

Aus Frumpy wird Atlantis.
Nochmal Udo und England-Tour.
Das Musiker-Karussell dreht sich weiter.
Auf USA-Tournee und wieder ist Schluss!

Nun saßen wir also zu dritt bei unserer Plattenfirma und schmiedeten Pläne für einen neuen Deal. Den Namen für die neue Band hatte ich schon im Kopf: *Atlantis*. Ich wollte den versunkenen, mythischen Kontinent noch einmal auftauchen lassen. In einem Bunker in Hamburg-Barmbek, in Stadtparknähe, bezog gerade die Musikinstrumentenfirma *Amptown* ihr Geschäft. Dort fanden wir im Erdgeschoss einen neuen Übungsraum und bauten unser Instrumentarium auf. Wir luden Drummer und Gitarristen zum Vorspielen ein und entschieden uns dann nach einiger Abwägung für den Berliner Blues-Gitarristen Frank Diez. Frank hatte schon reichlich Banderfahrung und konnte auf seiner Gitarre alles spielen, was unsere Songs brauchten. Er war damals ein schlaksiger Kerl mit langen, rotbraunen Haaren, die er offen trug. Er hatte einen feinen, intelligenten Witz, und wenn er seine virtuosen Soli mit geschlossenen Augen spielte, sah er aus, als freute er sich über jeden seiner gefühlvollen Töne. Nun fehlte uns noch ein Drummer. Das kam Klaus Doldinger zu Ohren, woraufhin er uns Curt Cress aus München empfahl. Wir fragten Frank, ob er ihn kannte, und er sagte: "Na sicher, mit dem spiele ich gerade in der Band *Emergency*!" Als Curt bald darauf in unserem Übungsraum mit uns jammte, war klar: Die Band ist komplett! Ein neuer Plattenvertrag und unser aller exzellenter Ruf boten eine gute Voraussetzung für eine gemeinsame Zukunft. Um das Ganze perfekt zu machen, mussten wir den beiden neuen Bandmitgliedern ein Zuhause in Hamburg beschaffen. Auch wir wollten eine wohnliche Veränderung, deshalb suchten wir nach einem geeigneten Haus in Hamburg und Umgebung. Im Stadtteil Hausbruch, auf der anderen Elbseite, fanden wir schließlich eine wunderschöne Villa mit der richtigen Anzahl an Zimmern mit genügend Platz für unsere Privatsphäre, die zudem mit einer Garage zum Üben ausgestattet war. Sie lag inmitten des Naturschutzgebiets Harburger Berge auf einem Hügel. Curt Cress, der zu diesem Zeitpunkt gerade 18 Jahre alt war, bezog eine Art Dienstbotenzimmer im Keller, Jean-Jacques und seine Inge übernahmen die beiden herrschaftlichen Räume im Parterre, Frank und seine Freundin Jackie bekamen ein großes Zimmer mit dem einzigen Bad des Hauses in der oberen Etage und gegenüber quartierten sich Karl-Heinz und ich in zwei geräumigen Kinderzimmern ein. Jetzt befand sich alles unter einem Dach und wir konnten proben, so oft wir wollten, um Material für eine neue LP auszutüfteln. Curt war meistens der Erste im Übungsraum und trommelte uns am frühen Morgen aus den Betten. Frank studierte zu der Zeit intensiv die Musik des Gitarristen John McLaughlin und dem *Mahavishnu Orchestra*, und die beiden übten stundenlang komplizierte Rhythmen, die wir bis dato nicht kannten. Jean-Jacques kam als Nächster runter, Karl-Heinz und ich waren Nachteulen und somit die letzten im Übungsraum. Nach und nach entwickelten wir die Songs, die wir auf die Platte bringen wollten.

Nicht nur unsere Musikkritiker hatten bemerkt, dass es mit den Improvisationen und freien Strukturen der *Frumpy*-Musik immer weniger wurde. Wir arbeiteten bewusst auf eine Songstruktur hin, die mit interessanten Breaks und Riffs nachvollziehbar wurde. Wir improvisierten zwar noch immer stundenlang aus Lust an neuen Ideen, wollten diese aber nicht mehr ungefiltert auf die Bühne bringen. Das hatten wir bei *Frumpy* schließlich auch eher aus dem Mangel an Stücken heraus getan. Von nun an erarbeiteten wir aus den Ideen und Teilstücken vier- bis fünfminütige Songs nach einem radiotauglichen Schema. Im September 1972 hatten wir genügend Songs zusammen und wurden wieder bei unserer Plattenfirma vorstellig. Bodo handelte einen Vertrag über drei LPs und weitere zwei

Optionen sowie – besonders wichtig – einen Vorschuss aus, von dem eine neue Gesangsanlage und zwei Autos gekauft werden sollten. Den Rest zahlten wir uns als Starthilfe aus. Bedingung für den relativ hohen Vorschuss war, dass jeder von uns eine Lebens- und Unfallversicherung abschloss. Die Plattenfirma wollte auf Nummer sicher gehen.

Durch Bodos Kontakte zu *Island Records* in London konnten wir uns auf das dort für uns gebuchte Studio freuen. In der einstigen Kirche hatten schon Künstler wie Joe Cocker und Cat Stevens ihre großartigen Alben aufgenommen. Bevor es im November mit der Fähre über den Ärmelkanal ging, spielten wir uns noch auf einigen Konzerten in Deutschland in Form. Dann endlich waren wir am Ort unserer Träume. Wir hatten zehn Tage Zeit für die Aufnahmen, am Pult saß der Toningenieur John Burns, der die Gruppe *Genesis* recorded hatte. In einem der unteren Studioräume spielte gerade die Band *Free* ihre Demos ein, und ab und zu steckten ein paar neugierige Kollegen ihre Köpfe durch die Tür. Wir hatten die Playbacks schnell auf Band, und ich war gerade am Singen, als ein lachendes dunkles Gesicht durch die Scheibe der Regie schaute. "Inga! Do you remember me?" Es war der Percussionist Reebop Kwaku Baah, der früher einmal kurz bei den *City Preachers* mitgespielt hatte und vor einigen Jahren in der Band *Traffic*, mit Stevie Winwood an der Orgel, gelandet war. Er hörte unserer Musik zu und wollte begeistert mitmachen. Besonders gefiel ihm das Stück *Big Brother*. Wir sagten skeptisch "Okay", und schon am Abend hielt er mit seiner gesamten Percussion Einzug, die sein Roadie ins Studio schleppte. So viele unterschiedliche Bongos, Trommeln, Cabasas, Rasseln und Chimes hatten wir noch nie gesehen, und als er auf unser Playback spielte, ging es dermaßen ab, dass wir alle ziemlich aus dem Häuschen gerieten. Unsere Musik nahm mit einem Mal mächtig Fahrt auf. Reebop bot so viel Rhythmik an, dass uns schwindelig wurde. Sein Groove war trotz seiner Spielfreude transparent und on time. Er hielt beim Spielen die Augen geschlossen, blickte aber hin und wieder zu uns rüber und rief: "Don't cook!" ("Cool bleiben, nicht überkochen."). Das war eine Lektion fürs Leben. Zum guten Abschluss spielte der Organist von Cat Stevens, Jean Roussel, noch eine amtliche Orgel auf *Let's Get On The Road Again,* und Franks Freundin Jackie Carter und die englische Sängerin Claire Hamill sangen mit mir den Chor ein. Reebop war gerade dabei, seine Solo-LP aufzunehmen und fragte uns, ob wir ihn musikalisch unterstützen würden. Das war selbstverständlich, und so verlängerten wir unseren Aufenthalt in London um zwei weitere Tage. In dieser Zeit nahmen wir unglaubliche sieben, uns völlig unbekannte Stücke von Reebop auf. Er sang uns die einzelnen Parts vor, *Atlantis* spielte sie. Ich improvisierte seinen Text *My Dreams Are My Former Life*. Jean-Jacques machte dann noch Bekanntschaft mit einem weißen Pülverchen, das Reebop ihm gegen seine Zahnschmerzen gab. Auweia!

Während *Frumpy* in den Umfragen der Musikzeitschriften noch an erster Stelle stand und die LP *By The Way* die Nummer Zwei des Jahres 1972 war, enterte *Atlantis* schon die Charts. Ich wurde in der Kategorie "Beste Vokalistin national", übrigens fünf Jahre hintereinander, auf den ersten Platz gewählt. Unsere Debüt-LP *Atlantis* drehte sich auf allen Plattentellern der Rockszene und erschien wieder unter dem Label *Vertigo*. In der Presse stand: "Atlantis wieder aufgetaucht!" Bei uns hieß es: "Spielen, spielen, spielen!" – Promotion machen für das neue Album. Zwar trauerten unsere Fans noch ein wenig *Frumpy* nach, folgten dann aber doch aufmerksam unserem neuen musikalischen Kurs.

Wir kauften einen gebrauchten Opel Diplomat, und mit diesem Schlitten rauschten wir durch die deutschen Lande. Die Polizei hatte uns irgendwie auf dem Kieker, vermutlich wegen der gewaltsamen Aktivitäten der Roten Armee Fraktion (RAF), und hielt uns viele Male an. Bei vorgehaltener Waffe mussten wir unsere Personalausweise vorzeigen und sie durchsuchten unsere Sachen. Das war kein Spaß.

Bodo buchte für das Frühjahr 1973 eine England-Tournee für uns, aber als es konkret wurde, stiegen Curt und Frank aus. Sie wollten sich stilistisch mehr in Richtung Jazzrock orientieren. Das war ein Schlag, den wir erstmal verdauen mussten – denn nun ging ein Besetzungsreigen los, den bald keiner mehr nachzuvollziehen vermochte, am wenigsten die Presse. Durch Jean-Jacques, Karl-Heinz und mich gab es zwar immer noch eine gewisse Stabilität und Garantie für gute Musik, doch schon bald gerieten auch wir ins Schlingern. Für eine England-Tour, die wir keinesfalls absagen wollten, brachte Bodo den Gitarristen George Meier von *Cravinkel* ins Spiel. Ein guter Mann, der zu der Zeit jedoch gewaltig unter Realitätsverlust litt. Er hatte einige mächtige Meskalin-Trips eingeworfen, die ihn mit ständigen Flashbacks zum Indianer werden ließen. Da saß er dann mit uns im Auto nach England und fragte nach einem Zelt, in dem er übernachten wollte. Als Schlagzeuger konnten wir Udo Lindenberg, mit dem wir uns wieder vertragen hatten, gewinnen.

Im März 1973 standen 24 Städte mit ein paar freien Tagen in unseren Terminkalendern. Ein strammer Zeitplan mit viel Fahrerei. Die englischen Colleges und Aulas der Universitäten waren meist gerammelt voll. Manchmal spielten wir allein, an anderen Tagen traten wir im Vorprogramm von britischen Bands auf. Wir kamen überall gut an. In Leeds hingegen hatten wir zu kämpfen, weil in einem anderen Saal die Band *Procol Harum* zu spielen begann. Da tanzten dann plötzlich nur noch vierzig Leute vor uns. Im pickepackevollen Londoner *Greyhound Club* sprangen wir für *Mungo Jerry* ein, mit Erfolg. Dann wieder stürmte eine Rockerbande im Seebad Blackpool den Ballsaal, und bevor wir die ersten Takte gespielt hatten, prügelten sie schon auf die Fans des gegnerischen Fußballclubs ein. Im Nu wurde daraus eine blutige Massenschlägerei, und die Polizei musste den Saal räumen. Das Konzert war gelaufen. Als wir in York die Band *Traffic* hören wollten, war deren Begleitband unterwegs auf der Strecke geblieben, und so sprangen wir für sie ein. Am nächsten Tag holte *Traffic* uns nach Manchester, um wieder mitzuspielen. Das war ein Ritterschlag für Jean-Jacques, auf der Hammond von Stevie Winwood spielen zu dürfen, und für uns Atlanter eine große Ehre. Die Tour war eine gute Erfahrung für uns, aber darüber hinaus brachte sie uns noch nicht einmal eine nennenswerte Gage. Wir spielten mal wieder nur für Promotion und ein bisschen Taschengeld, hatten oft Hunger, und mir hingen die indischen Restaurants und Sandwiches aus Weißbrot und Käse bald

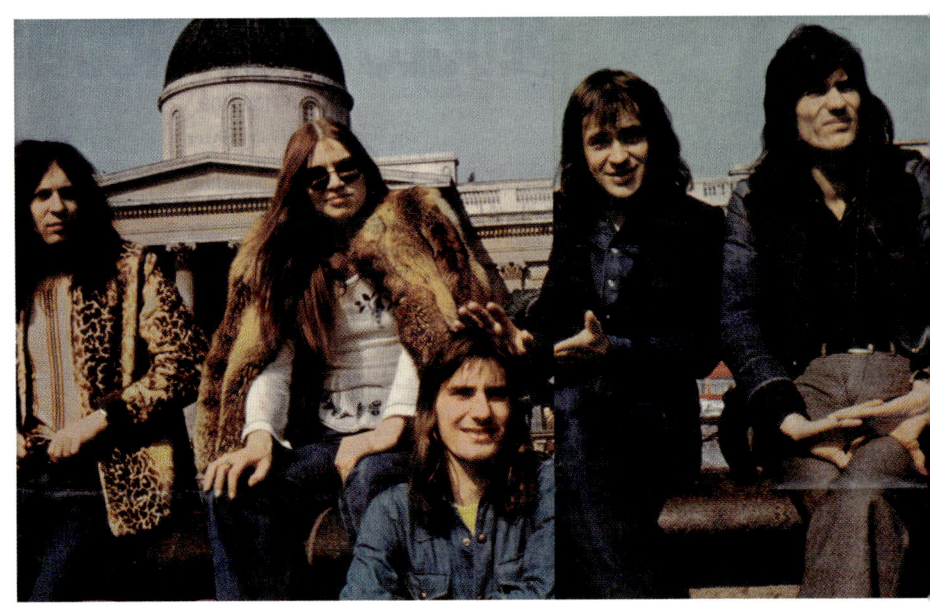

1973. *Atlantis* auf
England-Tournee.
Von links: Jean-Jacques,
ich, George Meier,
Udo, Karl-Heinz.

zum Hals raus. Auch diesmal bekamen wir wieder gute Kritiken, und es ist sicher nicht übertrieben zu behaupten, dass *Atlantis* die deutsche Rockmusik salonfähig gemacht hat. Folglich war es eine große Auszeichnung für unsere Band, in der berühmten britischen TV-Musikshow *Old Grey Whistle Test* aufzutreten.

Auf dieser Tour hatte Udo bereits seinen Plattenvertrag bei der *Teldec* als Solokünstler in der Tasche und "sein Ding" im Kopf. Als wir kurz vor Ende der Tour in London ein Radiointerview bei der BBC gaben, redete er zu unserem Erstaunen nur über sein neues Panikprojekt in deutscher Sprache. Weil wir, *Atlantis*, nun aber gerade auf Promotiontour für unsere LP waren, nahmen wir ihm seine Eigenwerbung sehr übel. Wieder einmal gab es Diskussionen, er verteidigte sich, war mit den Nerven am Ende und wollte schnell nach Hause. Wir sagten die letzten Konzerte ab, und frustriert ging es zurück nach Hamburg. Ich erinnere mich, dass ich in London noch ein Paar Plateauboots in der Kings Road kaufen wollte und Udo so lange über "Konsumsucht" diskutierte, bis die Geschäfte dicht machten. Danach war erstmal wieder Sendepause.

George Meier entschwebte nur mühsam seinem Indianerhimmel. Das dauerte uns zu lange, und so suchten wir wieder mal nach neuen Leuten. Wir fanden den 19-jährigen Dortmunder Gitarristen Dieter Bornschlegel, einen bodenständigen, kreativen Musiker, der sogleich das untere Zimmer unseres Hausbrucher Hauses bezog. Außerdem luden wir den *Jeronimo*-Drummer Ringo Funk aus Frankfurt zu uns in den Übungsraum ein, legten sofort los, und Karl-Heinz war der Erste, der strahlte: "Endlich der richtige Groove!" Ringo hatte alles an Rhythmen drauf, was wir an amerikanischem Groove so liebten, denn er hatte jahrelang in Frankfurt den Soldatensender AFN gehört und war bestens mit amerikanischer Funk- und Rockmusik geimpft. Es wurde wieder geprobt, das alte Programm aufgefrischt und Songs für die neue LP eingeübt. Dann ging es erneut nach London, dieses Mal ins *Phonogram*-eigene Studio. Dort lernten wir uns musikalisch und menschlich erst mal richtig kennen, wir hatten ja noch nicht so oft live zusammengespielt. Die Aufnahmen gingen gut voran, ich synchronisierte dieses Mal meinen eigenen Chor, was mir immer mehr Spaß machte und meine Gesangstechnik verbesserte. Als wir mit den Aufnahmen fertig waren und es ans Abmischen ging, gab es plötzlich einen Knall – das 16-Spur-Band war gerissen! Die Aufnahme des Songs, die gerade auflag, war hinüber. Uns blieb nichts anderes übrig, als unsere gesamte Backline wieder aus dem LKW zu holen und die Aufnahme zu wiederholen. Das Stück hieß *It's Getting Better,* und so nannten wir zuversichtlich auch das neue Album. Das Booking für Konzerte und die Promotionarbeit liefen auf Hochtouren. Wir waren wieder auf Dauertour und bekamen Aufmerksamkeit in den bürgerlichen Medien. Das *ZEITmagazin* rückte mich aufs Titelbild, dazu die Headline: "Der Krautrock aus Deutschland und sein Superstar Inga Rumpf."

Während dieser "Ochsentour" 1973 hatten wir zwischen der Schweizer Grenze und Deutschland ein Erlebnis, das uns mit den Behörden und der Drogenfahndung reichlich Ungemach bescherte, und Karl-Heinz vor die Frage stellte, entweder drei Tage in den Knast zu gehen oder 1500 DM Strafe zu zahlen. Er wählte natürlich die zweite Variante – und das wegen eines winzigen Haschischtütchens, das er in seiner Jackentasche vergessen hatte.

"Wuff!" Wir bekamen ein neues Bandmitglied, einen Hund. Nach einem Konzert in Frankfurt schlenderten Karl-Heinz und ich im Bahnhofsviertel an einer Tierhandlung vorbei. Da sah ich es, ein winziges schwarzes Knäuel mit spitzen Ohren, das an der Schaufensterscheibe klebte und mich anhimmelte. Ich konnte nicht anders, als hineinzugehen und es mitzunehmen. Karl-Heinz sagte: "Du hast 'n Knall!" Aber als dann der niedliche Welpe auf seinen Schoß krabbelte, war auch er hin und weg. Es war eine Hündin, die ich Tonky taufte. Sie fuhr mit uns nach Hause, kackte uns die Zimmer voll, und bis wir sie einigermaßen stubenrein hatten, verging viel Zeit. Sie begleitete uns von nun an mit auf die Konzerte und wurde von allen verwöhnt. Ich war wohl in dem Alter, etwas Kleines zu bemuttern. Mit der Zeit verlor sie jedoch ihr süßes Äußeres, und das kuschelige Bündel verwandelte sich in einen langen Körper mit kurzen Beinen. Da steckte wohl ein Dackel in ihren Genen. Leider war

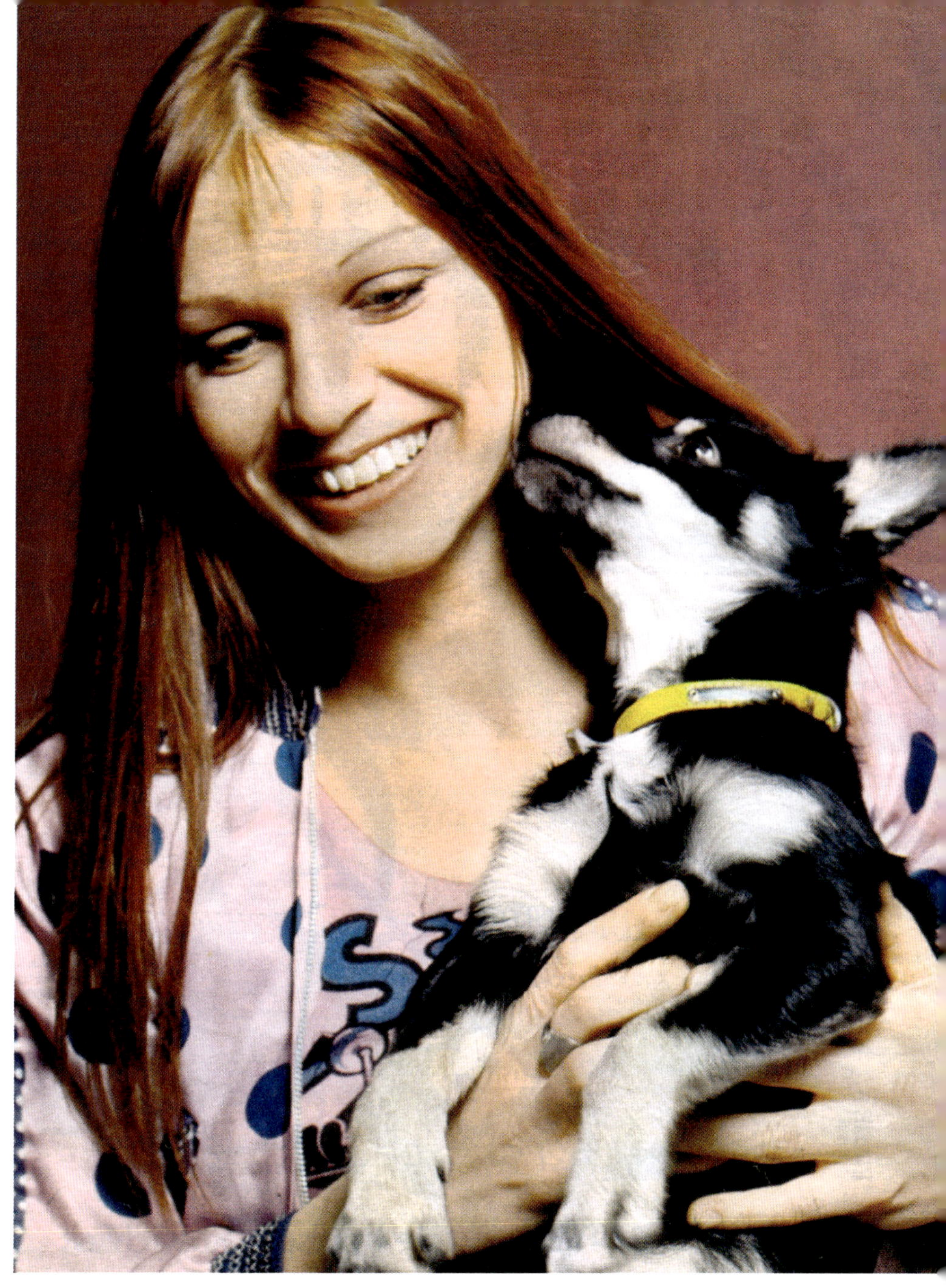

1973. Tonky, unser Maskottchen, wurde von allen verwöhnt.

ihr kein langes Leben beschieden, denn als Karl-Heinz und ich einmal ohne sie nach Hamburg fuhren, ließ jemand im Haus unvorsichtigerweise die Haustür offen, sodass Tonky hinausflitzte, um uns zu suchen, und auf der Schnellstraße unter die Autos geriet. Glücklicherweise passierte dadurch kein Unfall, aber über den Verlust unseres quirligen Maskottchens waren wir dennoch sehr traurig.

Bei Jean-Jacques meldete sich der französische Staat – er sollte zur Musterung des "Service Militaire", was er die letzten Jahre hier in Deutschland total verdrängt hatte und immer wieder abwenden konnte. Auch diesmal ging es wieder gut, aber er zog Bilanz: Bisher hatten wir mit *Frumpy* und *Atlantis* keine großen finanziellen Gewinne erzielen können, Jean-Jacques hatte sogar Schulden. Und mit der Entwicklung von *Atlantis* stand es auch nicht zum Besten. Obwohl wir uns den Arsch abgespielt hatten, ging es irgendwie nicht voran. Resigniert und traurig waren wir alle, als er uns verkündete: "Für mich ist hier Schluss, ich mache nicht mehr mit und ziehe aus." So räumte er mit Inge seine Etage in der schönen Villa, und Karl-Heinz und ich bezogen ihre Zimmer. Ringo, der Womanizer, Typ Charles Bronson, hatte es sich bei der Tochter des Vermieters in der Hütte unterhalb der Villa gemütlich gemacht und kam nur noch zum Üben rauf. Das bedeutete für uns mal wieder, auf die Suche nach einem neuen Keyboarder zu gehen. Es wurde Rainer Schnelle, ein versierter Pianist, der zuvor bei *Family Tree* und *Amon Düül II* gespielt hatte, aber eher mit Jazz als mit Rockmusik vertraut war. Er blieb ebenfalls nicht lange bei uns, ging irgendwann nach Boston und studierte dort auf dem *Berklee College of Music*.

Unser Besetzungskarussel drehte sich also weiter. Eines Tages schickte unser Manager den Engländer Adrian Askew zu uns in den Übungsraum. Adrian hatte in England und Europa mit verschiedenen Bands Erfahrungen gesammelt, war nicht nur ein brillanter Organist, ein guter Sänger und Songschreiber, er brachte auch eine gesunde Portion britischen Humor mit. Wir kamen schnell ins Gespräch und erfuhren, dass er unter schwierigen Umständen vor seiner Frau, die ihn umbringen wollte, aus England geflüchtet und in Hamburg als DJ im *Top Ten Club* hängengeblieben war. Seine Hammondorgel hatte er aber retten können, und nach einem Joint und einer ausgedehnten Jamsession war er unser Mann. Adrians Freund, der Hamburger Gitarrenhändler Willy Becker, empfahl uns den Gitarristen Alex Conti von *Curly Curve,* der sogleich mit seinem Motorrad aus Berlin angebraust kam und uns mit seiner enormen Spielfreude und Energie beeindruckte. Wie auch Ringo in Frankfurt hatte er den Ami-Sender AFN mit der Muttermilch eingesogen. Die beiden verstanden sich musikalisch auf Anhieb. Alex brachte ausgefeilten Funkrock, bluesige Balladen und damit neuen Schwung in unseren Übungsraum. Der Produzent Dieter Dierks schloss mit uns einen langjährigen Vertrag. In seinem Studio in Stommeln bei Köln spielten wir die dritte *Atlantis*-LP *Ooh Baby* ein. Sie hatte ein ausgefallenes Cover: Auf pechschwarzem Grund krabbelte das Baby unseres Roadies Norbert "Gangster" Dembski.

1974 zogen Karl-Heinz und ich wieder nach Hamburg-Eimsbüttel und lebten nun in einer geräumigen Vierzimmerwohnung mit Bad und Küche und einem idyllischen Ausblick auf den Hinterhof. Endlich ging ich zum Zahnarzt und ließ meine Zähne sanieren, die mittlerweile so kaputt waren, dass ich viele Kronen bekam. Außerdem brauchte ich dringend eine neue Frisur, und so ließ ich mir im Salon von Peter Polzer in Hamburg die Haare schneiden und Locken drehen. Da erregte eine junge Azubine meine Aufmerksamkeit, die sehr schön und dramatisch mit ihrem langen, weiten Gewand an mir vorbeirauschte. Es war Niko Kazal, die heutige Stylistin von Udo Lindenberg. Mit ihr pflege ich bis heute eine tiefe Freundschaft. Sie gehört zu den wenigen Personen, mit der ich geheimste Gedanken austausche, und die auch wirklich in ihrem Atelier bleiben.

Anfang 1975, wir tourten gerade mit der neuen *Atlantis*-Besetzung durch Deutschland, kam Dieter Dierks mit dem amerikanischen Musikagenten Ira Blacker zu einem unserer Konzerte. Erst als wir am 20. April 1975 im Flugzeug nach New York saßen, realisierten wir, dass eine zweimonatige Tour durch die USA vor uns lag. Wir spielten an der Ostküste und im Mittleren Westen in kleinen Clubs, aber auch in großen Stadien – als Vorgruppe der Superstars *Lynyrd Skynyrd* und *Aerosmith*. Es war eine tolle Erfahrung! Wir

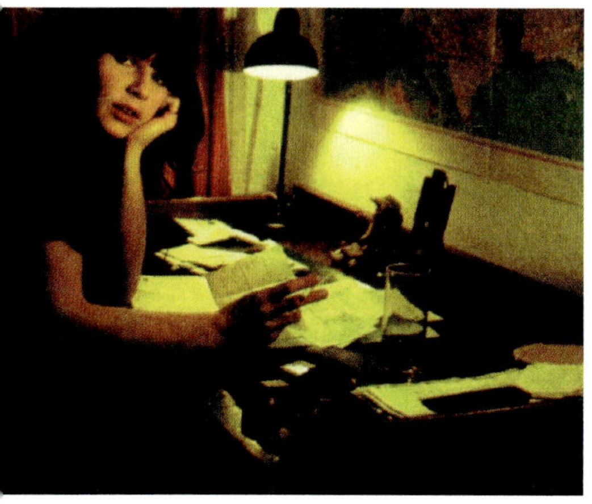

1974. Hier bin ich wohl gerade am Texten für einen neuen Song.

1974. *Atlantis* kurz vor der USA-Tournee.
Von links: Alex Conti, Ringo Funk, Karl-Heinz, Adrian Askew, ich.

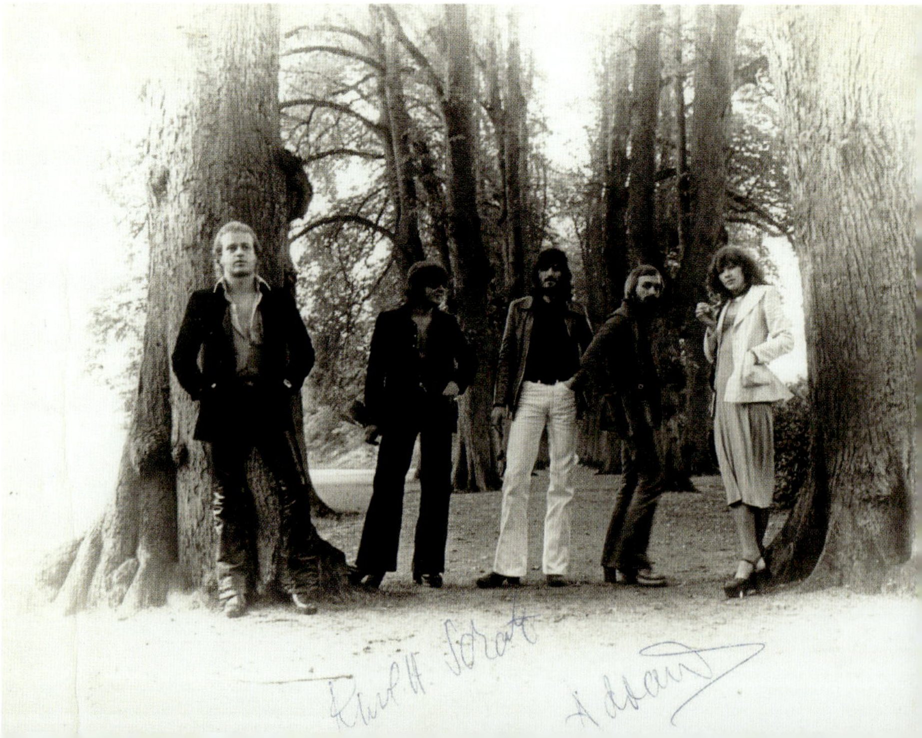

lernten das Weite Land und die amerikanische Mentalität kennen und erfuhren natürlich auch, wie das amerikanische Showbusiness funktioniert. Amerika auf dem musikalischen Weg zu entdecken, war für uns sogenannte Krauts ein Traum, den sich nur wenige deutsche Musiker erfüllen konnten, leider aber auch eine beschönigende Umschreibung der Wirklichkeit auf dieser Tour. Sie begann sehr vielversprechend: Eine Stretchlimousine holte uns vom Flugplatz ab, und es gab ein exklusives Dinner mit Ira Blacker und der Promotion-Dame unserer Plattenfirma *Polydor*. Dann lief alles auf Sparflamme. Wieder einmal bekamen wir kaum Geld, nur eine wöchentliche Pauschale, die oft zu spät oder gar nicht ausgezahlt wurde. Unsere Roadies sollten nicht mit auf Tour, dann aber doch, erst nur der englischsprechende Knüll, später auch Walter, weil wir Druck machten. "Gangster" musste zurückfliegen, weil er die Fremdsprache nicht beherrschte. Dafür kam Zak, ein Italo-Amerikaner, der etwas Deutsch sprach. Zur Vorbereitung der Tour probten wir in New York in einem Studio auf einer kleinen Anlage. Die Stimmung war angespannt, weil Ringo nur ein kümmerliches Drumkit erhalten hatte. Unser amerikanischer Roadmanager Simon Finkelstein wählte die Songs aus, von denen er meinte, sie kämen gut beim amerikanischen Publikum an. Am 23. April ging es von New York nach Boston. Die Band fuhr in einem Ford Gran Torino, die Roadies in einem Truck hinterher. Der Truck blieb auf halber Strecke mit Maschinenschaden liegen. Die Band fuhr weiter. Im Hotel in Boston erfuhren wir, dass die Roadies einen neuen Truck bekommen hatten, dieser aber nach ein paar Meilen wieder liegengeblieben war. Die Nerven lagen blank. Glücklicherweise hatten wir erst am darauffolgenden Tag unseren ersten Auftritt! In dem kleinen Club *Paul's Mall* traten wir für zwei Shows à 35 Minuten im Vorprogramm von Muddy Waters auf. Ich bin ein totaler Fan des Musikers, seine US-Import-LPs waren die ersten Blues-Platten, die wir hatten und die uns total umhauten. An diesem Abend sang er nur zwei Songs, verschwand dann von der Bühne und seine Band spielte das Konzert weiter. Er kam nicht wieder. Das fand ich ziemlich irritierend und war enttäuscht, das Publikum aber nahm es ohne Murren hin. Für uns fühlten sich die ersten Auftritte erstmal gut an. Auch das Interview mit einer Bostoner Zeitung lief perfekt. Wir waren cool. Am 25. April fuhren wir nach Springfield, Massachusetts, ins *Civic Center*. Wir hatten nur 15 Minuten Zeit für einen Soundcheck, aber dann ging es richtig los! Ausverkauftes Haus, 12 000 Leute, die auf *Aerosmith* warteten! Wir spielten vorweg. Als es in der Halle dunkel wurde, gingen 12 000 Streichhölzer an. Was für ein grandioser Anblick!

Na klar, ich hatte Lampenfieber, wir alle waren aufgeregt, aber nach der freundlichen Ankündigung des Ansagers verspürte ich nur noch große Lust zu singen. Die Leute gingen gut mit. Ich flirtete mit dem Publikum und machte Ansagen zwischen den Stücken, viel ausführlicher als in Deutschland, wo es immer hieß: “Red nicht so viel, sing!” Hier kam das gut an. Roadmanager Simon Finkelstein hatte unseren Auftritt genau beobachtet und gab uns Tipps für unseren vierzigminütigen Auftritt auf den großen Bühnen. Die Songs sollten kürzer und rockiger gespielt, auf lange solistische Exkurse verzichtet werden. Hier ging es nicht um Kunst, hier ging es um knallhartes Showbusiness! Das Stück *Friends*, das ich komponiert und getextet hatte, sollten wir auf sein Geheiß nicht spielen. Es sei zu funky. Die weiße Zuhörerschaft, die im Norden der USA zu *Aerosmith* kam, wollte auch schon im Vorprogramm Rockmusik hören. Simon sagte anfangs nach einem Auftritt: “So wird das nichts, ihr müsst mehr Show machen!” Oha, schließlich waren wir coole Norddeutsche, Fischköppe und sture Heinis, in Deutschland war “Show machen” verpönt. Und ich sollte mir hellere Bühnensachen anziehen, damit man mich in den großen Stadien auch von weitem sehen konnte. Darauf hatten wir uns überhaupt nicht vorbereitet. Erst als ich Steven Tyler von *Aerosmith* leibhaftig auf der Bühne sah, verstand ich, was Simon meinte. Ich kaufte mir gleich in der nächsten Stadt hellen Stoff, den ich in der Nacht noch zu einem Oberteil zusammennähte. Am nächsten Tag wirbelte ich mit neuem Outfit und Mikrofonständer herum, als hätte ich es schon immer so getan. Steven Tyler und *Aerosmith* waren sicher harte Showmaster, aber bei ihnen hatte es hinter der Bühne ja auch immer kräftig “geschneit”. Ja klar, Kokain, was sonst.

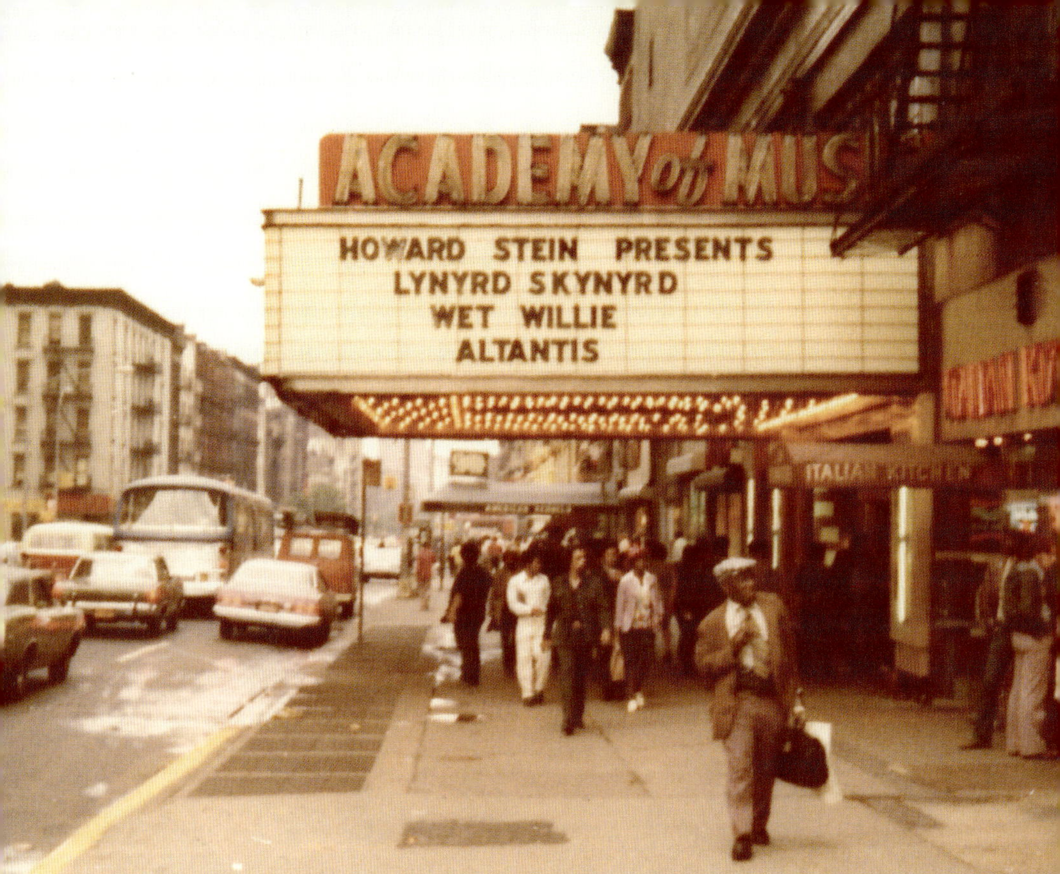

1975. *Atlantis* in der New Yorker *Academy Of Music*. Eines der wenigen Fotos von unserer USA-Tour.

Weil wir nur eine wöchentliche Pauschale bekamen, waren wir auf eine gute Versorgung vor und nach den Auftritten angewiesen, um nicht zu verhungern. Meistens stand im Backstagebereich ein Catering mit Obst, Brot und Aufschnitt, gekühltem Dosenbier und anderen Getränken. Gelegentlich gab es sogar eine Flasche Bourbon Whiskey, und ich machte Bekanntschaft mit Southern Comfort, dem würzig-süßen Whiskylikör aus New Orleans, der durch seinen milden Geschmack zu übermäßigem Genuss verführt. Unsere europäischen Essgewohnheiten mussten wir jedenfalls aufgeben. Die letzten 14 Tage der Tour aß ich nur noch Spaghetti und Salat, weil mir das amerikanische Essen in den Hotelrestaurants nicht bekam.

Wir waren das Reisen zwar gewohnt, doch auf dieser Tour hatten wir riesige Strecken mit großen Jets, kleinen Propellerflugzeugen und Autos zu bewältigen. Manchmal mussten wir zweimal den Flieger wechseln, und unsere Anlage landete ganz woanders. Dann wurde schnell ein Ersatz von einer anderen Gruppe herangeschafft und wir mussten uns in kürzester Zeit mit den neuen Geräten vertraut machen. Einige Auftritte habe ich noch deutlich in Erinnerung: In Louisville fand das *Kentucky Derby* statt, das traditionelle Pferdegalopprennen, und unter den Zockern war der Teufel los. Im *Beggars Banquet* spielten wir drei Nächte hintereinander, der Showbeginn war erst um 1.30 Uhr. Es war ein kleiner Club mit vielen Betrunkenen, unglaublich verraucht, heiß und stickig. Am dritten Abend erlitt ich mitten im Set einen Kreislaufkollaps und konnte mich gerade noch am Mikrofonständer festhalten, bevor ich fast ohnmächtig von der Bühne taumelte. Ich glaube, das hatte keiner so richtig mitgekriegt, auch die Band nicht. Ich schöpfte etwas frische Luft, kam nach ein paar Minuten Erholung wieder auf die Bühne und sang weiter. In der New Yorker *Academy Of Music* hatten wir einen Auftritt mit den Jungs von *Lynyrd Skynyrd,* die mit ihrem Song *Sweet Home Alabama* gerade auf Platz acht der US-Charts waren. Als sie die Südstaatenflagge hissten, wurden sie vom Publikum ausgebuht. Der Sänger der Band, Ronnie Van Zand, hatte uns bei den gemeinsamen Konzerten schon oft hinter der Bühne zugehört und spendierte uns großzügig eine Kiste LÖWENBRÄU, was ihn für uns natürlich sehr sympathisch machte. In Philadelphia waren wir Headliner und es kamen 7000 Leute. Die Radiostation WYSP hatte eine Woche lang jeden Tag über uns berichtet und unsere Musik gesendet. Wir gaben noch einmal alles und begeisterten das Publikum, obwohl wir keinen Soundcheck, kein Licht, kein Catering hatten. Nicht so toll. Veranstalter war übrigens unsere Plattenfirma *Polydor*. Nach einer Zugabe am Konzertende erschien berittene Polizei und räumte den Platz. Danach war bei uns die Luft raus, und eigentlich hatten wir keine Lust mehr, noch die 45 Minuten Radioshow in den berühmten *Electric Lady Studios* zu spielen. Doch so eine Gelegenheit kommt nie wieder, sagten wir uns. Also schickte *Polydor* aus ihren Büros einige ihrer Leute zur Unterstützung, wir luden unsere New Yorker Freunde ein, und es wurde dann doch noch eine gute Radiosendung.

Das war's! Als Karl-Heinz, Adrian und ich am 19. Juni im Flugzeug auf dem JFK Airport saßen, um zur Erholung nach Spanien zu fliegen, verabschiedete uns New York mit einem bombastischen Gewitter. Nach vier Stunden Schwitzen im Flieger bekam unsere Maschine Abflugerlaubnis. Insgesamt lässt sich sagen, dass das amerikanische Publikum unsere Musik mochte. Nur von unserer Plattenfirma hatten wir nicht die nötige Unterstützung bekommen. Wir hatten zwar eine Single-Auskopplung mit *Mr. Bigshot* und *New York City* und landeten in den Billboard-Charts unter den Top Ten, aber was nützte das? Unsere LP, die in den USA *Atlantis* hieß und dort schon Mitte März veröffentlicht wurde, gab es nicht in den Läden zu kaufen. Wir hatten vor ca. 300 000 Leuten gespielt, und die Plattenfirma presste nur 3000 Exemplare. Das reichte noch nicht einmal, um die Radiostationen zu bestücken. Mir war von Anfang an klar gewesen, dass wir in den USA ganz unten anfangen mussten, aber dass wir so von der Firma im Stich gelassen worden waren, entzog uns den Boden unter den Füßen. Natürlich entfachte das eine heftige Auseinandersetzung bei der *Polydor* zwischen Dieter Dierks und Ira Blacker, der uns aus dem Vertrag rausholen und gleich einen neuen aufsetzen wollte. Aber wir hatten die Nase voll, und über ungelegte Eier lässt sich sowieso schlecht reden. *Atlantis* war während der Tour schon halb am Untergehen: Alex hatte sich aus der Band katapultiert und wir wollten ihn nicht mehr dabeihaben. Er litt damals an einem Alkoholproblem; während der USA-Tour randalierte er einmal dermaßen in seiner Garderobe, dass die Polizei kam. Daraufhin legte er sich mit dem Officer an und Simon musste hundert Dollar Strafe für ihn zahlen. Nur gut, dass sie ihn nicht gleich mitnahmen. Eines Nachts im Hotel wollte Alex Karl-Heinz und mich umbringen. Nur mit Mühe gelang es den Roadies, ihn zu beruhigen. Am nächsten Morgen hatte er von seinen Mordabsichten keinen blassen Schimmer mehr. Aber wir waren total geschockt. Musikmachen und Alex‘ Alkoholsucht passten einfach nicht zusammen. Keiner weiß, an welcher Stelle des Lebens etwas schiefgelaufen ist. Manche werden zum “Psycho”, andere zu Drogensüchtigen, Alkoholikern oder Künstlern. Wieder andere werden alles zusammen.

Aber nicht nur Alex‘ Alkoholproblem machte uns zu schaffen, wir alle waren insgesamt ab Mitte der Tour nicht gut drauf. Die Band vergaß Arrangements, die wir kurz zuvor detailliert ausgetüftelt hatten, die Tempi waren mal zu schnell oder mal zu langsam. Und wie es dann so ist: Ist man selbst schlecht drauf und macht Fehler, gibt man die Schuld den anderen. Eine Schwäche aus Unsicherheit, die sich bei uns allen während der USA-Tour zeigte und viel Streiterei auslöste. Auch Karl-Heinz und ich gingen uns bald auf die Nerven und das Machogehabe der Männer fiel mir auf den Wecker, sodass ich Simon bat, mir ein Einzelzimmer zu besorgen. Kein einfaches Unterfangen, da alle Zimmer bereits im Voraus gebucht worden waren. Glücklicherweise traf ich in New York Tiza, eine Deutsche, die mit unserem Roadie Zak befreundet war und mit der ich mich von Frau zu Frau unterhalten konnte. Sie wohnte schon länger in Manhattan und kannte sich dort sehr gut aus. Weil sie eine Nähmaschine besaß und mir etwas Neues für die Bühne nähen wollte, gingen wir Leder und Stoffe einkaufen. Sie zeigte mir einen Straßenzug, in dem nur Lederhändler ihre riesigen Lager hatten. Bis oben zur Decke stapelten sich die farbigen Lederhäute. Die Händler waren hauptsächlich jüdische Emigranten aus Europa. Stoffe aller Art gab es in einer anderen Straße im Puertoricanischen Viertel. Die Auswahl war so riesig, dass es mir schwerfiel, den richtigen Stoff zu finden. So bekam ich meine erste Lederhose und ein schönes Jackett von Tiza. Noch heute kommt sie hin und wieder (bei einem Deutschlandbesuch) bei mir vorbei, und wir können zusammen über diese Zeit lachen und klönen.

Wie schon erwähnt, flogen Adrian, Karl-Heinz und ich zur Erholung an die spanische Küste. Wir drei wollten auf jeden Fall zusammenbleiben und neue Pläne schmieden. Zurück in Deutschland erwartete uns die Doppel-LP *Atlantis Live*, die wir noch im November 1974 mit Dieter Dierks' mobilem Tonstudio in der *Fabrik* vor 2000 Leuten aufgenommen hatten. Das Publikum hatte sich damals sieben Zugaben ertrampelt. Die Stücke *Friends, Somewhere* und *Rock'n'Roll Preacher* bildeten die Highlights. 1983 nahm der Verlag *Zweitausendeins* die wohl populärste Platte von *Atlantis* in sein Angebot auf. Trotzdem war's mit dieser Besetzung vorbei.

Wenn ich meinen Terminkalender von 1975 durchblättere und all die Daten, Länder, Städte und Studios sehe, frage ich mich: Wie habe ich das bloß alles geschafft? Ja, es war viel los! Und wozu das alles? Man muss besessen sein, für seine Ideen brennen, um all die Höhen und Tiefen zu überstehen. Ich wollte einfach nur singen!

Habe ich schon erzählt, dass ich, bevor die USA-Tour losging, noch in Dieter Dierks' Studio Playbacks für eine LP mit deutschen Texten aufgenommen hatte? Das kam so: Udo Lindenberg, der mich 1974 für sein Lied *Cowboy Rocker* und Anfang 1975 für *Das kann man ja auch mal so sehen* ins Studio einlud, um ein paar Zeilen draufzusingen, hatte mich inspiriert, es auch einmal mit deutschen Texten zu versuchen. Und so begann ich Mitte 1974 zu schreiben, und hatte bald darauf zehn Texte fertig, zusammen mit der Musik, die ich mit Karl-Heinz auf meiner REVOX einspielte. Udo wollte zwei weitere Texte für mich verfassen. Daraus wurde aber nichts. Mein Demoband gab ich Dieter Dierks, der es begeistert an die *Phonogram* weiterleitete, woraufhin alle einer Meinung waren: "Das musst du unbedingt auf Platte bringen." Nach der USA-Tour und unserem kurzen Urlaub in Spanien unterschrieb ich also den Vertrag mit der *Phonogram*. Gemeinsam mit dem wunderbaren Jazz-Posaunisten und Bandleader Peter Herbolzheimer wurden die Bläserarrangements ausgearbeitet, und schon Mitte Juli ging es zu den Aufnahmen nach Stommeln in Dierks' Studio. Meine Atlanter, dazu Frank Diez und Rainer Marz an den Gitarren, hatten die Playbacks eingespielt, Linda Fields und Jackie Carter den Chor gesungen, und nun kamen noch Herbolzheimers Bläser und der fantastische Toots Thielemans mit seiner chromatischen Mundharmonika hinzu. Der Bläsersound war für mich etwas ganz Neues, aber es dauerte nicht lange, bis ich mit dem Saxophonisten und Komponisten Klaus Doldinger, Peter Herbolzheimer und den großen Bigband-Orchestern des NDR, WDR, HR und SWF viele Konzerte zusammen sang. Als Reggie Worthy im Studio vorbeischaute, ließen wir ihn auf das Stück *Amerika* seinen rollenden Bass spielen. Auch Karl-Heinz war total begeistert von dessen Feeling. Reggie war der Bassist von *Ike & Tina Turner* und während deren Europatournee in Deutschland hängengeblieben. Er spielte mit vielen Kollegen, auch in den 1980er-Jahren in einer Band mit mir. Davon aber später mehr.

Ich wollte die LP *Second Hand Mädchen* nennen, darum zog ich mir ein paar schöne alte Kleider an, und wir schossen in einem Secondhandladen mit nostalgischem Ambiente in Hamburg-Pöseldorf Fotos für das Cover. Meine erste Solo-LP war fertig, und weil wir gerade so schön eingespielt waren, machten wir weiter mit einer Aufnahmesession für eine neue *Atlantis*-LP. Wir hatten ja mit Dieter Dierks einen langfristigen Vertrag als Produzent, Verleger und Plattenagenten abgeschlossen. Frank Diez und Rainer Marz waren nicht nur hervorragende Gitarristen, sondern auch gute Sänger und Songschreiber. Das passte mir sehr gut, denn mein Kopf war nach all meinem Output ziemlich leer. Im August nahmen wir innerhalb von 14 Tagen die LP auf und benannten sie nach einem Song von Frank Diez *Get On Board*. Für mich, die Hamburger Deern, war sie wie auf den Leib geschrieben. Dieses Stück gehört zu meinen Klassikern und ist seit 2006 fester Bestandteil meines *Back To The Roots*-Programms.

Zurück in Hamburg wartete eine Menge Pressearbeit für das deutsche Album auf mich, aber auch Proben für die Herbsttournee, die mit der Veröffentlichung von *Get On Board* am 30. August starten und bis zum 10. Oktober 1975 gehen sollte. Das waren mal eben 35 Konzerte in 42 Tagen! Darauf folgten Soloauftritte mit meinen deutschen Songs im Oktober und November in allen deutschen Fernsehsendern und jede Menge Interviews für die Musikzeitungen. Anfang 1976 errang ich noch einmal von der Musikzeitung *POP* den ersten Platz als beste deutsche Sängerin, erhielt dazu einen "Goldenen Hammer", der noch heute in meiner Werkzeugkiste liegt und mir hin und wieder gute Dienste leistet. Die Presse brachte einen Titel nach dem anderen von mir. Der *stern* berichtete von dem inzwischen gewachsenen deutschen Rocklady-Wunder: "Wild, hungrig und begabt", woraufhin *DER SPIEGEL* konterte: "Falsch beraten, falsch produziert, falsch vermarktet".

Nicht nur mein Publikum war irritiert über meinen Ausflug in die deutsche Sprache, auch Jörg Gülden von der angesehenen deutschen Musikzeitung *SOUNDS* fragte mich: "Wie verkraftest du eigentlich deinen recht missglückten Ausflug in Lindenberg'sche Popschlager-Gefilde?" Eine äußerst suggestive Frage, denn die Presse, der Rundfunk und das Fernsehen stiegen ja verstärkt auf diese Platte ein. Mehr jedenfalls, als es bei *Atlantis* der Fall war. Ich verstand nicht, dass es Künstlern übelgenommen wird, Experimente zu wagen oder mehrgleisig zu fahren. Die deutsche Platte verkaufte sich gut, die Kritik aber ließ mich nicht kalt. Ich sah keine Zukunft, mit deutscher Sprache und parallel mit *Atlantis* weiterzumachen.

Obwohl die Soloplatte einen Bruch darstellte, war sie trotzdem ein Schritt in die richtige Richtung, denn ich steuerte meine Unabhängigkeit an. Ich hatte die personellen Umbesetzungen satt! Genauso, wie es ein Agent aus der Popbranche erkannt hatte und vorschlug, nur noch als *Inga Rumpf & Company* aufzutreten, da schließlich nur noch mein Name zählte und bliebe. Denn wieder gab es Schwierigkeiten mit der neuen *Atlantis*-Besetzung: Proben fielen aus, weil wir alle in verschiedenen Städten lebten, und die Finanzen waren nicht da, um das Ganze am Leben zu halten. Wir hatten uns wieder einmal festgefahren! Trotzdem verlangte Dieter Dierks eine weitere *Atlantis*-Platte. Nach monatelanger Telefoniererei und

Druck entschieden Adrian, Karl-Heinz und ich uns Anfang März 1976 auszusteigen. Nach der LP *Get On Board* ging ich von Bord und ließ mein Atlantis wieder untergehen. Aus dem Dierks-Vertrag auszusteigen, war jedoch komplizierter als gedacht und mit rechtlichen Schwierigkeiten verbunden. Es ging um die Verwertung unautorisierter Songs, die in einer Studiosession entstanden waren, um GEMA-Lizenzen, Verlagsrechte, Aufnahmebänder und was nicht noch alles. In zähen Verhandlungen zwischen den Anwälten landete der Fall schließlich vor Gericht und wurde erst 1983 mit einem Vergleich gelöst. Frank, Rainer und Ringo blieben im Vertrag und brachten mit einer Sessionband bei Dieter Dierks die *Atlantis*-Scheibe *Top Of The Bill* heraus.

Meine Immunkräfte ließen nach, ich erkrankte an einer schlimmen Grippe. Aber auch aus Schlechtem entsteht manchmal etwas Gutes, und als es mir etwas besser ging und mir langweilig wurde, fing ich nach langer Pause mal wieder an zu zeichnen und verarbeitete das Erlebte in Comicstrips. Im Anschluss renovierte ich unsere Wohnung: Ich werkelte am Tapeziertisch, verlegte Teppichboden, nähte neue Vorhänge, kaufte einige Möbelstücke und bestellte einen riesigen Kleiderschrank. In den letzten Jahren hatte sich so einiges angesammelt. Karl-Heinz ließ mich machen und kam nur hin und wieder mal bekifft zum Anpacken vorbei. Meistens aber trieb er sich irgendwo an einem Billardtisch in Hamburg herum, mit Leuten, die ich nicht kannte und auch nicht kennenlernen wollte. Oftmals liefen wir Jean-Jacques Kravetz über den Weg, der sich 1974 der Gruppe *Randy Pie* angeschlossen hatte, die eine LP in den USA produzierte. Aber auch bei ihnen ging es nicht voran und Auflösungserscheinungen mehrten sich.

Bei einem Essen mit Jean-Jacques und seiner Inge unterbreitete er den Vorschlag, sich noch einmal mit den ehemaligen *Frumpy*-Mitgliedern für eine Session zu treffen. Carsten Bohn, der mit dem *Release Music Orchestra (R.M.O.)* unterwegs war, und Rainer Baumann, der in Hamburg beim Bund diente, waren einverstanden, es noch einmal zu versuchen. Im Übungsraum fanden wir musikalisch wieder zueinander. Wir machten Fotos für Plakate und Werbemate-

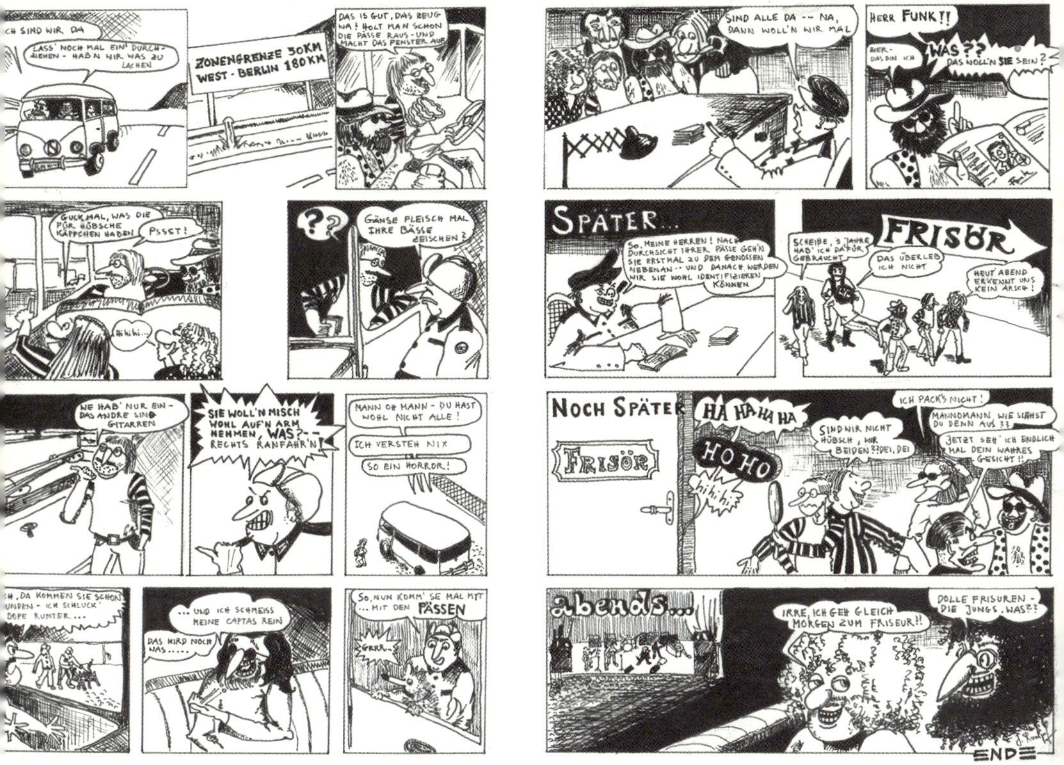

1975. Mit dem Zeichenstift reflektiere ich hier ein Erlebnis der letzten *Atlantis*-Besetzung mit den DDR-Grenzern.

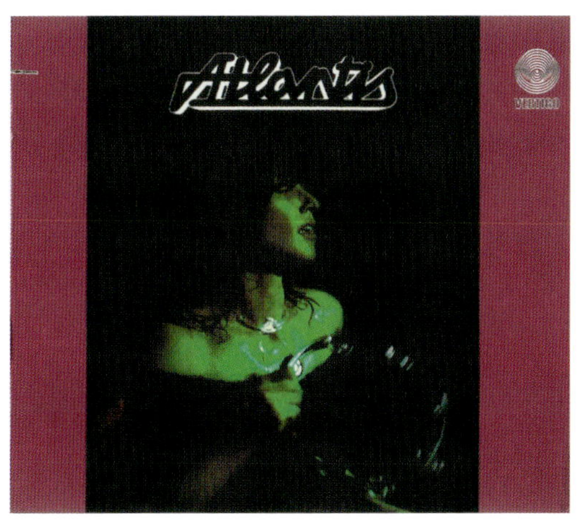

1975. Doppel-LP *Atlantis Live*, aufgenommen in der Hamburger *Fabrik*. Die wohl populärste Platte von *Atlantis*.

rial, und Bodo buchte uns einige Gigs für April 1976. Es sollte ein Test sein, aber während der kurzen Revivaltour merkten wir schnell, dass sich die Szene verändert hatte. Rainer, der noch seinen Bundeswehrdienst ableisten musste, hatte Pech: Bei einer Übung zerriss ihm sein Vordermann durch den Rückstoß des Gewehrs das Trommelfell. Er lag im Lazarett und konnte nicht spielen. Wir gaben das Ganze auf.

Es war nicht mehr zu übersehen: In Deutschland breitete sich eine große Festivalmüdigkeit aus. Das Publikum blieb aus, die Veranstalter machten Verluste – es war einfach alles nur noch fade und gruselig zugleich! Während wir auf USA-Tournee waren, war in Hamburg die sogenannte *Hamburger Szene* erblüht. Neue Hamburger Bands trafen sich im *Onkel Pö* bei Peter Marxen, einem wunderbaren Menschen und Experten, der Musiker aus aller Welt in seine "Karnickel"-Halle im gutbürgerlichen Stadtteil Eppendorf holte, wo Abend für Abend Schlangen vor der Tür des kleinen Musikclubs standen und auf Einlass warteten. Auf einmal befanden sich am Sonntagvormittag Jazzbands auf dem Bühnenpodest, und in genreübergreifenden Musikstilen schuf jeder Musiker sein eigenes Universum. Es glich einem Biotop, jeder spielte mit jedem, vor allem auf den Aftershowsessions. Im Publikum, auf den wackligen, antiken Stühlen, saß die Hamburger Plattenbranche und suchte nach neuen Talenten. Szene-Insider, Akademiker, Journalisten und später, als das *"Pö"* immer berühmter wurde, kamen auch Neugierige aus der Provinz. Da blieb man dann lieber zu Hause, oder kam sehr spät, wenn nur noch die ganz Harten da waren. Allerdings konnte es dann durchaus vorkommen, dass Harriet am Ausschank sagte: "Och Mann, nö, ich kann nicht mehr!", aber meistens doch die Pineau-Buddel rausholte und noch einen ausgab. An manchen Abenden standen der junge Schauspieler und Sänger Jan Fedder neben dem noch jüngeren und noch unbekannten Olli Dittrich, Otto Waalkes neben Henning Venske und Stefan Aust neben Hanns Dieter Hüsch. Und wenn man dann noch munter genug war, ging es in den Diskotheken *Madhouse, Nach Acht, Gee Bee* – im berühmt berüchtigten Bermudadreieck Eppendorf, Harvestehude, Neustadt – weiter. Hatte man immer noch nicht genug, bot das *Gestern & Heute Treff* ein reichhaltiges Frühstück inklusive Absacker an. Eine Musikstadt war Hamburg ja schon immer, aber in den 1970er-Jahren war sie besonders kreativ und aktiv.

Im *"Pö"* erlitt Udo Lindenberg seine ersten großen Panikattacken, die vom Fernsehen mitgeschnitten wurden und bald in ganz Deutschland Aufsehen erregten. Udo war das Aushängeschild der *Hamburger Szene*, wurde allmählich zum Popstar und krempelte den vermufften deutschen Musikladen mit seiner neuen Ausdrucksweise in Text und Auftritt nachhaltig um. Natürlich wussten wir Insider, dass ein guter Teil der Textideen nicht auf seinem Mist gewachsen war. Dazu hatte er lange genug Olaf Kübler, Saxofonist und genialer Sprücheklopfer in Klaus Doldingers Band *Passport*, zugehört. Udo, ein Hermann-Hesse-Leser und eher poetischer, lyrischer Dichter, veränderte seinen Schreibstil derart, dass Olaf Kübler irgendwann seinen Anteil daran einforderte. Wir waren alle gespannt, ob er das schaffen würde. Aber es war zu offensichtlich, und Udo und Olaf einigten sich. Doch es dauerte ziemlich lange, bis es soweit war. Danach hörte Udo weiterhin gut zu, und seine Texte lebten nicht nur von seinen eigenen, sondern auch von den Sehnsüchten anderer.

Im Januar 1976 rief mich jemand von einer Mannheimer Band an, die ich nur entfernt kannte. Die Gruppe um Jochen Brauer hatte vom Goethe-Institut eine Einladung in die Sowjetunion erhalten und er fragte an, ob ich Lust hätte, mit ihnen vier Wochen im Juni von Moskau bis Taschkent zu touren. Der Gedanke, mit einer Showband mein Rocklady-Image zu verbinden, war mir zuerst etwas fremd. Ich ließ mir Musik von dem Sextett kommen, und nachdem ich reingehört und es für gut genug befunden hatte, sagte ich zu. Da ich unlängst Amerika kennengelernt hatte, fand ich die Idee besonders spannend, denn solch eine Gelegenheit, die andere Seite der Macht kennenzulernen, würde sich wohl so schnell nicht wieder ergeben. Außerdem wurde die Tour gut honoriert. Wir sollten die Hälfte der Gage in DM, die andere Hälfte in Rubel ausgezahlt bekommen. Allerdings hatten Karl-Heinz und ich beschlossen, unsere bröckelnde

Beziehung durch einen gemeinsamen Sommerurlaub in Los Angeles wieder aufzufrischen. Davor wollten wir noch meine Schwester und ihren Mann in Vancouver besuchen, die 1965 einen Automechaniker aus Hamburg geheiratet hatte, und mit ihm zusammen nach Kanada ausgewandert war. Nun sollte ich Taufpatin meines kleinen Neffen André werden. Das wollte ich natürlich nicht verpassen. Zeitlich wurde es etwas eng, vor allem wegen der vielen Visa, die schnell beantragt werden mussten. Das klappte aber alles erstaunlicherweise gut, und nachdem die Band um Jochen Brauer und ich Mitte Mai in Mannheim geprobt hatten, ging es am 30. Mai nach Moskau.

Bei der Generalprobe waren wir gespannt, ob unsere Aufpasser etwas aus dem Programm streichen würden, aber sie fanden alles gut. Zu Anfang verhielten sich unsere russischen Tourbegleiter sehr kühl und zurückhaltend, was sich aber nach einigen Tagen legte, als sie merkten, dass wir auch nur Menschen sind. Und nach einigen Runden Wodka und Champansky waren wir die besten Freunde. Die Tournee dauerte fast einen Monat und führte uns von Petersburg bis nach Taschkent. Einmal fuhren wir 17 Stunden mit der Eisenbahn nach Uljanowsk, spielten drei Tage in einer Halle vor 2000 Leuten, dann ging es zwölf Stunden mit einem Wolga-Dampfer nach Kazan, wo wir drei Konzerte vor 8000 begeisterten Zuschauern spielten. Die Jugend war hungrig nach westlicher Rock- und Jazzmusik und gut informiert über die neuesten Platten. Die studierten Leute sprachen etwas Englisch, einige Deutsch, aber wir lernten bald, uns mit Zeichensprache zu verständigen. In Taschkent erlebte ich ein Erdbeben und in Alma-Ata, dem heutigen Almaty, verliebte ich mich. Der Abschied von den russischen Freunden fiel uns schwer, denn der Eiserne Vorhang ließ ein Wiedersehen unmöglich erscheinen. Für das nächste Jahr war jedoch schon eine neue Tournee geplant und ich wusste, dass ich eine Menge Übergepäck haben würde, bestehend aus Jeans, T-Shirts, Strumpfhosen, Kosmetik, Platten und Gitarrensaiten, denn diese Dinge wurden uns förmlich aus den Händen gerissen. Tatsächlich fand die zweite Tour im August und September 1977 statt. Es ging von Moskau unter anderem nach Odessa, Kiew und Petersburg.

Station 4

My Life Is a Boogie 1976–1978

Mit Vince Weber am Mississippi auf der Suche nach dem Blues.
Entdeckung einer anderen Seite der Welt.

Tja, 1976 hatte es wirklich in sich! Auf dem *Coupe d'Europe Musical* im herbstlichen Villach in Österreich traten der Liedermacher Konstantin Wecker, der Boogie-Woogie-Pianist Vince Weber und ich, zusammen mit der Bigband um Peter Herbolzheimer, zum musikalischen Wettbewerb an. Peter Herbolzheimer hatte mich ja bei meiner deutschen LP begleitet und im August zu seiner eigenen LP *Hip Walk* eingeladen, für die ich die Stücke *Superstition* von Stevie Wonder und *Spirit* von Al Jarreau sang. Die Schranken zwischen Jazz, Rock und Pop waren mittlerweile aufgehoben. Unser deutsches Team war jene eine Woche in Villach bester Laune, und bei ausgelassener Stimmung erreichten wir zusammen den ersten Platz. Den ersten Platz in meinem Herzen erreichte auch Vince Weber. Ich verliebte mich nicht nur in sein grandioses Pianospiel. Als ich ihm mein Stück *My Life Is A Boogie* auf der Gitarre vorspielte und er die zweite Stimme zum Refrain sang, hatte ich Gänsehaut wie nie zuvor. Ich liebte diesen Song und er ist immer noch Teil meines Repertoires, denn er drückt genau den Zwiespalt aus, in dem wir Musiker uns befinden: Zuhause bleiben oder "on the road" gehen? Ich hatte Vince schon oft im NDR singen und spielen gehört, doch da wusste ich noch nicht, dass er ein Hamburger war. Als ich nun diesen zotteligen, wunderschönen jungen Mann sah, der so bei sich war, kaum sprach und mich mit seinen ruhigen, grünen Augen ansah, war's um mich geschehen. Ich wollte wieder einmal wissen, was dahinter-

MUSIKLADEN

Magazin

Reginald Rudorf, Ulrich Olshausen

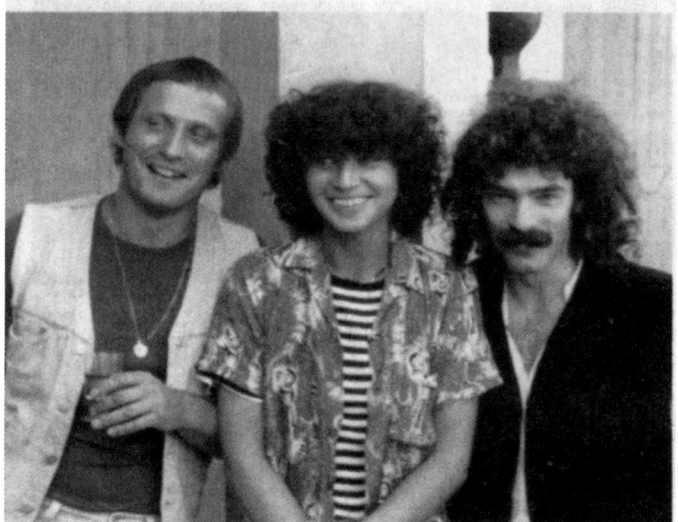

1976. Links und rechts an meiner Seite zwei interessante Männer und Musiker: Konstantin Wecker und Vince Weber.

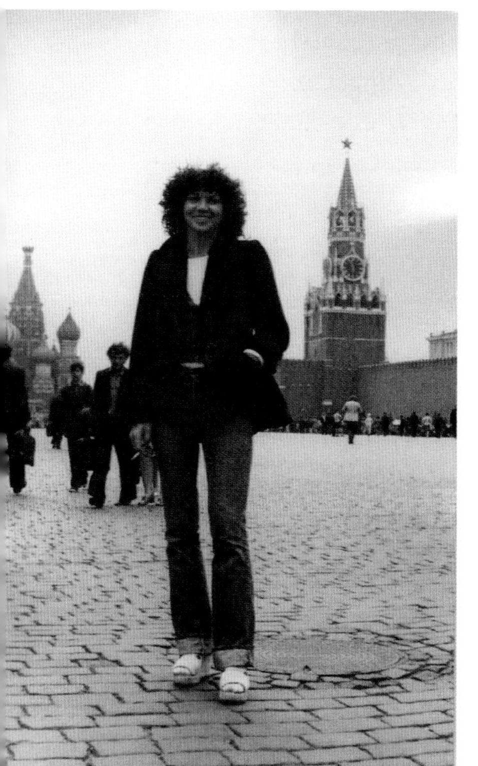

1976. Auf dem Roten Platz in Moskau. Die UdSSR-Tour war ein großes Abenteuer vor dem Fall des Eisernen Vorhangs.

steckte, und – man ahnt es – verführte ihn. Er war mit seinen 22 Jahren sieben Jahre jünger als ich und, wie ich später feststellte, ich natürlich nicht die einzige Perle an seiner Kette. Obwohl mein Herz oft blutete, war das okay, denn ich konnte und wollte keine Besitzansprüche an ihn stellen. Er war ein talentierter, sich entwickelnder Künstler, immer auf Achse wie ich, und letztlich verband uns die Musik stärker als eine feste Beziehung. Diese neue Liebe gab mir einen großen Schub. Das war schon immer so bei mir gewesen: Die kreativsten Kräfte setzen sich bei einem euphorischen Neuanfang oder bei leidvollen Trennungen frei. Dazwischen, wenn der Alltag sich einstellte, kam nicht viel Neues. Nun hatte ich beides: einen kribbelnden Neuanfang und eine schmerzhafte Trennung. Denn Karl-Heinz musste seine Sachen packen und sich eine neue Bude suchen. So ging es nicht weiter mit uns, sein Lebenswandel wurde immer exzessiver und für mich sogar gefährlich mit all seinen Drogenkumpanen und Dealern. Ich konnte ihn nicht überzeugen, dass er auf diese Weise sein Leben an die Wand fahren würde. Für ihn zählte nur der nächste “Hit”. Ich war sauer auf ihn, empfand auch Mitleid, aber das kostete mich verdammt viel. Nicht nur Geld, das ich ihm lieh.

So wirbelten in meinem Kopf ständig neue Text- und Melodiefragmente umher, und ich nahm ein Stück nach dem anderen auf meiner REVOX auf. Als Vince seine zweite LP *Blues'n'Boogie* im Studio *Rüssl Räckords* von Otto Waalkes aufnahm, lud er mich ein, *My Life Is A Boogie* zu singen. Er erfand einen guten Pianogroove dazu, und gemeinsam sangen wir wie ein Klangkörper. Das blieb auch dem NDR Fernsehen nicht verborgen. Im *Onkel Pö* traten wir zusammen an zwei Abenden auf. Ich spielte einige neue Songs auf meiner E-Gitarre und sang mit Vince, der am Piano saß. Auch in der *Fabrik*, im Audimax der Hamburger Uni, im *Winterhuder Fährhaus*, im *LOGO*-Musikclub und in der *Markthalle* spielten wir Konzerte. Manchmal jammten wir zusammen mit meinem alten Freund und Kollegen Abi Wallenstein aus *Jazzhouse*-Zeiten und José Caro Tollenaar, einer wunderbaren Sängerin, die die Musik genauso empfand wie wir. Im Großneumarktviertel, kurz vor der Reeperbahn, gab es Szenekneipen, den *Blauen Hahn* und später das *Sperl*. Vince, der überall in Hamburg zu finden war, wo ein Klavier stand, spielte an manchen Abenden dort. Caro und ich standen dann Seite an Seite und sangen den Chor zu seinem melancholischen *Sweet Home Chicago* oder dem schnellen *I've Got My Mojo Working*. Manchmal war es in den Läden so voll, so rauchig, so fröhlich, dass keiner nach Hause gehen wollte, weil die Atmosphäre so stimmungsvoll und energiegeladen war. Aber irgendwann musste Schluss sein, und hungrig gingen wir dann zum "Frühstück" in die *Schlachterbörse* im Schanzenviertel, wo es für kleines Geld Koteletts so groß wie Klodeckel gab. Da saßen nach ihrer Schicht die Schlachter in ihren blutigen Schürzen, Nutten und Taxifahrer und nahmen einen Absacker.

Nach *Frumpy* und *Atlantis* wollte ich mich auf keine Bandgeschichten mehr einlassen, sondern all meinen Projekten nur noch meinen eigenen Namen voranstellen. Eine Solokarriere zu starten, bedeutete jedoch eine große Umstellung für mich. Ich war es gewohnt und mochte es, auf der Bühne eine starke Persönlichkeit neben mir zu haben, die zeitweise die Aufmerksamkeit von mir abzog. Als Solist steht man immer im Mittelpunkt, und die Augen aller sind auf die Front gerichtet. Nun, das würde ich schon noch hinkriegen. Durch den Streit über Verlagsrechte hatte ich dazugelernt, und so gründete ich meine erste Verlagsedition, die mir mehr Kontrolle über meine Songs ermöglichte. Außerdem sprang für mich finanziell mehr dabei heraus, und ich verfügte trotzdem noch über die Manpower eines großen Verlags. Ich nahm wieder neue Songs mit Gitarre und einer ROLAND-Rhythmusmaschine auf.

Im Frühjahr 1977 zeigte die Plattenfirma *RCA* starkes Interesse und wollte meine Musik ihren internationalen Partnern zu Gehör bringen. Es wurden Meetings in den USA verabredet, und so flog ich im April nach New York, Los Angeles, Macon/Georgia und London. In New York machte man mir ein tolles Angebot – alles, was man sich als Sängerin nur wünschen kann: Arrangeure, Produzenten, Managements, Agenturen, Stylisten, eben alles, was einen zum Superkasper macht. Mensch, das ist doch ein Traum, dachte der eine Teil meines Gehirns aufgekratzt. Die totale Maschinerie zusammen

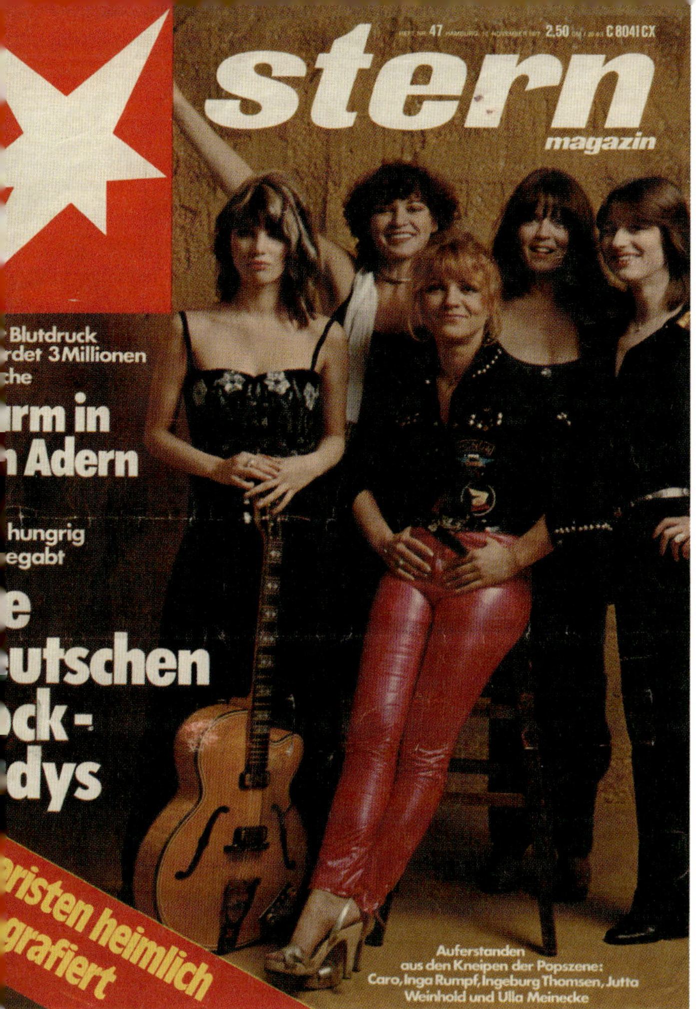

1977. Rockladies aus Hamburg. Von links: Caro Tollenaar, ich, Ingeburg Thomsen, Jutta Weinhold, Ulla Meinecke.

mit deiner außergewöhnlichen Stimme! Die wissen doch genau, wie das geht! Die haben doch schon Milliarden Dollar mit Musik gemacht! – Nee, also, so geht das nicht, das ist ja alles viel zu glatt, dachte der andere Teil meines Kopfes. Ich sah ein kleines, staubiges Büro, in dem ein fanatischer Musikfreak in abgewetzten Jeans auf mich wartet, sich mit einer selbstgepressten Single die Hacken abwetzt und sämtliche DJs der FM-Stationen in den Staaten heiß macht. Das war mein Traum! Ich hasste dieses sterile Zeug von Musik, wo nichts drauf ist als Töne. Misstrauisch dachte ich an das Leben in den Staaten, an die bedingungslose Unterwerfung vor der Plattenindustrie. An Scharen konkurrierender, großartiger Sängerinnen und endloses Touren durch Clubs in der amerikanischen Pampa. An Rezessionen, an amerikanische, weibliche Schönheitsideale, an das Essen im Mittleren Westen. An die Hin- und Herfliegerei zwischen USA und Deutschland, weil meine betagte Mutter mich in Hamburg brauchte. Bevor ich die letzte Station dieser Reise, London, erreichte, standen mir noch einige Treffen mit wichtigen Leuten der Plattenindustrie in Los Angeles bevor. In Kalifornien dauerte es unheimlich lange, bis es zu einem Meeting kam. Immer hieß es: "Mañana, mañana." Am Tag in der Sonne zu liegen und abends in den Clubs abzuhängen, wurde mir bald langweilig. Mir lief allmählich die Zeit davon, und so setzte ich meine Reise fort.

In Macon, Georgia, der Stadt der *Allman Brothers Band*, des Rhythm and Blues, des Songschreibers von *Sittin' On The Dock Of The Bay*, Otis Redding, und von Little Richard, der hier *Tutti Frutti* komponiert hatte, fand mein letzter Termin in den Staaten statt. Auf dem Flug nach Atlanta platzte mir der Reißverschluss hinten an meiner Lederhose. Ich konnte meine Kleidung nicht wechseln, denn mein Gepäck war nicht am Flughafen in Atlanta angekommen. Was nun? Ich sagte meinem Chauffeur, dass ich so nicht bei der Firma *Capricorn* antanzen könne. "No problem", meinte er lachend, fuhr nach Macon und hielt mit dem Wagen an einem kleinen Holzhaus. Drinnen saß ein sehr alter Mann an einer Tretnähmaschine und lachte schallend, als mein Begleiter ihm von meiner kaputten Lederhose berichtete. Er gab mir einen Mantel, den ich über meinen

Schoß legen konnte, und nachdem ich ihm die Lederhose gegeben hatte, setzte ich mich auf einen klapprigen Stuhl und schaute mich um. Da hingen seine Näharbeiten an der Decke, und an den Wänden die Schnittmuster und Kästen voll mit Knöpfen, Garn und Reißverschlüssen. Ich kann mir Namen nicht merken, deshalb schrieb ich mir seinen auf: Tailor Henderson. Ich fühlte mich sehr wohl in seiner Schneiderstube und wir hatten uns viel über die Näherei zu erzählen. Nach einer Stunde konnte ich dann meine reparierte Lederhose wieder anziehen und zum vereinbarten Meeting fahren.

Mein Musikverlag hatte in London für mich ein Treffen mit Dave Robinson verabredet. Zusammen mit seinem Partner Jake Riviera hatte er das kleine Label *Stiff* gegründet. Immerhin hatten sie einige Erfolge mit ihren Künstlern aufzuweisen: Nick Lowe, Dave Edmunds, *The Damned,* Graham Parker. Das war natürlich ein ganz anderer Schnack als die weichgespülten US-Stars und interessierte mich viel mehr. Wir hatten wegen seines Terminplans nur ein kurzes Gespräch, aber ich ließ ihm mein Demoband da. Einen Monat später trafen wir uns noch einmal in London und besprachen ausführlich eine Zusammenarbeit. Es dauerte nicht lange, bis er mich erneut anrief und sagte: "Alles klar, ich hab hier eine Band für dich zusammengestellt, du kannst kommen!" Ich bereitete die Leadsheets für 15 Songs vor, und im Juli 1977 probten wir eine Woche im Londoner Probenraum und suchten die besten Titel aus. Dann ging es ins *Regents Park Studio,* wo der Produzent und Tontechniker Phill Brown den Sound einstellte. Nach acht Tagen hatten wir zehn Titel als Rough Mix fertig. Meine Begleitung bestand zum Teil aus *The Grease Band.* Dass der Bassist Alan Spanner auf der legendären Joe-Cocker-Live-Aufnahme des Songs *With A Little Help From My Friends* beim *Woodstock-Festival* die hohe Chorstimme gesungen hatte und einen tollen Bass spielte, erfuhr ich erst später. Und auch, dass Paul Carrack, der Keyboarder und Sänger, den Superhit *How Long* geschrieben hatte. Die Gitarren spielten Neil Hubbard, der auch Teil der *Grease Band* war, und Robert Ahwai, Bandkollege von Jeff Beck. Gerry Conway am Schlagzeug spielte in der Begleitband von Cat Stevens und war Mitglied der Band *Jethro Tull.*

Es fühlte sich einfach nur gut an mit diesen fantastischen Musikern zu spielen. Dave Robinson wollte erst einmal nur ein besseres Demo, daher war die Atmosphäre im Studio sehr entspannt. Ich spielte meine Gitarre, sang dazu und die Musiker stiegen in den Groove ein. Nach den Sessions gingen wir in einen Pub und tranken Bier, bis er um 23 Uhr dichtmachte.

Meine englischen Texte wurden immer besser. In der Anfangszeit meiner Musik hatte ich Probleme, mich in englischer Sprache auszudrücken, und schrieb auf die Schnelle für die Kompositionen Texte, die ein ziemliches Kauderwelsch ergaben. Zum Übersetzen hatte ich nur ein englisches Wörterbuch, das ich verzweifelt nach Wörtern für meine Reime absuchte und das über all die Jahre total zerfleddert war. Doch weder der Musikverlag noch die Plattenfirma achteten darauf, ob der Textinhalt verständlich war. Später feilte ich gewissenhafter an meinen Worten und fand einen Englischlehrer, der einfühlsam, aber gnadenlos meine Fehler korrigierte. Manchmal schrieb ich einen Song komplett um, weil der Text durch ein einziges falsches Wort keinen Sinn mehr ergab und der Reim nicht mehr passte. Jetzt hatte ich einen Engländer als Korrektiv, und Dave Robinson beruhigte mich: "Die Texte sind so originell, die sollte man so lassen."

In der Zwischenzeit war Vince Weber nach London gekommen und spielte ein Pianosolo auf *My Life Is A Boogie*. Vince hatte vor, weiter nach Amerika zu fliegen, wo er nach den Spuren des Blues suchen wollte. Weil ich in den darauffolgenden zwei Wochen nichts Wichtiges vorhatte, entschloss ich mich spontan, ihn über New York nach New Orleans zu begleiten, und ließ mir Geld nach London überweisen. Vince trug seine gesamte Barschaft in einem Gürtel bei sich. In New York blieben wir vier Tage im *Gramercy Park Hotel,* die berühmte Künstler-Unterkunft mitten in Manhattan, nicht zu teuer, aber mit Bohemian Charme. Da hatte ich endlich einmal Zeit und Muße, New York zu genießen. Wir stromerten durch die Straßen, freuten uns über die vielfältigen Auslagen in den Geschäften und entdeckten Dinge, die es bei uns nicht gab. Die Läden mit den Comicheften hatten es uns besonders angetan, und weil Vince Donald-Duck-Fan war, kaufte er viele Originalausgaben. Ich erwarb Blechspielzeug, das ich damals sammelte. Offenbar verspürte ich ein Nachholbedürfnis, hervorgerufen durch die vielen Holzspielsachen in meiner Kindheit. In einem Musikladen erstanden wir eine *National*-Gitarre von 1938, eine Resonatorgitarre, deren Körper aus Eisen besteht. Wir teilten uns den Kaufpreis und verabredeten, dass jeder nach Bedarf darauf spielen durfte. Nach den unterhaltsamen Tagen in New York flogen wir weiter nach New Orleans, wo wir uns im French Quarter im *Le Downtowna* in der Bourbon Street einquartierten. Das war aufregend, schließlich hatten wir so etwas noch nie gesehen: die Voodoo-Shops, die wunderschöne Architektur der Häuser und natürlich die vielen kleinen Clubs, in denen die tollsten Musiker auftraten. Vince versuchte, ans Piano zu kommen und einzusteigen. Aber leider hieß es immer wieder: "Bist du in der Union?" Dass die Musiker gewerkschaftlich so straff organisiert waren, nervte uns. Als wir den Raddampfer *Natchez* besichtigten und Vince dort in einer Ecke ein Klavier entdeckte, schlug er vorsichtig den Deckel hoch und fing an, einen leisen Blues zu spielen. Da kam schon ein Steward angerannt und verbot es ihm, obwohl kein Passagier in der Nähe war! In einem Club durchbrach ich jedoch einmal dieses Gewerkschafts-Reglement: Eine schwarze Lady, die auch ein tolles Piano spielte, hatte mich so begeistert, dass ich vom Bühnenrand aus eine Chorstimme mitsang. Sie hielt inne: "Who's that singin'?", rief sie ins Publikum. Ich winkte ihr ein bisschen verlegen zu und sie fragte, wo ich herkäme. Ich antwortete: "From Hamburg, Germany." Daraufhin bat sie mich auf die Bühne und zog mich fröhlich auf ihren breiten Schoß. "Come here, sweetheart!" Es war eine komische Situation, aber die Geste so herzlich gemeint, dass ich mich nicht dagegen wehrte. Dann griff sie wieder in die Tasten und zusammen sangen wir *Sweet Home Chicago.*

Vince und ich wollten weiter, den Mississippi hoch. Ein Auto musste her, aber einen Leihwagen bekamen wir nicht, weil wir keine amerikanische Kreditkarte besaßen. Das war schon damals in den Staaten ganz ungewöhnlich. "Dann kaufen wir uns eben einen", sagten wir und fuhren mit einem Taxi in eine der Ausfallstraßen zu den

Gebrauchtwagenhändlern. Dort fanden wir einen grün-metallic Ford Mercury für 2500 Dollar. Das alte Auto sah super aus, hatte aber keine Klimaanlage und schon etliche Meilen auf dem Tacho. Vince fragte den Verkäufer, ob der Wagen es bis nach Chicago schaffen würde. Der Verkäufer wiegte seinen Kopf: “Maybe, maybe not.” Wir riskierten es, kauften ihn und fuhren schwitzend und mit offenen Fenstern über Baton Rouge nach Natchez, so dicht wie möglich am Mississippi entlang. Aber es war unmöglich, irgendwo ans Ufer des verschlungenen Flusses zu gelangen, der Boden war überall zu sumpfig und die subtropische Flora zu üppig. Nun sah ich mit eigenen Augen, was die große Sängerin Bessie Smith in ihrem Song *Backwater Blues* beschrieben hatte.

In unserer romantischen Vorstellung hatten wir gehofft, auf ein paar Musiker zu treffen, die noch den Delta Blues auf der Gitarre oder kreolische Cajun-Musik auf dem Akkordeon spielen würden. Doch von alledem gab es nichts mehr, aus den Kneipen hallte nur noch Diskomusik. Nachts schliefen wir in den üblichen 15-Dollar-Motels, tagsüber versuchten wir, vom Highway runterzukommen, um Abstecher ins Landesinnere zu machen. In einem Kaff hielt uns ein Sheriff an und fragte uns misstrauisch, was wir hier zu suchen hätten.

Es wurde Zeit, dass wir aus dieser grünen Hölle wegkamen, schließlich musste ich am 6. August in Zürich sein, da dann die Proben für eine neue UdSSR-Tour losgehen sollten. Auf dem Weg nach Memphis, Tennessee, blieb unser Mercury mit einem Getriebeschaden liegen. Meinen 31. Geburtstag am 2. August feierten wir in einer Werkstatt in Jackson. In Memphis sah ich dann endlich den Mississippi, gelbbraun und träge floss er vorbei – Ol‘ Man River. Ich flog nach Europa zurück, und Vince kam mit dem reparierten Mercury tatsächlich bis nach Chicago. Dort verschenkte er unser “Schmuckstück”.

Am 16. August begann die zweite UdSSR-Tour in Moskau. Im Wesentlichen verlief sie in etwa wie die Tour 1976. Nur waren wir jetzt vertrauter mit den hiesigen Verhältnissen. Unter Juri Andropow, dem Generalsekretär des Zentralkomitees der KPdSU, hatte sich nicht viel verändert. Eine Begegnung aber werde ich nicht vergessen: Wir fuhren in Bussen über Land und hielten an einer Kreuzung, an der Frauen Gemüse und Obst verkauften. Eine alte Dame winkte mich zu sich heran, als sie hörte, dass wir aus Deutschland kamen. Sie nahm mich etwas zur Seite und flüsterte: “Jriess mir den deitschen Keiser!” Scheinbar wusste sie nicht, dass es den deutschen Kaiser Wilhelm schon lange nicht mehr gab. Ob aus Unwissenheit oder einem ganz anderen Zeitgefühl, kann ich nicht sagen.

Dieses Mal konnten wir uns überall etwas länger aufhalten. Besonders Petersburg, Kiew und Odessa hatten es mir angetan. Als ich Mitte der 1990er-Jahre noch einmal nach Odessa kam, hatte sich viel verändert. Den alten Frauen ging es aber immer noch nicht besser, und als ich sie bettelnd an den Straßen stehen sah, kamen mir die Tränen.

Zurück in Hamburg erfuhr ich, dass sich das Label *Stiff* nicht mehr vollständig um meine Angelegenheiten kümmern konnte, da sich Dave Robinson und Jake Riviera getrennt hatten. Die Musik auf dem neuen Demo aber war extrem gut, sodass sich diese “Sternstunden” ohne weiteres veröffentlichen ließen. Im November flog ich noch einmal nach London zum Mischen und Mastern des Bandes. Dafür hatte Dave das *Island Studio* gebucht und für den letzten Schliff Jimmy Miller gewinnen können, der schon *The Rolling Stones, Traffic* und viele andere Bands technisch aufpoliert hatte. Er war heroinsüchtig, hatte aber zu der Zeit gerade einen Entzug hinter sich und war ganz gut beisammen. Ich war mit dem Ergebnis mehr als zufrieden und zahlte alles, was sich an Rechnungen angehäuft hatte. Nun gehörte das Band mir. Ich nahm das Angebot der *RCA* an und schloss mit ihnen einen Bandübernahmevertrag für Europa. Das war kein großes Risiko, denn ich bekam meine Produktionskosten erstattet und dazu noch einen guten Vorschuss. 1977 verfügte die *RCA* über viel Geld zum Ausgeben: Elvis Presley, Star des Labels, war gestorben, und seine Platten verkauften sich wie verrückt. Bevor das Jahr ausklang und ich mich in die Promotionarbeit für meine neue LP *My Life Is A Boogie* stürzen konnte, stand im Dezember noch eine Tour an: Im Rahmen des Kulturaustausches zwischen der UdSSR und der BRD hatte das Goethe-Institut eine dreiwöchige Tournee durch die DDR mit der Band um Jochen Brauer und meinem rockigen Programm organisiert. Ich hatte dort Verwandte, die ich nur aus Briefen und von Fotos kannte. Mit dieser Tour wollte ich selbst erfahren, ob es stimmte, was die Medien im Westen so über die “Zone” verbreiteten.

Die Tour begann am 27. November 1977 in Riesa und endete am 15. Dezember in Magdeburg. Wir spielten an jedem Abend in allen größeren Städten, aber es war, mit einem Wort gesagt, abtörnend! Und zwar für uns Musiker genauso wie für das Publikum. Da es im öffentlichen Verkauf keine Karten zu erwerben gab, hatte es nach einigen Auftritten Krawalle gegeben. Die Folge war, dass eine Polizeihundertschaft draußen und drinnen alles abriegelte. In dieser vorweihnachtlichen Zeit in den Städten der ehemaligen DDR sind mir nicht die Konzerte in Erinnerung geblieben, sondern vielmehr die trübe Stimmung in den schlecht beleuchteten Straßen und der rüde, ablehnende Umgangston in den Geschäften, in denen es nichts zu kaufen gab. Der folgende Witz trifft genau die Situation: Käufer: “Gibt es hier keine Gardinen?” Verkäufer: “Hier gibt es keine Möbel. Keine Gardinen gibt es einen Stock höher.” Ich litt unter der albtraumhaften Vorstellung, nie wieder nach Hause zu kommen, und war überglücklich, als die Grenzbeamten uns ohne großes Tamtam zurück über die Grenze nach Westen entließen.

My Life Is A Boogie erschien im März 1978 und hinterließ bei meinen Zuhörern und bei den Musikzeitschriften einen guten Eindruck. Aus dem Pressewald schallte es: “Jetzt röhrt sie wieder – Gott sei Dank!” Im Mai folgte eine 14-tägige Clubtour durch die Schweiz und Deutschland. Ich konnte fast alle Musiker der LP dafür gewinnen, nur an den Drums saß jetzt Trevor Morais. Wir nannten das Ganze: *Inga Rumpf & The Untouchables.* Organisator der Tour war Klaus Schulz, der mit seinem Hamburger Stadtmagazin *OXMOX* ein großer Förderer diverser Musikinitiativen war und immer noch ist. Uns stand nur ein kleines Budget zur Verfügung, die Tour musste sich durch die Gagen selbst finanzieren. Wir spielten jeden Tag woanders, und es wurde eine sehr anstrengende Tour, die beim Publikum unterschiedlich ankam. Tatsächlich hatte ich es mit starken Trinkern

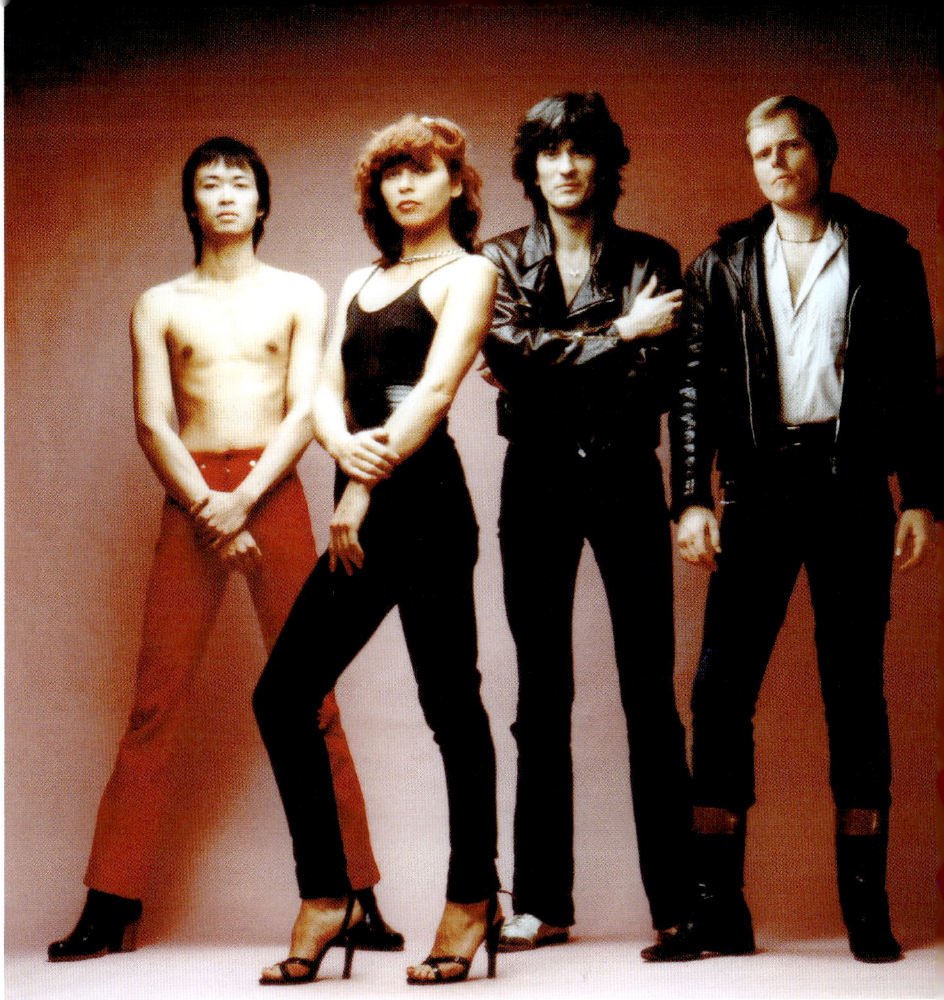

1978. *The Untouchables.* Von links: Sid Gautama, ich, Karl-Heinz, Karl Allaut.

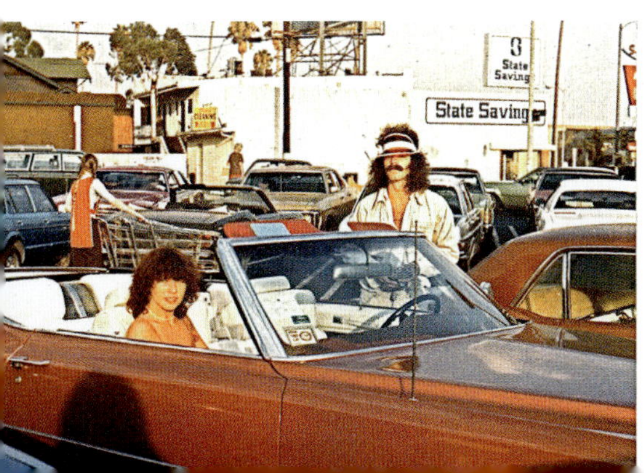

1978. Mit Vince im Cadillac DeVille an der Westküste der USA.

in der Band zu tun, zwei Flaschen Whisky am Abend waren schnell geleert. Ich trank zwar auch eine Menge, aber nur Bier. So verliefen die Konzerte in wechselnden Stimmungen und unterschiedlicher Qualität. In meinem Musikverlag saß eine sehr fleißige Dame, die ordentlich die Werbetrommel für mich und die neue LP rührte. Damals wurde in den Büros der Musikbranche viel Alkohol konsumiert, und so war auch sie besonders produktiv, wenn die Cognacflasche in ihrem Schreibtisch das unterste Level erreicht hatte und man schon den Flaschenboden sehen konnte. Dennoch hat sie viel für mich getan, und dafür verdient sie meinen großen Dank.

Nach der Tour, den vielen Auftritten im Fernsehen und den Presseinterviews brauchte ich dringend eine Auszeit. Ich hatte ein tolles Angebot bekommen: Der Produzent Mike Chapman lud mich nach Los Angeles in sein Studio ein. Ich könnte dort mit ihm experimentieren und nebenbei Urlaub machen. Er und sein Partner Nicky Chinn waren das angesagte Songwriterteam der 1970er-Jahre und prägten die Glam-Rock-Ära mit ihren Hits für Suzi Quatro, *The Sweet* und vielen anderen. Später produzierte Mike Chapman die Band *Blondie,* schrieb auch für Debbie Harry und für Tina Turner ihren Welthit *Simply The Best.* Ich wusste nicht, was mich dort erwartete, hatte mir aber vorgenommen, ein bis zwei Monate ganz entspannt an der amerikanischen Westküste zu verbringen. Vince und ich waren immer noch verliebt ineinander und hatten große Lust, diese Reise zusammen zu machen.

In L.A. empfing uns das Chapman-Team sehr großzügig und quartierte uns im *Sunset Marquis* ein. Das Hotel existiert noch heute in einer Seitenstraße vom Sunset Boulevard und galt damals als Musikerquartier. Unweit befinden sich die Clubs *The Roxy* und das *Whisky a Go Go* inmitten vieler Boutiquen und Einkaufsmöglichkeiten. Im Garten des Hotels konnte man es sich am Pool bequem machen und den Kollegen beim Baden zusehen. Stars und ihre Groupies, B-Promis und ihre Agenten lagen den ganzen Tag auf den Liegestühlen, zogen einen Joint nach dem anderen durch und warteten auf den Abend, den sie in den Clubs verbringen würden. Einmal hatte ich die Ehre, mit Carlos Santana im Pool zu schwimmen. Crazy. Im Apartment konnten wir in einer Kochnische ein ausgedehntes Frühstück zubereiten, was nach unseren Ausflügen ins Nachtleben unbedingt notwendig war. Das Beste aber war ein metallic-roter Cadillac DeVille Convertible, den Mike Chapman uns für eine Woche spendierte! Ich besaß zu der Zeit noch keinen Führerschein und Vince war total happy, dass er nun ganz unabhängig in der Gegend herumkutschieren konnte, während ich im Studio versuchte, mit Mike Chapman auf einen musikalischen Nenner zu kommen. Er hatte eine Band zusammengestellt, wir probten einige Songs und machten Aufnahmen davon, aber irgendwie passte nichts zusammen. Das einzige Stück, das mir einigermaßen gefiel, war *I Can't Stand The Rain*. Witzigerweise nahm das dann Tina Turner 1983 für ihr Comeback-Album *Private Dancer* auf.

In den Studioräumen nebenan produzierte der mächtige Barry White eine junge Sängerin. Als ich vorbeiging, öffnete sich die Tür zum Regieraum und ich hörte, wie er mit seinem tiefen Bass seine Sängerin anbrüllte: "Wenn du den hohen Ton jetzt nicht endlich hinkriegst, f... ich dich nicht mehr!" Ob es danach mit dem hohen Ton geklappt hat, weiß ich nicht. Die Studioarbeit mit Mike hatte also nichts gebracht, und nach einer Woche gaben wir den roten Cadillac DeVille zurück und liehen uns für die darauffolgenden zwei Wochen einen blauen. Für uns Nordlichter war es eine luxuriöse Erfahrung, mit diesem riesigen Schlitten auf den breiten, mit Palmen bestandenen Avenues herumzufahren und die Gegend zu erkunden.

An der Küste entlang machten wir uns auf in Richtung San Francisco. Dort brauchten wir kein Auto mehr, alles war näher beieinander und nicht so weitläufig wie in L.A. Uns interessierten vor allem die Off-Broadway-Shows, und so machten wir die Nacht zum Tag. Wir lernten schnell interessante Leute kennen, die uns einluden, mit ihnen am Kirby Cove Beach, in der Nähe der Golden Gate Bridge, zu baden und zu grillen. Und weil es in San Francisco eine große Gay-Community gab, blieb es nicht aus, dass viele unserer neuen Freunde besonders scharf auf Vince waren. "Isn't he gorgeous?", himmelten ihn die Männer an. Vince aber schielte lieber den dickbusigen Schönheiten hinterher.

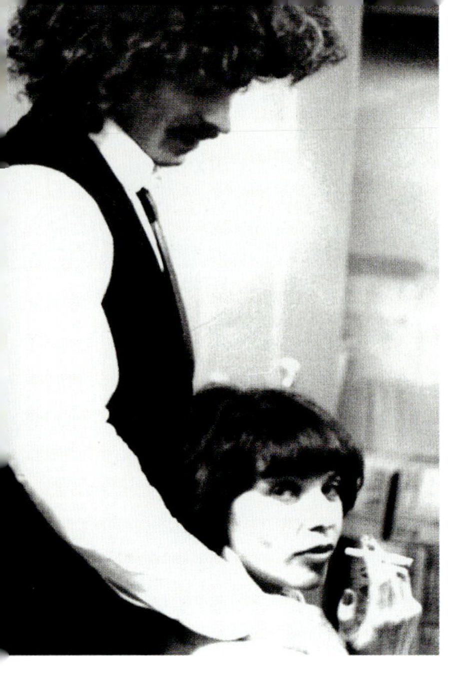

1979. Vince und ich,
immer noch verliebt, auf
den Spuren des Blues.

1979. Komponieren,
aufnehmen, üben. Musik
ist ein Fass ohne Boden!

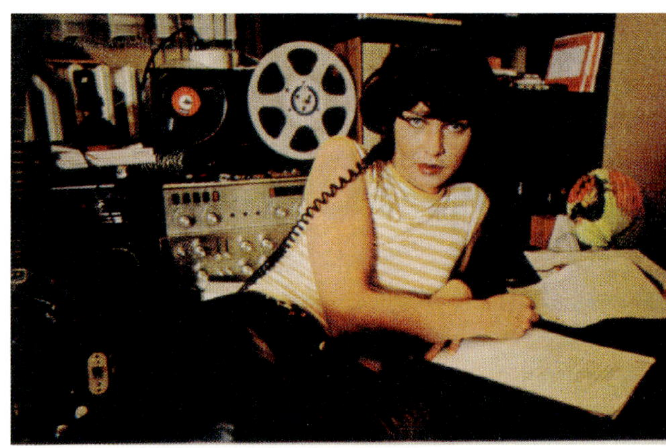

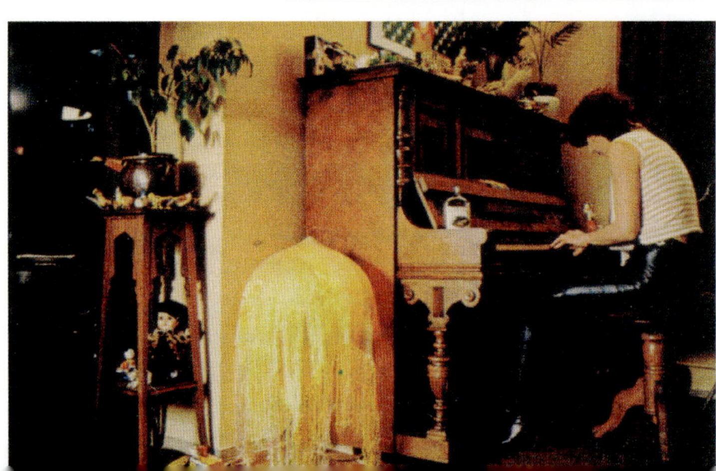

Eines Abends wurde ich beklaut. In einer Striptease-Spelunke hatten wir etwas mehr getrunken, als uns guttat, und plötzlich war meine Tasche mit allem, was ich an Traveller-Schecks und Bargeld besaß, verschwunden. Dazu noch das Schlimmste, was einem in Amerika passieren konnte: Mein Pass war weg! Ich suchte alles ab – vergeblich. Am nächsten Tag fuhr ich mit meinem dicken Kopf noch einmal zum Manager des Ladens, aber der zuckte nur mit den Schultern. Es war Wochenende und ich, jetzt stocknüchtern, hatte zwei Tage Zeit, den Schock zu verdauen. Am Montag darauf benachrichtigte ich den *American Express*-Notfalldienst, meine Freunde in Amerika bestätigten meine Identität, und bald darauf bekam ich auch meine Schecks anstandslos zurück. Beim deutschen Konsulat in San Francisco hatten sie meine Angaben nach Hamburg telegrafiert, überprüft, und gegen eine Gebühr von vierzig Dollar und einem Eintrag ins Fahndungsbuch des Police Departments San Francisco bekam ich einen neuen Pass.

Nach diesem Schock brauchte ich dringend eine Auszeit von der Auszeit, und so flog ich für einige Tage zu meiner Familie nach Vancouver. Zurück in Los Angeles überließ ich Vince sich selbst. Mir wurde das alles zu exzessiv und abgründig. Daher reiste ich allein nach New York und dann nach Hamburg zurück. Auf dem Flug schwor ich mir, solider zu leben und endlich auch meinen Führerschein zu machen.

Wieder zu Hause angekommen, klemmte ich mich vor mein Tonbandgerät und nahm mit Rhythmusmaschine und Gitarre neue Songs auf, Ideen hatte ich genug. Ich hatte mit meinem Verlag und der Plattenfirma *RCA* zwar schon über einen neuen Vertrag gesprochen, doch zuerst wollte ich die neuen Stücke live ausprobieren, das war mir sehr wichtig. Es gab genug Anfragen für Konzerte in Deutschland, die ich gerne spielen wollte. Dafür die Engländer nochmals rüberzuholen, schien mir zu teuer und zu umständlich. Also traf ich mich wieder mit Karl-Heinz, der das Bassspielen nicht verlernt hatte und seinen Drogenkonsum mittlerweile unter Kontrolle hielt. Er hatte sich mit Karl Allaut, Gitarrist bei Udo Lindenbergs *Panikorchester*, angefreundet, war aber inzwischen dort ausgestiegen und suchte zusammen mit dem Schlagzeuger Sid Gautama nach einer neuen Spielmöglichkeit. Also probten wir meine Songs und fanden, dass es für die Clubgigs ausreichend harmonierte. Aufgrund eines fehlenden Managements fing ich an, das Booking selbst zu übernehmen. Das bedeutete viel Arbeit für mich. Ich ließ Fotos für Plakate und Werbematerial anfertigen, verschickte alles an die Veranstalter, erstellte Telefonlisten sowie Ein- und Ausgangslisten für die Post, legte Karteikarten von Auftrittsorten an und handelte die Konzerthonorare mit den Veranstaltern am Telefon aus. Das wurde mir aber bald zu viel, ich konnte mich bei den Konzerten nicht mehr konzentrieren, vergaß meine Texte und musste nach den Auftritten auch noch abrechnen und den Fans Autogramme geben. Da kam es mir sehr gelegen, dass Edda, die Freundin von Sid Gautama, der mit bürgerlichem Namen Sidhatta Gautama Schwitzki heißt, das Telefonieren und die Schreibtischarbeit übernahm.

Da wir in der Vergangenheit schon jede Menge Veranstalter erlebt hatten, die schlecht organisiert waren oder miese Voraussetzungen für eine Veranstaltung boten, schickten wir zusätzlich zu den Verträgen Bühnenanweisungen, die unbedingt eingehalten werden mussten, da sonst unser Auftritt nicht stattfinden würde. Die Anweisungen waren jedoch ein frommer Wunsch, denn es ging 1978 bei manchen Veranstaltungen abenteuerlich zu. So wies zum Beispiel bei einem Gig die Haustechnik für unsere Ton- und Lichtanlage keine passenden Elektroanschlüsse auf, sodass ein ortsansässiger Elektromeister ein Stromkabel vom Feuerwehrhaus bis in den Saal verlegen musste. Oder die Bühnenkonstruktion war nicht standfest genug, und jemand musste bäuchlings mit Hammer, Holzkeilen und Taschenlampe unter die Bühne kriechen, um die Unterkonstruktion in ihrer Standfestigkeit zu prüfen, während ich direkt über seinem Kopf den Saal rockte.

Die Gruppe *Amon Düül II* hatte es besonders hart getroffen: Nach einem neuen Deal mit ihrer Plattenfirma kaufte sie sich für 120 000 DM eine komplett neue Bühnenanlage und Instrumente. Auf einer Veranstaltung in Köln waren sie mitten am Spielen, als die

Bühne unter ihnen Feuer fing. Die Rufe aus dem Publikum "Feuer, Feuer!" wurden aber falsch interpretiert, weil die *Düüls* zu laut oder zu stoned waren. Plötzlich stand der ganze Saal in Flammen. Vier Menschen kamen tragischerweise ums Leben.

Die Plattenfirma *RCA* organisierte wieder Gesprächstermine für mögliche Produzenten einer neuen LP für mich, und im November flog ich vier Tage nach New York. An einem Abend sollte ich Lou Reed im Hotel treffen. Ich saß gerade in der Badewanne, als es an der Zimmertür klopfte. Ich schlug ein Badelaken um meinen Körper, band mein Haar zu einem Dutt hoch und öffnete die Tür. Eigentlich hatte ich mit dem Roomservice gerechnet, stattdessen stand Lou Reed vor mir. Er hatte einen Freund bei sich und entschuldigte sich, dass er zu früh sei. Er sah mich an: "Du siehst zu gesund aus!" Das konnte man von ihm leider nicht behaupten. Wir hatten mein Demo noch nicht ganz durchgehört, als er aufstand und meinte, dass ich keinen Produzenten bräuchte. Was er damit gemeint hatte, erfuhr ich nicht mehr. So schnell wie er gekommen war, verschwand er wieder.

Am Tag vor meinem Rückflug nach Deutschland war Thanksgiving in den Staaten. Es lagen keine Termine mehr an, die New Yorker waren auf dem Weg zu ihren Angehörigen. Gegen Abend war die Stadt wie leergefegt. Aus den Straßenschluchten war kaum noch Verkehrslärm zu hören, umso surrealer wirkten die hellerleuchteten Büros in den Wolkenkratzern – niemand hatte es für nötig befunden, das Licht auszuschalten. Ich holte mir eine Flasche Wein und aus einem Delikatessen-Store etwas Putenfleisch, setzte mich auf den Boden vor das riesige Fenster meines Hotelzimmers und fühlte mich so einsam wie der letzte Mensch auf Erden.

Station 5

I Know Who I Am

1979–1983

Sex, Drugs & Rock'n'Roll.
Als Dozentin an der Musikhochschule.
Meine große schwarze Schwester Tina Turner singt mein Lied.

Nach einem Auftritt im spanischen Fernsehen in Madrid Anfang 1979 aß ich zum ersten und wohl auch zum letzten Mal rohe Austern. Vier Wochen später fühlte ich mich schlapp, müde und appetitlos. Jemand sagte zu mir: "Dein Augenweiß ist ganz gelb!" Doch nicht nur das, mein ganzer Körper schimmerte gelb. Ein Notarzt schickte mich sofort ins Eppendorfer Krankenhaus, wo man Hepatitis A feststellte und mich unter Quarantäne stellte. Ich wurde aufgefordert, all meine letzten Kontakte anzugeben, meine Familie, Freunde und Kollegen wurden informiert. Zwei Wochen später lag Vince im Zimmer nebenan. Glücklicherweise der einzige meiner Kontaktpersonen, den das Virus erwischt hatte. Wir durften uns aber nicht sehen, und unsere Besucher mussten Mundschutz und Umhänge tragen. Ich schlief fast ausschließlich, konnte nur Joghurt essen, nahm zehn Kilo ab, war körperlich am Boden. Dazu bekam ich eine schmerzhafte Gürtelrose, und nach einer Röntgenuntersuchung erhärtete sich der Verdacht auf eine latente TBC, die später behandelt werden sollte. Vince wurde nach vier Wochen entlassen, ich blieb sechs Wochen im Krankenhaus. Als es mir etwas besser ging, wurde mir langweilig, und ich bat um Zeichenblock und Aquarellfarben. Das Malen lenkte mich ab, und es war interessant zu sehen, wie sich mein Unterbewusstsein auf eigenartige Weise in diesen Bildern zeigte, wenn ich, ohne ein Motiv im Kopf zu haben, den Stift ansetzte und meine Hand wie von allein zeichnete. Es hatte auf jeden Fall eine reinigende Wirkung, denn als ich wieder nach Hause kam, renovierte ich wieder einmal meine Wohnung, baute Regale und schuf Ordnung. Ich kaufte mir ein Rennrad, obwohl Radfahren in den 1970er-Jahren total uncool war. Es gab kaum Fahrradwege, die Autofahrer hupten einen an und zeigten den Stinkefinger. Aber schon damals gab es mehr Staus als fließenden Verkehr, und man kam in der Stadt besser mit dem Rad voran. Trotzdem meldete ich mich bei einer Fahrschule an. Ich dachte mir, dass Autofahren wohl nicht so schwer sein könne, schließlich konnte ich ja auch mit dem Pedal einer elektrischen Nähmaschine umgehen und gerade Nähte ziehen. Ich erfuhr, dass es Rechte und Pflichten für alle Verkehrsteilnehmer gibt und, wenn man die kennt, nicht viel Schlimmes passieren kann. Ich lernte eifrig für die theoretische Prüfung, hatte großen Spaß am Fahren und freute mich auf jede Fahrstunde.

Mitte Juni 1979 spielte im *Onkel Pö* der stimmgewaltige amerikanische Sänger, Songwriter und Pianist Richard T. Bear mit seiner Band. Ich hatte ihn schon einmal Ende 1978 in New York, als ich auf Produzentensuche war, kennengelernt. Ich stieg in die Aftershowsession im "*Pö*" ein, wir stellten fest, dass wir musikalisch auf einer Wellenlänge waren, und dann ging alles ganz schnell. Mit meiner Plattenfirma *RCA* machte ich einen neuen Künstlervertrag und Richard T. Bear wurde mein Produzent. Bevor ich Mitte Juli nach New York flog, hatte "The Bear" aus den 25 Songs meines Demos fünf Titel ausgesucht, dafür Arrangements geschrieben und die besten New Yorker Studiomusiker zusammengetrommelt.

Bevor es ins Studio ging, machte er mich aber noch mit seinem jüdischen Rechtsanwalt bekannt, der in einem Wolkenkratzer voll anderer jüdischer Anwälte aus dem Showbusiness saß und Verträge aushandelte, die so dick waren wie die Telefonbücher einer mittleren Kleinstadt. Richard T. Bear alias Richard Gerstein war selbst Jude, so wie seine Musiker. An den Drums saß Allan Schwartzberg aus Peter Gabriels Band *Mountain*. Allan hatte schon für die Größten der Rockmusik getrommelt und gehörte zur Crème de la Crème der New Yorker Sessionmusiker. Ebenso der Bassist Neil Jason und der Gitarrist Elliot Randall. Wir feilten noch ein bisschen an meinen Texten, und zum ersten Mal sang ich neben meinen eigenen rockigen Kompositionen auch fünf Coverversionen, darunter *Breakdown* von Tom Petty und *Roxanne* von *The Police*. Der Vollblutmusiker "The Bear" steuerte die eigene schöne Ballade *Pain In My Heart* bei, griff auch selbst in die Tasten und sang ein paar Zeilen mit. So nahmen wir innerhalb von 14 Tagen die neue LP *I Know Who I Am* auf. Die Musiker waren mir, der Deutschen, gegenüber zuerst etwas reserviert, aber freundlich. Doch das änderte sich nach ein paar Tagen, und es war entspannt und intensiv wie immer beim gemeinsamen Musizieren. Musik verbindet eben und kennt nur eine Sprache: das Gefühl.

Nach der New Yorker Studiosession ging es acht Tage nach Kanada ins Torontoer Studio *Nimbus 9* zum Synchronisieren eines Streichorchesters und zum Mischen. Ich hatte immer Angst vor einer zu glatten, süßlichen US-Produktion, aber Richard T. Bear war ein Kenner des Rhythm'n'Blues und nahm mir meine Befürchtung. Besonders freute mich das Cajun-Akkordeon auf dem Titelsong *I Know Who I Am*. Als wir die Fotos für das Cover und die PR machten, herrschte in New York gerade Smogalarm und die Temperaturen stiegen auf 35 Grad. Das Shooting fand in einer Autogarage statt, in der die stahlglänzende Säule der Hebebühne, an der ich verschwitzt lehnte, vermutlich eine erotische Wirkung haben sollte. Total daneben war dann aber die Werbung der Plattenfirma durch den Hinweis: "Kaufen Sie diese Platte, bevor sie verboten wird!" Den Spruch hatte sich wohl irgendein Werbeheini ausgedacht, was in Deutschland überhaupt nicht gut ankam. Und alles nur wegen des etwas schlüpfrigen Textes des Titels *Grade-B Movie:* "Don't stop Johnny – oh no!" Das neue Album wurde im Herbst 1979 veröffentlicht, in den USA erschien es unter dem Namen *Inga*, den "Rumpf" schnitt man mir einfach weg. Die US-Presse feierte *"das Meisterstück als sicheren Tipp für die Rockcharts"*. PR-Strategien wurden entworfen und mit der Agentur *Premier Talent* Tourpläne erstellt. Auch in Deutschland lobte die Musikpresse: "Ingas beste Platte!", "Perfekt produziert!". Als die LP in Deutschland auf den Markt kam, verstärkte sich in Amerika die Krise im Showbusiness durch die andauernde Rezession. Viele New Yorker liefen mit einem T-Shirt mit der Aufschrift "I'm fired" herum. Das war's mal wieder! Ich wurde als Newcomerin aus dem "American Dream" gefeuert. Nur die großen US-Stars blieben in ihren Verträgen. Nach Veröffentlichung der LP drehte die NDR-Redaktion in Hamburg ein schönes, aufwändiges Video von dem Titelsong *I Know Who I Am*. Für die vielen Szenen, in denen ich mich, dem Text entsprechend, verkleidete, kamen Requisiteure, Stylisten, Beleuchter, Kameraleute und die Redakteure zum Drehort – ein riesiger Aufwand, und es wurde eine interessante Sendung.

In Hamburg ging ich weiterhin brav zu meinen Fahrstunden, um endlich meinen Führerschein zu bestehen. Nach wiederholter Röntgenaufnahme meiner Lunge gab es keinen Aufschub mehr, ich musste Mitte Oktober zur Behandlung meiner latenten TBC in die Lungenheilklinik Großhansdorf. Vier Wochen Ruhe und Langeweile. Meine Gitarre durfte ich nicht mitnehmen, aber ein freundlicher Arzt empfahl: "In der Turnhalle steht ein Klavier. Wenn du willst, gebe ich dir den Schlüssel und du kannst darauf spielen." Ich winkte ab, aber nach einigen Tagen nahm ich das Angebot doch an. Jeden Tag ging ich runter in die Turnhalle und übte alles, was mir aus der Erinnerung an Vince' tollen Boogie- und Blues-Riffs einfiel. Vince gab mir den Tipp, die Phrasen so lange mit der linken Hand zu spielen, bis sie automatisch abliefen, und erst dann die rechte Hand dazuzunehmen. Über der Turnhalle befand sich das Büro der Krankenhausverwaltung, und die Damen dort waren zwar verständnisvoll, aber reichlich genervt, stundenlang die gleiche Melodie zu hören. Es dauerte etwa drei Wochen, bis ich mit beiden Händen etwas zustandebrachte und sogar dazu singen konnte. Die Behandlung war nach vier Wochen beendet und ich durfte nach Hause. Ein Freund hatte mir ein wunderschönes altes Trautwein-Klavier geschenkt. Das passte gerade in eine Ecke meiner Wohnung, und hier übte ich weiter von morgens um neun bis abends zur *Tagesschau*. Ich merkte überhaupt nicht, wie die Zeit verging. Aber meine Nachbarn! Okay, das sah ich natürlich ein, und so versprach ich ihnen und dem genervten Hausmeister, die üblichen Ruhezeiten einzuhalten.

Im Januar 1980 bestand ich die theoretische Fahrprüfung mit null Fehlern, und nach dem zweiten Versuch, rückwärts einzuparken, auch die praktische. Mit dem Auto meiner Freundin Edda fuhr ich ganz früh am Morgen oder abends, wenn der Verkehr nicht mehr so dicht war, durch Hamburg, um Übung zu bekommen. Natürlich wollte ich auch ein eigenes Auto besitzen und klapperte die Gebrauchtwagenhändler ab. Bei einem sah ich ihn dann, mein Sahnestück: ein cremefarbenen Mercedes 220 SE Coupé von 1962 mit roten Ledersitzen. Er wurde gerade für den Verkauf fertiggemacht, und ich wartete aufgeregt, bis ich probefahren konnte. Eine Woche später war der Wagen meiner und beim Verkehrsamt angemeldet. Stolz fuhr ich damit zu meiner Mutter, die wieder allein lebte, denn ihr zweiter Ehemann war Ende 1977 gestorben. Oft hatte ich sie in den letzten Jahren besucht. Sie litt an gesundheitlichen Problemen, war aber eine Kämpferin und ging ihren Beschwerden sofort auf den Grund. Das hatte sie einige Male gerettet, denn obwohl manche Ärzte ihre Klagen nicht ernst nahmen, bestand sie stets auf einer Untersuchung. Wir hatten ein freundschaftliches Verhältnis entwickelt, und es tat gut, ein paar Stunden mit ihr zusammen zu sein und über alles, was uns bewegte, zu reden. Mit meinem Auto konnten wir schöne Ausflüge unternehmen, an der Elbe in einem Restaurant essen gehen oder unsere Verwandten in der Hamburger Umgebung besuchen. Auch zu dem (verhassten) Holunderbeerpflücken draußen in Ahrensburg fuhr ich mit ihr in der Herbstzeit. Die Beeren verarbeiteten wir in ihrem Tekla-Dampfkocher zu Saft. Das war zwar umständlich und dauerte lange, aber ich konnte Mutti dabei wunderbare, alte Familiengeheimnisse entlocken.

Der Szene-Blätterwald hatte sehr gute Kritiken über die neue LP *I Know Who I Am* gebracht, aber ich wusste, dass schöne Worte und gute Rezensionen keinen Hit machen. Deshalb hieß es wieder: live spielen! Freundin Edda buchte, was das Zeug hielt, hauptsächlich Auftritte in Clubs und Hallen. Wir wollten unsere und die Ohren der Zuhörer mal wieder richtig durchpusten. Ich spielte zu der Zeit eine rote Gibson Les Paul Junior von 1960, die ich in New York erstanden hatte. Die war sehr leicht und gut zu bedienen, weil sie nur ein

1979. Dieser Blick sagt
doch alles, oder?

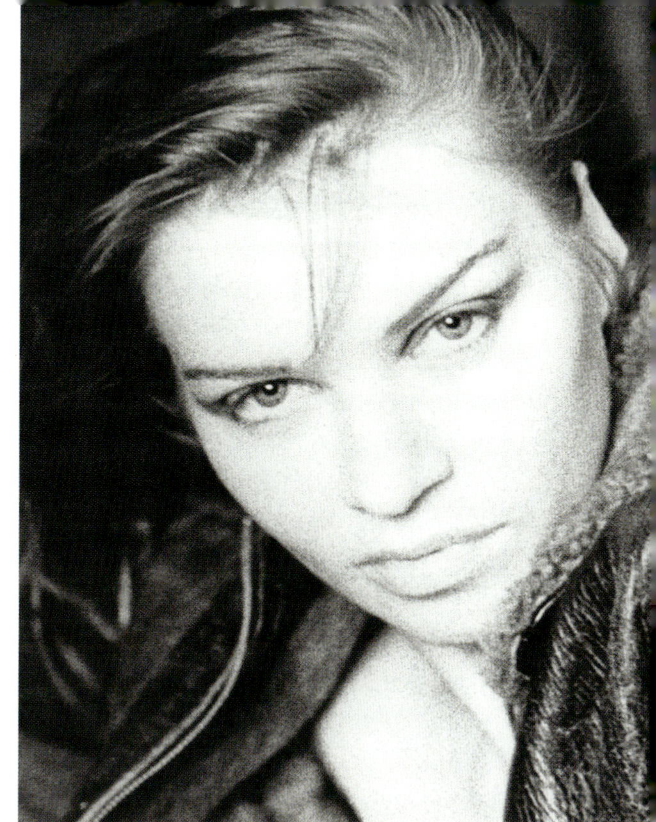

1979. Die Harley
kann ich zwar halten,
aber leider nicht fahren.

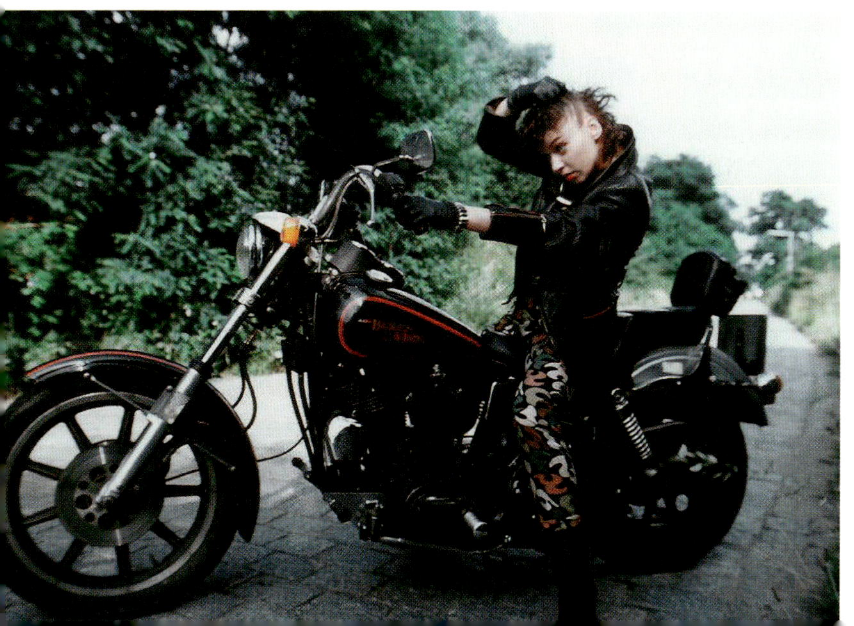

Pickup besitzt. Wir waren schon ein kurioses Quartett: Karl-Heinz, drogensüchtig, genialer Bassist und mein Ex-Freund aus *Frumpy*- und *Atlantis*-Zeiten. Am Schlagzeug saß nun Mickie Stickdorn, Musikhochschulstudent aus Bielefeld, der gerade seine Profilaufbahn begann, aussah wie der jüngere Bruder von Rod Stewart und uns zum Lachen brachte, sobald er seinen Mund auftat. Wenn er hingebungsvoll seine Drums spielte, verzog er sein Gesicht dermaßen zu Grimassen, dass wir Angst vor ihm bekamen. Und dann war da noch Karl "Brutal" Allaut, ein eigenwilliger Westfale, der mit grimmigem Gesicht sein teutonisches Brett spielte. Ich sah natürlich immer gut aus ... Mit dem Westfalen kam ich gut klar, so auch mit dem *Panik*-Bassisten Steffi Stephan und dem Bühnentechniker Carl Cordier, der stets mit klarem Kopf, korrektem Equipment und zuverlässigen Transportern zu den Gigs erschien.

Ende Februar ging es mit kleiner Anlage und einem Roadie los. Weil ich wegen der TBC eine sechsmonatige Chemotherapie machte und keinen Alkohol trinken durfte, wollte ich mit der Band in meinem Oldtimer die Strecken fahren. Im März spielten wir in ganz Deutschland und Wien, dann zehn Tage in Holland. Zwischendurch musste mein schöner Benz immer wieder in die Werkstatt. Mal zog er nicht mehr, dann ging das Getriebe kaputt, die Lenkung schlug aus – ständig war irgendetwas. Es war halt schon ein sehr altes Sahnestück. So ging es weiter, von April bis Juli. Die Roadies wechselten von Chris zu Horst, dann zu Hanni, alles verlässliche junge Burschen. Im Juli wurde Edda krank, also übernahm ich für kurze Zeit wieder die Schreibtischarbeit und stellte schließlich Irene Lehmann für meine Buchungen und Steuerangelegenheiten ein.

An dieser Stelle möchte ich kurz das Thema Finanzen ansprechen: Bis 1977 hatte ich mit dem Finanzamt weiter nichts zu tun gehabt, denn meine Einnahmen waren nicht besonders auffällig gewesen. Das änderte sich allerdings von Jahr zu Jahr durch die vielen Senderhonorare und Lizenzerträge, sodass das Finanzamt kam und sich sagte: "Hoppla, da wollen wir doch mal genauer hinschauen." Ende 1977 wurde mein Sparbuch vom Finanzamt gepfändet und ich aufgefordert, Belege über meine Ein- und Ausgaben vorzulegen.

Okay, die Einnahmen konnte ich nachweisen, aber Ausgabenbelege? Ich hatte, außer Überweisungen an Telefongebühren und Versicherungen, fast nichts an Quittungen gesammelt, geschweige denn eine Gewinn- und Verlustrechnung erstellt. Damals war ein Girokonto noch nicht üblich, es wurde viel mit Bargeld abgewickelt. Die Belege verschwanden dann irgendwo zerknüllt im Papierkorb. Während der Tourneen führte ich so etwas wie ein Kassenbuch. Entlohnung für die Musiker oder Roadies wurden höchstens mal mit einem Kürzel, aber selten mit einer Quittung belegt. Das sah jetzt schlecht für mich aus. Ich traf mich mit einem Steuerberater, der mich freundlich belehrte. Ich hatte bis dahin keine Ahnung, dass ich umsatzsteuerpflichtig war. Seitdem habe ich durch meine Berater viel über Steuerabgaben gelernt, führe ordentlich Buch und sehe auch ein, dass es sein muss. Meine Einsicht ist allerdings begrenzt, wenn immer noch Gesetzeslücken durch die Global Player ausgenutzt werden, Aktienhändler mit den Finanzbehörden milliardenschwere Hütchenspiele veranstalten, Steuerbetrug ignoriert wird und kleinste Vergehen der Bürger geahndet werden nach dem Motto: Die Kleinen hängt man, die Großen lässt man laufen. Na ja, es ist schon ein komplexes Thema, und es stimmt wohl, wenn man sagt, Musiker hätten keine Ahnung von Gelddingen, aber würden ständig darüber reden. Banker hingegen reden über Musik, haben davon aber keine Ahnung. Ab Mitte der 1980er-Jahre mussten Künstler in die Künstlersozialkasse einzahlen, was eigentlich sehr gut war. Denn damit waren wir nicht nur kranken-, sondern auch rentenversichert. Ich folgte außerdem dem Drängen meiner lieben Mutter, die sagte: "Wer weiß, wer weiß, ob die Rente sicher ist ...", und schloss eine Lebensversicherung ab. Nun kam also Ordnung in meine Abrechnungen und Belege.

Was überhaupt nicht in Ordnung war, war die Drogenflut, die seit einigen Jahren überall in Deutschland den Markt überschwemmte. Aus den Marihuanajoints waren LSD-Trips, Kokainabhängigkeit und bei manchen Heroinsucht geworden. Karl-Heinz hatte es besonders schwer getroffen. Er war ja schon seit 1976 anfällig für leichte Drogen, aber jetzt schwerstabhängig. Wenn er seinen Stoff nicht bekam, litt er an so schlimmen Entzugserscheinungen, dass er nicht in der Lage war zu spielen. Einmal konnten wir unseren Auftritt nicht pünktlich beginnen, weil Karl-Heinz auf der Suche nach einem Dealer in der Stadt war. Als er dann endlich auftauchte, hatte er nichts gefunden. Er war so zittrig und totenblass, dass ich ihm etwas Farbe ins Gesicht schminkte, um ihn nicht wie ein Zombie auftreten zu lassen. Er war stets blank, denn er gab das Geld, das er mit der Musik verdiente, sofort für ein paar Gramm Koks oder Heroin aus. Wir versuchten, ihm beim Entzug zu helfen. Abwechselnd saßen wir tage- und nächtelang an seinem Bett, während er schweißnass seinen kalten Entzug überstehen wollte. Er nahm dann substituierende Mittel, aber es nützte nichts. Er fing an zu dealen und legte sich sogar mit den schweren Jungs vom Hamburger Kiez an. Weil er einmal schlecht abgewogen hatte, wollten sie ihm seine Finger abhacken. Karl Allaut bezahlte die offene Rechnung und rettete ihn. Es war schlimm, schlimm, schlimm! In den Wasch- und Toilettenräumen der Diskotheken spielten sich unglaubliche Szenen ab. Auf Klodeckeln wurden die Koksstraßen gelegt und Massen von Alkohol getrunken. Ja, ich war auch dabei, ich gebe es zu. Und noch schlimmer: Einmal verwechselte ich das weiße Pulver und nahm aus Versehen eine Spur Heroin. Die Wirkung war verheerend: Als ich einen Schluck Cola trank, musste ich mich übergeben. In meinem Kopf fühlte sich alles wie Watte an und im Spiegel sah ich meine Pupillen, nicht größer als Stecknadelköpfe. Als die Wirkung nachließ, lag ich den ganzen Tag mit schmerzendem Körper in der heißen Badewanne. Danach wusste ich, wie grausam diese Droge ist. Übel ist auch Kokain, das einen hochreißt und gnadenlos fallen lässt. Ich war immer froh, wenn ich wieder in der Realität ankam und klar denken konnte. Dass die Polizei versuchte, diesem Treiben ein Ende zu setzen, musste ich selbst in Hamburg erleben. Das kam so: Ich war abends noch auf einen kurzen Abstecher in die Diskothek *Nach Acht* gefahren, um danach nebenan im Restaurant etwas zu essen. An der Theke der Diskothek saßen Freunde, die gerade einen Joint drehen wollten. Das gelang ihnen aber nicht, und ich fragte altklug: "Soll ich das mal machen?" Ich hatte schon die Blättchen zusammengelegt, wollte soeben den Tabak mit dem Gras mischen, da leuchtete eine Taschenlampe auf, meine Hände wurden vom Tresen weggerissen, drei Zivilbeamte packten mich und schoben mich kommentarlos in einen Polizeiwagen. Dann ging es auf die Wache und ich wurde in eine Zelle gesperrt. Ich litt mörderischen Hunger, hatte doch gerade essen gehen wollen. Hungrig wickelte ich mich in die Wolldecke und schlief etwas. Früh morgens kroch eine kleine Katze durch die Gitterstäbe des offenen Fensters und leistete mir Gesellschaft. Um sieben Uhr gab es dann auf einem Blechteller ein Marmeladenbrot und eine Blechtasse mit Muckefuck. Der Untersuchungsrichter verdonnerte mich wegen Vergehens gegen das Betäubungsmittelgesetz zu etlichen Tagessätzen, aber ich war auf freiem Fuß. Okay, so fühlte sich also Knast an, eine neue Erfahrung, die ich nie wieder erleben wollte! Dazu die Erkenntnis: Mische dich nicht in fremde Angelegenheiten ein!

Im Juli 1980 suchten wir nicht nur für Karl-Heinz Ersatz. Auch unsere Freundin Edda war seelisch erkrankt und landete in der Psychiatrie. Auf einem LSD-Trip hatte sie überall gefährliche Monsterinsekten gesehen, danach kämpfte sie ständig mit Flashbacks und nahm sich später das Leben. Einmal schluckte ich aus Neugier einen halben Trip und hatte Glück. Die Wirkung war erstaunlich: Ich erlebte die dreidimensionale Räumlichkeit wie niemals zuvor und war total verblüfft darüber, wie sich alles um mich herum zu bewegen schien. Es war Nacht, es hatte gerade geregnet und auf der Straße glitzerte es, als hätte jemand einen Sack Diamanten verstreut. Erstaunlich war auch, wie sich die Gesichter meiner Freunde plötzlich in animalische Masken verwandelten. Und das war gar nicht erschreckend, sondern unglaublich erotisch. An dem Abend war ich mit Vince Weber unterwegs. Als er in einer Kneipe Klavier spielen wollte, zögerte er, schaute auf die Tastatur und fing plötzlich an, albern zu kichern. Wie in Wellen schwebten die 88 Tasten auf und ab, und als er sie berührte, flogen sie unter seinen Fingern weg. Er gab auf – es war zu kompliziert.

Bei unseren Auftritten lernte ich viele interessante Menschen kennen. An einem Abend kamen Uschi Obermaier und ihr Freund

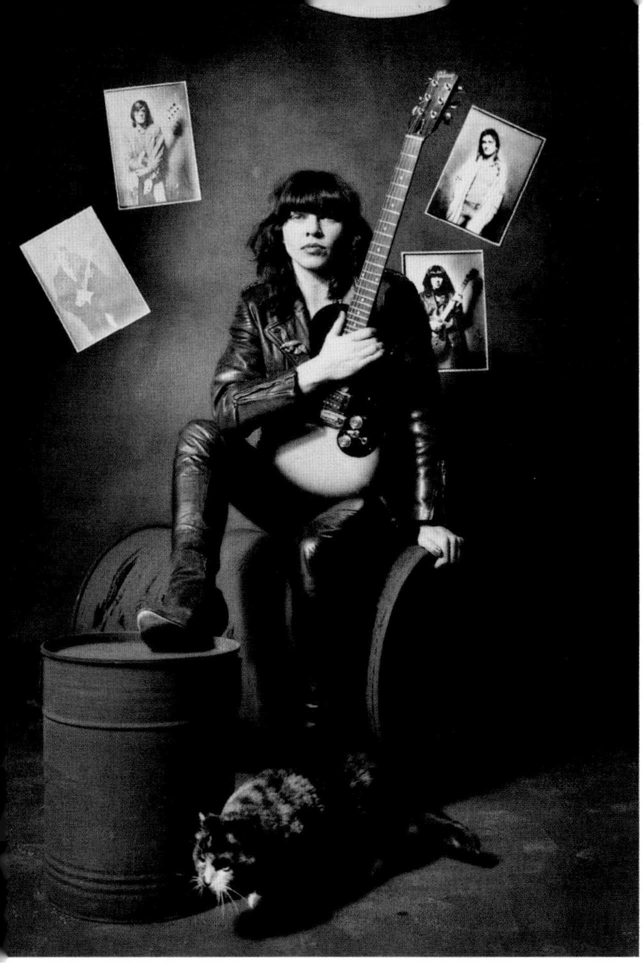

1979. Jim Raketes
"Fabrik"-Katze wurde so
oft gelockt, bis er sie an
der richtigen Stelle hatte.

1980. Rock'n'Roll
kann sehr gefährlich sein.
Bassist Heinz Gembus
(rechts) ersetzt Karl-
Heinz. Links Karl Allaut,
rechts neben
mir Mickie Stickdorn.

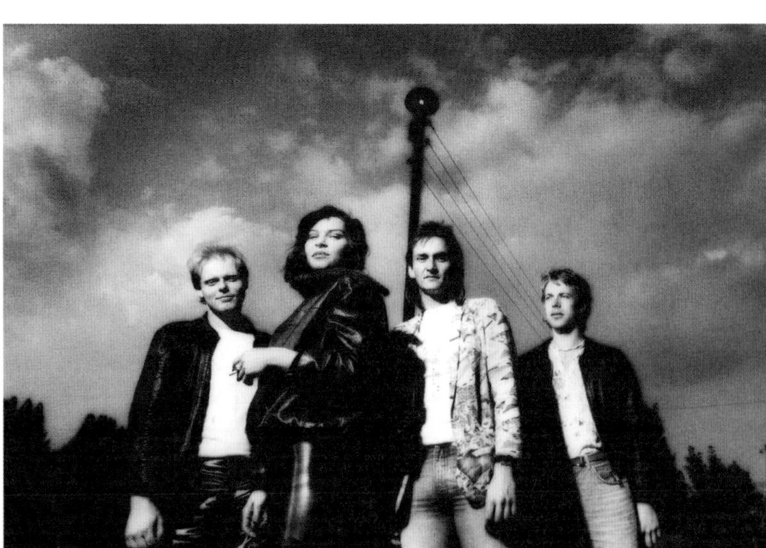

Dieter Bockhorn zu uns in den Hamburger Musikclub *LOGO*. Später besuchte ich sie dann in Dieters *Galerie-Café Adler*, und er zeigte mir den Caravan, den er gerade für ihre bevorstehende Asienreise ausbaute. Die beiden waren ein gutes Paar, Uschi eine wunderschöne Frau und Dieter ein richtiger Kerl, dazu sehr großzügig: Er schenkte mir seine Lederjacke mit einem silbernen Adler am Revers. Leider war auch er drogenabhängig. In Berlin traf ich den Starfotografen Jim Rakete, der von der Band und mir Fotos in seinem Studio schoss. Er hatte genaue Vorstellungen von dem Bild, das er machen wollte. Es wurde ein tolles Foto, verewigt in einem seiner Bildbände. Um das Motiv so hinzubekommen, wie Jim es sich vorstellte, lockte seine Crew die Studiokatze so lange durchs Bild, bis sie genau vor meinen Stiefeln entlanglief und er seinen Schnappschuss bekam. Bei einem Fernsehauftritt in Baden-Baden traf ich die Band *The Fabulous Thunderbirds* aus Austin, Texas, deren Rhythm'n'Blues-Musik ich liebte. Jimmie Vaughan, der Gitarrist und ältere Bruder von Stevie Ray Vaughan, hatte es mir besonders angetan, und ich reiste der Band nach London hinterher. Wir trafen uns dann noch einmal in Hamburg, als er mit einem gebrochenen Bein im *Onkel Pö* auftrat. Da waren wir immer noch verliebt ineinander, aber der magische Moment war vorbei.

Klaus Voormann, der Berliner Musiker und Grafiker, der auch als fünfter Beatle bezeichnet wird und 1966 das *Beatles*-Album *Revolver* kreierte, kannte meine Verehrung für den Musiker *Dr. John* "The Nite Tripper" (Malcolm "Mac" John Rebennack Jr.) und rief mich eines Abends Ende der 1970er Jahre an. Ob ich Lust hätte, *Dr. John* im Hamburger CCH live zu hören. Er sollte erst nach Mitternacht auftreten und langweilte sich wohl in seiner Garderobe. Ich war begeistert und fuhr sofort hin. Im großen Saal heizten die Hot-Jazzer Mr. Acker Bilk und Chris Barber gerade das Publikum ein. Dr. John saß ganz allein in seiner Garderobe und hatte noch reichlich Zeit, bevor er auf die Bühne durfte. Ich hatte ihn das erste Mal 1968 auf dem Album *Gris-Gris* gehört und war von seiner subtilen, kreolischen Soulmusik und den unheimlich klingenden Voodoo-Zaubersprüchen fasziniert. Klaus Voormann stellte mich kurz vor, und dann durfte ich Dr. John über den Sinn und die Bedeutung der merkwürdigen Begriffe in seinen nekromantischen Texten ausfragen. Er gab mir bereitwillig Auskunft, aber es war schwierig, seinen New Orleans-Slang zu verstehen. Irgendwann fragte er mich, ob ich etwas zum Sniffen dabeihätte. Ich verneinte, hatte natürlich nichts, und mir fiel ein, dass er heroinabhängig war und ohne Droge womöglich gar nicht spielen konnte. Aber meine Sorge war unbegründet, er spielte wunderbar und sein Soloauftritt zu später Stunde war nach all der lauten Musik Balsam für die Ohren. Viele aus dem Publikum kannten ihn nicht und verließen leider den Saal. Ich aber genoss seinen Auftritt wie eine Privatgala.

Bekanntschaft machte ich auch mit den *Hells Angels*, die im Winter 1975 ein internationales Treffen in Hamburg abhielten und ein Weihnachtskonzert von *Atlantis* in der *Fabrik* stürmten. Ich bemerkte während unseres Auftritts plötzlich eine Unruhe im Publikum, dann sah ich, wie sich etwa fünfzig *Hells Angels* durch die Menschenmenge zwängten und auf die Bühne zusteuerten. Kurz darauf stand ein volltrunkener Rocker direkt neben Karl-Heinz und legte sich mit ihm an. Wir ließen uns nicht ablenken und spielten einfach weiter, aber Karl-Heinz schwenkte kurz seinen Bass zur Seite und erwischte damit den Angreifer leicht am Kopf. Der zog ein Messer und wollte auf ihn einstechen. Das hätte böse enden können, wenn nicht einer der weniger alkoholisierten Rocker den Störenfried von der Bühne geholt hätte. Es war der deutsche Secretary der *Hells Angels*, der sich später entschuldigte und mich auf seinem Motorrad zu einem ihrer wilden Treffen auf Sylt mitnahm. Dort sang ich mit einer Sessionband ein paar Songs, aber dann wollte ich auch ganz schnell wieder weg.

Die eindrucksvollste Begegnung hatte ich jedoch mit meinem Vater, der mit seiner zweiten Frau von Hamburg nach Bayern zum Starnberger See gezogen war. Wir hatten uns in all den Jahren nur einmal wiedergesehen, als ich ihn mit meiner Schwester 1975 in Hamburg traf. In einer Konzertpause auf dem Weg in die Schweiz, im November 1980, schrieb ich ihm ein Telegramm, dass ich ihn gern besuchen würde, und fuhr geradewegs los. Ich wollte meinen

Vater als erwachsene Tochter kennenlernen und das Trauma meiner Kindheit überwinden. Er empfing mich erstaunt, aber sehr herzlich. Zusammen mit seiner Frau fuhren wir nach Garmisch-Partenkirchen, mein Vater und ich die Zugspitze hinauf, mit einem gigantischen Blick über die Alpen. Daraus wurde eine langanhaltende Freundschaft, und ich bin froh, dass ich die Kraft fand, ihm zu verzeihen, was er uns angetan hatte. Später besuchte er mich jedes Jahr in seiner alten Heimatstadt Hamburg. Wir fuhren an all die Orte seiner Vergangenheit, er erzählte, welch schlimme Dinge, Gewalt und preußische Zucht er in seiner Kindheit hatte ertragen müssen, und ich verstand: vom Opfer zum Täter. Die Begegnung aber, die mein Leben nachhaltig verändern und noch reichlich Verwirrung in meine Gefühlswelt bringen sollte, muss noch etwas warten.

In der zweiten Hälfte des Jahres 1980 ging die Tour mit vierzig Konzerten weiter durch Deutschland, Holland und die Schweiz. Mal lief es besser, mal schlechter auf der Bühne. Das lag manchmal am Soundmix der Verstärkeranlage, aber auch an unserer Kondition. Die Band und ich fuhren nun alle zusammen in einem Bus mit Fahrer, denn mein schönes Mercedes Coupé stand immer öfter in der Werkstatt und wurde bald zu einem Gagengrab. Karl Allaut verkündete zum Jahresende seinen Austritt aus der Band, schrieb mit weißer Schrift auf den Rücken seiner schwarzen Lederjacke "Rock'n'Roll – all swindle", um kurze Zeit später bei Marius Müller-Westernhagen einzusteigen.

Ich traf mich mit Jimi Foxx, dem Gitarristen der Band *PVC*, und er lud mich nach Berlin ein. Bisher war ich immer nur für kurze Zeit in der heutigen Hauptstadt gewesen und hatte Lust, mich dort einmal genauer umzusehen. Die dortige Musikszene war ganz anders als die in Hamburg. Die Mauer stand noch, es lebte sich wie in einem Biotop. Ich stromerte von einem Club zum anderen und war fasziniert und inspiriert von der kreativen Unbekümmertheit der Bands. Jimi Foxx und ich jammten mit ein paar Kollegen in seinem Übungsraum, machten ein Demo, und ich bot ihm an, Teil meiner nächsten LP zu werden, denn er hatte seinen ganz eigenen Stil an der Gitarre entwickelt und spielte mit futuristischen Soundeffekten, die gut in mein musikalisches Konzept passten. Ich feilte weiter an Songs und Texten, die eine etwas härtere und puristischere Gangart aufwiesen als die des vorigen Albums und inhaltlich die aktuelle Zeit reflektierten: "Ain't no more stardust from '69 ... It's just reality that's going round in this time." Die Künstliche Intelligenz beschäftigte mich: "Computers in the park ... dreaming solar dreams", und meine Ansicht über die Ausbeutung der Natur durch skrupellose Geschäfte und den drohenden Klimawandel drückte ich mit folgendem Titel aus: *Credit On The Future*. Eben das, was die Kids heute in ihren "Fridays for Future"-Demonstrationen anprangern. Auch an den Anti-Atomkraft-Demonstrationen Anfang der 1980er-Jahre nahm ich teil und sang auf den improvisierten Bühnen von Brokdorf und Gorleben.

Im April und Mai 1981 spielten wir mit Jimi Foxx, Mickie Stickdorn und dem jungen Bassisten Heinz Gembus (*Guru Guru*) im Berliner *Paragon*-Studio die LP ein. Ich konnte einen guten Vertrag mit der *RCA* abschließen, und da ich die Kosten selbst übernahm, gehörte die Produktion mir.

Drei Jahre später griff sich meine "große schwarze Schwester", Tina Turner, aus dem schnellen, rockigen Material das Stück *I Wrote A Letter* heraus und platzierte es 1984 bei ihrem Comeback auf die B-Seite der Hitsingle *Let's Stay Together*. Das war eine Riesenehre und auch ein "warmer Regen" für mich. Tina Turner habe ich seit jeher verehrt, leider bin ich ihr noch nie persönlich begegnet.

Im Juli 1981 übernahm ich die Aufgabe, als Dozentin für Gesang in der Hamburger Musikhochschule eine Horde von kreativen Chaoten und Musikfreaks in einem Workshop zu begleiten. Jazzschulen gab es ja schon lange, sie hatten einen akademischen und fast klassischen Lehrplan. Einen Plan für Popularmusik zu erstellen, war hingegen fast unmöglich. Es gab keine Noten, höchstens ein paar hingekritzelte Akkorde, und dann ging's los, nach Gehör und Gefühl. Manche der teilnehmenden Gesangskünstler hatten schon mal Unterricht bekommen, allerdings von jemandem aus dem Opernfach. Sie wollten Rocksongs singen, waren aber durch die akademische Stimmbildung ziemlich verkopft. Ich sagte zu ihnen:

“Denkt nicht, singt einfach!” Während ich in einem der Musikzimmer mit den Workshopteilnehmenden an ihrer Gesangsphrasierung arbeitete oder zusammen mit dem Pianisten Peter Urban, der damals schon Musikredakteur beim NDR war, Satzgesang einstudierte, unterrichteten in anderen Räumen der Gitarrist Peter Weihe oder der Bassist Anselm Kluge Harmonielehre. Es gab Vorträge über Technik und Elektronik von Thomas Kuckuck, Vorlesungen über Rechts- und Wirtschaftskunde oder darüber, wie man Texte verfasst, und WDR-Redakteur Peter Rüchel erzählte vom *Rockpalast*. Ein sehr dichtes Programm für die schnell zusammengestellten Workshopgruppen, die “Pepita” und “Fade Faxen” hießen. Das Beste kam dann am Abend: die Bastelstunde, in der sich alle noch mal richtig musikalisch austoben konnten, bevor sie in die Hamburger Nacht ausschwärmten. In den 14 Tagen des Lehrgangs ging es hoch her in den Räumen der Musikhochschule im feinen Stadtteil Harvestehude an der Alster. Der Rektor Hermann Rauhe, Professor der Musikwissenschaften und -pädagogik, der das Ganze ins Leben gerufen hatte, war immer fröhlich mittendrin und spendierte den jungen Wilden auch mal ein paar Gläser. Ich sollte in den Folgejahren noch dreimal dabei sein, aber 1984 war für mich Schluss, es kostete mich einfach zu viel Kraft.

Ich war nun 35 Jahre alt, bis dato immer unterwegs gewesen, und bis auf meine Mutter war meine Familie in alle Himmelsrichtungen zerstreut. Mein Vater war nach Bayern und meine Schwester nach Kanada ausgewandert. Vince‘ Erstfrau wurde schwanger, mein Liebesleben hatte keine Zukunft – und ich sehnte mich nach einer festen Beziehung. Da lernte ich Niko Müller kennen, Bremer und Redakteur bei den Magazinen *Simplicissimus, Pardon* und *Twen*. Ich hatte mit der Band nach einem Konzert in einem Club in Frankfurt abgehangen und Niko stoppte mit seinem Motorrad direkt vor dem Ausgang, als wir rauskamen. Ich war etwas beschwipst und fragte ihn, ob ich eine Runde mit ihm fahren könnte. Ja klar! Wir tauschten unsere Adressen aus, und als er mich ein Jahr später in Hamburg besuchte, war ich nicht nur von seinem Charme, sondern auch von seinen konzeptionellen und textlichen Ideen schwer beeindruckt.

Er arbeitete nun für eine Hamburger Werbeagentur. Dass er für eine Kaffeefirma den Slogan "klein stark schwarz" erfunden hatte und eigens dafür ein Espressotassen-Set hergestellt wurde, fand ich genial. Weil ich einen Titel für die neue LP brauchte, las er meine Texte durch, selektierte das Wort Reality, und so hieß dann auch die Platte. Er bot mir seine kreative Partnerschaft und konzeptionelle Beratung für die Promotion an. Die konnte ich für das neue Album gut gebrauchen. Auch mein mittlerweile sehr erfolgreicher Kollege Udo Lindenberg half mir mit der Einladung zu seiner Tournee *Intensivstationen* im Oktober 1981: Er gab uns innerhalb seines Programms dreißig Minuten Zeit, um die neue LP vorzustellen. Wir hatten viel Spaß zusammen, aber die vier Wochen on the road kosteten Kraft, und manchmal hingen wir in den Seilen. Aber keine Panik, Alter! Udos Arzt stand ja jederzeit mit einer Vitamin-B12-Spritze zur Wiederbelebung bereit. Auf der Lindenbergschen Live-LP und dem Video *Intensivstationen* erschien dann unser Titel *Hungry Girl* mit einer sehr freundlichen Ansage von Udo, gefolgt von seinem legendären spitzen Schrei.

Jimi Foxx hörte nach der Lindenberg-Tour bei unserer Band auf. In Berlin wartete seine amerikanische Freundin und Sängerin Joy Ryder, um mit ihm für ihre Produktion ins Studio zu gehen. Uns blieb aber genug Zeit, um einen neuen Mann einzuarbeiten: Jens Fischer, damals Gitarrist bei *Tri Atma* und Absolvent eines Musik- und Theaterstudiums in Hannover, kam auf die Schnelle als Ersatz und spielte das *Reality*-Programm und zwanzig Konzerte im November bis zum Ende und blieb weit darüber hinaus. Er stellte nunmehr keine Notlösung dar, denn wir hatten mit ihm einen richtig guten und zuverlässigen Musiker gefunden. Unser Bassist Heinz Gembus war nach der Lindenberg-Tour nach Indien geflogen, so hieß es, und ließ nichts mehr von sich hören. Aber auch für ihn fanden wir mit Frank Fischer am Bass einen guten Mann.

Moni Kellermann, eine junge Fotografin aus dem Ruhrgebiet, war nach Hamburg gezogen, mietete eine Wohnung über mir und half mir nun bei der Koordinierung der Konzertbuchungen. Sie hatte uns auf einem Teil der Lindenberg-Tour begleitet und lustige

Polaroids vor und nach den Konzerten von mir gemacht. In Hamburg gingen wir nachts zusammen mit grünen Spraydosen auf die weißen Glascontainer los und sprühten *REALITY*, den Titel meiner neuen LP, darauf. Wir passten auf, dass wir nicht erwischt wurden. Das galt schon damals als Vergehen und es war eine ärgerliche Sache, den Schmierkram wegzubekommen. Ich bitte hiermit nachträglich um Entschuldigung!

Niko und ich trafen uns im Dezember 1981 in einer Hamburger Szenediskothek wieder. Wir verliebten uns total ineinander, und dann ging's ganz schnell: Sieben Wochen nach unserem ersten Treffen heirateten wir, und fünf Monate später ließen wir uns wieder scheiden. Er hatte seine Ex-Freundin geschwängert! Ja, solche Dinge passieren, das kannte ich ja schon. Aber nicht nur ich fragte mich, warum wir überhaupt geheiratet hatten. Meine Verwirrung war groß, ich war enttäuscht und traurig und wollte mich nie, nie wieder verlieben. Die letzte Glückwunschkarte zu unserer Vermählung kam genau einen Tag nach unserem Scheidungstermin an. Eine Ehe lässt sich scheiden, Liebe aber nicht. Es heißt, es wird einem nur so viel auferlegt, wie man tragen kann. Wenn das nicht gelingt, sucht man sich besser Hilfe, bevor man ausrastet. Das war die Musik, die für mich schon immer ein Blitzableiter und Seelentröster war. Ich hätte nun reichlich Stoff für dramatische Liebesballaden gehabt, um meine Zweifel und Sehnsüchte in Töne zu fassen, aber ich wollte das Leiden endlich hinter mir lassen und mit klarem Kopf das Leben als Prüfung sehen. Außerdem wollte ich meine schlechten Charaktereigenschaften, will nicht sagen Todsünden, loswerden. Dazu gehörten Übermut und Genusssucht, die eine Gefahr für meine Gesundheit darstellten. Eifersucht ist viel gemeiner, ich hatte nicht nur schlimme Dinge gedacht, sondern auch schlimme Dinge gesagt, und war immer tiefer in einen Sumpf aus Trübsinn geraten. Darüber, wie man seine Leidenschaften in den Griff bekommt, gab es genug Lesestoff, und auf dem Weg zu einem besseren Karma traf ich Freunde mit dem gleichen Ansinnen. Jemand empfahl mir das Buch *Unfug des Lebens und des Sterbens* von Prentice Mulford, dann Gurdjieffs Erzählungen *Über freiwilliges Leiden und bewusstes Be-*

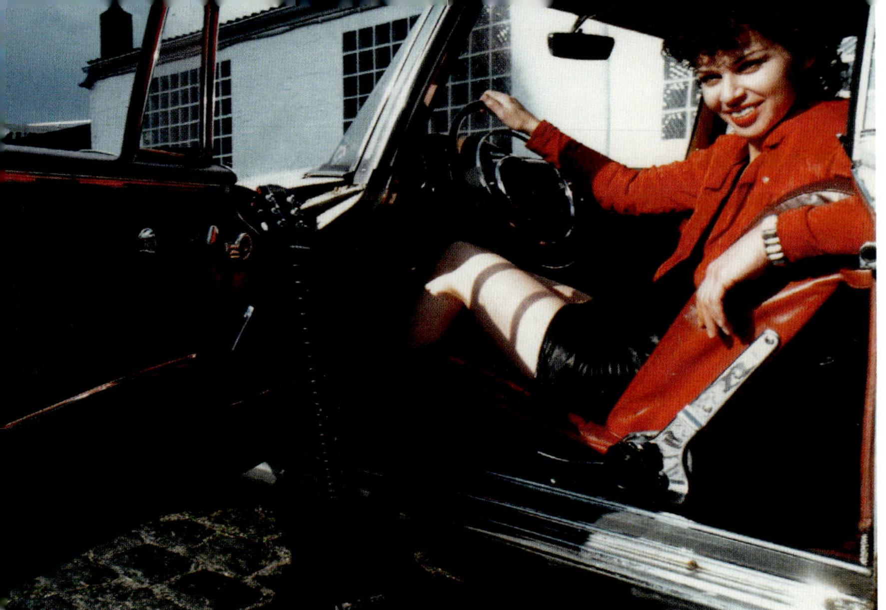

1980. Mein Sahnestück entpuppt sich als Gagengrab. Hier ist mein Benz noch gut in Schuss.

1981. Zu Gast bei Udos “Udopia”-Tour. Ein Arzt war auch immer dabei ...

mühen. Ich holte das *Tao Te Ching* und die Bibel wieder aus meinem Bücherregal und konnte das, was ich damals aufgrund meiner Unerfahrenheit nicht kapiert hatte, heute aus einem anderen Blickwinkel betrachten. Die Bhagwan-Bewegung sah ich mir eher von weitem an, aber ich ließ mich in die Transzendentale Meditation einführen. Mein Passwort zur inneren Ruhe und Besinnung werde ich nie vergessen, wenn auch alle anderen Passwörter stets in den Tiefen meines Gehirns verschwanden. Es war ein Weg, die Liebe auf eine geistige Ebene zu heben und ihr schöpferische Flügel zu verleihen. Unter diesem Aspekt bekräftigten Niko und ich unsere kreative Partnerschaft und fanden im September 1982 für unser neues Miteinander eine geeignete Umgebung: eine der selten gewordenen Hinterhofetagen in Hamburg-Eppendorf. Es war eine heruntergekommene Werkstatt, die wir nach und nach zu einem Studio ausbauten. Endlich störte es keinen mehr, wenn es hier mal lauter wurde. Unter mir, in der Autogarage der Firma *Geisenhof,* wurde gehämmert, neben mir lärmten Schulkinder auf dem Pausenhof, von gegenüber drang Kirchengeläut herüber und mit lautem "Tatütata" machten Krankenwagen die Kreuzung frei, um Notfälle ins Eppendorfer Krankenhaus zu bringen. Trotzdem ging es recht dörflich zu, ich fühlte mich sauwohl und blieb 35 Jahre lang dort. Aus der traumatischen Enge meiner Kindheit hatte ich mein Leben lang den Wunsch nach großen Räumen gehegt, die sich, ohne an Hindernisse zu stoßen, durchschreiten ließen. Hier konnte ich mich nicht nur räumlich, sondern auch künstlerisch ausbreiten. Mit Niko hatte ich wieder einen Spielkameraden, und die Arbeitsteilung war klar: Er schrieb die Texte, ich komponierte die Musik. 1983 gab es viel zu sagen über die politische und gesellschaftliche Situation in Deutschland.

Station 6

Lieben. Leiden. Leben. 1983–1988

Verliebt, verheiratet, geschieden.
Wilde Patchwork-Ehe.
Tour Support bei Lionel Richie.
Die Rolling Stones-Gitarristen spielen auf meinem "Hidden Tape".

Vergeben und vergessen waren die kurzen Szenen unserer bürgerlichen Ehe. Meine Mutter war zwar sauer auf Niko, der fünf Jahre jünger war als ich – "Wie kannst du nur ..." –, aber sie mochte ihn, denn er war ein eloquenter Erzähler und brachte sie mit lustigen Geschichten zum Lachen. Manchmal, wenn ich unterwegs war, führte er sie zum Essen aus und hatte bei ihr wohl sowas wie Narrenfreiheit. Vor unserer Trauung auf dem Standesamt hatte sie ihn allerdings schief angeguckt und gefragt, ob er denn keinen Blumenstrauß für mich hätte. Das hatte er ganz vergessen, und kaufte nebenan ein paar rote Rosen. Am Vorabend unserer Hochzeit schnitt ich für unseren großen Tag ein Stück aus dem Beinteil meiner schwarzen, alten Lederhose heraus und klebte daraus noch schnell eine Krawatte zusammen, weil er keine mehr besaß. Seine Anzüge und die dazugehörenden Accessoires aus Werbeagenturzeiten hatte er nämlich entsorgt, und er trug nur noch Jeans und Lederjacke. In einem Laden für Kellnerbekleidung am Hansaplatz in St. Georg erstanden wir noch eine schwarze Weste und ein weißes Hemd, damit er für die amtliche Prozedur etwas würdiger aussah.

Nach der Scheidung lebten wir das, was man früher eine "Wilde Ehe" nannte. Oder besser gesagt: Wir lebten eine wilde Patchworkfamilie. Das hört sich zwar tolerant und großzügig an, ist aber im Grunde genommen eine verzwickte und verwirrende Angelegenheit. Wer das erlebt, braucht starke Nerven! Wenn Niko bei der werdenden Mutter seines Kindes war und ihr half, mit der unglücklichen Situation klarzukommen, verlangte zeitgleich seine Tochter aus erster Ehe, die in der Vorpubertät steckte, ihren Teil vom Vater. Zwischendurch verliebten wir uns mal wieder unsterblich und brausten mit seiner Harley durch die Gegend. Gleichzeitig machte ich aber auch ganz andere, neue Erfahrungen mit und durch Niko – etwa meine erste Fastenkur: kein Kaffee, kein Alkohol, kein Nikotin. Auf Kaffee zu verzichten, bereitete mir die meisten Schwierigkeiten, ich war den ganzen Tag müde. Außerdem übernachtete ich zum ersten Mal in meinem Leben in einem Schlafsack in den Dünen auf der Insel Sylt. Bei einem Gewitter verkrochen wir uns unter eine Zeltplane, der Blitz schlug direkt neben uns ein, und Regenmassen ergossen sich über uns. Durch diese Erlebnisse entstanden ganz authentische Texte. Und so hießen dann auch zwei unserer ersten Werke: *Wilde Ehe,* eine Art Rap, und *Aus lauter Liebe,* eine Ballade. Manchmal blieb Niko tage- und nächtelang in seiner Redaktion und ging seiner "extrem intensiven Denkarbeit" (O-Ton Niko) nach. Todmüde kam er mit einem Packen neuer Texte in unser Studio *SCHWARZWEISS – MusiKonzepText* zurück, die ich mir gewissenhaft ansah, und schon beim Durchlesen merkte ich, was ging und was gar nicht ging. Niko, der als Journalist und Texter über einen großen Wortschatz und umfassendes Wissen verfügte und hohe ideelle Werte vertrat, neigte in seiner neunmalklugen Art oft zu esoterischen Themen, die bei mir nicht so gut ankamen. Dann ging das Ringen um einzelne Worte und Reime los. Darüber verloren wir uns in philosophischen Betrachtungen über Gott und die Welt, bis der Morgen graute. Am nächsten Tag, nach einer Mütze Schlaf, fanden wir dann meist doch eine Lösung, und oft setzte ich mich durch, denn ich musste das Ganze ja singen. Manche Wörter der deutschen Sprache haben einfach keinen Klang und lassen sich musikalisch nicht umsetzen. Niko hingegen besaß ein Gespür für Trends und Themen der Zeit. Wie schon bei meiner letzten LP *Reality* musste das unbequeme Thema "Umweltzerstörung" wieder auf den Tisch, auch wenn es für einen Künstler eine undankbare Sache ist, damit seine Zuhörer bei einem Konzert zu quälen. Der *Club of Rome* hatte

1972 mit seinem Bericht *Die Grenzen des Wachstums* zwar Aufmerksamkeit, aber kaum eine positive Veränderung erreicht. In den Jahrzehnten danach wurde die Ausbeutung der Natur durch die Liberalisierung der Märkte und den Privatisierungswahn immer schlimmer. Die Folgen und Kosten werden noch Generationen nach uns tragen. Da konnte man einfach nicht ruhig zusehen, und so entstand auch die Grüne Bewegung der 1980er-Jahre, die das gesellschaftspolitische Umdenken zumindest einleitete.

Nach und nach vertonte ich die besten Texte. Ich bastelte weiter an meinem Studio und wurde zu einer sehr guten Kundin bei dem Musikhändler und Studioausstatter *Amptown.* Dort kaufte ich ein TEAC-Vier-Spur-Tonbandgerät, ein Mischpult, Kabel und anderes Equipment. Die Verkäufer fragten mich: "Was machst du eigentlich mit dem ganzen Kram? Du brauchst doch nur ein Mikrofon zum Singen!" Tja, mich interessierte Technik, und ich verbrachte Stunden um Stunden, bis ich ein akzeptables Resultat auf Band erreicht hatte. Endlich konnte ich Mehrspuraufnahmen mit Rhythmusmaschine, Keyboards, Gitarre und Gesang machen. Manchmal verzweifelte ich, weil ich die Anschlüsse am Mischpult falsch verkabelt hatte und den Fehler nicht fand. Dann erst, wenn ich nicht weiterkam, las ich die Bedienungsanleitung oder fuhr zu *Amptown* und fragte um Rat.

Eben diese Firma, bei der wir 1972 in dem Barmbeker Bunker unseren Übungsraum hatten, lud im Februar 1983 zu einem Jubiläumskonzert in die Hamburger *Fabrik* ein. Speziell dafür traf sich die *Atlantis*-Urbesetzung plus Adrian Askew noch einmal und gemeinsam betraten wir – ungeprobt – mit den alten Songs die Bühne. Da jeder von uns viele neue Erfahrungen gesammelt hatte, klangen unsere Klassiker reifer und waren dennoch up to date. Kurze Zeit nach unserem Auftritt erreichte uns die Anfrage, die Band *Atlantis* wiederauferstehen zu lassen. Das hätte aber nur ein Marketinginteresse befriedigt und uns musikalisch nicht weitergebracht.

Niko und ich verschickten Demos mit zehn unserer stärksten Songs an 17 Plattenfirmen. Doch entweder kamen Absagen oder gar keine Antwort. Bis auf die kleine Dortmunder Firma *Pläne* wollte uns keiner haben. Der *Pläne*-Verlag hatte sich auf das linksorientierte politische Lied, deutsche Liedermacher und Weltmusik spezialisiert und galt als DKP-nahestehend. Na, da lagen wir ja mit unseren systemkritischen Texten genau richtig! Ich war erschüttert über die Absagen der großen Plattenfirmen, die nur die Rocklady Inga haben wollten. Aber das war nun erstmal vorbei. Es warteten immer noch viele Auftrittsorte, an denen ich spielen konnte, und Agenturen, die Konzerte mit dem neuen Programm für mich buchen wollten. Für dieses neue, deutschsprachige Projekt suchten wir nun Musiker, und wie das so ist unter Kollegen: Der eine empfiehlt den anderen, mit dem er gerade gut zusammenspielt. Innerhalb kürzester Zeit hatten wir die neue Gruppe, genannt *Der Bund*, beieinander und konnten Ende Mai 1983 mit den Proben beginnen. An der Gitarre behielten wir unseren zuverlässigen Jens Fischer. Manfred Rürup (*Tomorrows Gift* und *Release Music Orchestra*) bediente die Keyboards, die in den 1980er-Jahren besonders in Mode waren und technischen Durchblick erforderten. Manne Rürup besaß da schon einen Commodore C64, erschuf mit dem Technikgenie Karl Steinberg den ersten Midi-Sequenzer und kurze Zeit später das Cubase-System, mit dem sie später einen internationalen Riesenerfolg landeten. An den Simmons-E-Drums saß Udo Dahmen von *Kraan*, der 1982 aus Aachen nach Hamburg gekommen war und klassisches Schlagzeug studiert hatte. Er brachte Benjamin Hüllenkremer mit, den sehr talentierten, damals schlacksigen Zwanzigjährigen, der seinen Fretless Bass auf virtuose Weise zu spielen vermochte. Niko, der inzwischen Percussion und am Minimoog geübt hatte, spielte anfangs die Konzerte mit, später holten wir aber die versierte Keyboarderin Claudia Fink dazu, die mich auch mit einer zweiten Stimme unterstützte. Wir probten zweieinhalb Wochen jeden Tag ein paar Stunden in unserem Studio und kreierten einen neuen Sound. Für die anstehende Tournee kauften wir einen weißen Ford Transit. Mein Benz Coupé war inzwischen nicht mehr fahrtauglich und die Motorhaube total verbeult. Irgendwelche Rabauken waren eines Nachts wie auf einem Trampolin darauf herumgesprungen, als es am Straßenrand parkte. Ich verkaufte den traurigen Rest an einen Oldtimer-Liebhaber, behielt aber die roten Ledersitze und stellte sie in einen unserer Studioräume.

Mit dem neuen Wagen ging es für zwanzig Konzerte von Juni bis Mitte Juli durch die deutschen Lande. Für die Technik konnten wir Werner Beyer aus Stuttgart gewinnen, und als es im Herbst mit fünfzig Auftritten weiterging, waren die Hamburger Jungs Ufo und Licht-Jens, zeitweise auch Stempel (die vollständigen Namen kannte ich gar nicht) mit PA, Licht und LKW dabei. Eigentlich erstaunlich, was es in jenen Tagen für Spielmöglichkeiten gab: Musikclubs, Festivals, Theater, Stadthallen und Jugendzentren. Trotz anfallender Kosten für Technik, Roadies, Benzin und 15 Prozent Agenturprovision konnten wir jedem Musiker pro Abend 200 bis 300 DM auszahlen. Bei einer großen Anzahl von Auftritten wurde daraus ein hübsches Sümmchen – zumindest für damalige Zeiten. In dieser Besetzung spielten wir 1983 und 1984 über hundert Konzerte von der Nordseeküste bis ins Allgäu, nach Österreich und in die Schweiz. Dazu kamen TV-Interviews und Live-Mitschnitte. Und Solidaritätskonzerte: für den Frieden. Für die 35-Stunden-Woche. Die Grünen. Greenpeace. Den Ostermarsch. Gegen Atomkraft. Ich erinnere die Tourneen mit unserer musikalischen Fahrgemeinschaft als eine sehr kommunikative, intensive und fröhliche Zeit mit Gesprächen über die Themen, die auch unsere Liedtexte beinhalteten: Liebe zur Natur und den Menschen, Leid als Folge der wachsenden Bedrohung der Umwelt und des Friedens, und über das Leben selbst, wie wir es aus seinen verschiedenen Blickwinkeln erfuhren.

Wieder gab es interessante Begegnungen mit Menschen, die wir sonst nie kennengelernt hätten: Im Mannheimer *Capitol* stellte sich Robbie Ronfeld, ein Hare-Krishna-Mann vom *American Institute of Vedic Studies* als unser Caterer vor. Er wollte uns für einige Tage auf der Tour verpflegen, aber seine Kochkünste trafen dann doch nicht so unseren Geschmack. Ein Jahr später erhielt ich von ihm eine Postkarte, Annie Lennox von den *Eurythmics* hatte auch unterschrieben. Sie waren jetzt ein Paar.

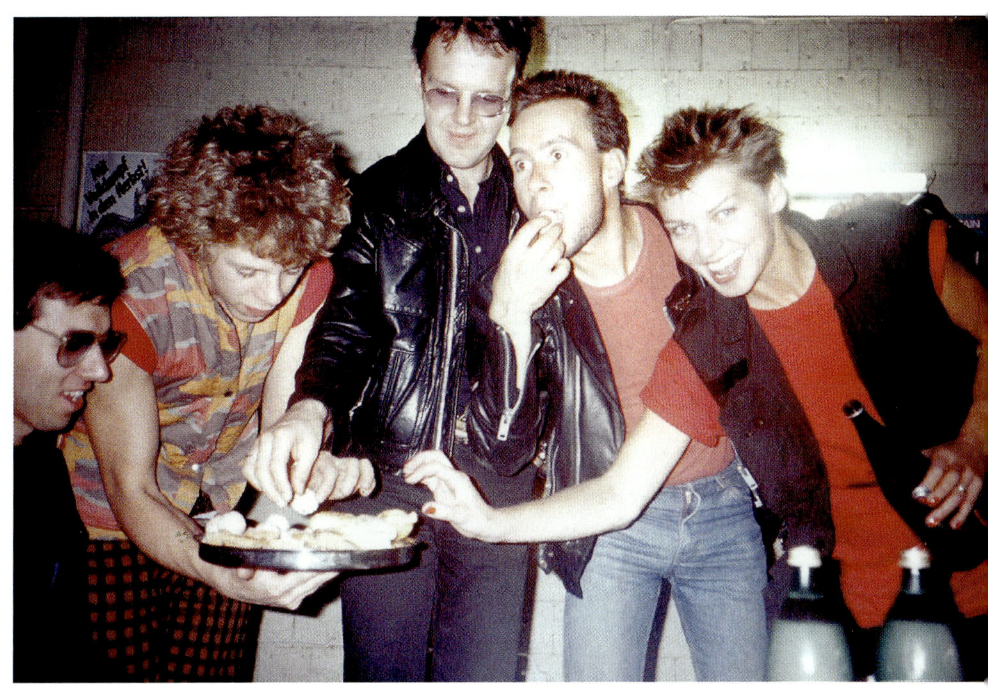

1983. Backstage mit der Gruppe *Der Bund*.
Von links: Udo Dahmen, Ben Hüllenkremer, Manne Rürup, Niko Müller, ich.

1983. Unsere erste *SchwarzWeissStudio*-Produktion.

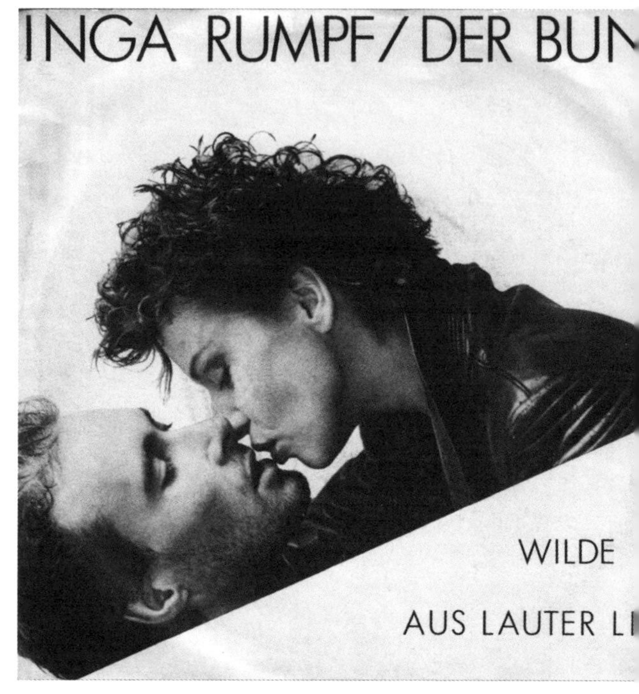

1983. *Der Bund.*
Von links: Manne Rürup, Claudia Fink, Jens Fischer, ich, Udo Dahmen, Ben Hüllenkremer.

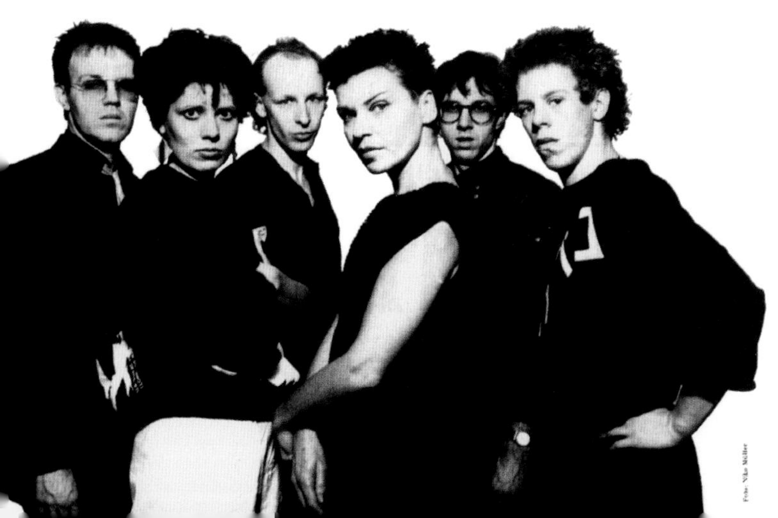

Auf der Bühne erschienen wir sehr zurückhaltend, ich machte knappe Ansagen und unsere Auftritte hatten einen konzertanten Charakter. Das Bühnenbild war minimalistisch mit silbernen Dreiecken gestaltet, das Soundgewebe transparenter kühler Wave-Rock. Den Applaus nahmen wir wie ein Theaterensemble entgegen. So kannte mich mein Publikum nicht, und es war gänzlich unvorbereitet, da wir bis dato noch keine LP mit diesen Liedern rausgebracht hatten. Manche Leute kamen ins Konzert, um zu konsumieren, aber die Thematik unseres Programms war so gar nicht sexy und erforderte konzentriertes Zuhören. Wenn ich in die angestrengten Gesichter unten im Saal schaute, dachte ich: Ja ja, ihr wollt die alte Inga haben. Ihr wollt tanzen und eure grauen Zellen in Ruhe lassen. Aber da müssen wir nun durch! Erlösung gab es immer dann, wenn ich die Ballade *Aus lauter Liebe* sang. Bei ihr ließ sich vor sich hinträumen, und wenn Jens Fischer sein gefühlvolles Gitarrensolo spielte, war alles wieder gut und die Welt in Ordnung.

Während einer Tourpause im Oktober 1983 entstand die LP *Lieben. Leiden. Leben.* Das Studio *Brunwey* (heute *Loft Tonstudios*) wurde für zweieinhalb Wochen unser Zuhause. Am Pult saß der schon genannte Karl (Charly) Steinberg, ein genialer Technikfreak. Wenn man ihn das erste Mal sah, traute man ihm zunächst nicht über den Weg. Er trug keine Socken, seine Zähne und Finger waren gelb vom Kettenrauchen und er hatte einen schlaffen Händedruck. Aber sobald sich seine Genialität herausstellte, erkannte man den Nerd der ersten Stunde und einen immer freundlichen, stillen Menschen, der so lange tüftelte, bis er mit dem Ergebnis zufrieden war. Unsere neue Platte erschien Anfang 1984 beim *Pläne*-Verlag. Im November 1983 hatten Niko und ich mit einer kleinen Firma ein Video mit dem Lied *Wilde Ehe* gedreht, das die A-Seite für die erste Singleauskopplung belegen sollte. Das Video durfte nicht viel kosten, weshalb wir vor Drehbeginn eine Choreografie einstudierten, die dann vor einer weißen Wand abgedreht wurde. Niko hatte es leicht, er brauchte sich nur seine schwarze Lederjacke überzuziehen, wohingegen ich mir für die verschiedenen Szenen in tagelanger Handarbeit unterschiedliche, bunte Klamotten nähte.

Im Februar 1984 ging es dann zunächst mit Niko auf Promotiontour, von März bis Juni folgten Konzerte mit der Band. Im April lud uns Mike Leckebusch wieder zu einem Dreiviertelstundenauftritt in den *Beat Club* ein. Das Bühnenprogramm hatten wir nach und nach mit neuen Titeln ergänzt, die es leider nicht mehr auf die Aufnahme schafften, aber teilweise noch live im "Beat Club"-Video zu sehen und zu hören sind.

Unser Repertoire saß mittlerweile so gut, dass Manne Rürup, der ein wichtiges Fußballspiel nicht verpassen wollte, eines Abends einen tragbaren Fernseher neben seinen Keyboards versteckte, der die ganze Zeit während unseres Konzertes lief. Er spielte ganz normal seine schwierigen Parts, sodass es keiner im Publikum, und ich erst ganz spät, mitkriegte. So ein cooler Hund!

Als die Olympischen Spiele im Juli 1984 in Los Angeles begannen, wollte ich am Fernseher zusehen, dabei aber nicht völlig untätig sein. Also kramte ich meine Privat- und Pressefotos hervor, die ich bis dahin in einer großen Kiste gesammelt hatte, und ordnete sie chronologisch. Ich hatte es mit einer Menge Aufnahmen zu tun, und nach einiger Zeit war mein Fußboden komplett mit Stapeln bedeckt. Die interessantesten Fotos befestigte ich auf weißem Papier, betitelte sie, schob sie in eine Klarsichthülle und legte Ordner nach Jahrgängen an. Danach waren die Presseausschnitte an der Reihe – die Olympiade war längst gelaufen –, und ich hatte wieder Ordnung in den Regalen. Diese Disziplin hat sich gelohnt, man muss nur einen Anfang finden, dann behält man das System auch zukünftig bei. So legte ich nach und nach mein Archiv an, das mir heute bei der Recherche für das Buch unentbehrlich ist.

Eines Abends kam Niko ins Studio und legte mir einen englischen Text von Albert Camus auf den Tisch: "Don't walk in front of me, I may not follow. Don't walk behind me, I may not lead. Walk beside me and be my friend." Was war das? Der Text schlug bei mir ein wie ein Blitz – genau unsere Situation! Ich setzte mich ans Klavier und fand die passenden Akkorde. So entstand ein guter Refrain, zu dem wir in jener Nacht noch zwei Verse texteten, und tags darauf hatten wir den kompletten Song fertig. Dieses Stück war der Trigger für weitere Texte, die Niko und ich – nun doch wieder auf Englisch – gemeinsam schrieben. Ich bastelte in meinem Studio an neuen Songs und war wieder voll im Produktionsmodus. Wir lernten den Sänger und Songwriter Julian Dawson kennen, der unsere Texte unter die Lupe nahm, sie verbesserte und *Aus lauter Liebe* in *All For Love* umdichtete. Die neue Computertechnologie faszinierte uns. Wir trafen den Keyboard-Spezialisten Michael Wehr, der als Co-Produzent unser Songmaterial in seinen PPG-Synthesizer einspielen sollte. Das war eine ganz neue Erfahrung für mich. Problematisch war es, die Maschinen zum Grooven zu bringen. Immer wieder versuchten wir, das starre Soundkostüm mit neuen Klängen aufzulockern. Die Produktion zog sich über mehrere Monate bis ins Frühjahr 1985 hin, und wir mussten viel Geduld aufbringen, da das Programmieren der Sounds viel Zeit in Anspruch nahm. Wenn wir eine neue Idee vorschlugen und Michael Wehr uns aus müden Augen anschaute, wussten wir: Nee, das wird heute nichts mehr. Die wenigen Soli, die von mir und dem Keyboarder Ronald Bias eingespielt wurden, brachten etwas Leben in den unterkühlten Sound. Und so erscheint mir auch heute noch die Produktion: eckig und kühl. Aber sie passte in diese Orwell'sche Zeit. Die Songs an sich waren jedoch hitverdächtig, das stellte jedenfalls ein berühmter Kollege fest: der englische Sänger und Songschreiber Robert Palmer, der mich zwei Jahre nach Veröffentlichung der Platte von den Bahamas anrief und fragte, ob ich Lust hätte, einige der Stücke noch einmal mit ihm zu produzieren. Aber davon später mehr.

Der großartige Fotograf Dirk Reinartz, ein Kollege von Niko, machte mit uns eine Fotosession und schoss etwa 700 Bilder. Er war am Schwitzen, wollte schon aufhören, dann ein letztes – und das war's! Eines der schönsten Portraits von mir entstand so auf den letzten Drücker, wortwörtlich. Das Foto kam auf das Cover, zusammen mit dem Zeichen II=I. Im Oktober 1985 wurde *Two Is One* als LP und auf CD veröffentlicht – mein erster Silberling! Das ganze Jahr über hatten wir dafür Promotion gemacht, eine Konzerttournee war jedoch erstmal nicht geplant. Das war auch gut so, denn ich brauchte unbedingt eine Pause vom Reisen und – von

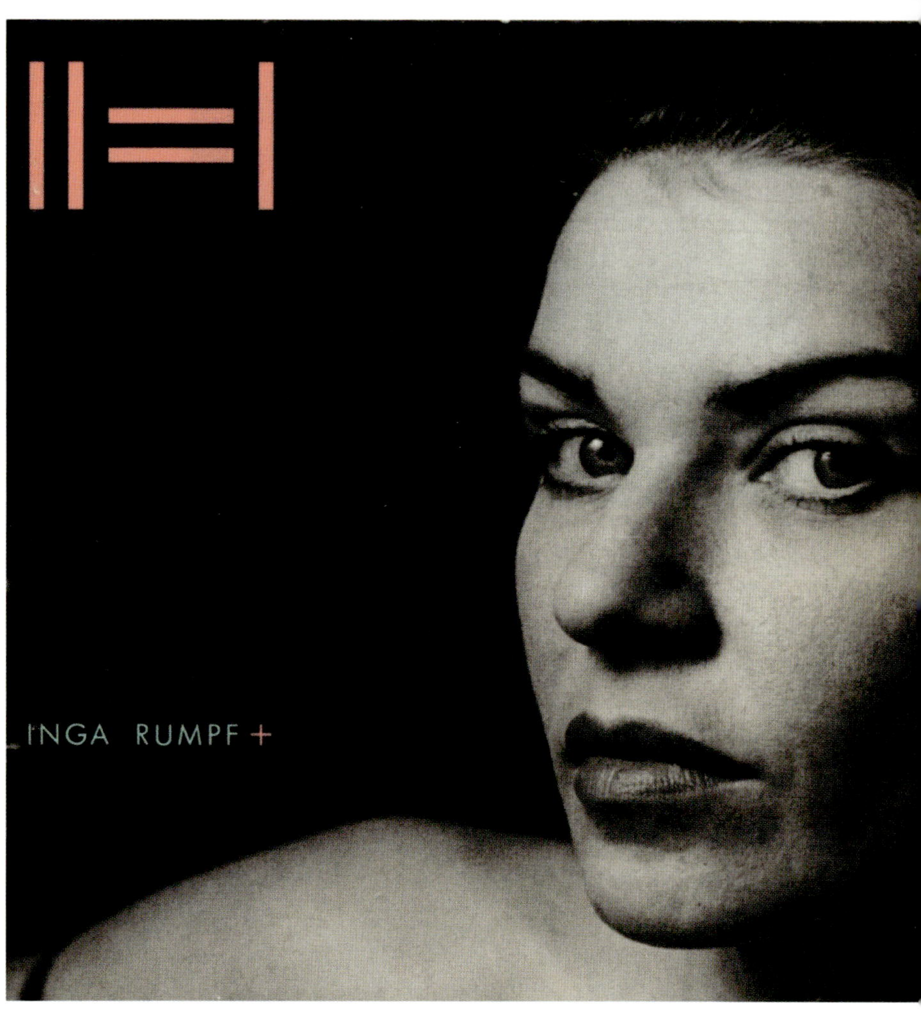

1984. Eines meiner Lieblingsfotos. Wortwörtlich auf den letzten Drücker.

Niko, der mal wieder Feuer bei einer anderen Frau gefangen hatte und ein neues Baby auf dem Arm hielt. Dieses Kommen und Gehen, das gefühlsmäßige Hin und Her, tat weh. Aber wenn es um Gefühle geht, lässt sich nichts erzwingen oder verhindern. Unsere Eheringe hatten wir die letzten drei Jahre an unseren Fingern behalten. Also nahm ich meinen ab und sagte: "Du bist frei!" Daraufhin nahm auch Niko seinen traurig ab und wollte in beide Ringe ein "Unendlich"-Zeichen eingravieren lassen. Was sollte ich bloß mit diesem Mann machen? Das Thema *Two Is One*, Anspruch und Wirklichkeit, kreiste in meinem Kopf, doch ich fand einfach keine Antwort darauf. Ich meldete mich in einem Fitnesscenter an, ging zum Aerobic, in die Sauna und zum Schwimmen. Hier konnte ich meinen Frust abtanzen, ausschwitzen und im Wasser einen klaren Kopf erkraulen. Ich begann, einen Pullover mit einem sehr komplizierten, zweifarbigen Muster zu stricken, und saß mit trüben Gedanken bei meiner Mutter, mit der ich schon immer über alles reden konnte. Sie kannte das Gefühl, verlassen zu werden, nur zu gut und tröstete mich: "Das ist wohl dein Schicksal. Sei froh, dass du die Musik hast." Ohne die Liebe meiner Mutter wäre ich wohl elendig vor die Hunde gegangen.

Im Frühjahr 1986 überstand ich eine erneute Steuerprüfung, die diesmal nicht nur meine persönliche Kostenrechnung, sondern auch die des gewerblichen Studios betraf. Mein Steuerberater hatte alles gut vorbereitet, aber als der Finanzbeamte vor Ort erschien, war mir ziemlich mulmig. Ich sah, dass er nicht nur meine Daten vorliegen, sondern auch eine Mappe mit vielen Zeitungsauschnitten meiner Auftritte bei sich trug, die er mit den Konzerteinkünften der letzten vier Jahre verglich. Das Studio wurde Raum für Raum auf mögliche persönliche Zweckentfremdung begutachtet. Da ich bei meiner Mutter gemeldet war und Niko inzwischen seine eigene Bude bewohnte, ging alles glimpflich aus. Der Beamte blickte zwar skeptisch zu der Nähmaschine, dem Bügeleisen und den Malutensilien, die dort herumlagen, aber all das diente letztlich meiner Kunst. Auch das Bett war nur da, um mich ein wenig auszuruhen und Kraft zu schöpfen.

Seit meiner Erfahrung als Dozentin in der Hamburger Musikhochschule besaß ich ein ambivalentes Verhältnis zu Workshops und Castings. Einerseits war ich bereit, mich für junge Talente einzusetzen, andererseits kostete es mich viel Energie, wenn ich mich zu sehr engagierte. Trotzdem nahm ich die Einladung einer Musikerinneninitiative zu einem einwöchigen Workshop in Wien an, denn ich war neugierig und freute mich auf die schöne Stadt und spannende Begegnungen. Ich sollte einen Kurs leiten und hatte vorsichtshalber Unterrichtsmaterial vorbereitet: Musikbeispiele, um die Entstehung einer Komposition oder verschiedene Möglichkeiten eines Arrangements aufzuzeigen. Dazu Material für Gehörtraining, Stilbildung und Dramaturgie. Aber es gab nicht viel zu leiten. Ich dachte: Das gibt es doch gar nicht, der Kurs nennt sich "Junge Komponistinnen", aber die Damen können ja noch nicht mal ein Instrument halten, geschweige denn komponieren. Kaum eine von ihnen konnte singen, besaß weder ein fertiges Lied noch Banderfahrung. Viele von ihnen studierten Psychologie, eine wollte Logopädin werden, eine andere hatte acht Jahre klassisches Klavier gelernt und Spontaneität war nicht so "ihr Ding". Ich hatte damit gerechnet, dass ich tolle Kompositionen um die Ohren gehauen bekäme, aber hier wurde nur viel geredet und die kostbare Zeit mit ausgedehntem Kaffeeklatsch vertan. Ich konterte die österreichische Leichtigkeit mit norddeutschem Humor und gestaltete meinen Unterricht aus drei Fragen: "Was kannst du? Was willst du? Wie kannst du das erreichen, was du willst?" Damit war die Woche gut ausgefüllt. Mit Zittern und Zagen bekamen wir dann doch noch ein kurzes Abschlusskonzert hin.

Ende April 1986 wurde ich zusammen mit dem Musikredakteur Tom Schroeder, dem Jazz-Gitarristen und Cartoonisten Volker Kriegel und anderen aus der Medienbranche zu einer Abhörsession des WDR in Köln als Jurorin eingeladen. Ich war gespannt, was es an neuer Musik gab. Aber auch hier war meine Enttäuschung groß. Wir hörten uns in sechs Tagen 350 Aufnahmen an. Unser Urteil fiel drastisch aus, einige Kommentare der Kollegen schrieb ich mir auf: "Klarlack-Folk. Wadenkrampf-Jazz. Neue Deutsche Armut. Psycho-

Terror durch frustrierte Lehrer. ARD-Nachtprogramm. Zahnarzt-Rock. Schlangenbeschwörer-Jazz. Geliehene Gefühle. Akademiker-Blues. Bastel-Jazz-Rock. Odol-Blues. Liedermacher mit Spitzenunterhosen. Streichholz-Schlagzeug. Synthetischer Rumpelrock. Leim in der Hi-Hat. Zahnloser Folkrock. Lustfeindliche Klagetexte."

Erfreulich, dass sich in den darauffolgenden Jahren das Niveau bei den angehenden Musikern deutlich verbesserte und sich die Musik in Deutschland entwickelte. Die Frauen holten tüchtig auf und konnten sich auch auf einem Instrument begleiten. Als wir in Köln in der Abhörsitzung saßen, wurde bekannt, dass es am 26. April in Tschernobyl ein Reaktorunglück gegeben hatte. Nun war es passiert! Der Katastrophenfall, den Politik und Wirtschaft immer als vernachlässigbare Größe erklärt hatten, war Wirklichkeit geworden! Tschernobyl in der Ukraine schien weit weg, und die warme Frühlingsluft lockte uns Ende April 1986 ins Freie. Aber als der Mai mit heftigen Schauern begann, trauten wir uns nicht auf die Straße aus Angst vor radioaktiv-verseuchtem Regen. Der Schock saß tief, die Gefährlichkeit dieser Technologie konnte nicht mehr geleugnet werden. Wir "Spinner" und Atomgegner hatten mit unseren Protesten recht behalten. Ich stapelte Nudeln, Reis und Dosen mit Gemüse, Fisch und Fleisch als Vorrat für den Notfall. Die Dosen blieben dort die nächsten zehn Jahre liegen, bis sie rosteten und ich sie wegwarf. Der Super-GAU in Tschernobyl brachte einige deutsche Topmusiker und 12 000 Menschen zu einem Benefizkonzert auf der Loreley zusammen. Am 26. August 1986 stand neben Peter Maffay und Udo Lindenberg (die sich gerade versöhnt hatten), Klaus Lage, Heinz-Rudolf Kunze, mir und anderen Kollegen auch der Ehrengast Willy Brandt auf der Bühne. Die Einnahmen von 300 000 DM gingen als Spende an die Kinder von Tschernobyl. Dieses Konzert – mit einer grandiosen Anmoderation des einstigen Bundeskanzlers – erschien als Live-Mitschnitt unter dem Titel *Rock gegen Atom* (1986). Von mir sind die beiden Songs *Friends* und *Walk Beside Me,* performed mit der *Rock'n'Roll All Star*-Band.

Niko und ich waren zwar kein festes Paar mehr, aber immerhin noch kreative Partner. Sylt wurde zu unserem Zufluchtsort. In den

1980er-Jahren hatte die Insel mit dem Sylt von heute, außer der schönen Landschaft, nicht viel gemein. Sie war noch nicht so kommerzialisiert, es ging irgendwie familiärer zu und man fand schnell Anschluss an die Insulaner. Oft hielten wir uns am Lister Hafen auf, der in seiner Unvollkommenheit einen angenehm kaputten Charme versprühte. Der Fischhändler Jürgen Gosch hatte nur eine kleine Bude, aber für seine Fischsuppe und den frischgefangenen Fisch war er berühmt und galt schon damals als Legende. Man konnte dort stundenlang windgeschützt sitzen und seinen lustigen Sprüchen lauschen. Wenn das Wetter es zuließ, wanderten wir um den "Ellenbogen", lagen nach einem Bad im Meer philosophierend in den Dünen oder machten eine Wattwanderung. Im Restaurant *Witthüs* in Wenningstedt tranken wir abends bei klassischer Musik Tee und aßen das ofenwarme Schwarzbrot. Der Ford Transit wurde nachts am Ellenbogen geparkt, und nach einem kräftigen Schluck Aquavit schliefen wir erschöpft auf unseren Luftmatratzen ein.

Während eines Streifzugs am Lister Königshafen entdeckte Niko ein winziges Strandhaus, das verlassen wirkte. Wir erkundigten uns nach dem Besitzer und fanden ihn bald darauf im *Uthörn,* einem Gästehaus an der nördlichsten Spitze der Insel. "Was wollt ihr denn damit? Es gibt da ja keinen Strom, das Brauchwasser muss man hochpumpen und bei Sturm wird das Häuschen manchmal überflutet", sagte der Besitzer Peter Dietrichsen skeptisch. Genau das machte es in unseren Augen so reizvoll! Die absolute Ruhe in dem Naturschutzgebiet und, gegenüber am Ellenbogen, die zwei nördlichsten Leuchttürme Deutschlands. Wir wollten das Häuschen renovieren und daraus unser sommerliches Ferienquartier machen. Früher war das kleine Backsteinhäuschen der Beobachtungsposten für die Übungsflieger der Bundeswehr gewesen. In den Jahren danach hatte jemand ein doppelstöckiges Hochbett eingebaut, und in einer Kochnische gab es einen Gaskocher und im winzigen Flur sogar ein WC. Nachdem Niko und ich mit dem Vermieter den Vertrag über eine lächerlich geringe Jahresmiete abgeschlossen hatten, fuhren wir jubelnd nach Westerland, kauften Tapeten und Farben und renovierten in Windeseile unser Haus. Wir nannten es nach dem

Sylter Freidenker aus dem 17. Jahrhundert *Jens Lüng Hüs*. Später statteten wir es mit schlichten Holzmöbeln aus, ich nähte hellblaukarierte Gardinen, und wenn die Sonne untergegangen war, zündeten wir Kerzen oder Petroleumlampen an. Ich vermisste weder das Fernsehen noch Zeitungen oder ein Telefon. Mein Vater hatte mir sein altes, spackiges Hohner-Akkordeon geschenkt, auf dem ich stundenlang spielte, und nach und nach lernte ich ein paar Shantys. Ich liebte die Naturschauspiele mit Gewittern, Stürmen und Meeresleuchten. Der weite Himmel, die tiefe See und alles, was dazwischen ist, inspirierte mich zu der romantischen Ballade *Love Is Gold*. Nicht nur für mich, auch für unsere gesamte Patchworkfamilie wurde dieser magische Ort für die nächsten elf Jahre unsere "Luxusherberge".

In jenem Jahr, 1986, hatte ich das Gefühl, meine Karriere als aktive Musikerin näherte sich so langsam dem Ende. Okay, ich war vierzig Jahre alt, niemals hätte ich gedacht, dass ich mit der Musik so weit kommen würde. Als ich Ende 1960 als Berufsmusikerin begonnen hatte, galt eine Frau mit vierzig Jahren als uralt. Um auf der Bühne Anklang zu finden, musste man ein junges und "knackiges" Aussehen haben. Aber der dumme Spruch "Trau keinem über dreißig" jagte mir, als ich dieses Alter erreichte, keinen Schrecken ein. Ich hatte gute Gene und sah noch immer jung aus. Auch jetzt, mit vierzig, war mein Gesicht fast faltenfrei, ich ernährte mich bewusst und achtete auf meine Linie. Angst vor dem Alter hatte ich nicht, nur Angst, in ein kreatives Loch zu fallen, wenn ich keine Ideen mehr hätte oder gar meine Stimme verlieren würde. Was mich ebenfalls unruhig werden ließ, war die in jenem Jahr fehlende Kontinuität, die in all den anderen Jahren auf eine Plattenproduktion eine ausgedehnte Tournee hatte folgen lassen oder umgekehrt. Ich hatte nur wenige Auftritte wie beim *Rock gegen Atom*-Festival auf der Loreley und ein Konzert mit der alten *Frumpy*-Besetzung bei einer Rocknacht in der *Fabrik*. Mein Output an neuen Songs war nicht besonders groß und die Lieder, die ich komponierte, nahm ich mit Jimi Foxx in seinem Berliner Studio gemeinsam mit Reggie Worthy auf. Jim Rakete machte neue tolle Fotos von mir, und ich verliebte mich ein bisschen in ihn. Beruflich verging das Jahr also relativ unspektakulär und ich dachte: Na ja, das war's dann wohl. Auch in meinem Liebesleben hatte sich nichts verändert, aber am Jahresende kam Niko vorbei und überraschte mich mit der Rückgabe meines Eherings, in den er tatsächlich eine liegende Acht, das Unendlichkeitszeichen, hatte eingravieren lassen. Und ein kleiner Diamant blitzte hervor.

Anfang 1987 öffneten sich dann doch plötzlich wieder Türen für neue Möglichkeiten. Carsten Bohn meldete sich und wollte einen Neustart mit *Frumpy* versuchen, nachdem wir im vergangenen Jahr einen passablen Auftritt in der *Fabrik* abgeliefert hatten. Aber Karl-Heinz war immer noch drogenabhängig, mit ihm in diesem Zustand erneut zu planen – das wollte ich nicht noch einmal riskieren. Ein interessantes Angebot kam von der NDR-Musikredaktion. Wolfgang Kunert, Leiter der Jazzabteilung, schlug mir eine Zusammenarbeit mit der *NDR Bigband* vor: Er wollte mit mir einige Titel im Studio aufnehmen, um sie dann in Konzerten live zu spielen. Aus dem verstaubten Tanzorchester der 1970er-Jahre hatte der Chefdirigent Dieter Glawischnig ein modernes Jazzorchester geformt, und der Gedanke, meine Kompositionen mit einem großen Orchesterarrangement zu singen, gefiel mir. So fuhr ich zu einem Treffen in das denkmalgeschützte NDR-Gebäude in der Rothenbaumchaussee und dachte: Kannst mal sehen, das Leben geht doch seltsame Wege. Vor 35 Jahren wollte ich in den Rundfunk-Kinderchor, hat nicht geklappt – jetzt bin ich doch beim NDR. Ich wollte ein rockiges Funky-Programm und bekam das Okay für drei eigene Songs und Coverversionen, darunter *Jumping Jack Flash* von den *Rolling Stones*, *Superstition* von Stevie Wonder und *It's A Man's World* von James Brown und Betty Newsome. Letzterer Song passte ganz fantastisch zu der geballten Männerpower der Bigband, und bildete auch viele Jahre einen Klassiker meines Programms. Ich vereinnahmte ihn so sehr, dass ich manchmal dachte, ich hätte den Text selbst geschrieben. Dennoch sollte es noch ein paar Monate bis zur Aufführung dauern, denn erst mussten umfangreiche Arrangements geschrieben werden.

Auch Bassmann Reggie Worthy schlug mir einen Plan vor: Mit seinen Buddies, dem Gitarristen Roykey Wydh und Drummer Alfonso Gumbs, beide von der karibischen Insel Aruba und mittlerweile in München lebend, wollte er eine Band gründen und mit mir auf Tour gehen. Wir trafen uns im Januar 1987, um unser Songmaterial zu sondieren. Auch Reggie hatte neue Stücke geschrieben, und so ließen wir seine Buddies von München nach Hamburg zu einer Probesession in mein Studio kommen. Wir jammten zwei Tage, und es war klar: Das machte Spaß, und daraus könnte etwas Tolles entstehen! Mit Reggie hatte ich schon bei verschiedenen Studiosessions gut zusammengearbeitet. Er ist nicht nur ein virtuoser Bassist und sehr guter Sänger, sondern auch ein fröhlicher, umgänglicher Kollege. Nun kamen die beiden Münchner Soulbros dazu, beide Könner an ihren Instrumenten und gutaussehende, coole Typen. Die Keyboards sollte Susanne, eine Freundin von Reggie, übernehmen, aber sie war angesichts der professionellen Power bald überfordert. Das war schade, denn ich hätte gern eine Musikerin an meiner Seite gehabt. Dafür reiste der Ghanaer Bob Fiscian aus Berlin zur nächsten Probe im März an. Bob war ein echter Afrikaner, sehr musikalisch, und spielte eine Art African-Funk-Jazz. Wenn wir mit den Proben unserer Songs am Abend fertig waren, zogen sich Alfonso und Roykey zurück, um einen Joint durchzuziehen. Bob hingegen blieb an seinen Keyboards und fing erst da so richtig an zu spielen. Er improvisierte sich durch alle Dur- und Moll-Tonarten, so fantasievoll, dass ich ihm stundenlang zuhören konnte. Alfonso und Roykey gesellten sich irgendwann auch wieder zu uns, rotäugig und kichernd. Zu dieser Zeit machte ich meine ersten Erfahrungen mit kulturellen Unterschieden, nicht nur zwischen Schwarz und Weiß. Bob, verträumt und sanftmütig wie ein brauner Teddybär, daneben der Afroamerikaner Reggie, zielgerichtet und dynamisch, diskutierten über ihre Heimat Afrika und Nordamerika. Jeder verteidigte sein Land, und in dem spaßig-wortreichen Wettstreit verlor Bob und hieß schon bald "Bob Hope".

Die neue Band sollte *Union* (Einheit) heißen. Niko hatte sich diesen Namen ausgedacht, denn so würde unser Unity-Gedanke weitergetragen und zu einem dritten gemeinsamen Projekt werden, nachdem die beiden vorherigen ziemlich versandet waren. Der theoretische Überbau von Niko passte außerdem zu unserer schwarz-weißen Gruppe und auch war es eine ausgezeichnete Beschreibung der Vereinigung unterschiedlicher Musikrichtungen von Reggae, Soul und Funkrock. Wir wollten die neuen Stücke und einige von meinen letzten LPs spielen: *Friends* und *Walk Beside Me*. Alt und neu, schwarz und weiß, Nord und Süd, Einheit und Vielfalt. Jim Rakete kam wieder aus Berlin und machte geniale Fotos von der Band. Wir beauftragten den Musikmanager Stephan von Löwis für das Booking der Konzerte, erstellten Promotionmaterial und engagierten eine Crew für die Tour, die im Mai beginnen sollte. Noch während unserer Proben rief der große Konzert- und Tourneeveranstalter Fritz Rau an. Der selbsternannte "Kartenverkäufer" hatte von unserem Vorhaben gehört und fragte an, ob wir bereit seien, das Vorprogramm von Lionel Richie zu übernehmen, der gerade durch Europa tourte. Na klar waren wir das! Wir konzentrierten uns auf ein halbstündiges Set, denn es sollte schon im April losgehen.

Unsere elf Auftritte für den US-amerikanischen Soulsänger in Deutschland, Belgien und Holland liefen hervorragend. Obwohl das Publikum in den großen Hallen natürlich auf seinen Star wartete, kamen wir mit unserem Funky-Rock-Programm sehr gut an. Auch Lionel Richie hörte unserer Musik zu und empfing uns herzlich und kollegial in seiner Garderobe. Die finanziellen Bedingungen waren, wie bei Supportbands üblich, nicht besonders üppig, aber es war aufregend, und es tat mir gut, wieder mit herausragenden Musikern auf der Bühne zu stehen. Nach dem gelungenen Vorspiel bei Lionel Richie folgten vierzig Konzerte in Clubs, auf Festivals und in Radio- und Fernsehshows in Deutschland und der Schweiz. Trotz unserer Spielfreude knirschte es manchmal zwischen uns. Viele Male sah ich über Unpünktlichkeit und Vergesslichkeit meiner Kollegen hinweg. Als aber durch das zweistündige Zuspätkommen eines Musikers ein Auftritt fast gänzlich geplatzt wäre, gab es eine Aussprache. Ich hatte alles, was mir möglich war, für den Komfort der Musiker

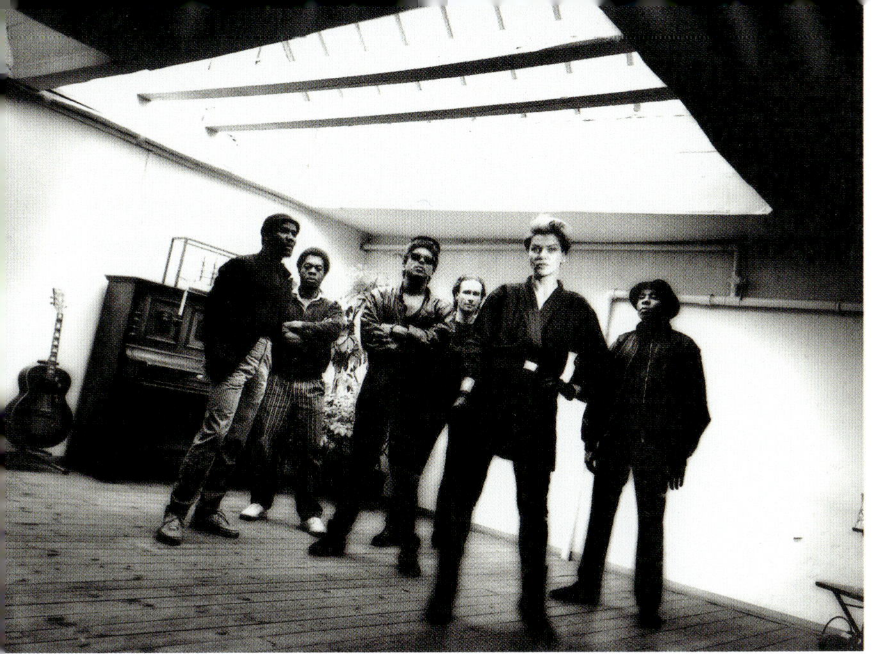

1987. Union in unserem *SchwarzWeissStudio*. Von links: Alfonso Gumbs, Bob Fiscian, Roykey Wydh, Niko, ich, Reggie Worthy.

1987. Union zu Gast bei Lionel Richie (2. v. rechts).

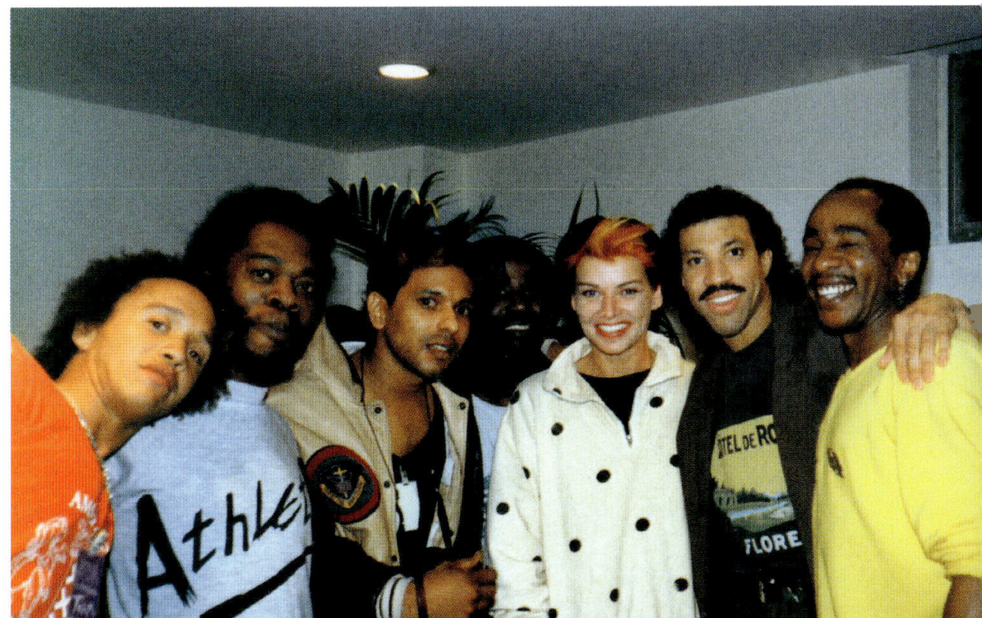

getan, sie aber immer weniger für mich, und oft fühlte ich mich sogar respektlos behandelt. Es stellte sich heraus, dass ein Teil der Männer gar keine Band, sondern nach dem Prinzip "Play and Pay" (Spielen und Bezahlen) Musik machen wollte.

Während ich noch mit dieser Tatsache haderte und unschlüssig über den Gang der Dinge war, ereignete sich im Hintergrund etwas, das ich anfangs als Fata Morgana abtat. Bevor unsere *Union*-Tour im Mai begann, hatte mich nämlich Chris Blackwell, der Chef des Londoner Renommier-Labels *Island Records*, in Hamburg angerufen. Er fragte, ob ich die Songs der *Two is One*-CD zusammen mit Robert Palmer (*Addicted To Love, Looking For Clues*) neu produzieren würde. Ich war baff! Am nächsten Tag meldete sich der britische Popmusiker auch schon von Nassau, Bahamas. Wir kannten uns flüchtig von früheren Rockfestivals, bei denen er mit der Band *Vinegar Joe* zusammen mit der Sängerin Elkie Brooks aufgetreten war. Er hatte die *Two is One*-CD gehört, sich überall durchgefragt und meine Telefonnummer erhalten. Er meinte, die CD hätte potenzielle Hits. Ob ich auch noch über neue Songs verfügte? Ich notierte mir die Kontaktadressen von Chris Blackwell, Robert Palmer und dem Musikverlag in London, fertigte tags drauf schnell Musikkassetten mit neuen Songs an und schickte sie an alle Beteiligten. Chris Blackwell kam bald darauf nach Hamburg, und Niko und ich trafen ihn in seinem Hotel an der Alster. Wir redeten drei Stunden lang, und die Idee für eine neue Produktion nahm konkrete Formen an. Mein Anwalt Walter Lichte in Hamburg verhandelte bereits mit London über Verträge, als wir erfuhren, dass Robert Palmer bei *Island Records* und als mein Produzent ausgestiegen war. Ein neuer Produzent wurde vorgeschlagen: Rob Fraboni, eine Größe im Musikgeschäft, der schon mit Bob Dylan, Eric Clapton und Joe Cocker zusammengearbeitet hatte. Im Sommer flog ich mit Niko nach London, wo wir ihn und Chris Blackwell in seinem Anwesen auf dem Land trafen. Chris zeigte uns seine riesige Schallplattensammlung, die uns sehr beeindruckte. Wir hatten großen Respekt vor Chris, der einen guten Riecher für Rock- und Popmusik zu haben schien, dadurch ein Vermögen machte und sein Musikimperium hatte aufbauen können. Gemeinsam hörten wir die *Two is One*-CD sowie meine Demokassette, und Chris traf seine Songauswahl für die neue Produktion. Mit seinen Gästen saßen wir noch bis Mitternacht zusammen und hörten Musik. Wir hatten viel gelernt an diesem tollen Abend, waren guter Dinge und gespannt auf die kommenden Ereignisse. Aber wir waren auch ein bisschen enttäuscht, dass Robert Palmer nicht mit von der Partie war.

Als die *Union*-Tour Anfang September endete und eine Fortsetzung mit den Kollegen nicht in Betracht kam, konzentrierte ich mich auf die anstehende Produktion, denn offensichtlich handelte es sich doch um keine Fata Morgana. Ende September stand die Studioband fest, wir flogen wieder nach London und trafen die Musiker: die US-Amerikaner James "Hutch" Hutchinson (b), Johnny Lee Schell (git) und den Südafrikaner Ricky Fataar (dr), die alle mit Bonnie Raitt und vielen internationalen Stars arbeiteten. Außerdem war die Australierin Amanda Vincent dabei, die bei Boy George Keyboards spielte. Unser Übungsraum lag in einem Gewerbegebiet in London, dort hatten die Musiker schon ihr Equipment aufgebaut und wir begannen mit den Proben.

Rob Fraboni war ein guter Freund von Keith Richards und hatte eine Überraschung für mich, die mir folgendermaßen überliefert wurde: Keith Richards (Gitarrist der *Rolling Stones*) hatte wohl einige Songs von mir gehört und zu Rob gesagt: "When this lady is in town, please call me." Und so kam es, dass er, aus Südfrankreich einfliegend, in seine Räume im feinen Arabella Court am Marlborough Place in NW8 – direkt um die Ecke befindet sich die berühmte Abbey Road – zu einer kleinen Party einlud. Es gab zu essen und zu trinken (auch noch ein paar andere Sachen), und ein paar von Keith' eigenen Demosongs wurden vorgespielt. Unter den Gästen waren Ronnie Wood, Patti Hansen und einige andere Freunde, die zuhörten oder selbst auf einer Gitarre jammten. Rob verriet uns, dass Keith und Ronnie am nächsten Tag in unseren Übungsraum zu einer Session kommen wollten. Ich konnte es nicht fassen – mein Held Keith! "But don't mention Mick Jagger", sagte Rob. Offenbar ging Mick Keith zu jener Zeit mächtig auf die Nerven.

Wie versprochen, erschienen Ron und Keith abends in unserem Proberaum. Keith hatte zwei Flaschen Jack Daniels für sich und seinen Kumpel Ronnie mitgebracht und eine Kiste Bayerisches Bier für mich. Ich war schwer beeindruckt, Keith war ein Gentleman! Im Schlepptau folgten seine Managerin Jane Rose und sein Gitarren-Roadie Alan Rogan mit mehreren Gitarrenkoffern. Wir improvisierten ein bisschen, und ich sang dazu irgendetwas Lautmalerisches. Keith sagte: "Endlich mal jemand, der bei einer Session singt." Der Groove von *Dance It Up* interessierte Keith, und wir spielten ganz lange darauf herum, bis er so etwas wie ein Riff auf der Gitarre fand. Dabei stand er keine Minute still, bewegte seinen Körper aber ohne Hektik und ziemlich groovy. Ronnie verhielt sich freundlich zurückhaltend, doch uns zugewandt und hatte für den Song *Two Is One* eine coole Idee, die er später im Studio mit Johnny Lee Schells Rhythmusgitarre kongenial verknüpfte. Am Gürtel trug ich einen billigen Kassettenrekorder, den ich vor lauter Aufregung fast einzuschalten vergaß. Erst spät drückte ich den Aufnahmeknopf, doch da war die Session schon so gut wie vorbei. An den Ausgang des Abends kann ich mich leider nicht mehr erinnern. Auf meiner Kassette aber befinden sich ein paar Fragmente der geprobten Songs sowie eine langsame Ballade und ein Shuffle von jeweils ca. acht Minuten. Nach vier Tagen Proben mit der Studioband zogen wir um ins *RAK Recording Studio* von Mickie Most im Londoner Stadtteil St. Johns Wood und nahmen innerhalb von drei Wochen acht Playbacks auf. Niko machte in der Zeit eine seiner legendären Fastenkuren, während wir Musiker uns nach den Studiorunden abends den Bauch vollschlugen. Alle Musiker waren aufmerksam und engagiert bei der Sache, trotzdem kamen wir nur langsam voran. Nach meinem Geschmack zu langsam. Rob Fraboni ließ sich viel Zeit, probierte verschiedene Einstellungen der Mikrofone aus und stellte den Sound schließlich so ein, dass er wie von einer Liveband klang. Als wir Mitte Oktober zurück nach Hamburg flogen, hatten wir einen Rough-Mix mit acht Stücken in der Tasche. Im kommenden Jahr sollte es im *Compass Point Studio* in Nassau auf den Bahamas weitergehen.

Aus meinem Tagebuch

Nassau, Bahamas, 3. Januar 1988
Um acht Uhr mit Lufthansa von Hamburg, mit Pan Am von Frankfurt über Miami nach Nassau, Bahamas. Bei Ankunft um 18 Uhr in Nassau ist mein Koffer nicht da, es gießt wie aus Eimern. Ich schwitze in meinem grauen, warmen Overall, sehe bescheuert in dem Zeug aus, hier ist alles so farbenprächtig. Nachdem wir auf dem "Compass Point"-Studiogelände einquartiert sind, kaufe ich mir schnell eine türkisfarbene Bluse mit passenden Shorts. Wir treffen den Künstler Emil Schult, einen Deutschen, der bei der Band "Kraftwerk" mitgespielt hat. Er ist verheiratet mit einer einheimischen Lehrerin, hat zwei kleine Töchter. Wir fahren in seinem alten Auto zu einer Strandbar, hier gibt es die echten Banana Daiquiris. Es gießt immer noch in Strömen, aber es ist schön warm. Neben unserer Unterkunft ist ein kleiner Pool, da springen wir abends nackt rein, bis uns ein Angestellter herausbittet. Das geht hier nämlich gar nicht, und auch am nächsten Tag am Strand nicht, als ich halbnackt im Sand liege und mich ein kleiner Junge die ganze Zeit beobachtet. Aber es ist alles beeindruckend hier, wenn auch fremd. Ein paar Tage haben wir zum Akklimatisieren, Emil Schult führt uns ins Innerste des naheliegenden Gambier Village, wir lernen die junge Herumtreiberin Melly, den Bürgermeister "Shah" und die Mutter seiner sechs Kinder kennen, die in einer winzigen Holzbaracke leben. Es ist nicht nur schön hier, es ist auch gefährlich. Hier nehmen fast alle Drogen, aus Kokain, Backpulver und Wasser wird Crack verbacken und für fünf Dollar durch einen Türspalt in die Hand gereicht. Der Studiomanager verbietet den Kontakt der schwarzen Einheimischen zu den Musikern in den Räumen des Studios.

8. bis 14. Januar 1988
Es geht los, Ricky Fataar, der Drummer ist gekommen, er wird Rob Fraboni bei den restlichen Overdubs und Soli assistieren. Irgendwie ist Rob nicht bei der Sache. Er ist ständig am Telefonieren.

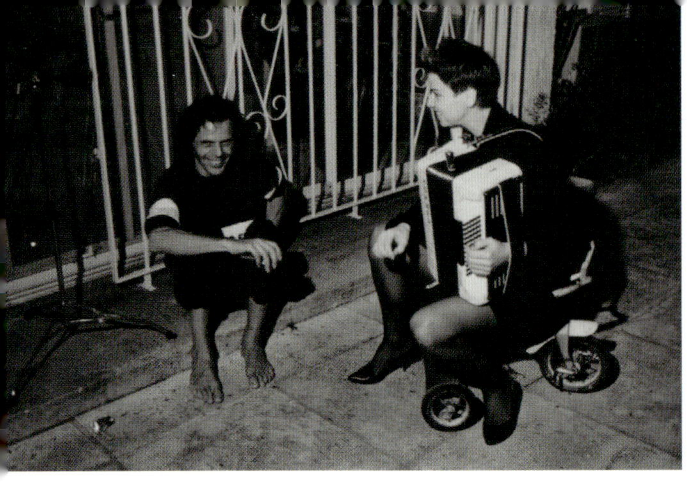

1988. Auf den Bahamas in den *Compass Point Studios*. Hier mit Emil Schult.

1988. Mit Melly.
Das gepunktete Sweatshirt schenkte ich ihr.

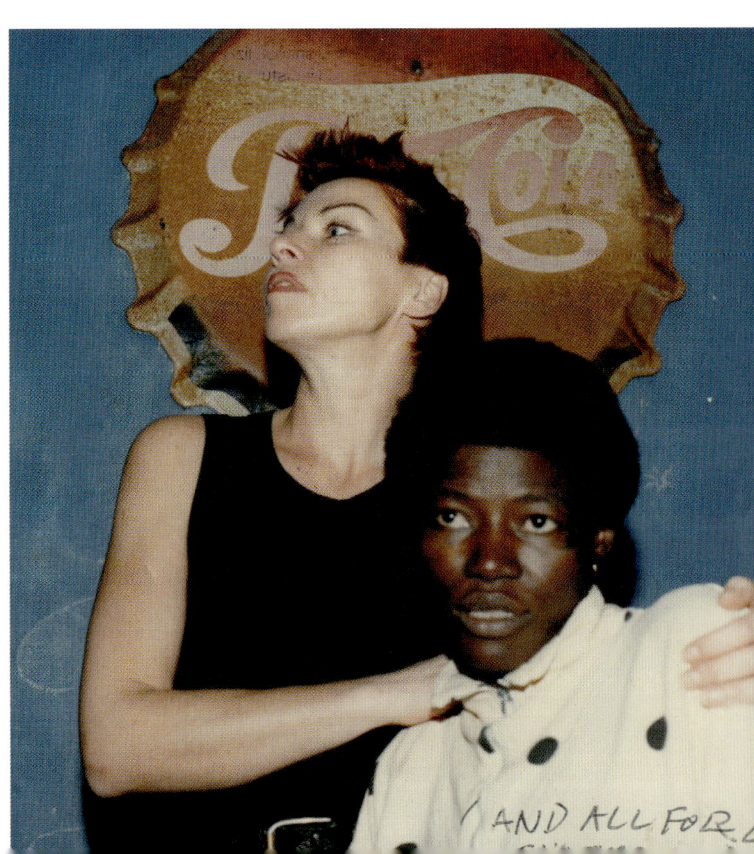

15. Januar 1988

Wir haben vier freie Tage. Rob ist irgendwohin gefahren. Wir lernen Wally Badarou, einen großartigen Musiker und Typ, kennen. Er hat ein Apartment auf dem Studiogelände und produziert in seinen eigenen Räumen. Leider werden wir umquartiert, aber nicht schlecht: Wir bekommen ein eigenes Haus am Meer mit Köchin und Hausmädchen. Mit Emil fahren wir nach Nassau City, aber der Ort gefällt uns nicht. Es liegen dort viele Kreuzfahrtschiffe im Hafen, die Stadt ist von amerikanischen Touristen überlaufen. Wir erleben an einem Sonntag einen Kirchengottesdienst mit ergreifendem Gospel und fein angezogenen Besuchern. Emils Frau Fredrica schenkt mir ihr kleines, abgegriffenes Kirchengesangsbuch (das mich ein paar Jahre später zu neuen Gospels inspirieren sollte). Wir erkunden die umliegende Gegend, hören Reggae in einer Holzbude, die als Kneipe dient, und verdrücken uns vor der Meute der wilden Hunde, die überall herumstreunt. Die frühere Villa von Robert Palmer am Meer, gegenüber des Studios, steht leer. Er ist von hier weggezogen, weil kriminelle Junkies aus dem nahe gelegenen Gambier Village seinen Hund erschossen haben.

19./20. Januar 1988

Es geht ein bisschen weiter, aber nach meinem Geschmack alles viel zu langsam.

21. Januar 1988

Rob Fraboni ist schon wieder auf Reisen, vermutlich nach Jamaika. Bei uns in der Villa tauchen immer mehr Gestalten aus Gambier Village auf. Emil und Niko haben sie mitgebracht und mein Frust ist groß. Ich ziehe um in einen stillen Raum, während die Gäste sich die Pfeifen reinziehen. Ich hab's ein- oder zweimal probiert, da haben riesige Glocken gewaltig in meinem Kopf geläutet. Aber ich konnte nicht mehr singen und bekam große Angst vor der Macht der unbekannten Droge Crack.

25. Januar 1988
Es hat sich im Studio nichts mehr getan außer Fernsehen gucken und Billard spielen. Niko hat den Text "One World" geschrieben und sich derart in die Melodie hineingesteigert, dass ich Angst um seine Gesundheit habe. Wir gründen aus Jux eine Band: "Weman", mit Emil, Johnny (Case Closed) und Franka, einer neuen Freundin. Melly lungert bei uns rum, ich schenke ihr ein paar Sachen, sie warnt mich vor den "wicked people" (boshaften Menschen) im Dorf. Wir trinken hochprozentigen Rum aus der Flasche, die Wirkung ist nur mit einigen Schlucken Wasser zum Verdünnen auszuhalten. Rob Fraboni ist nicht mehr erschienen, und auf den Bändern ist meine Stimme nur als Pilot-Gesang zu hören, ich hab keinen einzigen Track neu besingen können. Als wir zurück nach Deutschland fliegen, wird am Airport in Nassau mein Akkordeon auseinandergenommen. Niko hat Panik, man sieht ihm an, dass er nervös ist. Ein Police Officer sagt zum anderen: "Shall I put my hands on him?" (Soll ich ihn festhalten?) Ich beruhige Niko und es geht glatt durch die Zollabfertigung. Ich bin froh, als wir im Flieger zurück nach Deutschland sind.

10. Februar 1988
Ich rufe Chris Blackwell an und berichte ihm den Stand der Dinge. Ich erzähle ihm, wie die Session in Nassau verlaufen ist, und möchte etwas Geld. Er fragt: "Wie viel?" Ich nenne ihm eine Summe, er sagt: "Okay", und lässt das Geld in den nächsten Tagen überweisen. Ein korrekter Mann!

29. Februar 1988
Neue Termine werden verabredet, es soll im "Compass Point"-Studio zügig vorangehen. Rob war inzwischen nicht untätig: In New York hat Keith Richards seine Gitarrenriffs auf "Dance It Up" und Mick Taylor ein wunderschönes Slide-Gitarrensolo auf "I Am I" gespielt. Sogar Richard Tee spielte sein gefühlvolles Piano auf "I Am I" und Nicky Hopkins ist im Intro dieser schönen Ballade mit ein paar Tönen auf der Hammond zu hören. Und – das muss in meiner Abwesenheit im Londoner RAK Recording Studio gewesen sein – an einem Tag brachte

Ray Cooper mit seiner Percussion noch mal richtig Schub auf einige Songs. What a cast!

9. bis 31. März 1988
Abflug Richtung Nassau. Zwei Tage zum Eingewöhnen, dann geht's ins Studio zum Mixen und Singen. Nun liegen zwei 24-Spur-Bänder auf der Maschine, das macht die Aufnahmen schwerfällig. Bis die Bänder sich synchronisiert haben, vergeht eine Ewigkeit. Ich singe zum Mix, und – wie üblich: Ich bin mal wieder die Letzte, die drankommt, und wieder unter Zeitdruck. Die Türen gehen auf und zu, Rob telefoniert, während ich singe oder mit dem Toningenieur rede. Er hört nur mit halbem Ohr hin und ich glaube, die Musik interessiert ihn nicht. Nebenan im Studio arbeiten "Womack & Womack" an ihrem Album, da sind die Türen immer geschlossen, keiner darf rein. Irgendwann ist meine Geduld am Ende, ich bin sauer. Einige der Songs klingen unfertig, meinen Gesang mag ich nicht, der Produktionsetat von zigtausend Dollar ist aufgebraucht, und es gibt nur einen Roughmix.

3. April 1988
Chris Blackwell besucht uns im Studio, er kommt mit dem großen Impresario und Manager Frank Barsalona. Rob legt das Band auf, ich habe die Hoffnung, dass die beiden die Musik vielleicht anders hören als ich. Chris schaut zu Frank: "Was meinst du?" Der grinst freundlich, wägt seinen Kopf. Abends sind Niko und ich bei Chris eingeladen. Wir sitzen am Pool seines wunderschönen Hauses, und er fragt mich: "Willst du das veröffentlichen? Es ist mein Geld, aber dein Leben."

Tja, wir einigten uns darauf, erst einmal nichts davon zu veröffentlichen. Einerseits war ich happy, als alles vorbei war, andererseits hatte ich an dem bitteren Gefühl dieses Fehlschlags noch lange zu knacken. Trotz der fantastischen Besetzung und der großen Ehre, dass diese Superstars auf meinen Songs spielten, hätte mich das Album, abgesehen von ein bisschen Namedropping, musikalisch nicht wirklich weitergebracht. Die Kassette verschwand in der hintersten Ecke meines Archivs. Erst 2019 holte ich sie wieder hervor und spielte die Aufnahmen spaßeshalber Niko vor. Er fragte: "Was ist das denn?", und saß plötzlich aufrecht, wippte mit den Füßen, aber kam nicht drauf. Der analoge Sound der Kassette klang nach dreißig Jahren satt, leierte nicht und wies auch keine sonstigen Macken auf. Nachdem ich ihn aufgeklärt hatte, nannten wir das Produkt *The Hidden Tape*. Wer weiß, vielleicht werde ich es eines Tages doch noch veröffentlichen. Denn einige der Songs klingen fantastisch und sollten nicht in einem Musikarchiv verstauben.

Unser Titel *Walk Beside Me* ging Robert Palmer anscheinend nicht aus dem Kopf, denn irgendwann später bekamen wir von unserem Verlag eine Aufnahme, gesungen von der Sängerin B.J. Nelson, und eine andere mit Jane Catherine, die Robert Palmer produziert hatte. Es ist schon eigenartig, dass ich, ein treuer und beständiger Mensch, so viele Brüche in meinem Werdegang erlebte. Und vielleicht hätte ich am Anfang meiner Musiklaufbahn meine Wünsche nicht so exakt formulieren sollen: singen, Menschen und Länder kennenlernen und meine Existenz verdienen. "Welterfolg" stand nicht auf meiner Wunscherfüllungsliste. Aber wie wir wissen, hat der Erfolg zwei Seiten: Fluch und Segen. Mein Segen war, dass ich meine Interessen nicht verlor. So verzog ich mich in mein Hamburger Studio und begann, mich mit meinem ersten Computer zu beschäftigen, einem Atari 1040 ST. Meine Sorge, ob ich nun eine Programmiersprache lernen müsste, war völlig unbegründet, denn mit der grafischen Benutzeroberfläche kam ich ganz gut zurecht. Ich fand es so erstrebenswert, einen Computer zu beherrschen, dass ich zunächst wild drauflos und wieder alles Mögliche nach dem Prinzip "Learning by doing" ausprobierte, bis der Atari mehrmals hintereinander abstürzte. Langsam lernte ich, dass der Rechner seine eigene Logik besaß, die herauszufinden mich immer mehr begeisterte.

Ich besorgte mir das *Notator*-Sequenzerprogramm, dazu ein MIDI-Interface, und verkabelte alles miteinander. Der Atari ST wurde zum "Creator" und thronte wie ein Altar über meinen Keyboards. Als Sängerin und Musikerin hatte ich ein Leben lang mit Wellen oder Vibrations zu tun gehabt. Nun wurde Feeling zu einer Frage der Wellenform, und Leistung zu einer Frage der Speicherkapazität. Die ersten unbeholfenen Musikstücke verwarf ich, verbesserte sie durch neuentdeckte Funktionen beim Programmieren, überspielte das Ergebnis auf meine neue Acht-Spur-Bandmaschine und sang darauf. Nach jedem gelungenen Schritt mit dieser neuen Technologie war meine Freude groß, und es entstanden immer mehr Musikstücke, die ich erst einmal als Demo sammelte. Niko hatte inzwischen eine kleine Werbeagentur gegründet und bei Firmen viele Aufträge für Radio-Jingles und Funkspots akquiriert. Mit seinen Ideen für Text, Musik und Sounds kam er dann zu mir und wir tüftelten an einem hörenswerten Layout, das er zur Weiterbearbeitung mit Andreas Drewling ins *Brunwey Studio* mitnahm.

In dieser Zeit lernte ich viel darüber, wie sich mit Sounds in kürzester Zeit eine Geschichte erzählen ließ, denn manche Jingles durften nur 15 Sekunden dauern. Das war neu und ungewohnt für mich, schließlich hatte ich mir mit meiner Musik immer so viel Zeit nehmen können, wie ich wollte. Es war wieder einmal eine gute Übung, mit der man sogar ziemlich viel Geld verdienen konnte, weil den Firmen hohe Werbeetats zur Verfügung standen.

So endete das Jahr 1988 nicht nur mit Brüchen, sondern auch mit neuen Herausforderungen. Nachdem die Studioaufnahmen und Konzerte mit der *NDR Bigband* erfolgreich verlaufen waren, steckte mir der Redakteur Kurt Giese eine Kassette mit Songs von Billie Holiday zu: *The Man I Love* und *Body And Soul.* "Hast du Lust, auch solche Titel zu singen?" Ob ich dazu Lust hatte, war keine Frage für mich, aber konnte ich es auch? Ich, die Rocklady, sollte Jazz singen? Warum nicht, der Blues ist ja eine Form des Jazz. Ich liebte Nina Simones Stimme und ihr Klavierspiel. Ihre Lieder und ihr Leben hatte ich in den 1960er-Jahren verinnerlicht, ihr Kampf um Anerkennung und Gerechtigkeit sie stark gemacht und mich tief beeindruckt. Billie Holidays Biografie aber war tragisch, und ihr Drogenkonsum veränderten ihren stimmlichen Ausdruck mit den Jahren so sehr, dass sie einem leidtun konnte. Ihren Lebensweg konnte ich zwar nicht nachvollziehen, aber von Liebeserfahrungen mittlerweile auch ein Lied singen. Also besorgte ich mir weitere Jazz-Balladen und fühlte mich in die Harmonik ein, bis ich mir sicher war, dass ich es schaffen könnte. Ich sagte Kurt Giese diese ungewöhnliche Produktion zu, und er machte sich daran, Arrangeure für mich und das *Swinging Strings Orchester* (*NDR Radiophilharmonie*) in Hannover zu engagieren.

Station 7

When The Night Comes 1989–1995

Noch einmal Frumpy.
The Man I Love.
Der Bumm-Bumm-Becker-Blues.

Carsten Bohn hatte sich in den letzten Jahren immer mal wieder bei mir gemeldet, er wollte unbedingt *Frumpy* reaktivieren. Wir hatten ja schon 1976 einen kurzen Wiederbelebungsversuch gestartet, der aber an den damaligen Umständen scheiterte. Nun kam er im Frühjahr 1989 mit einem Angebot von Louis Spillmann, Chef der *Phonogram,* unserer alten Plattenfirma, und das, was er erzählte, hörte sich interessant an. Jean-Jacques, Carsten und ich setzten uns zusammen und überlegten, wie wir die Sache angehen könnten. Uns war klar, dass Karl-Heinz durch sein Drogenproblem und Rainer Baumann aus musikalischen Gründen nicht mit dabei sein konnten, und dass wir zu dritt die Band verkörpern würden. Aber ich wollte überhaupt erst einmal hören, was von unserem *Frumpy*-Spirit noch übrig war, und wir tauschten unsere Ideen aus. Dass wir nach all den Jahren nicht mehr dort anknüpfen konnten, wo wir 1972 aufgehört hatten, ergab sich schon beim Hören unserer Demos. Früher jammten wir tagelang im Übungsraum, und aus den zusammengefügten Teilstücken entstand unser Stil. Aber der Musikmarkt hatte sich komplett verändert, und wir waren uns einig, dass wir uns auf radiotaugliche, kurze Popsongs konzentrieren mussten. Das Angebot von Louis Spillmann war in der Tat sehr großzügig, das konnten wir einfach nicht ablehnen. Und was uns als Kultband in den 1970er-Jahren nur halbwegs geglückt war, versprach er uns nun bei einem opulenten Abendessen: "Ich bringe euch in die Charts!"

Im Sommer 1989 begannen wir zu proben. Jean-Jacques war zu der Zeit in Peter Maffays Band, und ich hatte den Eindruck, dass er seine besten Songs schon für dessen neue LP vergeben, und die Ballade, die Maffay *Tiefer* nannte, sogar mehrmals anderweitig untergebracht hatte. Das Stück hieß in der *Frumpy*-Version *Now And Forever* und wurde zum Duett für Peter und mich. Während wir in der Vorproduktionsphase im *Jovel Tonstudio* in Münster die Songs als Demo aufnahmen, wurde der Vertragsinhalt mit der *Phonogram* präzisiert: Wir bekamen ein hohes Produktionsbudget, dazu einen Video-Etat, Tour Support und eine Garantiesumme – und das alles noch optioniert über drei LPs. Davon hätten wir früher nur träumen können! Niko wollte ich unbedingt dabeihaben, er sollte die Konzeption für Artwork und das Marketing zusammen mit der PR-Abteilung von *Phonogram* übernehmen. Sein Vorschlag für den Titel des ersten Albums lautete: *Frumpy NOW!* Das fanden wir alle sehr passend, woraufhin er eine umfassende PR-Kampagne ausarbeitete. Obwohl Niko und ich die meisten der Songs komponiert und getextet hatten, stimmten wir zu, alle GEMA-Einnahmen durch vier zu teilen. Jeder sollte sein Bestes geben, so würde kein Neid zwischen uns entstehen. Carsten war, wie früher, unser Kassenwart, hielt auch sonst die Fäden zusammen und war unser Executive-Producer.

Weil unser Produktionsbudget hoch war, konnten wir uns einiges erlauben: Jean-Jacques hatte sich gewünscht, in seiner Heimat Frankreich aufzunehmen, und so flogen wir im September 1989 nach Paris, um im *Studio Grande Armée* in zwölf Tagen die Backing Tracks zu recorden. Ich freute mich sehr auf Paris, das ich 1968 zum letzten Mal besucht und in lebhafter Erinnerung hatte. Das Tonstudio war eines von den älteren Versionen mit großen Aufnahmeräumen, die es so heute nicht mehr gibt. In dem größten, etwa hundert Quadratmeter umfassenden Raum bauten die Männer mit den Roadies, die nachts mit dem Truck angereist waren, ihr Equipment auf. Nach einer Weile stellten wir alles um und viel näher zusammen, weil man sich sonst in dem großen Raum fast aus den Augen verlor. Der Toningenieur Ronald Prent, den Carsten engagiert hatte, kam aus Holland, und beim Einstellen des Sounds ergab sich aus der Ses-

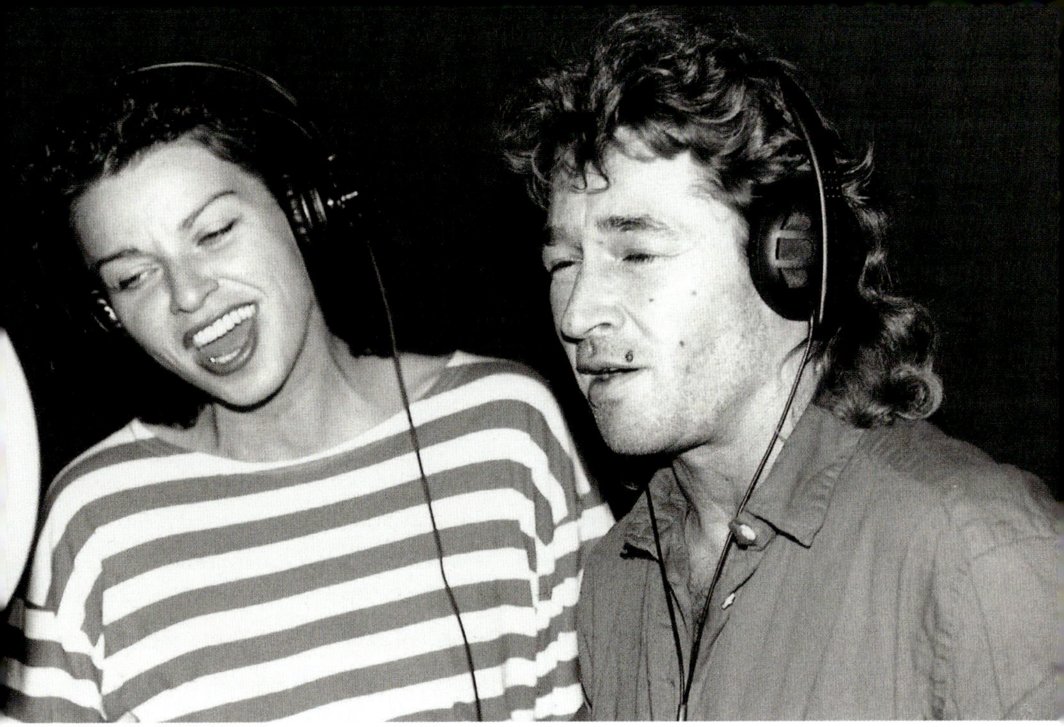

1989. Peter Maffay
und ich singen
im Duett für das neue
Frumpy-Album.

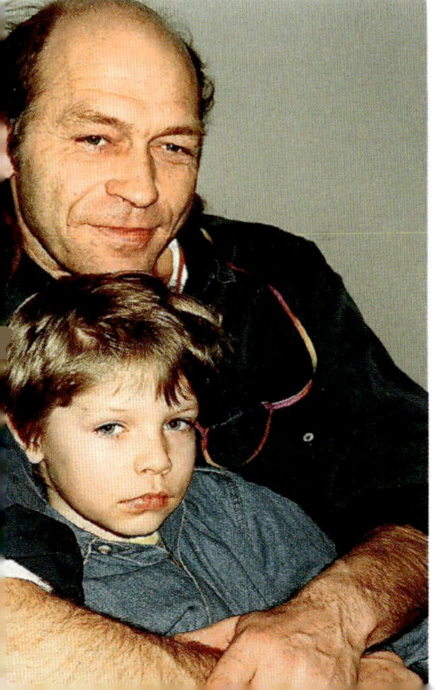

1990. Mein persönlicher
Nikolaus und der kleine
Tino.

sion ein neues Stück: *We Can Sing A Song*. Das war schon mal ein gutes Zeichen. Das berühmte Studio, in dem schon die *Eurythmics*, *The Rolling Stones* und französische Stars wie Michel Legrand aufgenommen hatten, befand sich unterhalb eines Kongresszentrums und eines Hotels, unweit der Champs-Élysées. Zum Essen gingen wir allerdings nur zweimal aus, denn in den umliegenden Restaurants war es uns abends zu überfüllt, verräuchert, zu laut und zu teuer. Weil es im Studio keine Aufenthaltsräume oder Küche gab, schlug ich vor, am Tage ein paar leckere Lebensmittel und Getränke einzukaufen und diese abends an einem schön gedeckten Transport-Case im Studio zu verzehren. Das war praktisch und bekam unserer kleinen Gemeinschaft gut.

In Hamburg ging es weiter im Studio *Chateau du Pape* mit den Overdubs der Gitarren. Carsten, der eine zeitlang in New York gelebt und als Drummer verschiedener Bands viele Musiker kennengelernt hatte, konnte den wunderbaren Carlos Alomar, langjähriger Gitarrist von David Bowie, für unsere Produktion gewinnen. Carlos bot sehr viele interessante Klänge über seine MIDI-steuerbare Gitarre an, doch für das eine Solo, das noch fehlte, fragten wir Rainer Baumann, unseren Gitarristen der ersten Stunde: Er sollte seine Blues-Gitarre auf unseren Klassiker *How The Gipsy Was Born* spielen. Diesen Bonustrack titelten wir um in *Now The Gipsy Is Born*. Rainer hatte nichts verlernt, und als er sein Solo spielte, kamen nostalgische Gefühle bei uns auf. Jean-Jacques' Sohn Pascal Kravetz durfte bei diesem Titel ebenfalls nicht fehlen, schließlich war er mit unserer Musik in den 1970ern aufgewachsen und zu einem tollen Pianisten gereift.

Während im Aufnahmeraum die Tracks immer voller wurden, saß ich im Fernsehraum und feilte an den Texten für die Gesangsaufnahmen. Das Fernsehbild lief die ganze Zeit, und was man im Oktober 1989 sah, war atemberaubend: Auf den Straßen der Städte in der DDR und in der Deutschen Botschaft in Ungarn spielten sich Szenen ab, die wir alle noch heute vor Augen haben: Die "Friedliche Revolution" begann. Die bewegenden Eindrücke flossen in meine Textzeilen, und als wir ins *Brunwey Studio* umzogen und mit den

Gesangs-Overdubs begannen, war es klar: Die Grenze wird fallen! Ein unbeschreibliches Gefühl der Freude erfüllte uns. Die Hoffnung auf "Einigkeit" hatten wir in den letzten Jahren schon in mehreren Projekten und auch in dem Song *One World* ausgedrückt. Doch dieses aktuelle, unglaubliche Ereignis des Mauerfalls musste besonders gewürdigt werden! Schnell schrieb Niko den Text *See The Light (In The Streets Of The 9th Of November),* dann saßen wir bis in die Nacht zusammen und komponierten die Musik dazu. Am nächsten Tag trommelten wir Carsten, Jean-Jacques, Reggie, den Gitarristen Erlend Krauser und den Chor noch einmal zusammen, und am 12. November war das Stück fertig gemischt. Leider konnten wir unsere Kollegen und die *Phonogram* nicht von dem Song überzeugen; er schaffte es weder auf die LP noch auf eine Single. Schade. Aber um mit eigenen Augen zu sehen, was in Berlin los war, fuhren Niko und ich für ein paar Stunden zum Brandenburger Tor. Diesen euphorischen "Wahnsinn" um uns herum erfahren zu haben, ist wohl ein einmaliges Erlebnis, das uns mit großer Dankbarkeit erfüllt.

Von der Hamburger Firma *Pyrate Style* wurden wir neu eingekleidet. Da wir mit unserem gleichnamigen Titel sozusagen Werbung für die beiden Hamburger Designer Holger Hechtenberg und Fritz Ahrens gemacht hatten, bekamen wir die teuren Lederklamotten nun zu einem günstigeren Preis. Das neue Outfit aus schwarzem Wildleder mit silbernen Knöpfen aus exotischen Münzen entsprach genau meinem Geschmack. Zu der Zeit lief ich herum wie eine Piratenbraut mit schwarz-seidenem Kopftuch, Caprihosen und einer goldenen Creole im Ohr. Ich hatte mir im Sommer einen VW-Kübelwagen gekauft und ihn mit dunkelroter Farbe angestrichen. Wenn man die Seitenfenster herausnahm und das Verdeck und die Frontscheibe herunterklappte, blies einem der Fahrwind um die Ohren wie auf einem Kahn. Ich genoss es, so durch mein geliebtes Hamburg zu fahren, an Alster oder Elbe zu bummeln und hier und dort auf ein Schwätzchen einzukehren. Das Pyrate-Style-Outfit liebte auch Jean-Jacques, der sonst immer etwas unschlüssig in seiner Bekleidung war. Carsten musste sich erst an das Leder gewöhnen, er war eher ein T-Shirt-Jackett-Typ. So standen wir drei dann vor Jim Raketes Kamera, der wieder einmal Fotos für das Cover und die PR schoss.

Im Frühjahr 1990 kam *Frumpy NOW!* mit großem Jubel unserer Plattenfirma auf den Markt. Wir feierten aufwändige Veröffentlichungspartys in Hamburg und Köln mit vielen Gästen aus der Medienbranche, und Louis Spillmann verkündete vor seiner Mannschaft: "Hiermit spreche ich die Option für zwei weitere Alben aus. Diese Produktion hat weltweites Hit-Potenzial, und wenn das nicht klappt, dann liegt es bestimmt nicht an der Gruppe." Dann lief der Promotionapparat an, und bis Ende 1990 machten wir praktisch das ganze Jahr über Werbung für die Single und das Album. Wir bereisten sämtliche deutsche Fernseh- und Radiostationen, und bis auf die Sendung *Wetten, dass..?* waren wir überall vertreten. Wir gaben Presseinterviews, trafen uns zum Abendessen mit Händlern, und unsere Plattenfirma machte mit der Handelskette WOM (World Of Music) einen Marketingdeal, der den größten Teil unseres PR-Budgets verschlang. Im *WOM Journal* wurde *NOW!* zur "Platte des Monats" gekürt und ein Comeback von *Frumpy* vorausgesagt. In den Städten hingen unsere Plakate der Größe DIN A0 an den Litfaßsäulen, und kurz darauf stieg das Album von null auf Platz dreißig in die Charts. Die deutsche Presse reagierte zurückhaltend: "Zurück in die Zukunft" bis "Now the gipsy is dead", und nahm misstrauisch bis gleichgültig unseren Neustart und die weltweite Reunion-Welle der 1990er-Jahre zur Kenntnis. Die Zeitschrift *Prinz* verdächtigte uns in einem Kommentar, "die neue LP gleich stückweise als Werbe-Jingle zu erstellen" (Thomas Harms). Das war natürlich Quatsch und eine Überinterpretation unseres Zeitgefühl-Titels *Come Together,* der damals auch der Slogan einer Zigarettenfirma war. Meine persönliche Bedeutung für den Piraten-Style hatte ich schon erwähnt, und abgesehen davon, dass ich oft Besucherin der Hamburger Disco *Madhouse* war, empfand ich diese Zeit tatsächlich als ziemlich verrückt. Dieses Zeitgefühl drückte ich in dem Song *Living In A Madhouse* aus, und dafür brauchten wir wirklich keine Sponsoren. Wir hatten bei unserem Videodreh ein paar Bildschirme eines deutschen Herstellers aufgebaut, die wir danach für uns privat zu einem günstigen Preis erstanden. Und das war's schon mit dem Productplacement. Verglichen mit heutigen Verhältnissen ein Klacks.

Carsten hatte in den Interviews angekündigt, dass wir im Sommer, spätestens im Herbst, auf Tour gehen würden. Darauf freute ich mich, aber es tat sich in dieser Hinsicht erstmal nichts. Jean-Jacques hielt sich bedeckt, seine Verpflichtungen bei Peter Maffay hatten Vorrang. Als er und seine Band im Juni 1990 im Rostocker *Ostseestadion* auftraten, nahm ich die Gelegenheit wahr und fuhr mit Niko und meinem Vater, der gerade mal wieder in Hamburg zu Besuch war, dorthin. Mein 78 Jahre alter Vater freute sich über jede Abwechselung, hatte aber keine Ahnung davon, was ihn erwartete. Schon die Aussicht auf das nachwende-zeitliche Rostock war aufregend, die Anfahrt zum Stadion hingegen abenteuerlich. Weil wir zeitlich spät dran waren, wandten wir uns kurzerhand an zwei Verkehrspolizisten, erklärten, dass wir schnellstens zum Auftritt ins Stadion müssten, und wurden, von den beiden Polizisten vorweg, zum Stadion "eskortiert". Dort empfing uns Fritz Rau und begleitete uns zur Bühne. Er nahm den Arm meines Vaters, hakte ihn bei sich ein, sagte: "So, Käpt'n, jetzt geht's auf die Brücke!", und führte ihn auf einen Platz am Bühnenrand. Mein Vater war total überrascht und überwältigt von der riesigen Menschenmenge und der Größe der Bühne. Die Show war schon im Gange, die Musiker spielten, das Bühnenlicht richtete sich auf den Frontmann. Mein Vater fragte erstaunt: "Wer ist denn der kleine Mann da am Mikrofon?" Ich antwortete: "Der kleine Mann da ist der große Peter Maffay. Er hat vorgestern im Leipziger Zentralstadion vor 68 000 Menschen gesungen." Als mich Peter Maffay dann ankündigte und mit mir *Now And Forever (Tiefer)* sang, war er platt. Nach dem Auftritt strahlte er mich an und sagte: "Na, jetzt bist du in deinem Element!"

Die Megashow *The Wall* am 21. Juli 1990 am Potsdamer Platz in Berlin verhalf *Frumpy* zu einem ersten Live-Auftritt, für den wir Carlos Alomar, Reggie und unsere Chorladies in den Proberaum holten, um uns für einen Auftritt bei der "größten Rockparty der Welt" fit zu machen. Roger Waters, der Ex-*Pink-Floyd*-Chef, war nicht kleinlich und hatte auf dem ehemaligen Todesstreifen eine 170

Meter lange und 25 Meter hohe Mauer aus Styropor errichten lassen, die vor mehr als 200 000 Zuschauern aus aller Welt um kurz vor Mitternacht einstürzen sollte. Zusammen mit den US-Gruppen *The Hooters* und *The Band* lieferte *Frumpy* ein solides Vorprogramm. Aber nicht nur die hohe abendliche Temperatur von dreißig Grad brachte uns ins Schwitzen. Die Technikgigantomanie zerstörte mit kreischenden Rückkopplungen und miesem Sound unseren Auftritt und später teilweise auch die Auftritte anderer Superstars wie Bryan Adams, Joni Mitchell und Van Morrison. Dennoch wurde die zweistündige *Wall*-Show mit einem grandiosen Orchester und den Weltstars vom Publikum gefeiert und von sechzig Fernsehstationen in die Welt gesendet. Die Einnahmen des Spektakels kamen der Katastrophenhilfe *World War Memorial Fund for Disaster Relief* zugute. Für *Frumpy* blieb es zunächst bei diesem einmaligen (und teuren) Auftritt, und jeder von uns ging erstmal seiner eigenen sommerlichen Wege.

Ende Juli fuhr ich wieder mit meinem “Kübel” nach Sylt. Ich war froh, dem heißen Hamburg zu entkommen, und saß mit einem kühlen Bier und meinem Akkordeon bis nach Mitternacht vor dem kleinen Häuschen am Ellenbogen. Als ich mein Spiel beendete, hörte ich aus der Ferne Musik. Es war Vollmond, ich war noch nicht müde, und so ging ich die paar hundert Meter bis zur *Bambus Bar,* in der eine Band auftrat und eine Party stattfand. Ich zahlte zehn Mark Eintritt, kaufte mir ein Glas Sekt und beobachtete eine Weile das Geschehen. Plötzlich standen zwei Typen neben mir. Der eine zeigte auf den anderen und sagte: “Das ist Klaus, er möchte dich gern kennenlernen.” Ich sah Klaus an: ein großer Kerl in zerrissener Jeans und offener Lederjacke über gebräuntem nacktem Oberkörper. Halbglatze, sonnengebleichtes blondes, schulterlanges Haar. Aus einem etwas verknitterten Gesicht lächelte er mich verschmitzt an. “Ich finde, du siehst interessant aus. Darf ich dich zu einem Glas Sekt einladen?” Ich dachte: Na, der sieht ja aus wie ein Herumtreiber, aber okay. Was soll ich sagen? Wir tanzten, bis es hell wurde und die Party sich auflöste. Wir kamen nicht mehr voneinander los. Um fünf Uhr morgens machten wir einen Strandspaziergang, alberten herum, stolperten in die Dünen, und um acht Uhr liefen wir nackt ins Meer und kühlten unsere Köpfe. Zum Frühstück fuhren wir in die *Kupferkanne* nach Kampen, hatten aber überhaupt keinen Appetit. Die Butter zerlief in der Sonne, die Brötchen wurden trocken, wir sahen uns nur immer wieder staunend an: Was passierte hier gerade? Er trug einen Ehering, also war er schon vergeben. Für mich war es ein No-Go, ein Tabubruch, mit einem verheirateten Mann etwas anzufangen. Doch er hatte mir versichert, er führe eine offene Beziehung mit seiner Ehefrau. An so etwas glaubte ich zwar nicht, aber ich dachte: Nun ja, eine kleine Urlaubsaffäre ist wohl halb so wild. So leicht und unbekümmert waren diese vier Tage, in denen wir uns keine Minute voneinander trennten. Umso schwerer fiel uns der Abschied voneinander – eine Szene wie aus dem Finale eines Liebesfilms! Wir fühlten Schmerz und Glück zugleich. Zwar tauschten wir unsere Telefonnummern und Adressen aus, aber die bange Frage nach einem Wiedersehen wollte keiner von uns beantworten.

Seit ungefähr fünf Jahren hatte ich nahezu zölibatär gelebt, und irgendwie passten die Vorzeichen zusammen: In den Jazz-Balladen mit dem Radio-Symphonieorchester besang ich aus tiefstem Herzen meine Sehnsucht nach *The Man I Love* ("Someday he'll come along, ... And he'll be big and strong"). Ich schwebte wie auf einer Wolke und dachte: Mannomann, das kann doch nicht wahr sein, erstmal abwarten, vielleicht nur ein Strohfeuer, ein Urlaubsflirt, der schnell verfliegt. Aus den Augen aus dem Sinn. Aber als ich wieder in Hamburg war, ging es mir richtig schlecht. Ich hatte keinen Appetit, dachte nur noch an ihn und war vollkommen durch den Wind. Ihm erging es genauso. Es funkte so gewaltig zwischen uns, dass wir es ohne einander nicht mehr aushielten. Es folgten verzweifelte Telefonate, und er besuchte mich an den folgenden Wochenenden in Hamburg. Ich zeigte ihm meine Lieblingsplätze, und unsere Verliebtheit umhüllte uns wie ein warmer Mantel. Das blieb Gundula, seiner Frau, natürlich nicht verborgen, und eines Tages standen beide vor meiner Haustür, nachdem ich am Telefon ihrem gemeinsamen Kommen zugestimmt hatte. Sie war eine junge, intelligente und attraktive Frau, gleichzeitig verwirrt und traurig. Trotz der Verzweiflung waren wir uns gleich sympathisch und spielten mit offenen Karten. Wir redeten stundenlang über das, was wir uns wünschten, über Metaphysik, Geist und Körper, und einigten uns darauf, dass Liebe ohne Wahrheit nicht geht. "Warum das alles?" Diese Frage deckte viele unausgesprochene Gefühle auf und ließ Abgründe sichtbar werden. "Er soll so lange bei dir bleiben, bis er weiß, wo er hingehört", war ihre unglaubliche Antwort. Wir mussten alle zur Ruhe kommen, das war erst einmal das Wichtigste. Und so fuhren sie nach diesem gewaltigen, seelischen Kraftakt zurück nach Hause.

Klaus war ein Bochumer, ein Blumenhändler im Ruhrgebiet, und ihr gemeinsamer sechsjähriger Sohn Tino wurde gerade eingeschult. Jeder hatte nun mit sich zu tun, doch als ich im September nach einer Kanadareise vom Besuch meiner Schwester zurückkehrte, war klar, dass wir uns liebten. Dennoch blieb es ein Durcheinander der Gefühle, und dass Gundula meine Parfumflasche in seiner Tasche entdeckte, brachte das Fass zum Überlaufen. Ich hatte ihn davor gewarnt, meinen Duft in ihr "Revier" zu tragen. Es verletzte sie so sehr, dass sie ihm verbot, mich wiederzusehen, oder sie würde ihn verlassen. Da ich die beiden nicht auseinanderbringen wollte, rief ich nicht mehr bei ihm an. Aber meine Sehnsucht nach ihm war riesengroß. Alle waren unglücklich, und als sie seine Unruhe nicht mehr ertragen konnte, schickte sie ihn wieder zu mir. Schließlich lernte ich auch seinen kleinen Sohn kennen, den ich sofort in mein Herz schloss und mit dem ich mich bis zum heutigen Tag freundschaftlich verbunden fühle. Als der kleine Kerl damals mein Schlagzeug im Studio sah und mich aufgeregt fragte, ob er mal spielen dürfe, war ich froh, dass direkt eine Verbindung zwischen uns entstand. Bald kam auch Gundula mit einer Freundin zu Besuch. Wir Frauen waren neugierig aufeinander und hatten uns eine Menge zu erzählen. Irgendwie schafften wir es mit der Zeit, die Situation so erträglich wie möglich für alle Beteiligten zu gestalten, und merkwürdigerweise wurden Gundula und ich Freundinnen, wenn auch mit einem bitter-süßen Geschmack. Ich war voller Dankbarkeit für diesen Mann und auch für diese neue Patchworkfamilie, und ernannte Klaus zu meinem persönlichen Nikolaus – Santa

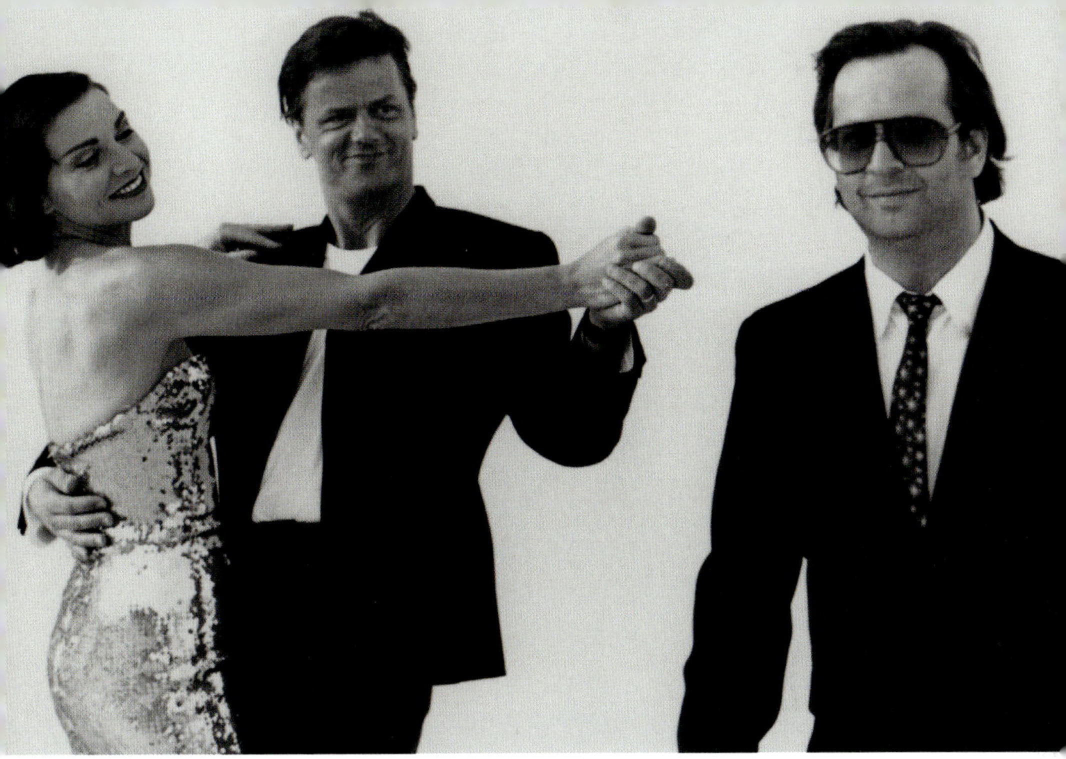

1990. *Frumpy* auf Hochglanz poliert. Ich, Carsten, Jean-Jacques.

1991. *Imagine* singe ich hier mit Akkordeonbegleitung.

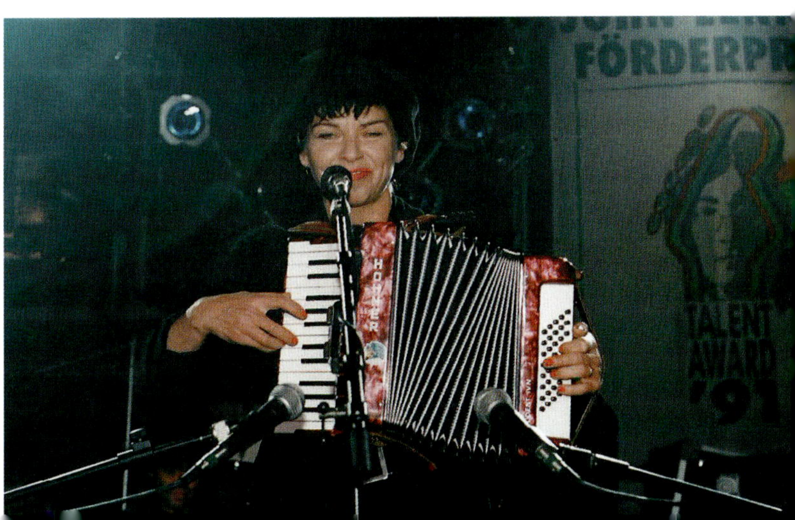

Klaus wäre wohl ein bisschen zu viel des Guten gewesen. Doch ohne, dass er bewusst dazu beitrug, wurde er meine Muse, und viele Stücke entstanden aus dem Gefühl der großen Liebe zu ihm heraus. Trotz aller Widrigkeiten waren wir ein glückliches Paar.

Frumpy NOW! wollte nicht abheben. Alle hatten sich angestrengt, das Ding zum Laufen zu bringen, die Verkaufszahlen lagen bei etwa 60 000 Exemplaren und kamen nicht weit über die Verkäufe der *Frumpy 2*-LP von 1971 hinaus. Immerhin ein Achtungserfolg. Wir waren zwar kurz in den Charts, hatten aber bei dem riesigen Promotionaufwand viel mehr erwartet. Sogar ein aufwändiges Video für MTV hatten wir produziert. Doch viel Werbung muss nicht unbedingt viele Platten verkaufen. Es kam die Frage auf, wie viele *Frumpy*-Fans es überhaupt noch gab und ob sie vielleicht zu unserem Comeback eine andere Musik erwartet hatten. In den 1970er-Jahren waren wir unangepasst gewesen, hatten überraschende Arrangements kreiert und waren so zu einer Kultband geworden. Nun waren unsere Stücke kürzer, durchkomponiert und unser Style wurde auf Hochglanz getrimmt. Die optische Wandlung wurde besonders deutlich, als wir im August 1990 in Paris neue Fotos für die europaweite Werbung machen ließen. Wir hatten unsere Kleidergrößen an den dortigen Stylisten durchgegeben, der für uns edle Klamotten für das Fotoshooting besorgt hatte. Carsten und Jean-Jacques bekamen weiße Hemden und schwarze Anzüge und ich trug verschiedene lange Abendkleider der besten französischen Designer. Der Friseur stylte unsere Haare, und plötzlich sah ich aus wie eine Filmdiva der 1940er-Jahre, die mit ihren beiden Galanen schäkerte. Dann wurde bei den Partnern der Plattenfirma diskutiert, dass wir für den europäischen Markt einen unaussprechlichen Bandnamen hätten. Jean-Jacques hatte es schon in einem Interview angedeutet: "Wir könnten eigentlich auch anders heißen. Wir sind zwar dieselben Leute, machen aber vollkommen andere Musik." Es kamen Überlegungen auf, den Bandnamen *Frumpy* in *One World* oder *U'n'I* umzubenennen, aber zunächst blieb alles unverändert. Carsten beharrte darauf, endlich live zu spielen, um zu beweisen, dass es noch genügend *Frumpy*-Fans gab. Aber wir konnten ja nicht so einfach loslegen wie früher. Es war alles komplizierter geworden, die Plattenfirma wollte den Tour Support nur vorsichtig einsetzen und erst abwarten, wie sich die Umsätze des neuen Albums entwickelten.

Zu Hause spielte ich viel Klavier und schrieb, inspiriert durch meine Lovestory, einen Song nach dem anderen. Niko freute sich über mein Glück, konnte aber auch ein Quälgeist sein. Die beiden Männer an meiner Seite waren zwei ganz unterschiedliche Typen. Sie hielten einander zwar anfangs aus, wurden jedoch keine Freunde. Nach einigen Sticheleien machten sie einen großen Bogen umeinander. Auf meinem Tisch stapelten sich die Textentwürfe; die ersten Gedanken, die ersten spontanen Zeilen waren immer die besten. Keine Kopfgeburten, nur tief empfundene, gelebte Geschichten, die sich nach und nach in Reime verwandelten.

Nikolaus hatte inzwischen die eheliche Wohnung verlassen. Der Wohnbereich seines Blumenladens wurde renoviert, und er zog dort ein. Zwischen seiner Frau und ihm herrschte natürlich nicht eitel Sonnenschein, und hin und wieder flogen die Fetzen. Aber ich hatte ihn beschworen, sich um seine Familie, vor allem um seinen kleinen Sohn zu kümmern. Sonst wäre unsere Liebe fatal und wir würden alle todunglücklich. Er war ein starker Mann, doch der Zwiespalt zwischen Gefühl und Vernunft führte ihn nervlich und körperlich bisweilen an seine Grenzen. Fast jedes Wochenende kam er mit seinem schnellen BMW und den schönsten Blumensträußen nach Hamburg. Dann fuhren wir mit meinem "Kübel" an die urigsten Plätze der Stadt und Umgebung, machten lange Spaziergänge, und abends zeigte ich ihm, dass ich nicht nur gut singen, sondern auch gut kochen konnte. Am Anfang wusste er übrigens gar nichts mit meinem Namen anzufangen, aber er war ein Fan von Udo Lindenberg. Als er mich dort auf einigen Scheiben wiederfand, war er überrascht und auch beeindruckt. Nun spielte ich ihm unsere neuen Demos vor. Mit geschlossenen Augen lag er auf der Couch und hörte zu: "Das gefällt mir." Oder: "Das passt nicht zu dir." Da er überhaupt nichts mit der Musikbranche zu tun hatte, war es interessant zu erfahren, was er als Konsument zu meiner Musik sagte.

Durch seinen Beruf als Blumenhändler war er es gewohnt, um fünf Uhr morgens aufzustehen und entsprechend früh schlafen zu gehen. Diese Zeiten waren für mich als Nachteule undenkbar, aber wir passten uns im Laufe unseres Beisammenseins an. Wenn er frühstückte, konnte ich mich noch einmal im Bett umdrehen und weiter von ihm träumen. Eines Vormittags weckte er mich vorsichtig auf, als er von einem morgendlichen Einkauf zurückkam. In seiner Hand hielt er einen kleinen verschnürten Lederbeutel. Als ich ihn öffnete, sah ich einen goldenen Ring mit einem blitzenden Diamanten. “Ich möchte dich heiraten”, sagte Nikolaus. Ich steckte ihn über meinen linken Ringfinger. Er passte perfekt. Ich war glücklich, aber auch erschrocken. “Den nehme ich gern an, aber wir können nicht heiraten. Vielleicht, wenn dein Sohn 16 Jahre alt ist.”

Und so musste es erstmal weitergehen, eine Wochenendliebe und Fernbeziehung. Es würde sich herausstellen, ob es sich wirklich um eine große Liebe handelte. Die Menschen in meinem Umfeld mochten Nikolaus‘ unbefangene, natürliche Art. Er verhielt sich still, aber aufmerksam im Hintergrund und dachte sich seinen Teil. Manchmal unfreiwillig komisch, versetzte er mit seinem trockenen Ruhrpott-Humor alle in eine heitere Stimmung, und mich ganz besonders. Ich bin ja auch kein Kind von Traurigkeit, aber eher etwas hanseatisch zugeknöpft. Daher tat es mir gut, mich vor Lachen mal so richtig auszuschütten. Und es war dringend notwendig, neben den Alphamännern einen Fels in der Brandung zu haben. Denn bei den Vorbereitungen des zweiten *Frumpy*-Albums kriselte es zwischen Niko (Sternzeichen Löwe) und Carsten (ebenfalls Löwe). Mir (als Löwin) waren diese schiefen Blicke und unterdrückte Gereiztheit schon aus alten Zeiten bekannt und ich hatte das Gefühl, Niko würde zum Sündenbock für das unbefriedigende Ergebnis unserer ersten Produktion gemacht und dafür gerügt, dass er die Schwachpunkte herausfand und benannte. Jean-Jacques (Zwilling) hatte private Probleme und schaute verstimmt und schweigend drein. Die euphorische Aufbruchstimmung des ersten Albums war verflogen. Trotzdem sammelten wir weiter Ideen für die zweite Produktion und nahmen uns unsere “Unvollendeten” so lange vor, bis wir meinten, eine runde Sache geschaffen zu haben. Ganz ohne Computer sollten die Stücke diesmal rauer und souliger klingen.

Mitte April 1991 fuhren wir nach Tutzing in Peter Maffays neues *Red Rooster Studio*, das er mit viel Verstand und Liebe in der traumhaften Voralpen-Landschaft, unweit des Starnberger Sees, hatte erbauen lassen. Die Aufenthaltsräume und Apartments für seine Gäste waren einfach, aber geschmackvoll eingerichtet und die Technik des Studios ließ keine Wünsche offen. Hier nahmen wir in drei Wochen die Basic Tracks auf. Ronald Prent saß wieder an den Reglern. Den Bass spielte der aus London stammende, wunderbare Ken Taylor, der gerade mit Peter Maffay im Studio war und gut gelaunt und geduldig unsere Höhen und Tiefen ertrug. Für die Gitarren-Basics holten wir unseren alten Freund aus *Atlantis*-Zeiten dazu, Frank Diez, der mich wie schon damals mit seinem Witz und seiner Verve erfreute und mit dem ich so manche Bratheringsschorle als Katerfrühstück geschlürft hatte. Der Gitarrist Carl Carlton aus Peter Maffays Produzententeam schaute vorbei und spielte zu einigen Songs seine rockige Gitarre. Auch der Chef selbst kam oft aus seinem Büro herunter und saß mit uns zusammen, hörte zu, was wir da gerade aufgenommen hatten, und man sah es ihm an: Er lauerte auf seinen Einsatz. Als bei unserem Sylt-Song *Love Is Gold* eine gewisse Lagerfeuerstimmung entstand, war der passende Moment gekommen. Peter nahm seine Gitarre und spielte nicht nur souverän mit, er übernahm auch kurz die Leitung – der geborene Bandleader! Ich habe großen Respekt vor seinem langen Karriereweg und weiß seine herzliche Gastfreundschaft und starke, charismatische Persönlichkeit zu schätzen.

In jenen Wochen bekamen wir einige Male Besuch von unseren Liebsten. Dann lockerte sich die angespannte Atmosphäre im Studio etwas auf, die Sonnenbrillen, die wir alle Tag und Nacht trugen, wurden beiseitegelegt und die Diskussionen um die richtige Spielweise der Songs hörten vorübergehend auf. Einen besonderen Besuch stattete uns die Hamburger Starfotografin *GABO* ab, eine Freundin von Niko, die ihn anrief und fragte, ob es uns recht wäre, wenn sie mal eben mit Boris Becker vorbeikäme. Sie hatte mit ihm in München Fotos gemacht, und so stand plötzlich der Tennisstar, etwas schüchtern, mitten bei uns im Aufnahmeraum. Wir führten ihn herum und fragten ihn, welches Instrument er als Sportprofi wohl spielen würde. Er zeigte auf Carstens Schlagzeug. Der gab ihm zwei Trommelstöcke. "Mal sehen, ob du das Schlagzeug genauso gut triffst wie den Ball." Und schon groovte Boris Becker sich ein. Der Tennis-Weltstar hatte einen ganz schönen Wumms! Nach einer Weile spielte Ken Taylor ein paar Töne, Jean-Jacques und Frank Diez stimmten mit ein, und ich ging ans Mikrofon und improvisierte dazu. Es dauerte keine Minute, dann war Boris schon im Groove, rutschte nur einmal ganz kurz aus dem Takt, als er einen Trommelwirbel versuchte, fing sich aber sofort wieder und hielt den Rhythmus bis zum Ende. So entstand der *Bum-Bum-Becker-Blues,* eine lustige sechsminütige Session. Wir machten noch schnell Fotos miteinander, und als Ronald Prent ihm zur Erinnerung eine Kassette mit dem Lied in die Hand drückte, strahlte Boris übers ganze Gesicht.

Im Hamburger *Loft Studio* ging es mit den Gesangsaufnahmen weiter. Ein Freund von Carsten, der Produzent und Musiker Joey Balin, checkte unsere englischen Texte und blieb mit Niko im Regieraum, um meine Aussprache und Phrasierung zu kontrollieren. Nach einigen Textverbesserungen war alles okay, meine Aussprache perfekt und wir kamen gut voran. Ich hatte mir jegliche Diskussionen und Störungen während meiner Aufnahmen verboten. Wenn doch jemand in den Regieraum platzte, Zeitung las, gähnte, klapperte oder sonstige Unruhe verbreitete, baten wir ihn freundlich, aber bestimmt, zu gehen. Genauso flott verliefen die Synchronisationen mit unseren Chorladies Victoria Miles, Jacquie Virgil und Jocelyn B. Smith. Im Studio *Chateau Du Pape* ging es weiter mit den Gitarren von Wesley Plass, Andreas Becker und Nils Tuxen, den holländischen Bläsern *The Stylus Horns,* der Percussion von Eddie Conard und dem Akkordeon von Detlef Petersen auf *It's Like Driving.* Jean-Jacques hatte diese hervorragenden Musiker mitgebracht, sie hatten gerade bei Maffay das Album *38317 (Liebe)* eingespielt. Die geniale Harmonica auf *When The Night Comes* stammte von Henry Heggen, und Dick Bird spielte eine coole Bottleneck-Gitarre auf

Love Is Gold. Pascal Kravetz war auf dem Track *Everyday Song* natürlich auch mit dabei. Dessen Vater hatte sich wieder gefangen, war mit seinen Keyboards aus Tutzing nicht mehr zufrieden und spielte noch einmal fast alles neu ein.

Das war eine schwere Geburt! Ich war froh, nach dieser langen, anstrengenden Zeit endlich wieder aus dem Studio zu kommen. Nach dem technischen Grau in Grau kam mir das Leben draußen im Sommerlicht bunter und fröhlicher denn je vor. Ich genoss den frischen Wind an der Elbe und die knalligen Farben der wehenden Fahnen. Alles bewegte sich wieder, die Welt war im Fluss. Mein Kopf war wieder frei und verlangte nach neuen Aufgaben. Das Album *NEWS*, im Stil erdiger und bluesiger als *NOW!*, war fertig gemischt, die Single *When The Night Comes* im Juli 1991 an die Sender verschickt worden, ich produzierte in meinem kleinen Studio jede Menge Funkspots für die örtlichen Plattenhändler und wir drei gingen wieder auf Promotiontour durch die Radio- und Fernsehstationen. Same procedure as last year.

Mit der Albumveröffentlichung stand fest, dass wir auf jeden Fall noch im Herbst 1991 auf Tour gehen wollten. Wir beauftragten die angesehene Hamburger Agentur *ass*, die Situation dahingehend zu sondieren, ob Konzerte im November machbar waren, und sie bot uns neun Clubauftritte an. Jean-Jacques fertigte eine umfangreiche, detaillierte Tourkalkulation samt Videoproduktion und Ü-Wagen an und faxte sie an uns und die *Phonogram*. Nicht nur ich erlitt einen Ohnmachtsanfall. Unsere Plattenfirma lehnte eine Übernahme der Kosten im Hinblick auf Konzertumfang, Hallengrößen und Unkalkulierbarkeit der Einnahmen schlichtweg ab. Sein Wunsch stand in keiner Relation zur Wirklichkeit. Bei seinem Kostenvoranschlag hatte er wohl den Maffay-Standard im Kopf gehabt. Das Musiker- und Technikeraufgebot wurde zusammengestrichen. Mit Ken Taylor am Bass, Wesley Plass an der Gitarre, Bobby Stern aus New York am Saxophon, dem holländischen Percussionisten Nippy Noya und Sängerin Jacquie Virgil gingen wir schließlich im November 1991 auf eine viertägige "Tournee". Die Clubs *Jovel* in Münster, das *E-Werk* in Köln, die *Große Freiheit* in Hamburg und ein kleiner Gig in

Winterberg hatten gerade die richtige Größe für unsere Zuschauer, und so kamen wir mit einem blauen Auge davon.

Da für mich das Livespielen schon immer an erster Stelle stand und nach wie vor steht, konnten wir uns auf diese Weise eigentlich auch immer am besten mit *Frumpy* präsentieren. Aber dass wir für diese vier Konzerte sieben Tage proben mussten, und das nach einem gerade eingespielten Album, wollte nicht in meinen Kopf. Ich war geschockt von dem hohen finanziellen Aufwand und den wenig flexiblen Perspektiven der Band. Nach der zweifellos erfolgreichen kleinen Testtour war uns klar, dass wir Ballast abwerfen mussten, wenn wir den *Frumpy*-Kahn weiter im Fahrwasser halten wollten. Es hätte sich gelohnt, denn es gab noch die Option auf eine dritte LP. Also schlug ich vor, es doch noch einmal mit unseren Kollegen aus den 1970ern zu versuchen. Karl-Heinz Schott war gerade aus dem Gefängnis gekommen und hatte dort, notgedrungen, einen Entzug gemacht. Er hatte sein Drogenproblem einigermaßen im Griff und war fit am Bass, aber Rainer Baumann sagte nach ein paar Probetagen im Frühjahr 1993 ab. Da saßen wir nun, wie ganz am Anfang. Wir jammten – aber es kam nicht viel dabei heraus. Um zumindest irgendetwas Passables auf Band zu bekommen, vertonten wir im *Studio Maschen* bei Hamburg mit Frank Diez einige meiner älteren Stücke. Aber die kreative Spannung fehlte, um zu unserem früheren musikalischen Format aufzulaufen. Nur bei wenigen Stücken gelang es uns, eine besondere Atmosphäre einzufangen. Die Aufnahmen blieben bis heute unveröffentlicht. Nikos Dienste als PR-Berater waren nicht mehr erwünscht, ihm wurde gekündigt. Sein strategisches Veröffentlichungskonzept für unsere Alben *NOW!* und *NEWS* sowie den optionalen *NEXT* und *LIVE* mit entsprechenden Marketingmaßnahmen konnte oder wollte keiner nachvollziehen. In unserer Viererbande brodelte es. Faxe flogen hin und her, alle waren genervt, und ich stand zwischen den Fronten. Diese Zeit möchte ich nicht noch einmal erleben und verschone Sie mit Einzelheiten.

Schließlich fanden wir endlich einen Kompromiss. Die ursprüngliche GEMA-Regelung, die Konflikte vermeiden sollte, war jedoch aufgehoben. Ich erwähnte ja bereits kurz die Sternzeichen unserer

Viererbande. Man mag an die Tierkreiszeichen glauben oder nicht, ich denke, dass zumindest die Jahreszeit, in der man geboren wird, die Wesenszüge eines Menschen beeinflusst. Jedenfalls fochten die beiden Löwe-Männer Carsten und Niko heftige Revierkämpfe aus. Ich, als weiblicher Löwe, kann fremde, zu große Dominanz nicht ertragen und "jage" gern für mich selbst. Mit Jean-Jacques als Zwilling, der zwar ab und zu mal seine Fahne nach dem Wind drehte, kam ich, jedenfalls musikalisch, am besten zurecht. Von Andreas Linke, damals Redakteur bei der Recklinghäuser Zeitung, wurden wir "musikalische Zwillinge" genannt. Uns setzte der Bruch wohl am meisten zu.

Unser Schirmherr Louis Spillmann trennte sich 1993 von der *Phonogram*, machte sich selbstständig und entließ uns aus dem Vertrag. Jean-Jacques spielte und komponierte weiter für Peter Maffay und später auch wieder für Udo Lindenberg. Carsten gründete sein Label *Big Note Records*, wurde Produzent und Studiomanager im *Chateau Du Pape*, komponierte unter anderem für viele Film- und Hörspielprojekte und ließ seine Gruppe *Bandstand* wiederauferstehen. Niko wurde Creative Consultant bei verschiedenen Firmen und ein paar Jahre später Art Director bei der Hamburger Plattenfirma *Edel Records*.

Den Titel *One World*, den Niko und ich 1988 von den Bahamas mitgebracht hatten, sang ich 1993 in der Vorweihnachtszeit zusammen mit der Deutsch-Mexikanerin Olivia Molina und einem Kinderchor in der damaligen ZDF-Fernsehshow *Musik liegt in der Luft*, die Dieter Thomas Heck moderierte. Das Lied erschien auf der CD *Lieder für die Eine Welt*, auf der auch Udo Jürgens und Nicole vertreten sind. Initiator war der Bundesminister für wirtschaftliche Zusammenarbeit und Entwicklung, Carl-Dieter Spranger. Bei den Olympischen Winterspielen im Februar 1994 in Lillehammer lief *One World* zwei Wochen lang als Mottosong. Keiner von der Plattenfirma hatte es bemerkt, und als ich sie darauf aufmerksam machte, interessierte es niemanden. Im Juli 1994 gab *Frumpy* noch eine letzte siebentägige Tournee mit Karl-Heinz Schott, Frank Diez und Pascal Kravetz. Das Konzert in der Hamburger *Fabrik* wurde vom NDR mitgeschnitten. Carsten machte mit der Hannoveraner Firma *SPV* einen Deal: Das Label brachte 1995 die Platte *Live Ninetyfive* heraus. Ich aber sah keine Zukunft mehr für *Frumpy* und sagte alle weiteren Aktivitäten ab. *All Will Be Changed* war 1970 der Name unseres ersten Albums gewesen, und in der Tat: Alles hatte sich verändert.

Station 8

Body And Soul

1991–1995

Hamburg – Tor zur Welt, Musikerpool und Szene-Biotop.
"Mit Pastor im Bett".
Kreuzfahrten.

Die Exklusivität unseres Künstlervertrags bezog sich lediglich auf *Frumpy*, daher waren wir unabhängig und jeder konnte seinen eigenen Projekten nachgehen. Jean-Jacques feierte als Keyboarder und Komponist bei Maffay seine Erfolge, der mit Stadientourneen und Platinalben ein Riesenrad drehte, und konnte sich kreativ austoben. Ich vermisste die Bühne und das Singen sehr. Deshalb freute ich mich über die Anfrage des Drummers Christian von Richthofen, der zusammen mit dem Pianisten Nils Gessinger im plüschigen Hamburger *Schmidt Theater* auf der Reeperbahn eine Bühnenshow für 1991 vorbereitete, in der ich zusammen mit Lilo Wanders ein Duett und obendrein noch den *Stones*-Song *Satisfaction* singen sollte. Mit dem Schwaben Gessinger zu arbeiten, bereitete mir großen Spaß. Er ist ein hochtalentierter, gut organisierter Jazz- und Soul-Pianist, der an der Hamburger Musikhochschule seinen Abschluss machte, eigene Bands und Alben produzierte und in vielen Formationen ein begehrtes Mitglied war. Weil wir auf einer Wellenlinie lagen, wollten wir einen größeren Auftritt zum zwanzigsten Jubiläum der *Fabrik* wagen. Im Juni 1991 probte ich mit seinem Trio einige Billie-Holiday-Songs, Gershwin- und andere Jazz-Standards. An einem Nachmittag elf Titel in vier Stunden. Zwei Tage später standen wir auf der Bühne, was wir unserer guten Vorbereitung zu verdanken hatten.

Es war ein musikalischer Ausflug in die Jazzstilistik, der nicht ganz folgenlos bleiben sollte. Und es tat mir gut, wieder live und mit diesen ausgeschlafenen, jungen Typen zu performen. Ganz unkompliziert, mit kleiner Anlage und übersichtlichem Drumkit. *Travelling Light* – so hieß einer der Songs, so fühlte ich mich und so klang das Ganze dann auch – kam beim Publikum in der ausverkauften *Fabrik* sehr gut an. Die wunderschönen Jazz-Balladen der 1930er- und 1940er-Jahre hatte – noch oder nicht mehr – keiner so richtig auf dem Schirm, als ich mit Gessinger und seinem Trio damit auftrat. Das Publikum fand, nach anfänglichem Zögern, jedoch Gefallen an der harmonischen Musik.

Zum Tag der Deutschen Einheit am 3. Oktober 1991 sang ich dann, mit Nils am Piano, vor etlichen tausend Feiernden auf dem Hamburger Rathausmarkt meine Ballade *Love is Gold.* Auch der Pastor Reinhard Petrick war unter den Zuschauern, hatte das Lied gehört und fragte mich, ob ich es noch einmal bei seinem Heiligabend-Gottesdienst in der Hamburger Hauptkirche St. Jacobi singen würde. Seiner Einladung folgte ich nur zu gern, denn ich hatte schon längst ein Auge auf kirchliche Räumlichkeiten geworfen. Mein Wunsch, die Akustik in Gotteshäusern auszuprobieren, wurde endlich erfüllt; wenn auch erstmal nur halb, denn St. Jacobi wurde gerade renoviert, das Hauptschiff war eine Baustelle und mit Planen abgehängt. Der Gottesdienst musste notgedrungen in einem Seitenflügel stattfinden. Die Probe am 23. Dezember mit Nils Gessinger am Piano und dem Kantor Rudolf Kelber an der Orgel sendete der NDR live in seinem *Abendjournal.* An Heiligabend, nachts um 23 Uhr, platzte das Kirchenschiff aus allen Nähten, dicht an dicht drängten sich Gläubige und Neugierige. Pastor Petrick baute seine Predigt um das Lied *Love Is Gold.* Ich war sehr berührt, als er seine Botschaft mit erhobener Stimme von der Kanzel rief: "Vertraut auf die Macht der Liebe! Und hört auf die Stimme unserer Sängerin!" Ohne Mikrofon, nur begleitet von Piano und Orgel, sang ich das Stück und interpretierte anschließend Spirituals und Gospels. Zum Abschluss – als Tribut an die Sängerin Mahalia Jackson – folgte das Weihnachtslied *Silent Night,* das derart mitreißend gewesen sein muss, dass sich ein Fan den Zuruf "Zugabe!" nicht verkneifen konnte. Nach einer Schrecksekunde bei den 350 Kirchgängern reagierte Pastor Petrick gelassen: "Weihnachten ist das Fest der Freude. Sie dürfen auch ruhig klatschen!" Da brandete erleichtert Beifall auf – hatte es so etwas in einer deutschen Kirche schon mal gegeben? Die *Hamburger Morgenpost* titelte: "Ungewöhnlich laute ‚Stille Nacht'." Dieser Auftritt war der Beginn von vielen Konzerten in Kirchen – und von denen gab es eine Menge in Deutschland. Ich wurde wieder zum "City Preacher", setzte meine Hoffnung aber immer noch auf *Frumpy,* und wollte auch gern als "Aushängeschild" für die Band Promotion machen und die Songs von *NOW!* und *NEWS* interpretieren.

Gleichzeitig blieb ich musikalisch offen, Vielfalt war nun mein Motto. Ich war heiß auf musikalische Beute. Es gab so viele junge Talente und einen riesigen Musikerpool in Hamburg, der mich in meiner Leidenschaft für Soul, Blues und Gospel unterstützte und beflügelte. Diese neue Generation von Musikern hatte viel mehr drauf als wir 68er. Wir hatten damals noch mit gesellschaftlichen Widerständen zu tun, mussten uns unsere Musik erkämpfen. Aber die Akzeptanz, vor allem für Rock- und Popmusiker, hatte sich vergrößert. Die neue Generation konnte darauf aufbauen, was wir erarbeitet hatten. Viele von ihnen absolvierten dazu ein Musikstudium. Es gab inzwischen Popmusikkurse an Musikschulen und auch viele Spielmöglichkeiten für Nachwuchskünstler. Nach Hamburg kamen die jungen Kollegen besonders gern, denn die Hafenstadt, das "Tor zur Welt", vertiefte nicht nur die Elbfahrrinne für große Pötte, sondern festigte auch ihren Status als Musikstadt. In Musicals, die wie Pilze aus dem Boden schossen, konnten die jungen Künstler erst einmal unterkommen und beweisen, dass sie Stehvermögen besaßen. Eine Band zu gründen, um damit Geld zu verdienen, war hingegen arbeitsintensiv und riskant. Darum stand mir eine große Auswahl an talentierten Musikern für meine Live-Auftritte zur Verfügung.

Ich fand großes Vergnügen darin, mich wieder selbst zu managen. Das war zwar eine andere Disziplin als Singen, bereitete mir aber ebenfalls viel Spaß. Allerlei interessante Anfragen landeten auf meinem Schreibtisch: In der *Sesamstraße* lieh ich meine Stimme "Miss Malva" und "Mona", dem Ball. Beim *John Lennon Talent* Award in

Kiel sang ich *Imagine* und *Love Is Gold* und begleitete mich auf dem Akkordeon. In einer Folge des Krimis *Die Männer vom K3: Tanz auf dem Seil* hatte ich einen kleinen Auftritt mit dem Schauspieler Richy Müller unter der Regie von Andy Bausch. An jenem Drehtag im Musikclub *Docks* am Hamburger Spielbudenplatz, wo ich mit Nils und seiner Band einen Soundcheck mimen sollte, stellte ich fest, dass Musikmachen einfacher ist als Schauspielern. Natürlich trat ich auch bei vielen Benefizveranstaltungen auf, Printmedien wollten Statements zu allen aktuellen Themen. Ich rührte tüchtig die Werbetrommel für meine geliebte Heimatstadt Hamburg, und wie es so ist, kam eins zum anderen, und aus dem Slogan “Hamburg – Tor zur Welt” wurde ein Song. Niko textete auf Otis Reddings *Dock Of The Bay:* “Ich sitz hier unten am Ufer und zieh mit Schiffen auf's Meer ...” Ich nahm es in meinem Studio auf und sang es in der RTL-Sendung *Rote Laterne* und für die NDR-Sendung *Lieder, so schön wie der Norden.* Mein Terminkalender wurde voller und voller. So liebte ich es.

Nils Gessinger war nicht nur der erste Pianist beim Musical *Cats* und bei der *NDR Bigband,* sondern auch ein hervorragender Arrangeur. Ich hatte im vergangenen Jahr wieder neue Stücke geschrieben, Blues, Gospels und Jazz-Balladen für eine kleine Besetzung. An ein paar Tagen nahmen wir mit Nils‘ Musikerfreunden Tim Lorenz und Heinrich Köbberling (dr), Niels Lorenz und Achim Rafain (b), Stephan Birkmeyer (git), Ingolf Burkhardt (tp), Michael Danner (trb) und Pablo Escayola (perc) zehn neue Stücke in meinem Studio auf, die ich anschließend an mehrere Plattenfirmen verschickte. Aber es kamen nur Absagen oder gar keine Reaktion. Also ging es erneut ohne CD auf die Bühne mit kleinem, aber feinem Equipment. Ich buchte alles, was für unsere Besetzung terminlich machbar war: Clubs und Kirchen, aber auch größere Hallen, und während der *Kieler Woche* spielten wir auf der NDR-Bühne sogar vor 6000 Zuschauern.

Niko war inzwischen in die Umgebung von Hamburg gezogen und hatte zum dritten Mal geheiratet. Meine Mutter gratulierte ihm, sagte ihm aber auch ihre Meinung: “Musst du denn immer gleich heiraten?” Er war noch immer mein Berater in werblichen und textlichen Angelegenheiten und kam vorbei, wenn es konzeptionell etwas zu besprechen gab. Er konnte mir zwar beim Texten und bei der Öffentlichkeitsarbeit helfen, aber nicht bei meinem, manchmal gedrechselten, Ansagenkauderwelsch auf der Bühne. Die verschiedenen Bewusstseinsebenen "Singen" und "Reden" hatte ich immer noch nicht im Griff. Beim Singen und Musizieren ist "Denken" nicht gerade förderlich für die Musik, das bringt einen total aus dem Gefühl. Man muss sich eben so gut vorbereiten, dass man während der Performance nicht über Text und Arrangement nachdenkt, sondern alles gespeichert hat und wie auf Autopilot funktioniert. Bei Ansagen ist ein bisschen "Denken" hingegen vonnöten. So stand ich also manchmal nach einem Song, in den ich mein ganzes Gefühl gelegt hatte, vor dem Publikum und war so hin und weg, dass ich nicht wusste, was ich sagen sollte, außer: "Wow – wo bin ich?", oder herumstotterte. Oft begleitete mich Nikolaus zu den Konzerten, und einmal sagte er: "Warum redest du zu den Leuten nicht so wie zu mir?" Hmm. Das versuchte ich dann bei den nächsten Auftritten, und tatsächlich, ich wurde immer lockerer und flüssiger.

Bei Nikolaus konnte ich mich fallen lassen. Zusammen waren wir ein Herz und eine Seele – Body and Soul. Ich entdeckte neue Seiten meiner Weiblichkeit, fühlte mich attraktiv und sexy. Ich war Mitte vierzig und fand, dass das beste Alter für Frauen zwischen vierzig und fünfzig Jahren liegt. Ich stand in der Blüte meines Lebens, kannte meine Grenzen, wusste, was ich zu leisten vermochte, und war stark genug, um etwas zu bewegen und meine Pläne umzusetzen. Natürlich brachte mir mein Schatz noch immer die schönsten Blumensträuße mit, die ihren Duft überall in meinen Räumen verströmten. Als Liebesbeweis machten wir uns gegenseitig kleine Geschenke, mal nützliche, mal luxuriöse. Mal brachte er mir von einem Morgenspaziergang eine hübsche Mütze mit, mal einen Spitzenbody, ein Kleid, und einmal ein antikes silbernes Zigarettenetui. Ich schenkte ihm einen Troyer – einen dunkelblauen Seemanns-Wollpullover –, einen warmen Schal und Handschuhe. Als ich hörte, dass in seiner Hosentasche lose Schlüssel herumklimperten, kaufte ich in einem Metallwarengeschäft einen vernickelten Schlüsselring, in den ich sogleich seine Schlüssel einsortierte. Es vergingen ein paar

Wochen, wir standen im Lokal *Sperl*, als ich an seinem rechten Ringfinger etwas Silbernes schimmern sah. Beklommen dachte ich, es handelte sich um den Ehering seiner Frau, von der er zwar getrennt lebte, aber noch nicht geschieden war. Er grinste mich an und hob die rechte Hand – es war der Schlüsselring, der genau auf seinen Finger passte. Das war ein Wink mit dem Zaunpfahl! Ein paar Wochen später überraschte ich ihn mit genau demselben Lederbeutel, in den er ein Jahr zuvor meinen Diamantring gelegt hatte. Diesmal lag ein Schlüsselring drin, aus Platin, den ich bei einem Goldschmied hatte anfertigen lassen. Er war deutlich schwerer, die Innenseite glattgeschliffen und es ließen sich auch keine Schlüssel reinhängen. Der Ring passte perfekt, Nikolaus' Augen glänzten, und seine stille Freude über das Geschenk machte auch mich glücklich.

Natürlich lief auch bei uns nicht immer alles harmonisch ab und wir zickten rum. Manchmal aus Übermut und manchmal aus Erschöpfung. Aber es dauerte nicht lange, bis wir uns angrinsten, in den Arm nahmen und alles wieder gut war. Oft kam er völlig übermüdet, nach einer arbeitsreichen Woche und stressigen Blumenauktionen, nach Hamburg, hatte zu viel geraucht, zu viel Kaffee getrunken und zu viel Junkfood gegessen. Er hing total "in den Seilen", hatte Schmerzen in seiner linken Brust und tiefe Augenränder. Ich schickte ihn dann erst einmal zum Ausschlafen ins Bett. Am nächsten Tag ging es ihm wieder besser. Sagte er. Klagen war nicht sein Fall. Ich begann damals, meine Nahrung auf Trennkost umzustellen, und versuchte, ihn zu überreden, mehr Gemüse und weniger Tierprodukte zu essen. Aber da stieß ich auf taube Ohren. Manchmal biss er mir zuliebe herzhaft in einen Apfel und zeigte damit, dass er "gesund" lebte.

Seine Frau Gundula hatte inzwischen auch eine Liaison, und Nikolaus brachte seinen Sohn des Öfteren am Wochenende mit. Das war für mich wie ein großzügiges Geschenk. Wir unternahmen viel zusammen und schliefen abends müde wie eine kleine Familie in meinem Kingsize-Bett vor dem Fernseher ein. In den Sommerferien fuhren wir nach Sylt und verbrachten herrliche Tage in dem kleinen *Jens Lüng Hüs*, und auch Gundula besuchte uns dort mit ihrem neuen Freund.

Zum Weihnachtsfest kamen wir alle wieder zusammen. Meine Mutter, inzwischen über achtzig und immer noch ziemlich fit, stand wie jedes Jahr stundenlang schwitzend in ihrer Küche, briet einen Puter und richtete das dazugehörige Rotkraut an. Ich hatte nachmittags noch Proben in der inzwischen fertig renovierten und in Schönheit strahlenden St.-Jacobi-Kirche mit Nils Gessinger und einem Chor. Gegen 18 Uhr kam dann Nikolaus total kaputt von der Arbeit, und wir fuhren zu Mutti, die das leckere Essen schon auf den Tisch gestellt hatte. Nach dem üppigen Mahl wurden die Augenlider schwer. Also erst einmal zurücklehnen und ein Nickerchen machen. Nikolaus' Eltern lebten nicht mehr, mit seiner Verwandtschaft hatte er nur gelegentlich Kontakt. Mit meiner Mutter war er schnell vertraut. Sie war zuerst etwas misstrauisch und fremdelte, aber mit seiner freundlichen, respektvollen Art und einem besonders liebevoll gebundenen Blumenstrauß konnte er sie schließlich erobern. Dann wurde es Zeit, sich für den Spätgottesdienst fertig zu machen. Der Schnee lag hoch, es war schwierig, einen Parkplatz vor der Kirche zu finden. Ich wurde langsam nervös, meine Müdigkeit war wie weggeblasen und der Adrenalinpegel in meinem Körper stieg. Ich musste mich doch noch umziehen und mit dem Chor unsere Stimmen aufwärmen. Um 23 Uhr war St. Jacobi bis auf den letzten Platz besetzt, auch in den Seitengängen standen dicht gedrängt Leute. Nach der Predigt von Pastor Petrick erhoben wir unsere Stimmen, und zusammen mit Nils' Klavierbegleitung erklang unser Gospel, die "Frohe Botschaft", feierlich und fröhlich im langen Hall des Kirchenschiffes. Gänsehautfeeling – auch bei mir. Und wie im vorigen Jahr applaudierte auch dieses Mal die Gemeinde mit erlösendem Beifall.

Als ich ein Kind war, nahm uns unsere Mutter, eine gläubige Christin, an Sonn- und Feiertagen mit in die St.-Georgs-Kirche, die nur wenige Schritte von unserem Zuhause entfernt war. Dort wurde ich getauft, und zum Konfirmationsunterricht ging ich ziemlich erwartungsvoll, denn ich wollte wissen, was es mit der Religion auf sich hatte. Ich stellte dem Pastor Bornikel so viele Fragen, bis es ihm zu viel wurde, er sagte: "Nun lass mal gut sein, mein Deern, das kann ich dir jetzt nicht alles auseinanderklamüsern", und mich nach der

Unterrichtsstunde aus der Tür schob. Später nahm ich die Bibel immer mal wieder zur Hand und las sie interessiert, aber planlos. Das Alte Testament kam mir vor wie eine langatmige Chronik des orientalischen Altertums, das Neue Testament wie ein Geschichtenbuch mit geheimnisvollen Gleichnissen, die ich nicht verstand. Bei den Gottesdiensten hörte ich meiner Mutter zu, die mit hoher, empathischer Stimme die Kirchenlieder mit der Gemeinde sang. Sie war in ihrer ostpreußischen Heimat im Kirchenchor gewesen und konnte viele Kirchenlieder auswendig. Ich hatte immer Schwierigkeiten, diese Lieder mitzusingen, sie waren für meine Stimmlage entweder zu hoch oder zu tief. Die Melodien und Texte fand ich auch ziemlich altmodisch, traurig und wenig erhebend. Die "Frohe Botschaft", die gute Nachricht, der Gospel (hergeleitet vom altenglischen gōdspel), den die Afroamerikaner sangen, war hingegen eine neue Form der Kirchenmusik, die mich schon früh begeisterte. Wenn Mahalia Jackson sang, klang es für mein Empfinden viel mehr nach Bitte um Erlösung und Nahrung für die Seele. Obwohl ich 1972 aus der Kirche ausgetreten war, blieben Gotteshäuser für mich immer etwas Besonderes. Doch davon später mehr.

Am Zweiten Weihnachtstag trafen Nikolaus' Sohn Tino und seine Noch-Ehefrau Gundula mit ihrem Freund bei mir ein. Für alle hatte ich Schlafplätze im Wohnbereich meines Studios hergerichtet. Für den Jungen war das natürlich ein besonderes Fest, da seine Eltern, wenn auch mit anderen Partnern, beide bei ihm waren. Wenn es nicht zu lange dauerte, bekamen wir Erwachsenen das Beisammensein an Feiertagen ganz gut hin.

Meinem Besuch zeigte ich immer gern meine Lieblingsplätze von Hamburg: mit dem Auto durch Eppendorf, dann an der Alster entlang durch die Innenstadt zum Freihafen, über die Köhlbrandbrücke ins Alte Land. Zurück durch den Alten Elbtunnel und Bummel an den Landungsbrücken mit Imbiss an der Fischbrötchenbude. Dann über die Elbchaussee nach Blankenese, am Strandweg parken, Spaziergang bis zum Leuchtturm und zurück. Im Restaurant *Ahrberg*, im Biedermeier-Ambiente, Grünkohl essen. Ein perfekter Tag, wenn dann noch bei klirrender Kälte und klarem Wetter die Sonne rot unterging. Noch schöner klang der Abend aus, wenn wir in der Musikkneipe *Sperl* einen Platz fanden, jemand am Klavier saß und Boogie-Woogie spielte. Das Hamburger Szenelokal am Großneumarkt galt in jenen Tagen als das Zentrum der Hamburger Blues- und Boogie-Szene. Der österreichische Gastwirt Poldi Eidenhammer war nicht nur ein guter Mensch, Musikerfreund und emsiger Kulturorganisator, er hatte auch eines der bestklingenden Klaviere der Stadt in seine Kneipe gestellt. Bei ihm saß nachts der legendäre Leonard Bernstein am Klavier, wenn er in Hamburg dirigierte. Auch Joe Cocker, Chuck Berry oder Robert Gray jammten nach ihren Tourneeauftritten im kleinen Kreis weiter bis zum frühen Morgen. Genau wie die Hamburger Jazzgrößen und vor allem die Boogie-Pianisten, darunter Vince Weber, Axel Zwingenberger, Gottfried Böttger und das junge Nachwuchstalent Joja Wendt. Auch der Gitarrist und Blues-Sänger Abi Wallenstein, Mundharmonikaspieler Henry Heggen und ich – wir alle fühlten uns bei Poldi wie zu Hause. Oft betraten wir die Kneipe erst nach Mitternacht. Zwar waren um diese Uhrzeit nur noch wenige Gäste da, aber dann ging die Post erst so richtig ab! Der gebürtige Hamburger Pianist Joja Wendt, Sohn einer klassischen Sängerin und eines Hamburger Arztes, erlitt in den 1980er-Jahren einen Unfall, bei dem seine Hand zersplitterte. Er war total niedergeschlagen, aber wir alle machten ihm Mut, und nachdem die Knochen wieder zusammengewachsen waren, übte er wie ein Besessener, um wieder spielen zu können. Nach einem Klavierstudium am Konservatorium in Hilversum und in der *Manhattan School of Music* in New York nahm er 1991 sein erstes Album, *The Art Of Boogie Woogie,* in London auf. Es folgten Auftritte mit Jerry Lee Lewis und Chuck Berry. Ende 1992 rief Joja mich an und fragte, ob ich Lust hätte, mit seinem Trio eine Mitternachtsgala für die *stern*-Redaktion in der *Fabrik* zu spielen. Bei der Probe merkte ich, dass sich seine musikalische Bandbreite inzwischen deutlich vergrößert hatte. Ein neues Hörerlebnis war für mich auch der virtuos gespielte Kontrabass von Thomas Biller, einem gebürtigen Ostfriesen. Am Schlagzeug saß Heinrich Köbberling, der an der *Hochschule für Musik und Theater* in Hamburg und *The New*

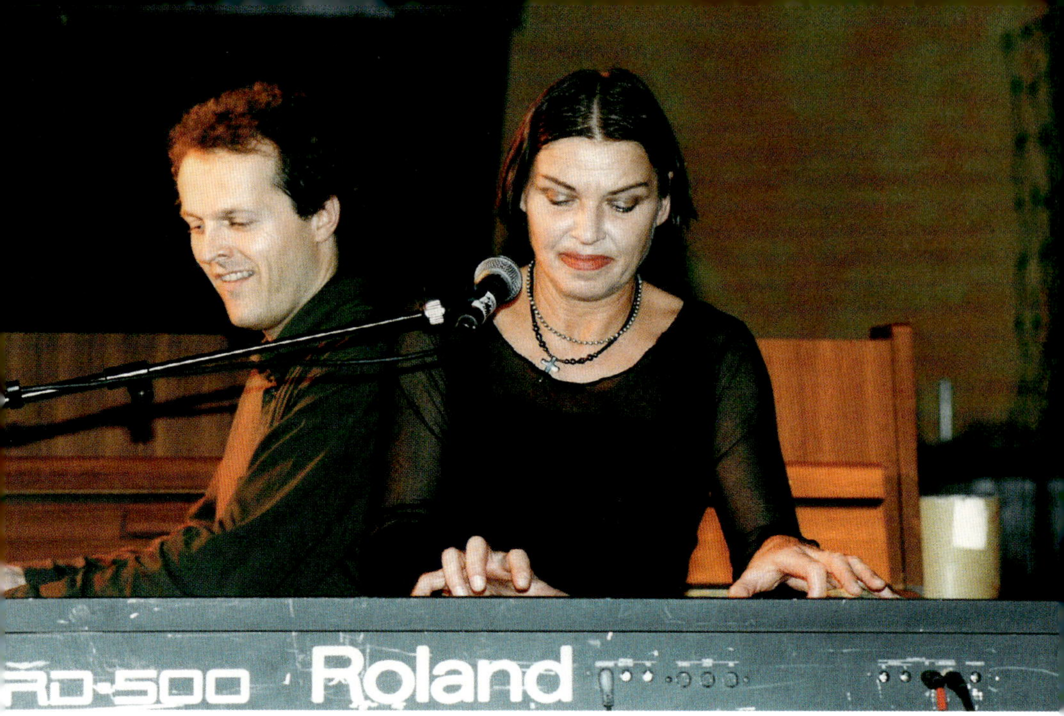

1994. Joja Wendt
und ich, auf kleinen und
auf großen Bühnen.

1994. Digitale Revolution
auch bei mir.

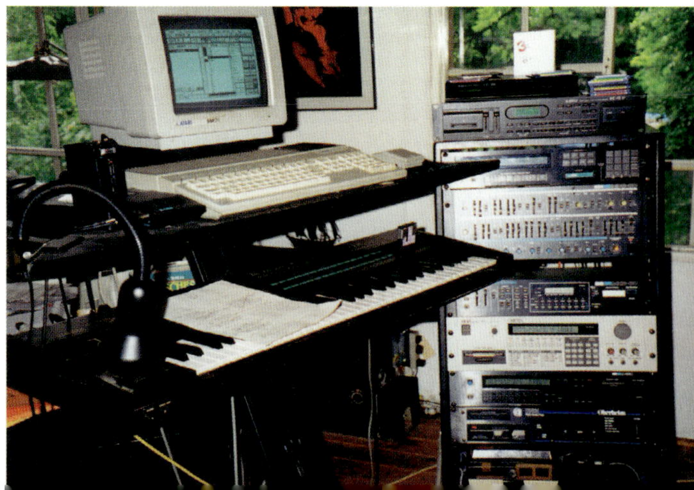

School in New York studiert hatte. Ihn kannte ich bereits von der Sessionband um Nils Gessinger. Unsere Proben waren so erfrischend, der Auftritt für die *stern*-Mannschaft und das Anschlusskonzert in der *Fabrik* im Januar 1993 so erfolgreich, dass ich Konzerte in ganz Deutschland buchte und wir viele Jahre zusammen auf kleinen und großen Bühnen unterwegs waren. Wir tauchten bewährte Evergreens wie *The Man I Love* und *Body And Soul* in einen bluesigen Jungbrunnen, und mit einer Mischung aus gefühlvollen Balladen und kraftvollem Soul gewannen wir neues Publikum. Jojas solistische Parts und sein pfiffiges Entertainment wurden später sein Markenzeichen. Nicht, dass ich mit Nils Gessinger unzufrieden war, im Gegenteil: Es ergab sich einfach so, begünstigt durch den Hamburger Musikerpool und das Szene-Biotop der 1990er-Jahre. Wenn es zeitlich und logistisch passte, spielte ich noch immer gern mit Nils und übernahm einen Gesangspart auf seiner ersten CD *Ducks'N'Cookies.*

Auch Joja Wendt produzierte ein Album nach dem anderen. Auf seiner CD *Cookin'* war ich Anfang 1993 noch Gastsängerin mit den beiden Songs *Fever* und *Unchain My Heart.* Aber schon bald arbeiteten wir an neuen Jazz- und Blues-Klassikern, und Joja schrieb tolle Arrangements für die Band mit zusätzlichen Bläsern. Der Saxophonist Frank Delle aus Bremerhaven gefiel uns so gut, dass er uns später auf den Konzerten begleitete. Im November 1993 nahmen wir die CD *Fifty Fifty* im Hamburger *Chameleon Recordingstudio* für die Firma *Merkton* aus Baden-Baden auf. Der CD-Titel leitet sich nicht nur davon ab, dass wir lediglich Songs aus den 1950er-Jahren, der Zeit des frühen Rock'n'Rolls, einspielten, sondern auch, weil wir – Joja und ich – uns jeweils die Einnahmen teilten. Joja war schon damals ein selbstbewusster Bursche und hatte seinen Anteil gewiss verdient. Sein Name wurde immer bekannter, vor allem durch seine wieselflinken Improvisationskünste am Piano und bei Auftritten als Support Act bei Joe Cocker und Fats Domino.

Und dann war da noch ein weiterer Pianist, eigentlich ein Blues-Gitarrist im Stil von B. B. King, der umwerfend lässige Soli spielte. Aber nicht nur. Der Hamburger Matthias Pogoda hatte sich komplett dem Gospel verschrieben und war Leiter des *50 Voices*-Soulchores. Ihn holten wir für einen Song ins Studio, und als er mit einem Teil seines Chores *Precious Mem'ries* anstimmte, waren wir zutiefst beeindruckt. Er schrieb mit großer Leidenschaft für das alte Lied ein neues Arrangement, und sein authentisches Pianospiel gab einem das Gefühl, man befände sich irgendwo in einer afroamerikanischen Gemeinde der Südstaaten in den 1950er-Jahren. Ich nahm den Rough-Mix mit nach Hause und fühlte mich so lange in das Stück ein, bis ich eine kraftvolle Melodie dazu fand. Meine Leadstimme nahmen wir beim Mixen und Mastern in Thomas Kuckucks Studio auf. Das fröhlich-bunte Cover für die CD kreierte der Maler und Designer Michael Fuchs. Natürlich mussten Matthias Pogoda und sein Chor mit *Precious Mem'ries, Love Is Gold* und *Silent Night* dann auch an Heiligabend 1993 und 1994 beim Spätgottesdienst in der Jacobi-Kirche dabei sein. Matthias hatte sowohl Klassische Musik als auch Jazz- und Popularmusik studiert und wurde später mein Musikalischer Direktor, Pianist und Gitarrist für eine Vielzahl von Projekten und Konzerten.

Auch mit der *NDR Bigband* und neuem Repertoire, das 1993 auf der CD *It's A Man's World* veröffentlicht wurde, waren wir nicht nur im norddeutschen Bundesgebiet, in Hamburg auf dem traditionellen Hafenfest oder beim Alstervergnügen zu hören. Die Konzerte führten uns darüber hinaus in die neuen Bundesländer. Es war spannend zu sehen, was sich seit der Maueröffnung dort getan hatte. Von unserem Bandbus aus fielen uns als erstes die vielen, mit bunter Lamettareklame geschmückten Verkaufsflächen mit "unseren" Autos auf, und natürlich auch die frisch asphaltierten Straßen, über die wir fuhren. Viele Häuser hatten schon einen neuen Anstrich erhalten, an manchen Dächern wurde gearbeitet, und äußerlich sah alles schon ganz ansehnlich aus. Am Konzertort selbst drängelten sich die Leute jedoch nicht mehr so vor den Eingängen, um eine Eintrittskarte zu bekommen, wie es vor der Wende der Fall gewesen war. Schließlich ließ sich jetzt auch alles "Drüben" ansehen.

Nach unseren erfolgreichen Konzerten der vergangenen Jahre hatten die beiden *NDR Bigband*-Redakteure Wolfgang Kunert und

Kurt Giese ein neues Projekt mit mir vor: *The Spirit Of Jimi Hendrix*. Wow! Einer meiner Lieblingskünstler, viel zu früh gestorben. Was hätte der geniale Gitarrist, Songschreiber und große Improvisator wohl noch alles in seinem Leben erschaffen können? Nun, überliefert ist, dass Hendrix, der aus seiner Gitarre ein Orchester machen konnte, seine Combo satt hatte und nur in chemisch induzierten Zuständen die Beschränktheit seines Trios ertrug. Ein Projekt mit Gil Evans und seiner Band war geplant, doch eine Woche vor Probenbeginn erstickte der 27-Jährige an seinem eigenen Erbrochenen. Das war am 18. September 1970. Gil Evans führte als einer der wenigen das Jimi-Hendrix-Vermächtnis weiter und spielte mit seinem Orchester immer wieder dessen Kompositionen.

Am 18. September 1995 jährte sich der Todestag des Gitarristen zum 25. Mal. Das war der Grund, weshalb mich der NDR fragte, ob ich gemeinsam mit der Bigband die Gil-Evans-Tradition wiederaufnehmen würde. Wir suchten Stücke aus, beauftragten Arrangeure, probten, verwarfen und änderten. Die meisten Arrangements stammten von dem schwedischen Vibraphonisten Örjan Fahlström, regelmäßiger Gastdirigent der *NDR Bigband*. Während der Posaunist Bernd Lechtenfeld *Gipsy Eyes* und *Crosstown Traffic* arrangierte, übernahm der Komponist und Trompeter Thorsten Wollmann die Stücke *Foxy Lady* und *Castles Made Of Sand*. Dass ich Teil dieses Projekts sein durfte, war eine große Ehre. Ich bekam die Partituren und Notenausdrucke für die Stimme, aber das war viel zu kompliziert für mich, schließlich konnte ich keine Noten lesen. Deshalb nahm ich die Kassetten der Rough-Mixes mit nach Hause, überspielte sie aufs Band und sang die Texte so lange, bis ich eine eigene Interpretation gefunden hatte. Diese Vorarbeit im Jahr 1994 war, schon aus Respekt vor der Legende Hendrix, schwierig, aber machbar. Nachdem ich die Melodien und Texte verinnerlicht hatte, fühlte ich eine tiefe Verbundenheit mit diesem großen Musiker. Im Februar 1995 traten wir mit *The Spirit Of Jimi Hendrix* in der *Fabrik* auf, der NDR schnitt diesen großartigen Auftritt mit. Bei vorherigen Konzerten hatte die Bigband oftmals über nicht genügend Schubkraft verfügt, um abzuheben, sodass ich mir manchmal vorgekommen war, als würde ich einen LKW hinter mir herziehen. Bei diesem Konzert war es anders. Die Band stand total unter Spannung. Das lag einerseits am Dirigenten Dieter Glawischnig, der sein 18-Mann-Ensemble gut im Griff hatte, und andererseits an dem Stevie-Wonder-Drummer Gerry Brown, der extra für dieses Projekt engagiert worden war. *Foxy Lady* oder *Purple Haze* in neuem Gewand zu hören, hätte Hendrix gewiss gefreut.

Ich hatte meinen Namen wieder den Bandprojekten vorangestellt, stieg aber auch gern als Gast bei anderen mit ein. Im Januar 1994 feierte Achim Reichel seinen fünfzigsten Geburtstag. Auf der Bühne der *Großen Freiheit* sangen wir zusammen sein Lied *Künstlerhände*. Achim und ich hatten musikalisch noch nie etwas miteinander zu tun gehabt. Vielleicht weil unsere Musikrichtungen so unterschiedlich waren. Dieser Titel, ein Shuffle mit deutschem Text, war jedoch wie für unser Duett geschaffen und wurde vom Publikum bejubelt, wie man auf der CD *Grosse Freiheit* hören kann. Auch Rainer Baumann lud mich in seine *Blues Band* ein, für die ich wieder den *Backwater Blues* sang, den wir 1972 zum letzten Mal gemeinsam gespielt hatten und der auf der *Frumpy Live*-Scheibe zu hören ist.

"Inga Rumpf mit Pastor im Bett!" – so lautete am 26. Januar 1995 die Headline der *BILD*. Und weiter: "Sie tut's für den Kirchentag in Hamburg! Im Stehen schläft man schlecht – Gastfreundschaft bringt Freu(n)de". Dazu ein Foto mit mir und den Hamburger Hauptpastoren Helge Adolphsen und Lutz Mohaupt, sitzend auf einer Bettkante in der Möbelabteilung vom *Alsterhaus*. Zum 26. Evangelischen Kirchentag 1995 wurden 120 000 Besucher in Hamburg erwartet, 17 000 Privatquartiere gesucht. Da musste tüchtig Werbung gemacht werden mit dem Slogan: "Öffnet eure Tür!" Der Theologe und Pastor Stefan Wolfschütz hatte mich beauftragt, einen Titelsong unter dem Motto *Open Up Your Door* zu komponieren. Niko und ich schrieben noch drei weitere Stücke für eine EP: *Peace By Peace*, *All Is One* und *Make My Day*. Zusammen mit Nils Gessinger und seiner Band produzierten wir die Songs im *Loft Studio*. Für den Chor luden wir die wunderbaren Sänger Bridget Fogle, Linda Fields, Madeleine Lang, Love Newkirk, Robert Smith und William "Billy" King ein. Wir probten bei

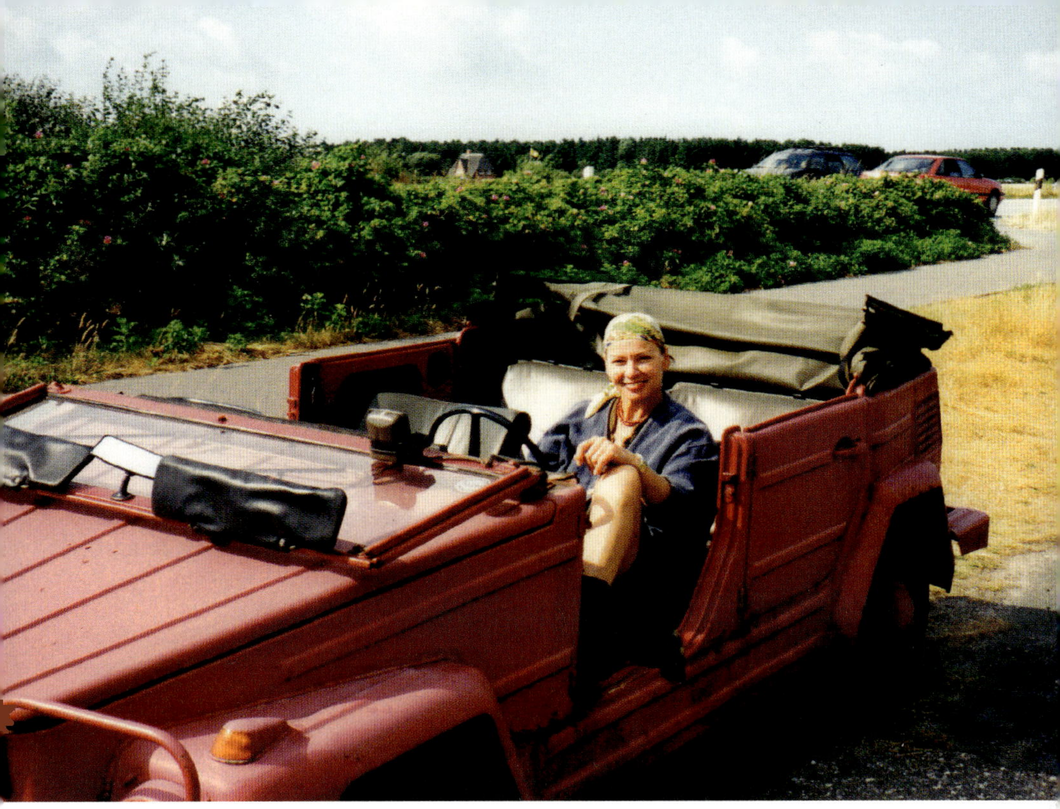

1994. Der “Kübel” –
ich hatte immer eine Dose
rote Farbe dabei.

mir im Wohnbereich des Studios, wo meine Mutter gerade zu Besuch war. Sie hörte gut zu, hatte sie doch selbst im Kirchenchor gesungen. Zwar verstand sie die englischen Texte nicht, aber die Stimmen und Melodien gefielen ihr. Zumindest kritisierte sie nicht wie früher einmal – vielleicht zu Recht – mein "Schreien". Stattdessen öffnete auch sie ihre Tür und gab einer alleinstehenden Dame in ihrer kleinen Wohnung während des Hamburger Kirchentags Quartier.

Ein Leitspruch schwebte über Hamburg: Meine Überraschung war groß, als im Sommer 1995 ein riesiges Banner mit unserem Titel *You Make My Day* (Du rettest meinen Tag) am Hamburger "Michel" hing. Es gab sogar Postkarten davon – als Dankeschön an die Hamburger, die Tausenden Besuchern für ein paar Tage Unterkunft gegeben hatten. Während des Kirchentags war ich mehrmals mit diesen Liedern in norddeutschen Kirchen aufgetreten und zu Diskussionen zum Thema "Kirche Heute" eingeladen. Das war ein heikles Thema, und ich war froh, zunächst einmal nur Lieder für Trost, Liebe und Hoffnung zu singen.

Als Kind hatte ich an einen freundlichen alten Mann mit Bart geglaubt, auf einer Wolke sitzend, alles sehend, alles hörend. In der Pubertät stellte ich mir Fragen nach dem Woher und Wohin. Als junge Frau entdeckte ich, dass manche Stellvertreter Gottes machtbesessene, verkorkste Persönlichkeiten waren, die Angst und Schrecken unter den Menschen, vor allem unter Frauen und Kindern, verbreiteten. Da verabschiedete ich mich 1972 aus Protest von der Kirche, mit einer gewissen Furcht vor Konsequenzen. Aber nichts Schlimmes passierte. Ich machte mir weiterhin Gedanken über Religion. Über das Gewissen, das jeder Mensch in sich trägt, über die Evolution und das Sein an sich, über Wahrhaftigkeit und Liebe. Über das Weltall und darüber, ob der Kosmos vielleicht durch uns denkt. Doch je mehr ich nachdachte, desto entfernter rückte der Begriff "Gott". Ich glaube an eine schöpferische, metaphysische Kraft, die man "Gott", "Allah" und auch anders nennen kann – die aber im gesamten Universum dieselbe sein muss. Ich brauche einen spirituellen Bezug zum Leben. Daraus ziehe ich meine Energie im Alltag und meine Kreativität als Musikerin. "Gläubig" wurde ich jedoch

1996. “You make my day”
am Hamburger “Michel”.

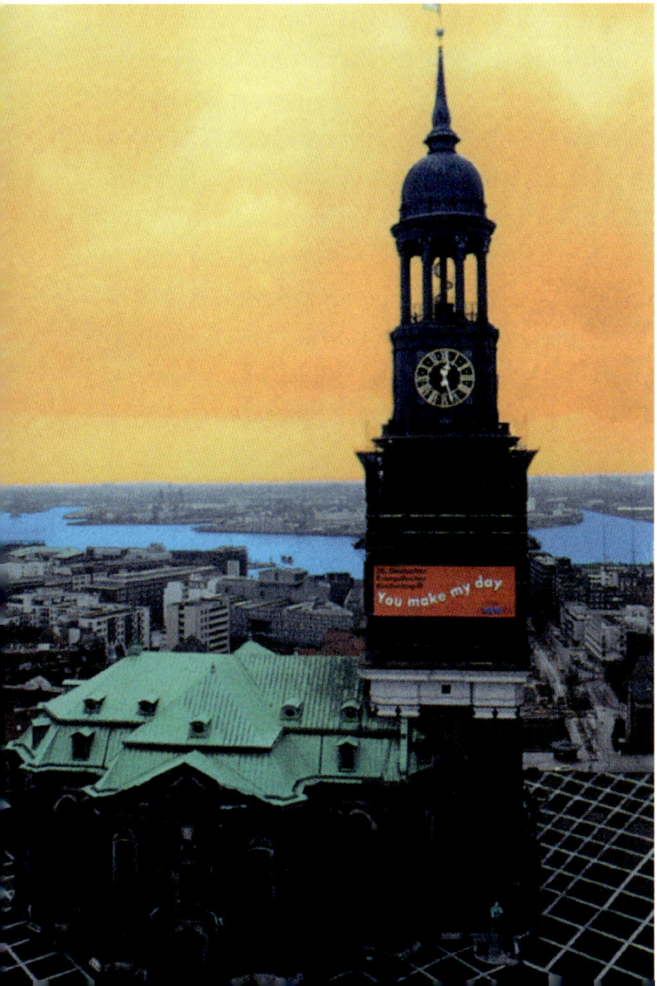

nicht durch die Institution Kirche oder die Bibel, sondern durch die vielfältigen Erfahrungen, Erkenntnisse und Zusammenhänge in meinem Leben, die unter dem Leitgedanken "Mitgefühl und Versöhnung" zusammengefasst werden können. Ich finde, Glaubenssachen sollten eine private Angelegenheit sein. Zu oft entstehen Kriege und Konflikte, wenn Menschen aus kulturellen oder politischen Gründen Religion als Mittel zum Kampf für ihre jeweiligen Interessen benutzen.

Obwohl ich kein Kirchenmitglied mehr war, wollte ich etwas verändern, laut sein, nicht nur die "Frohe Botschaft" singend verkünden, sondern auch Konzerten einen neuen Rahmen geben – mit dem gebotenen Respekt vor dem Ort der Stille, der Meditation und des Gebets. Diese wunderschönen Kirchen, die mit hohem Aufwand von Menschen für Menschen gebaut worden waren, standen das ganze Jahr über fast leer! Immer mehr Kirchenaustritte mussten die Gemeinden verzeichnen, obwohl der Wunsch der Menschen nach Spiritualität, die Sehnsucht nach esoterischen Lehren groß war. Durch die Konzerte würden sich die Gotteshäuser wieder füllen, die Menschen ihre Schwellenangst verlieren. Tatsächlich wurden im Laufe der letzten Jahrzehnte immer mehr Kirchen zu Kultur- und Begegnungsstätten umgewidmet. Bevor ich im Jahr 2000 eine ganze Tournee durch Deutschlands Kirchen machte, trat ich aber wieder ein und zahle seitdem auch Kirchensteuer. Schließlich wollte ich die Kirchen nicht einfach nur benutzen. Doch nicht nur dort wollte ich singen. Ich kann leise und laut, weich und hart, egal – und überall in Deutschland gibt es wundervolle Burgen, Güter und Schlösser, Gärten und Parks, in die meine Musik passt. Die *Golden Oldies Festivals,* deren Veranstalter in jenen 1990er-Jahren immer mal wieder bei mir anfragten, ließ ich jedoch links liegen. Zu viele neue Ideen schwirrten mir im Kopf, als dass ich mich in der Vergangenheit vergraben wollte. Auch auf Schiffen wollte ich singen, auf großen Schiffen – Kreuzfahrtschiffen.

Aber erst einmal führten Joja und ich den "Blue Monday" auf dem Feuerschiff im Hamburger City Sporthafen ein. Im Maschinenraum, eingezwängt zwischen Ankerketten, Dampfrohren und Ret-

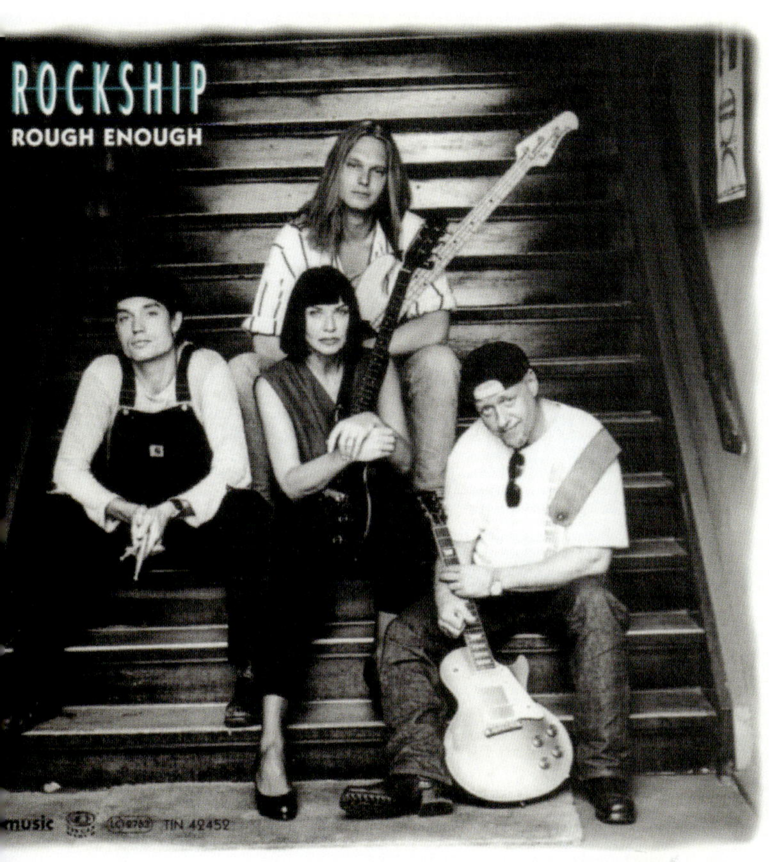

1995. *Rockship* geht auf große Fahrt. Von links: Dirk Erchinger, ich, Alex Conti, hinten Jan S. Eckert.

tungsringen, saß das Publikum, vor Begeisterung stampfend, schnippend, klatschend, während wir auf der winzigen Bühne einen Hauch von New Orleans entstehen ließen. Der Kapitän des kleinen, feinen Hotel- und Restaurantschiffes, Wulf Hoffmann, und dessen Frau Helga waren hocherfreut über unsere Auftritte, die wir in verschiedenen Besetzungen und mit immer neuen Gastmusikern veranstalteten. Ich liebte die Stimmung am Hafen, den Geruch der Elbe und das Wiegen des Schiffes bei Wellengang. Und als mein 83-jähriger Vater wieder einmal zu Besuch in Hamburg war, hatte ich eine Überraschung für ihn: "Papa, heute schläfst du nicht bei mir." Er guckte mich erstaunt an. "Pack mal deinen Schlafanzug und die Zahnbürste ein." Wir fuhren zum City Sporthafen, gingen die Gangway zum Feuerschiff hinunter und kletterten an Bord. Dort empfing uns schon Helga Hoffmann mit Kaffee und Kuchen unter einem Sonnensegel. Mein Vater genoss die Atmosphäre sehr und strahlte über's ganze Gesicht. Dann gesellte sich Käpt'n Hoffmann dazu und führte ihn unter Deck zur Kapitänskajüte. Da war er platt. Dass er hier übernachten sollte – damit hatte er nicht gerechnet. Ich hatte einen Termin und konnte nicht länger bleiben, wusste aber, dass er in guten Händen war. Und tatsächlich: Als ich meinen Vater am nächsten Tag nach dem Frühstück abholte, glühten seine Wangen immer noch – er und der Käpt'n hatten sich in der vergangenen Nacht viel zu erzählen gehabt und sich dabei ordentlich einen zur Brust genommen.

Die Tradition des "Blue Monday" auf dem Feuerschiff mit Jamsessions und Konzerten hielt über viele Jahre an und stellte für junge Talente, vor allem aus dem Jazzbereich, eine gute Übung dar. Früher dachte ich, Kreuzfahrten wären nur etwas für reiche Leute, und fand diese Art von Reisen etwas spießig. Doch meine Meinung hatte sich geändert. Es wäre doch ganz nett und mal etwas anderes, ein bisschen auf den Meeren herumzuschippern. Joja war sofort einverstanden und die Reederei *Seetours* in Rostock bot uns einen Vertrag mit sensationellen Bedingungen an. Im April 1995 war es dann endlich soweit: Joja und ich gingen auf eine 14-tägige Kreuzfahrt. Von Venedig bis Odessa, über Jalta, Istanbul, Athen, Malta und zurück nach Genua. Auf der “MS Arkona”, der ehemaligen “Astor” aus der ZDF-Serie *Traumschiff*, erhielten wir schöne Außenkabinen, natürlich freie Getränke und Passagierstatus in den Restaurants. Und das Beste: Unsere Liebsten durften wir als Begleitung mitnehmen. Mein Seefahrer-Vater hatte den harten Alltag auf den Schiffen kennengelernt – der so ganz und gar nicht romantisch ist – und immer ziemlich verächtlich auf die “Musikdampfer” geschaut. Aber ich machte meinem Vater keine Schande, denn schließlich “arbeitete” ich auch. Vertraglich hatten wir allerdings nur ein Konzert (“Aber bitte nicht länger als fünfzig Minuten”) und drei Kurzauftritte bei den Galas (“Aber bitte nicht länger als fünf Minuten”) abzuliefern. Und das war’s schon. Während der ganzen Reise lagen wir tagsüber faul am Swimmingpool, nahmen an Ausflügen zu den Kulturstätten teil, schlossen Freundschaft mit Passagieren und den anderen verpflichteten Musikern und konnten uns von morgens bis abends an den zahlreichen Buffets bedienen. Wir hatten einen gut bezahlten Betriebsausflug, und es war auch gar nicht spießig. Joja, umtriebig wie er war, hielt die Ruhe am Pool nicht lange aus, stromerte im Schiff herum und fand in einem der unteren Decks eine Bar, in der ein Alleinunterhalter einsam sein abendliches Schlagerprogramm abspulte. In der Ecke der Bühne stand ein Klavier, das Joja schnell flottmachte. Der Alleinunterhalter Sigi, der “Troubadour vom Bodensee”, war glücklich über die Gesellschaft und Joja happy, dass er endlich wieder spielen konnte. Abends schlenderten ein paar Zuschauer vorbei, kamen herein, blieben sitzen, und dann sprach es sich in Windeseile auf dem gesamten Schiff herum, dass in der *Warnow-Bar* mächtig was los war. An manchen Abenden kam selbst der Kapitän und genoss die ausgelassene Stimmung, die wir verbreiteten. “Ausgelassen” war wohl noch untertrieben bei unserem Auftritt in der Mannschaftsmesse. Wir wollten den 240 Servicekräften, den unsichtbaren Geistern, die uns tagtäglich versorgten, etwas zurückgeben und spielten an einem Abend in der Kantine. Während auf den oberen Decks für die Passagiere der normale Betrieb weiterlief, ging für die Freiwache unten im Schiff die Post ab! Mannomann, hatten die einen Durst!

Die “MS Arkona” war ein sehr schönes Schiff, gerade groß genug, um irgendwo an Bord ein stilles Plätzchen zu finden, und mit ca. 500 Passagieren eher klein und überschaubar. In den folgenden Jahren erwarteten uns noch weitere Reisen ins Mittelmeer, nach Südostasien und in die Karibik. Dann änderten sich die Bedingungen für Musiker. Und weil wir keine Lust hatten, unseren Status zu verschlechtern, unternahmen wir 1999 die letzte Reise mit dem “Traumschiff”.

Alex Conti *(Lake, Rosebud, Hamburg Blues Band)* und ich waren uns seit der Auflösung von *Atlantis* vor zwanzig Jahren viele Male begegnet, hatten bei einigen Sessions auch schon wieder zusammengespielt. Alex war seit einer Therapie clean und hatte kein Alkohol- und Drogenproblem mehr. Ich fand immer noch, dass er ein außergewöhnlicher Gitarrist war, und wollte es wagen, mit ihm erneut eine musikalische Verbindung einzugehen. Da wir beide nicht besonders nostalgisch veranlagt waren und eher nach vorn blickten, entschlossen wir uns, mit neuem Repertoire und zwei blutjungen Musikern, dem Bassisten Jan S. Eckert und dem Drummer Dirk Erchinger (*Jazzkantine)*, den Dampfer *Rockship* vom Stapel zu lassen. Ältere Songs aus *Atlantis*-Zeiten wollten wir nur im Zugabenteil spielen, ansonsten: kein Staub, keine Altersweisheiten, sondern erdigen, lebendigen Heavy-Rock.

In Jimi Foxx‘ *Monongo Studio* in Berlin nahmen wir 13 neue Songs auf. Alex gab mit neun Titeln die Stilistik vor, ein Stück kam vom Bassmann Eckert und drei Stücke hatte ich beigesteuert. Dazu spielte ich Slidegitarre, die mit Alex‘ Gitarre bestens verschmolz. Die Texte schrieben wir zusammen mit dem in Berlin lebenden Multitalent Ron Randolf. Das Album, benannt nach dem Song *Rough Enough,* kam Anfang 1997 bei dem Label *New Music* auf den Markt. Ende August 1995 ging es auf Tournee. Jim Rakete hatte mal wieder fabelhafte Fotos von uns gemacht, die Bookerin Editha Urich im norddeutschen Raum Auftritte für uns organisiert. Michael Fuchs gestaltete die Tourplakate und bemalte für unser Bühnenbild eine riesige Leinwand. Als Motiv nahm er den Bug eines imposanten Dampfers. “Leinen los!”, hieß es dann am 7. September 1995. Mit ei-

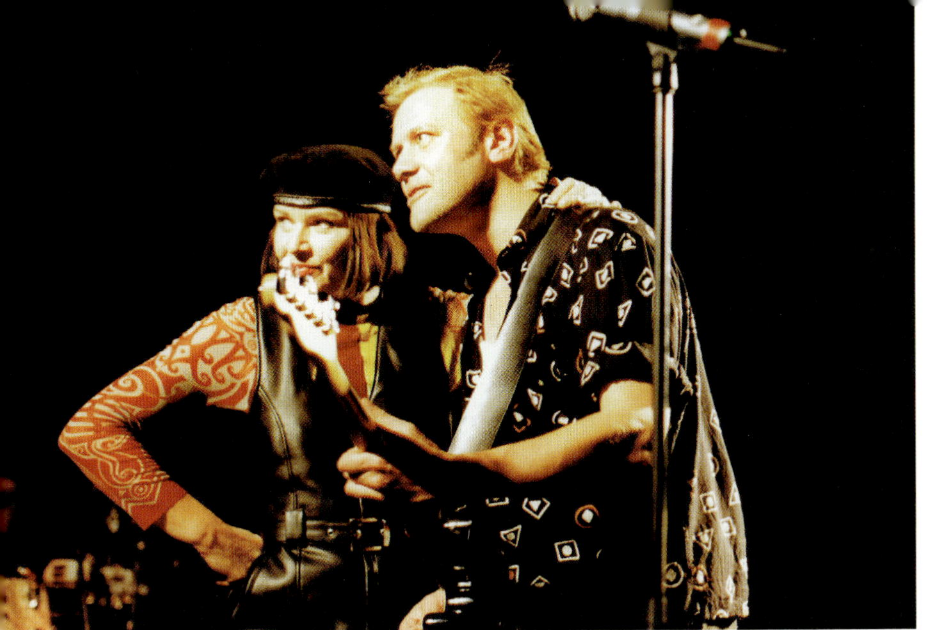

1996. “The Real Stuff”
mit Gerd Lange,
Hamburg Blues Band.

1997. Noch einmal
Rocklady. Mit Arnd Geise.

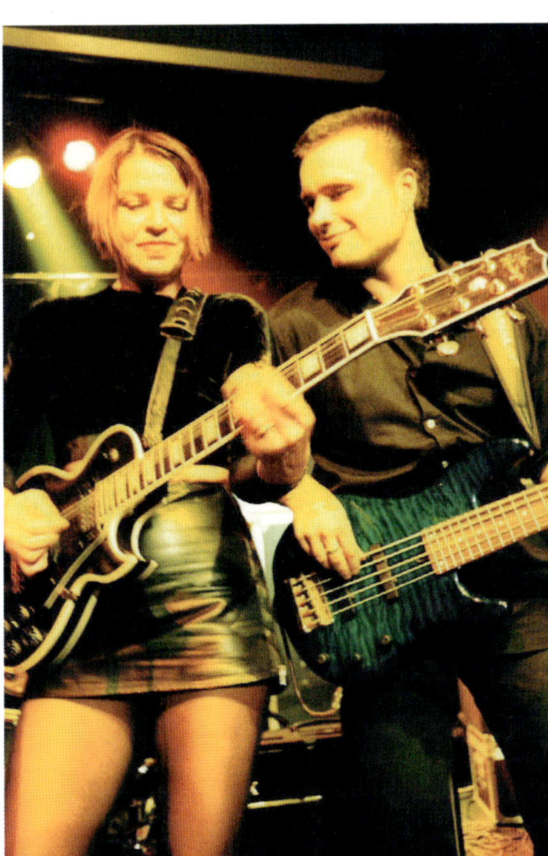

nem gewaltigen Dampfertuten begann unser Power-Auftritt in der *Fabrik*, der auch für Hardrock-Fans authentisch rüberkam. Es war heiß und laut bei unseren Auftritten. Ich kann froh sein, dass ich mein gutes Gehör nicht verlor, denn Alex drehte seine Gitarre gnadenlos auf. Seine cholerischen Anfälle hatte er immer noch nicht unter Kontrolle, seine Wutausbrüche (über nichts) gehörten zu unserem Tour-Alltag. In solchen Momenten ging ich ihm aus dem Weg, und auch die jungen Kollegen begegneten Alex mit höflicher Distanz. Am nächsten Tag war er dann wieder bester Laune und zu Scherzen aufgelegt. Als uns Nikolaus einmal begleitete, meinte er: "Alex ist einer, der selbst in einem leeren Raum Streit anfangen könnte." Weil Alex Conti Mitglied bei der *Hamburg Blues Band* war, lag es nahe, dass mich eines Tages Gert Lange, Manager, Sänger und Rhythmusgitarrist der Band, für einige Songs und Konzerte einlud. Gert hatte die Band 1982 gegründet. Ihr erdiger Blues-Rock erinnerte mich an *The Fabulous Thunderbirds* der 1980er-Jahre. Großartige Musiker wie Dick Heckstall-Smith am Saxophon, der Bassist Jack Bruce, die Sängerin Maggie Bell, Sänger Chris Farlowe, Mike Harrison, Pete Brown und Arthur Brown und Gitarren-Hero Clem Clempson waren zeitweise Mitglieder. Über viele Jahre war ich immer mal wieder bei der *Hamburg Blues Band* zu Gast. Es machte großen Spaß den "Real Stuff" mit Gert Lange sowie Hansi Wallbaum am Schlagzeug und Michael "Bexi" Becker am Bass zu spielen. Backstage flogen zwischen Alex und Gert oft die Fetzen. Es ging, mal wieder, um die Lautstärke ihrer Gitarren. Na, das kannte ich ja schon: Beim Soundcheck wurde die Lautstärke festgelegt, und dann, während des Auftritts, heimlich und hinter dem Rücken des Kollegen lauter gedreht. Das gab oft Streit, aber Alex war der Star der Band und konnte es sich erlauben, aufzudrehen. Ihre Debatten waren höchst skurril, wie bei manch alten Ehepaaren: Can't live with, or without you. Als Alex 2008 die Band verließ, hatten sie zusammen Hunderte von Konzerten gegeben. *Rockship* spielte in ganz Deutschland bis September 1999 in wechselnder Besetzung (ab 1996 Edward Filipp an den Drums, ab 1998 Arnd Geise am Bass) über achtzig Konzerte. Danach war für mich das Thema "Rocklady" wieder mal erledigt.

Station 9

In the 25th Hour

1996–1998

Zahnschmerzen und andere Probleme.
BINGO das Glückspferd.

Ich dachte: Mit fünfzig sind die Jahre der Jugend und der Leichtigkeit vorbei. Aber letztlich blieb alles so, wie es war – nur anders. Ich gab ungefähr siebzig Konzerte im Jahr mit unterschiedlichen Bands, und aus den Konstellationen, mit denen ich unterwegs war, hatten sich zusätzlich neue Möglichkeiten des Zusammenspiels ergeben. Matthias Pogoda war inzwischen unverzichtbarer Begleiter am Piano für meine Gospelkonzerte geworden. Als die Christuskirche in Minden-Todtenhausen, in der ich schon mit Joja Wendt gespielt hatte, um einen erneuten Auftritt bat, gründeten Matthias und ich eine kleine Chorformation, die ich *Lovetrain* nannte. Mit den jungen Sängerinnen Konstanze Arens, Petra Schechter, Tina Sustrate und dem Sänger Lothar Atwell übten wir neue und alte Gospellieder ein und fuhren mit der Deutschen Bahn zu diesem und anderen Auftritten. Wir brauchten nur unsere Stimmen und ein Klavier. Eine Gesangs- und Lichtanlage gab es vor Ort. Unkomplizierter ging's nicht. Bei dem progressiven Pastor Hartmut Birkelbach in Minden gab es nicht nur die spirituellen Worte seiner Predigt, sondern auch Spirituosen in der Pause unseres Konzertes. Da sah ich zum ersten Mal, dass Wein nicht nur zum Abendmahl gereicht wurde. Für unsere beseelten Auftritte gab es stehend Applaus, und manchmal sogar Mit-Klatscher im "richtigen" Rhythmus und nicht im Rhythmus deutscher Marschmusik.

Der "Michel", Hamburgs Wahrzeichen, war für mich schon immer etwas Besonderes. Seit meiner Kindheit träumte ich davon, dort zu singen. Und nun stand ich im Altarraum vor einem Mikrofon und tat es, neben mir Matthias Pogoda am Klavier. Das erste Mal beim Motorradgottesdienst im Juni 1996. Und dann fast jedes Jahr, 16-mal bis 2013. Zu diesem "MOGO" im Jahr 1996 kamen über 18 000 Motorradfahrer, im Laufe der Jahre wurden es immer mehr, bis zu 45 000. Pastor Erich Faehling, der unter dem Talar seine Lederkombi trug, hatte eine besondere Art, die himmlische Botschaft zu verkünden, wenn er übers "Auftanken" predigte und die Seele meinte. Mit humorvoller Strenge brachte er die Biker im "Michel" auf den Weg. Als er sich aus privaten Gründen 2013 vom "MOGO" zurückzog, war es auch für mich Zeit, den musikalischen Beitrag jüngeren Kollegen zu überlassen.

Viele Künstler und Bands, die bei Plattenfirmen nicht unterkamen, gründeten zunehmend eigene, unabhängige Labels. Die großen konzentrierten sich hauptsächlich auf ihre Kernkompetenz, den Mainstream und auf Künstler aus den USA oder England. Diese beiden Märkte bestimmten den globalen Pop-Markt. Weltweit bekannt wurden nur Künstler, die in einem dieser beiden Länder bei einem Major-Plattenlabel unter Vertrag waren.

Joja Wendt gründete mit dem Bassisten Anselm Kluge das Label *Nullviernull* und bot mir an, mit ihm zusammen eine Produktion einzuspielen. Im Juli 1996 nahmen wir im *Chameleon Recordingstudio* die CD *In The 25th Hour* auf. 14 Songs – acht aus meiner Feder und sechs Adaptionen, für die Joja wieder exzellente Bläser-Arrangements geschrieben hatte. Ich liebte das intensive *Undercover Agent For The Blues* von Tony Joe White, das meine große schwarze Schwester Tina Turner gesungen hatte, und von unserem Blues-Hero Taj Mahal das swingende *Cakewalk Into Town*. Diese beiden Songs wurden mir nie langweilig und blieben jahrelang Teil meines Konzertprogramms.

Der Drummer Christoph Buhse aus Füssen im Allgäu war inzwischen festes Mitglied bei uns. Mit ihm und Thomas Biller am Kontrabass verfügten wir über einen groovenden Background für die solistischen Eskapaden von Joja am Piano und Frank Delle am Tenor-Saxophon. Dank vieler gemeinsamer Live-Auftritte waren wir inzwischen gut eingespielt und hatten unser musikalisches Spektrum stets erweitert. Für die CD-Produktion holten wir zusätzlich einige unserer Freunde ins Studio: Abi Wallenstein spielte seine Bottleneck-Gitarre auf *Crazy For Rhythm,* Henry Heggen ein geniales Harp-Solo auf *In The 25th Hour.* Die Hamburgerinnen Petra Schechter und meine Freundin Linda Fields sangen den Chor zu *Love Is Gold.* Joja hatte unglaublich mitreißende Soli aus dem Ärmel geschüttelt, und das Naturtalent Frank Delle begeisterte uns durch seine atemberaubende Spielfreude mit seiner Stilistik aus traditionellem Blues und modernem Jazz. Dann kam die Power-Brass-Section dazu, zum Teil aus der *NDR Bigband* bestehend, und nach sieben Tagen war die Musik auf Band. Der Fotograf, Allround-Künstler und Grafikdesigner Walter Thielsch gestaltete das Cover. Im Januar 1997 luden wir alle unsere Studiogäste zur Release-Party in die *Fabrik* ein und präsentierten die neue CD mittels eines grandiosen Konzerts. Danach ging es mit Einzelkonzerten und TV-Auftritten in ganz Deutschland weiter, bis ins Jahr 1999 hinein. Unser Album *In The 25th Hour* erreichte 1997 die Top 30 der Jazz-Charts.

Den Titelsong *In The 25th Hour* schrieb ich 1995. Er entstand während einer kleinen Tourpause, als ich eine Idee für ein neues Lied hatte. Ich weiß nicht, ob Sie das kennen: Man hat einen tollen Gedanken für ein Gedicht oder einen Brief, will ihn aufschreiben, aber dann ... Die Geschichte von *In The 25th Hour* geht so: Ich kam von einer Tournee. Mein Schreibtisch quoll über von Briefen, Texten und anderem Kram, als ich eine meiner genialen Ideen niederschreiben wollte. Die Wohnung war unaufgeräumt – ein einziges Durcheinander. Also, erstmal aufräumen! Aschenbecher leeren. Briefe in den einen Ordner, Texte in einen anderen. Ich spitzte die Bleistifte an und legte ein paar Blätter leeres Papier zurecht. Gut so. Hier auf dem Schreibtisch war alles sauber und ordentlich. Aber weiter, es gab noch mehr zu tun. Meine Gitarre brauchte neue Saiten und mein Verstärker AC-30 klang auch nicht mehr so toll, da mussten neue Röhren rein. Jetzt noch ein kühles Getränk aus der Küche geholt, und schnell den Anrufbeantworter abgehört – fertig! Inzwischen war es später Nachmittag geworden. Die Gitarre lag gemütlich in meinem Arm, der Schreibtisch war picobello aufgeräumt, ich wollte endlich loslegen, meine geniale Idee aufschreiben. Aber sie war futsch, die Melodie aus meinem Kopf verschwunden. Weggeräumt! Dann, im größten Chaos, als alles wieder in Bewegung war und nichts perfekt – in der 25. Stunde – war sie wieder da, meine Idee. Allerdings fand ich sie gar nicht mehr so originell, und darum wurde aus dieser Geschichte: *In The 25th Hour.*

Aus dem Chaos entstehen Sterne, so heißt es. Wirklich? Zunächst herrscht erstmal reichlich Unordnung. Da kann schon mal das eine oder andere passieren. Manchmal reihte sich ein Jazzfestival mit der *NDR Bigband* in Burghausen an einen *Rockship*-Auftritt im Berliner *Miles*-Club, und daran ein Konzert mit dem *Joja Wendt Quartett* im Park des Bückeburger Schlosses. Oder ich spielte mit der *Hamburg Blues Band* in der *Nordmarkhalle* in Rendsburg, danach auf einem Festival in der *Stadthalle Lahnstein* mit Joja und meinem alten Freund Abi Wallenstein. Dann folgte wieder ein Radiokonzert mit der *hr-Bigband* für den Hessischen Rundfunk und ein Kirchenauftritt mit *Lovetrain*. Wenn ich auf der Bühne stand, war ich meistens hellwach, und nach den ersten Takten und Tönen fühlte ich mich eins mit der Band. Weil ich nach all den Jahren noch immer an Lampenfieber vor den Auftritten litt, sorgte das Adrenalin in meinem Körper für die nötige Aufmerksamkeit und Fitness. Okay, einmal vergaß ich den Anfangsvers von *In the 25th Hour*. Ich schaute mich fragend und Hilfe suchend um. Da rief schon jemand aus dem Publikum die Textzeile “I cleaned the ashtrays”. Glück gehabt! Nach den Auftritten war ich meist noch stundenlang aufgedreht und konnte nicht einschlafen. Auch das Reisen erschöpfte mich sehr. Wenn ich nach Hause kam und meinen Koffer abgestellt hatte, fiel ich mit der Fernbedienung vor dem Fernseher in ein Wachkoma und konnte erst am nächsten Tag wieder klar denken.

Um nicht den Überblick über die Termine zu verlieren, schrieb ich alle Daten in einen DIN-A6-Taschenkalender, ein Format, das ich seit 1963 nutze. Ich hatte zwar inzwischen mehrere Agenturen in Deutschland, die Gigs für mich buchten, aber die gesamte Koordination der Auftritte, die Abrechnungen und Überweisungen an die Musiker gingen nach wie vor über meinen Schreibtisch. Alles lief soweit gut. Bis mich eines Abends Berti Hahn aus dem Koblenzer *Café Hahn* anrief: "Wo bleibt ihr denn?" Ich schaute in meinen Terminkalender – da stand nichts. Ich sah in den Ordner für Verträge – tatsächlich, da war ja die Vereinbarung für das Konzert mit dem *Joja Wendt Quartett*! Den Termin hatte ich komplett übersehen und ihn auch nicht an die Kollegen weitergegeben. Wie peinlich! Wir verabredeten einen neuen, und damit war die Sache erledigt.

Von den vielen Konzerten in der *Music Hall Worpswede* ist mir eines ganz besonders in Erinnerung geblieben: In den 1990er-Jahren sollten wir hier wieder einmal mit dem *Joja Wendt Quartett* auftreten. Joja und ich kamen rechtzeitig zum Soundcheck um 16 Uhr. Doch wo blieben die Kollegen? Kleine Panik, als wir herumtelefonierten: Der Drummer Christoph Buhse war in Fürth, der Saxophonist Frank Delle auf Borkum und der Bassist Thomas Biller in Ostfriesland bei seinen Eltern. Was war passiert? Scheinbar war der Termin im Kalender falsch eingetragen. Was nun? Im Duo spielen? Nee, es musste schnell Ersatz her. Aus Bremen kam Herbert Tapke, den wir von der letzten Kreuzfahrt kannten, mit seinen Trommeln angerauscht, und ein Freund holte den Mundharmonikaspieler Klaus Grossert aus Langwedel ab. Ungeprobt und auf Zuruf spielten wir zwei Stunden lang vor begeistertem Publikum ein einmaliges Konzert, das ich nie vergessen werde.

Und dann passierte eines Tages das, was für Sänger ein Albtraum ist: Seit vielen Jahren litt ich unter Zahnproblemen und war seit 1993 in Behandlung bei einem Spezialisten in Frankfurt. Mein Gebiss sollte komplett saniert werden, zum dritten Mal eine Überkronung der oberen und unteren Zahnreihen. In jeder Sitzung gab es das volle Programm, manchmal fünf Stunden am Stück. Meine Anreise aus Hamburg musste sich ja schließlich lohnen. Morgens um acht Uhr setzte ich mich in die Bahn und um 13 Uhr legte mein "Sado-Maso-Verhältnis" los, bis ich abends um 18 Uhr völlig fix und fertig zurück nach Hamburg fuhr. Manchmal, wenn nötig, blieb ich auch zwei Tage, um überhaupt, mit einem Zahnprovisorium versehen, essen zu können. Diese Prozedur ging über mehrere Jahre und kostete mich einen Haufen Geld. Die Krankenkasse wollte die privatärztlichen Rechnungen nicht übernehmen und ein herausnehmbares Gebiss kam für mich nicht infrage, denn damit hätte ich nicht mehr singen können. Der Druck in der Mundhöhle wäre damit einfach zu hoch. Im Juni 1995, ich war noch immer in Behandlung, spielte ich während einer Süddeutschland-Tour mit Joja und Band im Münchener *Feierwerk*. Seit Tagen fühlte ich schon, wie sich das Provisorium der oberen Vorderzähne lockerte. Beim Singen rutschte es andauernd von den Zähnen, sodass ich es mit der Zunge wieder auf seinen Platz bugsierte. Das ging noch ganz gut bei den leiseren Stücken mit längeren Textpausen. Doch dann kam, so ziemlich zum Schluss, der Song *It's A Man's World*. Beim Intro merkte ich schon, wie durch den Druck auf die Zähne das Provisorium herausrutsche. Ich drehte mich um, schob es wieder rein und hielt es während des gesamten Stücks mit dem rechten Daumen fest. Das fiel erstmal nicht auf, denn meine rechte Hand, die auf dem Mikrofon lag, verdeckte meinen Mund. Ich war schweißgebadet, es war der Horror! Als das Stück zu Ende war, fragte ich das Publikum: "Gibt es unter euch vielleicht einen Zahnarzt?" – "Höhöhö." Ungläubiges Raunen im Saal. "Ich meine es wirklich ernst", sagte ich bekümmert und erzählte, was ich gerade durchmachte. Da kam eine junge Frau zur Bühne und sagte, sie sei Zahnärztin. Ihre Praxis lag etwas entfernt vom *Feierwerk* und war eigentlich geschlossen, weil sie am nächsten Tag in Urlaub fahren wollte. Die Band musste das Konzert allein zu Ende spielen, ich schlug schnell ein Handtuch um meinen verschwitzten Kopf, dann fuhren wir durch das nächtliche München in ihre Praxis und sie befestigte die lockeren Zähne, sodass ich die nächsten Konzerte risikolos über die Bühne bringen konnte. Das werde ich nie vergessen. Danke, Dr. Helga Kurz!

Ganz schlimm war es auch, als ich mich im Oktober 1997, einen Tag vor der zweiten Kreuzfahrt, frühmorgens im Spiegel sah: Unterkiefer und Unterlippe waren dick angeschwollen – das Grauen! Ich wollte schon die Reise absagen, aber Joja hatte eine bessere Idee: Er schickte mich zu seinem Hamburger Zahnarzt in Behandlung, und wir konnten am nächsten Tag nach Genua fliegen, um die Reise ins Mittelmeer anzutreten. Meine dicke Backe verschwand nach und nach, auch dank des Bordarztes, und schon bald stand ich wieder auf der Bühne. Bei dem Hamburger Zahnarzt fühlte ich mich übrigens so gut und fachmännisch aufgehoben, dass ich seitdem dort Patientin bin. Es lief nicht immer alles rund, aber meistens ging es doch gut aus.

Nikolaus, der uns oft zu den Konzerten begleitete und die Musik liebte, ließ es sich nicht anmerken, wenn es ihm schlecht ging. Vor den Auftritten machte er Späße mit den Kollegen in der Garderobe. Von draußen vernahm man seine sonore Stimme, dann Gekicher und schallendes Gelächter. Wenn ich die Tür öffnete und hörte: "Psst, die Chefin kommt", dann wusste ich: Nikolaus hatte mal wieder einen Herrenwitz erzählt. Die Band hatte Spaß, und wir gingen bestens gelaunt auf die Bühne. Sein Beruf als Blumenhändler war jedoch ziemlich stressig. Wenig Schlaf, die Aufregung bei Versteigerungen, vierzig bis fünfzig Zigaretten am Tag, Mengen von Kaffee und ungesundem Essen schadeten seiner Gesundheit. Wenn er übermüdet zu mir nach Hamburg kam, dachte ich oft: So kann es nicht weitergehen. Schließlich gibt es kein wertvolleres Gut als die Gesundheit. Geld und Ruhm sind relative Werte und machen nicht glücklich, wenn man krank ist. Weil Mahnungen nerven, schrieb ich das Lied *What Is A Handful Of Gold* für ihn. Am 23. Dezember 1996, einen Tag vor Heiligabend, bekam ich einen Anruf aus dem Krankenhaus Bergmannsheil in Bochum. Er war mit Verdacht auf Herzinfarkt eingeliefert worden und musste dort über Weihnachten zur Beobachtung bleiben. Sein Leben hing an einem seidenen Faden. Was für ein trauriges Weihnachtsfest! Meiner Mutter ging es auch nicht gut, deshalb blieb ich an Heiligabend bei ihr. Ich hatte eine Erkältung und fuhr erst am Ersten Weihnachtstag zu meinem Schatz. Nikolaus beichtete mir, dass er schon viele kleine Infarkte gehabt hatte, mich aber damit nicht belasten wollte. Im Februar 1997 bekam er vier Bypässe, die Ärzte hatten sich Mühe gegeben, nach ein paar Tagen ging es ihm schon viel besser. Dennoch: Es musste sich etwas in unserem Leben ändern.

Ich hatte versprochen, Nikolaus zu heiraten, wenn sein Sohn 16 Jahre alt wäre. Nun, das war nicht mehr so lange hin. Seit 1993 war er geschieden, wir hatten also klare Verhältnisse. Trotzdem brauchten wir ein gemeinsames Zuhause. Auf unseren Ausfahrten ins Hamburger Umland liebäugelten wir oft mit Grundstücken und Häusern, aber wegen der hohen Verkaufspreise blieb alles nur Gedankenspielerei. Da bekam ich die Mitteilung von unserem Sylter Vermieter, dass er das *Jens Lüng Hüs* an seinen Neffen abgegeben hätte und uns damit kündigte. Elf unvergessliche Jahre hatten wir, meine Patchworkfamilie und ich, dort verbracht! Thomas Biller, unser Bassist meinte: "Och, es ist nicht nur in Nordfriesland schön. Auch in Ostfriesland, da haben Freunde von mir einen Bauernhof mit einem großen Garten, da könnt ihr Urlaub machen." Neugierig fuhren wir dorthin und machten eine Woche Ferien. Es war nicht direkt Ostfriesland, aber die Wesermarsch, nicht weit entfernt vom Jadebusen und der Nordsee. Das alte Bauernhaus stand in einem kleinen Dorf, dessen Höfe auf großen Weidegrundstücken entlang einer Straße liegen. Zur Westseite hin stand vor dem Haus eine Bank, von dort ließ sich wunderbar über die Weiden der Sonnenuntergang beobachten. Ab und zu knatterte ein Traktor vorbei, und man grüßte sich: "Moin!" Ich fühlte mich wieder wie bei meiner Tante Minna auf dem Bauernhof. Die Ruhe und der Geruch der Buchsbaumhecken waren wie Balsam für meine Seele und erinnerten mich daran, wie viel Freude ich als Kind an meinem kleinen Gemüsebeet hatte.

Aus meinem Tagebuch

Wesermarsch, 24. Juni 1998
Vorletzter Ferientag, wieder ein schöner Sonnenuntergang. Wir sitzen mit unserer Freundin Anke, Tochter der Hausbesitzer, auf der Bank und klönen. Da sehe ich ein Pferd allein über die Straße trotten. Ich sag: "Guck mal Anke, da ist 'n Pferd." Anke: "Wo?" Ich deute auf das Pferd, das mit gesenktem Kopf vor sich hin trottet. "Na da, das Pferd vom Nachbarn, das gestern gehustet hat und weggesperrt wurde. Du,

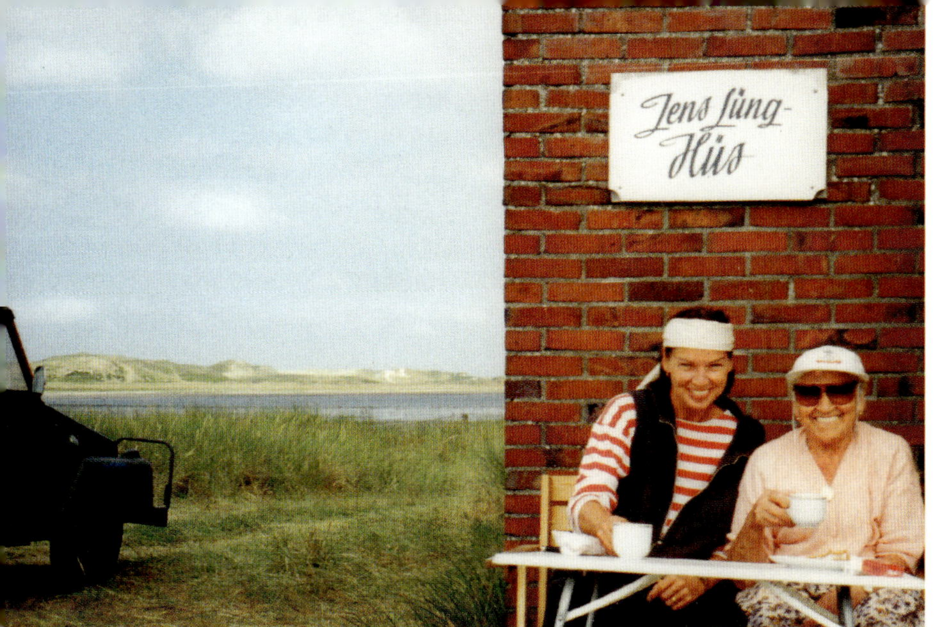

1996. Das *Jens Lüng Hüs* auf Sylt. Entspannung pur. Mit Mutti.

1996. Schöne Kreuzfahrten mit unseren Liebsten. Hier in Athen mit Nikolaus.

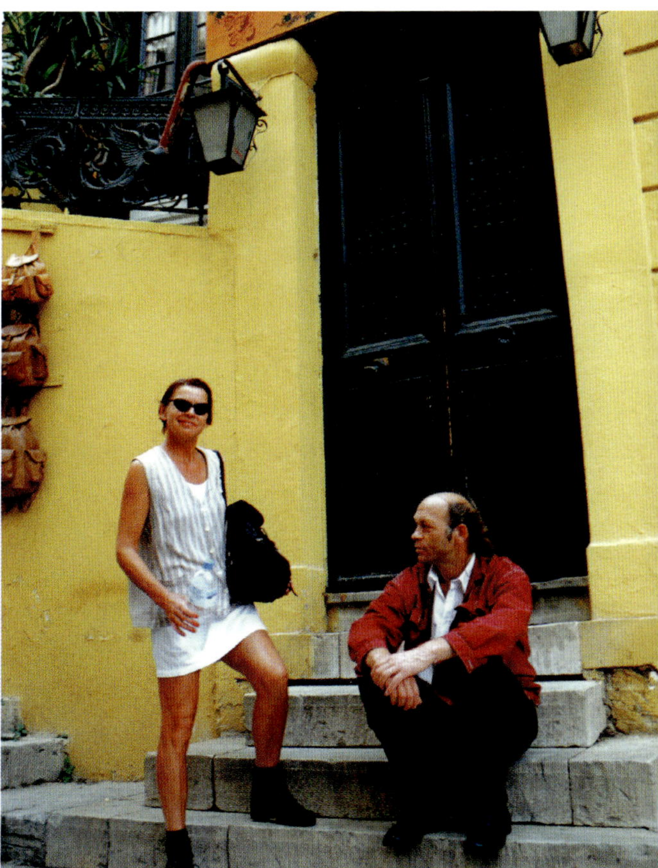

das sucht seine Freunde und will zurück auf die Weide". Anke: "Das müssen wir wohl hierherbringen." Anke geht mit einem Büschel Heu zur Straße und gibt dem Pferd zu verstehen, "dat allens klor" ist und sie es zu seinen Kollegen "op de Wiese" bringt. Anke schreit zu mir rüber: "Mach dat Gatter op!" Und da galoppiert das Pferd auch schon an mir vorbei auf die Wiese zu den anderen Pferden. Am nächsten Tag kommt der Nachbar, dem das Pferd gehört, zu uns und bedankt sich für unsere Hilfe. Ich schwärme von der guten Luft, der Ruhe und fantasiere: "Man könnte doch ... wenn man alt ist ..." Der Nachbar sagt: "Ihr könnt hier was kaufen." – "Wo?" – "Hier in der Straße, ein paar Häuser weiter." Es ist 20.30 Uhr, eine halbe Stunde vor dem entscheidenden Fußballspiel Deutschland gegen Mexiko. Ich will unbedingt das Haus sehen. Nikolaus sagt: "Aber doch nicht jetzt!" Ich gebe keine Ruhe: "Es dauert nur zehn Minuten." Der Nachbar fährt uns hin. Über eine lange Auffahrt geht es auf ein völlig verwildertes Grundstück, das verwahrloste Haus liegt auf einer Wiese wie das Mittelstück in einer Torte. Wenn man sich den ganzen Müll, der überall herumliegt, wegdenkt, ist es genau das alleinstehende Haus, das ich mir vorgestellt habe. Ich will es haben!

"Wie soll das denn gehen", fragte mich Nikolaus. "Du bist immer unterwegs oder in Hamburg, und ich bin bei meiner Arbeit." – "Lass mich mal machen", sagte ich. Das Pferd, das wir eingefangen hatten, hieß übrigens BINGO.

Station 10

Walking In The Light
1998–2000

Going To The Country.
Unterwegs im Auftrag des Herrn.
Glück und Trauer liegen nahe beieinander.

In Hamburg schlief ich ein paar Nächte über meinen Plan. Als unser Freund Stefan, der Architekt, das Haus begutachtet hatte und meinte: "Da muss zwar viel dran gemacht werden, ist aber sonst ganz okay", war ich mir sicher, dass es unser Haus werden würde. All die Jahre hatte ich mein Geld zusammengehalten und gespart. Das musste endlich investiert werden, am besten in eine Immobilie. Was Nikolaus auf dem Konto hatte, interessierte mich gar nicht. Ganz allein wollte ich das Haus finanzieren, und jedes Lied, das ich gesungen hatte, würde ein Ziegelstein sein. Der Hof von 1852 stand seit sieben Jahren leer. Der Besitzer hatte halbherzig hier und da mit Restaurierungsarbeiten begonnen, war aber durch familiäre Umstände überfordert und bot es nun zu einem relativ günstigen Preis zum Kauf an. Ich machte mit ihm bei einem Notar den Kaufvertrag, und der Nachbar, ein zugezogener Handwerker, würde das Bauvorhaben leiten. Schließlich gab es Telefone und Faxgeräte, und wir würden, wenn nötig, hier auch ein paar Tage verbringen können. Die Infrastruktur im Umland war gut, die Anbindung an Autobahn und Bahnhöfe bestens. Die Nachbarschaft machte einen gediegenen Eindruck, es gab Zugezogene, die genau wie ich einen Resthof gekauft und modernisiert hatten. Und es gab die Einheimischen. Manche betrieben Vieh- und Milchwirtschaft auf dem Hochmoor der Wesermarsch, wo außer Heu und Torf nicht viel einzubringen ist. Außerdem wimmelte es von Handwerkern, die sich als Zimmermann oder Dachdecker über jeden neuen Auftrag freuten. Ich fühlte mich gut aufgehoben. Und das beste: Der Ort lag genau in der Mitte der Strecke zwischen Hamburg und dem Ruhrgebiet. So hatte jeder von uns nur etwa 200 Kilometer, die Hälfte der bisherigen Fahrt, bis zu unserem gemeinsamen Nest zu fahren. Ziemlich stolz ging ich in Hamburg zu meiner Sparkasse, erklärte mein Vorhaben und bat um die Überweisung der Kaufsumme. Der Berater schlug vor, einen Kredit aufzunehmen. Mein Geld auf dem Sparbuch sollte ich lieber in Containerschiffe anlegen, das verspräche eine höhere Rendite und sei "bombensicher". Ich hatte keine Ahnung von solchen "Finanzprodukten", schon das Wort kam mir unheimlich vor. "Nö, das kommt für mich überhaupt nicht infrage. Noch nie hat in unserer Familie jemand Schulden gemacht oder einen Kredit aufgenommen, und ich werde es auch nicht tun", sagte ich zu dem Berater. Der verzog nur verächtlich sein Gesicht.

Zum Hof gehörten 5000 Quadratmeter Land, das von Brennnesseln überwuchert war. Als wir uns daran machten, es mit Motorsensen zu bearbeiten, fanden wir unter anderem: ein eingesunkenes verrostetes Auto, zertrümmerte Gläser und Flaschen, Schrott von landwirtschaftlichen Geräten, Plastikhaufen, zugewachsene Teppiche und Seile. Die machten besonderen Spaß. Wenn man an einem Zipfel zog, schlängelte sich das Seil durch das halbe Grundstück und riss den Boden mit sich. Nikolaus arbeitete eifrig mit. Er fühlte sich nach seiner Herz-OP wieder gesund und war froh über die körperliche Bewegung an der frischen Luft. Er zweifelte indes noch, ob der Hauskauf die richtige Entscheidung gewesen war. Aber als es nach und nach mit dem Ausbau voranging, bekam auch er große Lust, das Grundstück aufzuräumen und den Garten für unser "Paradies" anzulegen. Das Haus wurde komplett entkernt. Eine Dachhälfte musste neu gedeckt, Außenwände hochgezogen, neue Fenster und Türen eingesetzt werden. Alles musste neu installiert werden: die Heizungs-, Elektro- und Sanitäranlagen, Abwasserrohre und ein Klärpott. Natürlich mussten auch der Boden gefliest und eine Küche eingebaut werden. Ich stellte mir das Haus fertig saniert vor und fand es aufregend, in den Baumärkten nach Materialien zu stöbern und über die vielen Möglichkeiten der Innenarchitektur nachzudenken. Ich zeichnete Pläne und faxte sie meinem Bauleiter. Manche Nacht wachte ich auf: “Auweia, wenn das mal gut geht!” Ich war davon ausgegangen, alles würde viel schneller erfolgen. Wir waren enttäuscht, wenn wir zum Bau kamen und sich mal wieder nicht viel getan hatte. Obwohl ich Zug um Zug die geforderten Abschläge überwies, wurde die versprochene Leistung nicht erbracht. Ich fand heraus, dass mein Bauleiter nicht den besten Ruf hatte. Wenn er versprach: “Im November ist die Heizung drin”, dann fragten mich die Nachbarn ironisch: “In welchem Jahr denn?” Jeder, der schon mal gebaut hat, kennt so etwas oder noch Schlimmeres. Ich hatte überhaupt keine Ahnung von den verschiedenen Gewerken, aber lernte im Lauf der Zeit dazu. Immer wieder kam etwas Neues, das mich beschäftigte und mich nachts schweißgebadet aufwachen ließ. Und natürlich überstiegen die Ausgaben den Kostenvoranschlag.

Als das Dach gedeckt, die Diele entkernt, Fenster und Türen eingesetzt waren, machte ich mit meiner Mutter und meiner Schwester, die gerade aus Kanada zu Besuch war, einen Ausflug zu meinem Anwesen. Meine Mutter staunte: “Na, du hast Mut!” – “Na klar”, lachte ich. “Ich bin ja auch deine Tochter.” Meine Mutter hatte ebenfalls Mut bewiesen, als sie im Januar 1945 auf der Flucht aus Ostpreußen in eine unbekannte Zukunft war. “Es sieht hier ein bisschen aus wie in der Heimat”, sagte sie. “Nur ohne Hügel und ohne die masurischen Seen.” Ja ja, die Gene ...

Nach den ungewohnten Aufräumarbeiten auf dem Grundstück litt ich immer wieder an furchtbaren Rückenschmerzen und konnte mich kaum bewegen. Ich dachte: Wie soll das bloß zukünftig werden? Aber mit Wärmflaschen entspannte sich die Rückenmuskulatur wieder. Die Gartenarbeit gefiel mir immer besser. Wenn ich von meinen Konzerten auf den Hof kam und am nächsten Tag in der Erde wühlte, fühlte ich mich zufrieden und ausgeglichen. Und wenn die Pflanzen, die wir gesetzt hatten, im Frühjahr blühten, war es wie ein Wunder für uns. Ich bekam ein neues Bewusstsein für die Natur und den Wechsel der Jahreszeiten. Und wir gewannen neue Freunde. Die Nachricht, dass ich hier ein Haus gekauft hatte, sprach

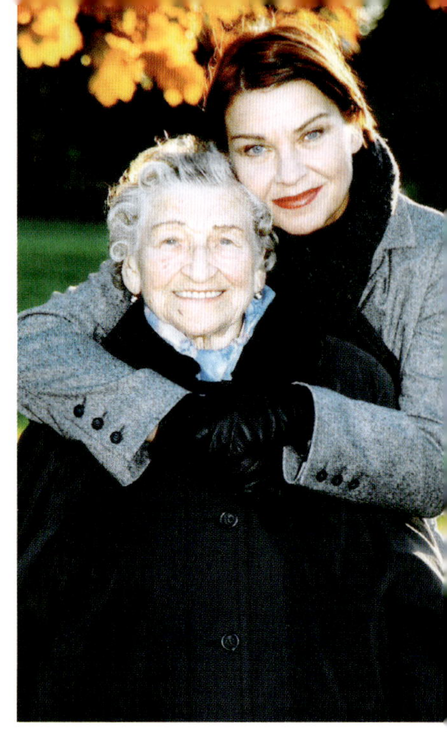

1999. Mit Mutti.
Ohne Worte.

1999. Abi Wallenstein,
mein Bluesbruder,
ist auch immer noch
“on the road”!

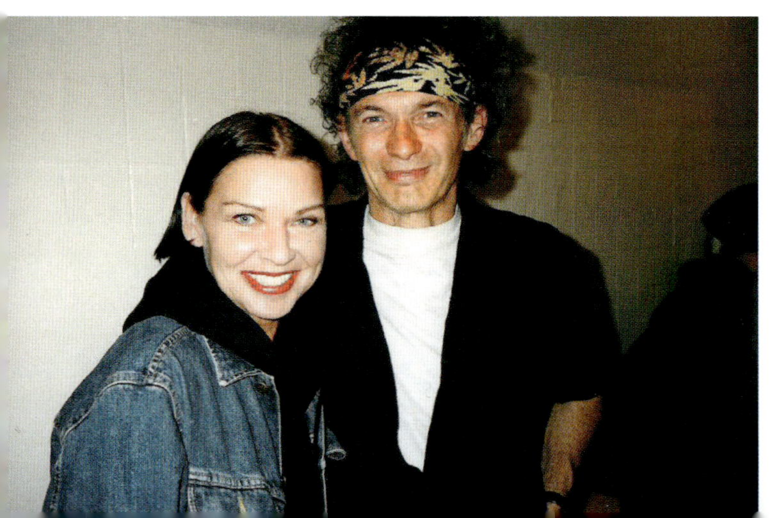

sich schnell herum. Zuerst hieß es: “Nina Hagen zieht hierher.” Aber das waren die Leute, die sich nicht so gut in der Musik auskannten, und sie wurden schnell eines Besseren belehrt von den Eingeweihten, meinen Fans. In dieser Gegend hatte ich schon viele Male in diversen Clubs und auf Festivals gespielt. Die echten Musikfans konnten sich sogar noch an meinen Auftritt mit *Frumpy* im Jahr 1972 in der Kleinstadt Varel erinnern. Und die Kinder meiner neuen Freunde mochten denselben Rock und spielten schon in eigenen Bands.

Damals erschienen mir die Fahrten in den Nordwesten, nach Wilhelmshaven oder Nordenham, ewig lang. Jetzt lag alles “umzu”. Merkwürdig, wie sich alles fügte. 1970 hatte ich für *Frumpy* ein Stück geschrieben, das *Going To The Country* hieß. Als hätte ich es geahnt. Ich war heilfroh, dass ich hier, in meiner neuen Heimat, durch meine Musik so viel “Kredit” genoss. Man ließ mich in Ruhe, doch wenn Hilfe vonnöten war, kamen sofort Freunde oder Nachbarn mit Rat und Tat vorbei.

Nikolaus hatte zu joggen begonnen und fand Lauffreunde. Wir liebten die Geselligkeit auf dem Land, die Einladungen zum Essen an langen Tischen mit lustigen Geschichten und skurrilen Anekdoten von Land und Leuten. Und wenn genügend Alkohol geflossen war, auch Klatsch und Tratsch aus dem Dorf. Endlich, als die Heizung funktionierte und Trinkwasser aus der Leitung kam, konnten wir mit etwas Hausrat einziehen und den Übergang ins Jahr 2000 feiern. Mit “Zuckerbrot und Peitsche” trieben wir unseren Bauleiter voran, und alles ging gut aus. Eigentlich wurde es ein komplett neues Haus, bis auf die Bodenplatte und den Balken und Ständern aus Eiche von 1852.

Während der Ausbau Fortschritte machte, war ich zwischen Stadt und Land unterwegs und tourte weiterhin mit meinen Gruppen. Ein unerwartetes Geschenk machte mir das Hamburger Label *Repertoire Records* mit der CD *The Best Of All My Years so far*. Auf der Doppel-CD wurden 35 Songs meiner Karriere von 1966 bis 1996 veröffentlicht. Aber nicht nur ich freute mich über diese “Best Of”-CD, sondern ebenso viele Musikliebhaber. Der Chef von *Repertoire*

Records, Killy Kumberger, hatte sich Anfang der 1990er-Jahre auf CD-Neuauflagen klassischer Pop- und Rockalben spezialisiert, die ursprünglich in den 1960er- und 1970er-Jahren herausgegeben worden waren. Für viele unserer *Frumpy*- und *Atlantis*-Fans, deren schwarzes Vinyl vom vielen Abspielen längst zerkratzt war, kamen die CDs gerade recht. Auch *East West Records* veröffentlichte 1998 eine Compilation von zwanzig Songs aus meiner Zeit mit *Die City Preachers* auf der CD *In The Beginning.* Darauf befanden sich teilweise meine deutschsprachigen Singles, die ich schon lange nicht mehr gehört hatte. Und eigentlich auch nicht mehr hören wollte.

Die Versicherungsgesellschaft *Lloyd's* lud mich 1997 zu einer Konzertreihe ein und fing in ausgesuchten Räumlichkeiten wie dem Meistersaal der *Hansa Studios* die begeisterte Atmosphäre der Galakonzerte auf Mitschnitten ein. Zur Erinnerung an diese besonderen Abende gab es für die Geschäftsfreunde der Versicherung eine CD. Mit dem *Joja Wendt Quartett* erhielten wir so 1997 unsere erste Live-CD *At Lloyd's*. 1998 hatte ich noch einmal das Glück, mit meiner Gospelgruppe *Lovetrain* für mehrere Veranstaltungen eingeladen zu werden. In dem herrlichen Saal des *CHAMÄLEON Theater* in Berlin entstand 1998 die letzte CD dieser Konzertreihe: *At Lloyd's – The Power Of Gospel.*

Durch die vielen Kirchenkonzerte war der evangelisch-lutherische Pastor und Liedermacher Fritz Baltruweit aus Hannover auf mich aufmerksam geworden. Im Jahr 2000 sollte in der niedersächsischen Hauptstadt die EXPO stattfinden. Das Evangelische Büro bereitete sich auf das große Ereignis vor und hatte Fritz Baltruweit als Referent beauftragt, für einen Christuspavillon auf dem EXPO-Gelände die musikalische Programmgestaltung zu übernehmen. Es gab auch ein Motto aus der Bibel: "Die Seligpreisungen der Bergpredigt". Er fragte mich, ob ich mir vorstellen könne, dort einige Konzerte zu geben und darüberhinaus die "Seligpreisungen" zu vertonen. Das war zwar eine ehrenvolle Einladung, aber über solch ein schwieriges, in meinen Augen gesellschaftspolitisches Thema ein Lied zu schreiben, schien mir eine komplizierte Angelegenheit zu sein. Im Dezember 1998 fand ich endlich ein paar Tage Zeit, mir darüber Gedanken zu machen. Ich las nach langer Zeit wieder einmal in der Bibel, studierte diese und jene Zeile aus den “Seligpreisungen” und suchte nach einer Gesangsform. Aber nichts gefiel mir so richtig gut. Im Januar 1999 versuchte ich es noch einmal, und plötzlich hatte ich die Lösung: Ich wollte den Originaltext aus Matthäus 5 in einer Art Sprechgesang mit einem Chor über einen groovigen Rhythmus legen. Und zwar auf Englisch, und der Titel sollte lauten: *Walking In The Light.* Ich besorgte mir eine englische Bibel, und was mir anfangs als verstaubtes, schwieriges Thema erschien, entpuppte sich als eine – immer noch – aktuelle Aufgabe. Die Bergpredigt, die von der Kraft der Liebe und der Hoffnung spricht, sollte einerseits den einzelnen Menschen berühren, andererseits aber auch die gesamte Menschheit herausfordern. Mehr denn je brauchte man diese Botschaft in einer Gesellschaft, die sich immer mehr auseinanderentwickelte. Und es war auch keine Utopie zu singen: “Blessed are the meek, for they will inherit the earth.” (Gesegnet sind die Sanftmütigen, denn sie werden die Erde erben). Denn wir alle hatten es erlebt, es war eine Tatsache, dass die Mauer am 9. November 1989 zwischen Ost und West ohne Blutvergießen gefallen war. Es fielen mir immer neue Texte und Melodien für weitere Stücke ein, die ich nach und nach auf Band spielte. Jesus, dem Revolutionär und Heiler, wollte ich zum 2000. Geburtstag mit den Liedern *Jesus Is The King* und *Tell Me Good News* gratulieren. Und ich wollte am monotheistischen Dogma kratzen, der “himmlischen Mutter” einen Platz neben dem “himmlischen Vater” in dem Lied *What Would I Do Without Your Love* einräumen. Denn ich konnte mir einfach nicht vorstellen, dass der “Big Bang”, der Urknall, aus einer einzelnen Polarität, dem männlichen Prinzip, hervorgegangen war. So kamen zehn neue Stücke zusammen. Eines erzählte von meinem Verhältnis zur Natur und zum Leben wie in *Transformation,* ein anderes von meinen Hoffnungen in *We Sail Away*. *Only God Makes Stars* war eine besonders emotionale Ballade, in der ich in unserer modernen Welt der Wunder den ganz stillen Moment der Demut erlebte. Und dann durfte die archaische Erzählung vom Grenzgänger zwischen den Kulturen, der Song *How The Gipsy Was Born,* natürlich nicht

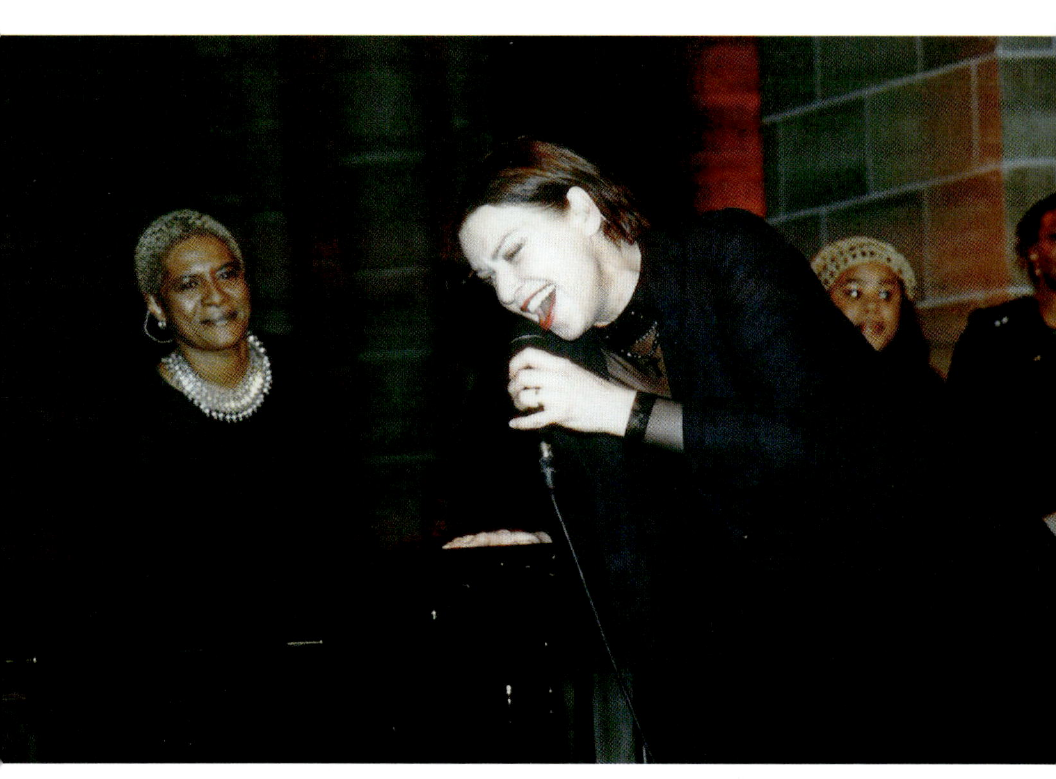

2000. Unterwegs im
Auftrag des Herrn.
Von links: Freda Goodlett,
ich, Heather Sacks,
Lisa Cash.

fehlen. Das Stück sollte ein ganz neues Gewand aus Break-Beats und einem großen Orchester-Arrangement bekommen. Im Kern enthielten alle Lieder die Botschaft, Licht und Freude ins Leben zu bringen und Mut zum Leben zu machen. Ich nahm das, was der Reformator Martin Luther um 1540 gesagt hatte, wörtlich: “Singet dem Herrn ein neues Lied.” Okay, ob er mein Engagement gutgeheißen hätte, ist fraglich, denn Luthers Rollenbild der Frau war eindimensional gewesen. Den Luther-Spruch: “Unkraut wächst schneller, daher wachsen die Mädchen rascher als die Knaben”, konnte man so deuten: Mit Unkraut bezeichnet man Pflanzen, die an kultivierten Standorten unerwünscht, störend und nutzlos sind. Luthers Spruch ist eine sehr diskriminierende und auch verwegene Behauptung. Glücklicherweise liegen 500 Jahre und die Aufklärung zwischen damals und heute. Deshalb antworte ich mit einem Zitat aus Betty Newsomes Text des James Brown Songs: “This is a man’s world, but it would be nothing without a woman or a girl.” (Es ist eine Männerwelt, aber sie wäre nichts ohne Frauen und Mädchen.) Geschenkt – wir sind alle Gefangene unserer Zeit. Mein Musikvorhaben sollte nicht altmodisch-religiös, sondern auf verständliche, plakative Weise und in populärer Musikform rüberkommen.

Wenn man im Auftrag des Herrn unterwegs ist, sind die helfenden Engel nicht fern. Andreas Linke, damals Ressorleiter beim *Zeitungshaus Bauer* in Marl, hatte in den vergangenen Jahren einige Interviews mit mir geführt, war auch einmal mit uns auf Mittelmeerkreuzfahrt gewesen und immer noch mein “Fan”. Zum Konzert in der *Fabrik* im Januar 1999 brachte er seinen Freund Jürgen Hoffmann mit. Jürgen, ein erfahrener Konzertagent und Manager aus Münster, hatte schon viele Großveranstaltungen in Deutschland organisiert und war zu der Zeit Manager des Comedians, Musikers und (Nach-) Namensvetters Rüdiger Hoffmann. (“Ja, hallo erst mal!”) Ich erzählte ihm von der EXPO 2000, meiner Einladung in den Christuspavillon und meinen bisherigen Kirchenkonzerten. Er zeigte großes Interesse, dieses Projekt mit all seinen Möglichkeiten zu begleiten. Wir redeten die halbe Nacht lang darüber, wie das wohl gehen könnte, denn mit der Institution Kirche hatte er noch nie zu tun gehabt.

Während Nikolaus und ich im März 1999 auf eine 14-tägige Südostasien-Kreuzfahrt gingen und von Singapur über Malaysia, Indonesien, Madras, Sri Lanka und Bombay nach Oman schipperten, vertiefte sich Jürgen Hoffmann in meine Musik, dachte darüber nach und ließ seine Kontakte spielen. Er wollte das *Walking In The Light*-Projekt größer werden lassen als von Fritz Baltruweit geplant. Mit der *BMG* handelte er einen Plattendeal aus und begann, eine längere Kirchen-Tournee zu arrangieren. Alles musste nun zügig vorangehen. Wir bereiteten die Promotion vor, Andreas machte die Fotos, wir drehten einen TV-Spot für RTL und das Wichtigste: Eine CD musste her! Im Juni trafen wir uns mit Curt Cress, unserem ehemaligen *Atlantis*-Drummer, der in den späten 1980er- bis 1990er-Jahren einer der meistbeschäftigten Drummer der Welt war und seine zweite Karriere startete, in der er ebenso erfolgreich war: Er gründete die *Pilot Recording Studios* in der Münchner Innenstadt, in denen er – von Falco über Nena bis Udo Lindenberg – alle Größen der deutschsprachigen Rockmusik produzierte. Zeitlich war alles wieder mal sehr eng, und deshalb sollte die Produktion sofort losgehen. Sein exzellentes Studioteam bestand, neben Curt Cress und Hartmut Pfannmüller als Produzenten, aus den Arrangeuren und Musikern Chris Weller, Konrad Bücklers und Stefan Schrupp. Die Playbacks sollten größtenteils fertig sein, bevor ich im Juli dort meine Stimme synchronisieren konnte. Das war sehr ehrgeizig, aber typisch für Curti.

Als ich Mitte Juli im Studio ankam, lief in allen Studioräumen das Programming meiner Songs noch auf Hochtouren. Es fühlte sich an wie in einem Raumschiff. Das Team arbeitete fast rund um die Uhr und war beinahe von der Außenwelt abgeschlossen. Sie leisteten eine grandiose Arbeit, jedes Arrangement, das sie kreierten, war eine Überraschung. Ich erinnere mich noch genau, wie Chris Weller mich in den Abhörraum bat, um *Only God Makes Stars*, das er gerade fertig eingespielt hatte, anzuhören. Orchestrale Klänge erfüllten den Raum, und ich war so berührt, dass mir die Tränen kamen. In der Gesangskabine, in der ich meine Stimme in den Computer singen sollte, hatte ich dieses Mal alle Zeit der Welt und konnte endlich einmal länger als sonst mit meiner Stimme experimentieren. Die Zeit in München war sehr angenehm und so ganz anders als im hohen Norden. Besonders in der Nähe des Studios, am Viktualienmarkt, ließ sich das bayerische Leben gut beobachten. Manchmal saßen wir auch im Englischen Garten bei einer Maß Bier und gönnten uns eine Auszeit in der warmen Julisonne. Jürgen Hoffmann hatte derweil meistens sein Handy am Ohr und telefonierte, oder wir entwarfen Strategien für Promotionmaßnahmen. Für den Herbst 1999 hatte er schon etwa zwanzig Termine in deutschen Kirchengemeinden fest gebucht. Die Planung für unsere Konzerte ging bis weit ins neue Jahrtausend und sollte uns auch ins benachbarte Ausland führen. 16 Auftritte im Christuspavillon auf der EXPO 2000 in Hannover würden als Glanzpunkte in der Zeit vom 1. Juni bis 31. Oktober 2000 liegen. Das passte alles sehr gut zusammen, und so konnte ich auch noch die Verpflichtungen mit meinen Gruppen *Rockship, Lovetrain* und dem *Joja Wendt Quartett* bis zur Jahresmitte erfüllen.

Als nach 14 Tagen alle Playbacks fertig waren und meine Stimme eingesungen war, wurde es noch einmal spannend: Matthias Pogoda spielte das Piano, der Hannoveraner Lutz Krajenski die Hammondorgel, der Münchener Ossi Schaller die Gitarre, Ernst Ströer die Percussion, und auf die Adaption von *How The Gipsy Was Born* zauberte der Wahnsinns-Geiger Hannes Beckmann ein unglaubliches Violinen-Solo. Obwohl Curt Cress schon für längere Zeit seine Trommelstöcke aus der Hand gelegt hatte, setzte er sich noch einmal für mich ans Schlagzeug und spielte auf *Only God Makes Stars* und dem Titelstück *Walking In The Light* timing-sicher und brillant. Ich hatte ja schon mit etlichen Chorstimmen im Norden gesungen; für diese Produktion trommelte Curt allerdings seine Münchener Kollegen zusammen. Ich war nicht nur von dieser "bunten" Truppe begeistert, auch der geniale Chorleiter Hermann Weindorf, der ein wunderschönes Chorarrangement für *Only God Makes Stars* und *How The Gipsy Was Born* schrieb, brachte mich zum Staunen. Genau wie in Hamburg gab es auch hier einen Musikerpool, aus dem für die Studioproduktionen gefischt wurde. Ich war mit dem Gesang von

Peter Bischof, John Davis, Giovanna Deiana, Jade Jaguar, Lisa Cash, Freda Goodlett und Nermin Gönenc höchst zufrieden, die drei letztgenannten Ladies hatten glücklicherweise Zeit und konnten auch für die anstehenden Konzerte gebucht werden.

Was für tolle Geburtstagsgeschenke, dachte ich, als ich am 2. August 1999, meinem 53. Geburtstag, im Flieger von München nach Hamburg saß. Im Gepäck ein Rough-Mix der neuen Produktion, und auf dem Weg nach Sylt ins *Meerkabarett*-Zelt zu einem Auftritt mit dem eingespielten *Joja Wendt Quartett*. Unser Programm stand, es brauchte lediglich einen kurzen Soundcheck, und schon konnte man sich auf ein tolles Konzert freuen. Und ich freute mich auf meinen Schatz, der für diesen Tag extra nach Sylt kam. Unsere Sehnsucht nacheinander und auch nach Ruhe war riesengroß, aber für einen längeren Urlaub auf unserer Lieblingsinsel war keine Zeit.

Ein Tag nach dem Konzert fuhr ich mit Nikolaus zurück nach Hamburg. Meine Mutter feierte ihren neunzigsten Geburtstag. Schon Wochen zuvor hatte ich eine Party für sie im *Landhaus Walter*, einem Restaurant im Hamburger Stadtpark, arrangiert. An ihrem großen Tag kamen aus unserer Verwandtschaft und der Patchworkfamilie dreißig kleine und große Leute zusammen, die sich viele Jahre nicht mehr oder noch gar nicht gesehen hatten. Die zweite Familie meiner Mutter war ebenfalls musikalisch, und so ergab sich ein Ständchen nach dem anderen. Mein alter Freund und Kollege Vince Weber, der meiner Mutter sehr zugetan war, hatte Wind von der Geburtstagsfeier bekommen, kam mit seiner Freundin Annette und überraschte uns mit einigen seiner Songs am Piano. Mutti war bester Laune, selig, noch einmal all ihre Lieben um sich zu haben. In diesem hohen Alter und nach vielen Krankheitsgeschichten, wusste man nicht, wie lange sie noch durchhalten würde. Sie lebte noch immer in ihrer eigenen kleinen Wohnung, und mit meiner Hilfe bei der Hausarbeit, den Fahrten zum Arzt und beim Einkauf ging das alles noch gut und war meistens zu schaffen. Trotzdem musste es immer schnell, schnell und möglichst ohne Störungen ablaufen. Einmal wäre fast ein Unglück passiert: Ich hatte Essen vorgekocht und wollte es meiner Mutter zu ihrer fünf Kilometer entfernten Wohnung bringen. Weil das Wetter schön war, nahm ich mein Rennrad und transportierte das Essen in einem großen Weckglas im Rucksack auf dem Rücken. Als ich einer Gruppe Kinder auswich, geriet ich an den Rand des Bordsteins und die Räder blockierten. Es ist schon seltsam, wie das Gehirn bei so plötzlichen Ereignissen funktioniert; alles läuft wie in Zeitlupe ab. Während ich über die Lenkstange auf das Straßenpflaster flog, dachte ich: Morgen habe ich ein Konzert. Was ist wichtiger, die Zähne oder das Essen? Es muss ein ziemlicher Stunt gewesen sein, den ich da hinlegte, denn es ging glimpflich aus: Das Essen im Weckglas und meine Zähne konnte ich retten, aber meine beiden Unterarme und Handballen waren blutig aufgerissen. Am nächsten Tag trug ich dann ein langärmeliges Oberteil zum Auftritt, um die Wunden zu verbergen.

Schon oft hatte meine Mutter gesagt, sie könne nicht mehr, und sich gefragt, wann der Herrgott sie endlich zu sich nehmen würde. Als meine Schwester wieder einmal in Hamburg war, dachten wir mit ihr zusammen darüber nach, ob es nicht besser wäre, wenn sie in ein schönes Seniorenheim umziehen würde. Sie zögerte, aber ich klapperte vorsichtshalber in Hamburg die Altenheime ab und trug meine Mutter in die Wartelisten ein. Als sie einige Monate später mit einer OP im Krankenhaus lag und anschließend in eine Reha-Maßnahme kam, war ich froh, dass ich sie schon mal angemeldet hatte und wir vielleicht bald einen Platz für sie in Aussicht hatten.

Auch mein Vater in Bayern verlangte nach mir, und ich fuhr einige Tage zu ihm in das Dorf, in dem er seit vielen Jahren lebte. Seiner zweiten Frau ging es schlecht. Er selbst, im 88. Lebensjahr, hatte ebenfalls mächtig abgebaut und mich schon im vergangenen Jahr nicht mehr in Hamburg besuchen können. Früher war er gut zu Fuß, nun kam er ohne Gehhilfe kaum noch voran. Und doch musste alles im Haus besorgt und die Einkäufe erledigt werden. Glücklicherweise fand sich in der Nachbarschaft eine nette Frau aus der Kirchengemeinde, die ihnen zur Hand ging. So konnte ich, zwar nicht leichten Herzens, aber doch erst einmal beruhigt, meinen eigenen Dingen nachgehen. Und das war nicht wenig: Die Umbauten in unserem Landhaus mussten vorangebracht werden, aber dringender war noch: Für die neuen Auftritte musste ein Programm mit der Band und dem Chor erstellt und geprobt werden. Schon am 20. August sollten wir zusammen in Köln für eine kurze Show auf der Bühne der *PopCom* stehen, danach auf der IFA-Bühne in Berlin. Vorbereitend auf die kommende Tour hatte ich jede Menge Interviews in den Print- und E-Medien gegeben, und sogar das Magazin *DER SPIEGEL* hatte eine Seite über das neue Projekt gebracht.

Ende September war die CD *Walking In The Light* fertig und wir begannen in Telgte mit den Proben. Für die Liveband hatten wir den Hamburger Drummer Jost Nickel gewinnen können, das Piano spielte Matthias Pogoda. Weil die Kirchenakustik generell schwierig ist, entschlossen wir uns, nur digitale Instrumente der Firma ROLAND zu verwenden. Auf einen Bass konnten wir verzichten, denn Lutz Krajenski war Spezialist an den Fußpedalen seiner Orgel. Jost Nickel benutzte ein V-Drumkit, und nur die Percussion des Hannoveraners Hilko Schomerus war analog. Zu den drei gestandenen Chorladies Nermin Gönenc, Freda Goodlett und Lisa Cash aus der Studiosession stieß als vierte Sängerin die Kölnerin Heather Sacks hinzu.

Am 1. Oktober präsentierten wir auf der Hamburger *Gruenspan*-Bühne unsere CD *Walking In The Light* in einer fünfzigminütigen Liveshow. Jürgen Hoffmanns Agentur hatte gerade den Comedian Atze Schröder unter Vertrag genommen, den bislang keiner kannte, jedenfalls nicht im Norden. Atze sollte im Vorprogramm auftreten. Als er auf die Bühne kam, reagierte unser Publikum reserviert und steif. "Was will der denn hier?" Mit seiner Pudel-Minipli-Perücke, der getönten Pilotenbrille, Goldkettchen und Rolex-Imitation erschien er den Hamburgern ziemlich prollig – was ja auch gewollt war. Damals hätte niemand gedacht, dass ihn diese Markenzeichen und Atzes komisches Talent zu einem Star im Showgeschäft machen würden. Unsere Gästeliste war lang und, wie das immer so ist bei solchen Events, es wurde viel getrunken, viel gequasselt, und am Ende landeten die Musikerkollegen für eine Jamsession auf der Bühne. Bei unserer Aftershow stiegen meine Weggefährten Curt

Cress, Gitarrist Frank Diez und Joja Wendt mit mir auf die Bühne, und vom gospeligen "Oh Lord" ging es über zum souligen "Oh Baby".

Am 3. Oktober 1999 startete unsere Tournee mit der Premiere im Berliner Dom. Doch bevor wir dort hinfuhren, eröffneten wir noch morgens um zehn Uhr unter freiem Himmel das "Jahrhundertfest" in Schleswig. Während eines ökumenischen Gottesdienstes sang ich mit dem Chor und Matthias am Piano drei Stücke. Dann ging es schnellstens mit unserem Tourmanager in die Hauptstadt. Es war ein gewagtes Timing, denn im Berliner Dom stand ein ausgedehnter Soundcheck an. Das Liveprogramm war uns allen noch etwas fremd, und wir wollten es noch einmal durchgehen. Zum ersten Mal sang ich mit den ungewohnten In-Ear-Kopfhörern, und bis alle Kollegen ebenso mit dem Monitoring zufrieden waren, brauchte es seine Zeit. Auf der Bühne hatten wir eine Spitzen-Mannschaft zusammen, und auch hinter den Kulissen lief alles zügig ab.

Für die Kirchen, und wie hier im Berliner Dom, benötigten wir kein besonderes Bühnenbild. Das hohe Gewölbe wurde mit dezentem, farbigem Licht von unten angestrahlt und bot eine prächtige Dramaturgie. Kurz vor dem Auftritt trat ich aus der Seitentür hinaus auf die Museumsinsel, schloss meine Augen und versuchte, mich zu beruhigen. Ich dachte: Lieber Gott, wer und wo Du auch bist – gib mir Kraft. Endlich ging es los, ich fühlte mich wie befreit! Bevor wir alle in den Altarraum traten, umarmten wir uns, und ich wünschte für unseren Auftritt: "Lasst unsere Seelen schwingen und öffnet eure Herzen ...", und auch wenn diese Metapher in einer Kirche gar nicht geht: "... und lasst die Hosen runter!" Um Punkt zwanzig Uhr trat zunächst Bischof Wolfgang Huber vor die 900 Zuschauer: "Die Musik von Inga Rumpf ist nicht immer im Berliner Dom zu hören, aber es ist gut, dass sie hier ist. Der Weg führt zum Christuspavillon, und der wird zur Seele der EXPO 2000. Inga wird dieser Seele ihre unverwechselbare Stimme geben." Damit eröffnete er offiziell die *Walking In The Light*-Tour. Dann blaues Licht und unser Opener *How The Gipsy Was Born* von der neuen CD. Es war, als würde sich ein akustischer Vorhang öffnen. Die Hymne der 1970er-Jahre bildete mit ihrem neuen musikalischen Gewand eine Brücke zur Jetzt-

Zeit. Wir waren mit unserem ersten Auftritt an diesem spektakulären Ort mehr als zufrieden. Okay, die Berliner Presse überschlug sich nicht, und mancher hätte wohl gern ein echtes Schlagzeug und eine fettere Hammond gehört. Aber langweilig wurde es niemandem, dafür boten wir Abwechselung genug. Ich war stimmlich in Bestform und fühlte, wie die Intensität meiner Musik auf die Zuhörer übersprang. Jeder meiner Sängerinnen hatte ich Platz für ein Solo im Programm gegeben, das die individuellen Stimmen der Profi-Sängerinnen hören ließ, die selbst in eigenen Bands spielten und an ihren Karrieren arbeiteten. Ich konnte währenddessen wieder zu Atem kommen, denn in Kirchen zu singen, bedeutet, viel Kraft aufzubringen. Besonders in großen Kirchenräumen wie dem in der Hamburger Barockkirche St. Michaelis fühle ich mich wie eine Pilotin eines riesigen Jumbojets, der gerade abhebt.

Nach der Premiere im Berliner Dom ging es weiter mit der Tour und vielen Promotionterminen kreuz und quer durch Deutschland und dem benachbarten Ausland. Von Braunschweig bis Leverkusen, von Rendsburg bis Langen, von München bis Glückstadt. In der Luxemburger Kathedrale wurde unser Auftritt von einem Kamerateam aufwändig gefilmt, Jürgen Hoffmann brachte den einstündigen Mitschnitt beim Sender RTL unter – er wurde am Silvesterabend 1999 ausgestrahlt. “Sie singt mit dem lieben Gott” (*DER SPIEGEL*) – “Erst Kiez, dann Kirche” (*BILD*) – so lauteten zwei der Vorankündigungen in der Presse. Viele meiner Fans aus den vergangenen Jahrzehnten kamen zu den Konzerten. Einige waren nur neugierig, wie wohl der Wechsel von der Rockbühne in den Altarraum gelingen würde. Aber manch einer war genauso älter geworden wie ich und suchte nach neuen Perspektiven, Antworten und Lösungen, wie man in einer sich verändernden Gesellschaft leben kann. Die Kirchen waren ausverkauft. Manchmal boten sie 350 Plätze, manchmal 500, im Bremer Dom über 1400, in den Hamburger “Michel” passten knapp 2000 Zuhörer. Zu den Gemeindemitgliedern gesellten sich Musikliebhaber, in der ungewohnten Umgebung etwas scheu um sich blickend. Meist aber verloren unsere Gäste während des Konzertes ihre Schwellenangst. Gegen Ende unseres zweistündigen Programms hob es die Zuschauer von den Kirchenbänken, und es gab tosenden Applaus. Mancher Kirchenvorstand war besorgt über so viel Aufruhr, aber wir machten ja nichts kaputt. Insofern waren sie beruhigt, und wir wurden in manche Kirchen mehr als einmal eingeladen.

Unser Konzert Anfang Februar 2000 im Hamburger "Michel" war ausverkauft und fand so viel Anklang, dass es zu jedem folgenden Neujahr ein fester Termin wurde. Das erforderte einen hohen Aufwand, denn die Kirche war für diese Art Konzerte überhaupt nicht ausgestattet. Jedes Mal musste ein eigener Stromgenerator her, der außerhalb der Kirche vor sich hin dieselte. Eine Bühne wurde vor dem Altar aufgebaut und ein Caterer, der vor dem Konzert für unsere Mannschaft kochte, bekam die Erlaubnis, seinen Kochlöffel in den Katakomben zu schwingen. "Es riecht hier nach Suppe", rief spitz eine der Damen aus dem Kirchenvorstand, als sie mit wehendem Mantel durch die Bankreihen schritt. Sie hielt sich die Nase zu, pikiert über den profanen Geruch an dem geweihten Ort. Wir luden sie zu einer Tasse Selleriecremesuppe ein, aber sie lehnte dankend ab.

Überhaupt werde ich, und wohl auch meine Kollegen, diesen ersten Auftritt am 5. Februar 2000 mit dem *Walking In The Light*-Programm im "Michel" nie vergessen, denn er fand unter ziemlich gewagten Umständen statt. Der Fernsehsender Deutsche Welle zeichnete das Konzert auf. In einem Übertragungswagen, draußen vor der Kirche hatte man alles unter Kontrolle – es konnte beginnen. Auch in der abgedunkelten Sakristei waren wir startklar und warteten darauf, dass der Pastor, der als Erster auf die Bühne gegangen war, seine Ansprache beendete. Plötzlich sackte Lutz Krajenski, der Organist, kreidebleich in sich zusammen: "Mir ist so schlecht." Wir legten ihm ein Kissen unter, ein nasses Handtuch auf den Kopf, die Beine hoch – ein Migräneanfall. Was tun? Wir konnten nicht lange nachdenken, fast 2000 Leute im Kirchenschiff waren extra unseretwegen gekommen und warteten auf ein schönes Konzert. Lutz flüsterte: "Geht ihr man, ich komm schon zurecht." Aber was ist mit der Orgelbegleitung? Matthias Pogoda überlegte kurz. "Das kriege ich allein auf dem Piano hin", sagte er. Da brandete auch schon Applaus auf und der Pastor öffnete die Tür zur Sakristei. Während wir die Bühne betraten, kam schon ein Krankenwagen und brachte Lutz ins Hafenkrankenhaus. Draußen, im Übertragungswagen der Deutschen Welle, lauschten sie gespannt unserer Musik. Der Toningenieur schob die Regler rauf und runter: "Da ist irgendwas kaputt. Ich höre die Orgel gar nicht." – "Ja", sagte der Kameramann, "dann schau mal auf das Monitorbild. Siehst du da einen Organisten sitzen?" Es war eine Ausnahmesituation, in der wir uns alle noch stärker als sonst die Bälle zuwarfen. Matthias behielt die Nerven und zeigte wieder einmal sein Können. Aber nach zwei Stunden, allein für die Tasteninstrumente verantwortlich, war er total durchgeschwitzt und k. o., als wir von der Bühne kamen. So richtig gemerkt hatten den Ausfall der Orgel nur die anwesenden Musikerkollegen im Publikum. Wir waren froh, dass es Lutz am nächsten Tag wieder besser ging. Shit happens.

Zwischen den Konzerten pendelten Nikolaus und ich immer wieder zu unserem Haus, in das wir zum Jahreswechsel schon halbwegs eingezogen waren. Inzwischen hatte sich viel getan und es wurde immer wohnlicher. All die Jahre war ich so sparsam mit meinem Geld umgegangen, nun kaufte ich neue Möbel, Wäsche und Geschirr. Die Küche, die ich mir ausgesucht hatte, war bereits eingebaut und nach all den Jahren mit den improvisierten Blechregalen in der Hamburger Studioküche mein ganzer Stolz. Ein Umzug, und die damit verbundene Packerei, ist kein Vergnügen. Ich hatte mein Studio-Equipment nach und nach in Kartons verstaut, aber ob ich das alles wieder aufbauen würde, war fraglich. Inzwischen hatte sich meine Technik zum Teil überholt; ich wollte nur noch über den ROLAND Digital-Flügel, einen Apple-Computer und ein kleines Mischpult meine Demos einspielen. Das große Mischpult und die 16-Spur-Bandmaschine brauchte ich nicht mehr und verkaufte alles. Im Mai 2000 beluden Nikolaus und ich in Hamburg einen LKW mit meinen Möbeln und den Umzugskartons, und ab ging's Richtung Wesermarsch. Von nun an würden wir hier, in unserem Nest, leben. Das bedeutete aber nicht, dass ich mein Hinterhof-Studio aufgeben und aus Hamburg wegziehen wollte. Schließlich brauchte mich meine Mutter noch, und ich genoss beides, das Stadt- und das Landleben. Also zog ich mit meinem Bürokram in einen, und Jürgen und Andreas übernahmen nach einer Renovierung zwei der anderen Räume des Studios. Für Andreas war sein neues Quartier in Hamburg eine tolle Sache zum Abschalten und Entspannen, dazu eine gute Fügung, denn als FC St. Pauli-Fan konnte er mal eben zu den Heimspielen gehen. In unserer neuen WG saßen wir dann manchmal bis in die frühen Morgenstunden in der Küche, tranken Bier und erzählten uns unsere individuellen Lebensweisheiten. Bei mir war es, im Gegensatz zu Andreas, genau umgekehrt. Immer, wenn ich aus Hamburg über die Elbbrücken und dann über die Weserbrücke zu unserem Haus fuhr, war ich in Urlaubsstimmung. Richtung Nordsee veränderte sich der Himmel, die Hektik aus der Stadt fiel von mir ab, und wenn ich nach zwei Stunden Fahrt angekommen war, setzte ich mich erst einmal auf die Bank im Garten und freute mich über die Stille. Hin und wieder kam ein Nachbar auf einen Schnack vorbei und schenkte mir einen Pflanzenableger oder Blumensamen für den Garten. Zu den schönen alten Bräuchen auf dem Lande gehörte bei einer Hauseinweihung die Bekränzung der "Grotdöör", dem Scheunentor, mit frischem Grün und bunten Papierblumen. Nach dem Umbau war das Tor die Eingangstür zur Diele geworden, in die wir für eine Feier mit unseren Nachbarn einluden und mit einem Umtrunk unsere friedliche Nachbarschaft bekräftigten.

Bald brachte auch Nikolaus einige seiner Sachen ins Haus, und wir meldeten uns im örtlichen Rathaus als neue Einwohner an. Unsere Liebe spürten wir immer noch ganz tief und wir wussten, dass wir zusammengehörten. Unserer Hochzeit stand jetzt nichts mehr im Wege. Wir hatten bereits einen Termin ausgesucht: Auf den Tag genau, zehn Jahre nach unserem Kennenlernen auf Sylt, wollten wir Ende Juli 2000 auf dem Feuerschiff im Hamburger Hafen heiraten. Mit einer großen Party und unseren Familien und Freunden. Bis dahin war aber noch Zeit, es musste ja auch alles organisiert werden. Außerdem standen noch 16 Konzerte auf der EXPO 2000 und weitere Live-Auftritte bevor.

Zur festlichen Eröffnung der EXPO 2000 in Hannover am 1. Juni fand im Christuspavillon um zehn Uhr ein Gottesdienst statt, den wir musikalisch begleiteten. Durch die milchig-weißen Alabaster-Wände schimmerte das Tageslicht und erzeugte eine besondere Atmosphäre. Wir hatten Glück, dass wir unsere kommenden Konzerte in diesem besinnlich-schönen Raum spielen würden, denn draußen auf dem Gelände ging es, wie meistens auf Weltausstellungen, wie in einem Wimmelbild zu. Am nächsten Morgen fuhren wir zurück nach Hamburg, wo uns beim Katholikentag auf dem Hamburger Rathausmarkt ein umjubelter Auftritt erwartete. Bei herrlichem Wetter unter freiem Himmel vor tanzenden jungen Menschen zu singen, versetzte uns in Hochstimmung. Alles war gut. Dass Glück und Trauer manchmal ganz nah beieinander liegen, hatte ich bis dato nur vom Hörensagen erfahren.

Meine Mutter lag, wie erwähnt, im Krankenhaus, und ich fuhr zwischen den Auftritten zu ihr, tröstete sie und brachte ihr alles Notwendige. Sie würde nach der Entlassung direkt in die Reha kommen. Aber was dann? An einem Vormittag rief mich mein Vater aus seinem bayerischen Dorf an: Seine zweite Frau war einen Tag vor ihrem 86. Geburtstag gestorben. Das war nach ihrer langen Krankheit zwar zu befürchten gewesen, für meinen Vater dennoch ein Schock. Er brauchte meinen Beistand. Ich steckte in einer Zwickmühle, aber ich versprach, so schnell wie möglich zu ihm zu kommen. Nachdem ich meine Mutter von einem Verwandten versorgt wusste und eine Konzertpause hatte, fuhr ich nach Bayern. Mein Vater schien sich gefangen zu haben, aber er klagte über gesundheitliche Beschwerden. Nach der Beerdigung seiner Frau fragte ich ihn, ob er nicht doch wieder nach Hamburg, in seine Heimat, zurückwollte, und bot an, etwas Passendes für ihn zu suchen. Aber er wollte in seiner Wohnung bleiben, solange es ging, und sein Bekanntenkreis würde ihm schon bei den täglichen Arbeiten helfen. Das hörte sich zuversichtlich an, und die Nachbarn, die ich kennenlernte, waren sehr nett, hatten realistische Ansichten und wollten sich kümmern. Das war wirklich erstaunlich im tiefsten Bayern, denn mein Vater war ja immerhin ein "Saupreiß". Aber er schien sehr beliebt im Dorf. Für ein kleines Salär malte er hübsche Stillleben mit Tieren und Pflanzen für die Nachbarn. Manchmal nahm er seine Mundharmonika mit zum Kaufmann im Dorf und spielte einige Heimatlieder, dazu hatte er mit seinem trockenen Hamburger Humor die Herzen der Dorfbewohner erobert. Das wurde ihm nun aufs Herzlichste zurückgegeben.

Wir alle gehen durch diese Lebensphase, wenn die Eltern am Ende ihrer Leistungskraft sind und die Kinder die Verantwortung übernehmen müssen. Es ist nun mal der Lauf des Lebens. Meine beiden Eltern waren tapfere Leute, die es durch zwei Weltkriege, Hungersnöte und Verluste geschafft hatten und nur im schlimmsten Fall fremde Hilfe annehmen konnten. Auch als erwachsene Tochter bleibt man doch immer Kind und muss um das Vertrauen der Eltern ringen. Mein Vater traute mir vieles nicht zu, und irgendwann gab ich es auf, ihm zu versichern, dass ich schon so manches geschafft hatte. Aber ich wollte von nun an alle drei Monate zu ihm fahren, um nach dem Rechten zu sehen.

Zurück in Hamburg erwartete mich die Nachricht, dass ein Zimmer für meine Mutter in einem Altenheim in der Nähe ihrer Wohnung frei würde. Was für ein Glück! Es handelte sich um ein winziges Apartment mit Kochnische, WC und kleiner Terrasse, genug Platz für einen alten Menschen, der sich nicht mehr viel bewegen mag. Natürlich unterschrieb ich sofort den Heimvertrag. Nun galt es, ihre alte Wohnung zu kündigen, Verträge ab- oder umzumelden und ihre Sachen neu zu sortieren. Als ich in die Wohnung meiner Mutter kam, um für ihr neues Heim ihr Bündel zu schnüren, wusste ich nicht, wo ich anfangen sollte. Wie viele ihrer Generation konnte auch sie nichts wegschmeißen. Nun stand ich vor den geöffneten Schränken, vollgepfropft mit Sachen, die sie schon lange nicht mehr benutzt hatte. Die steife, "gute" Damast-Bettwäsche, Tischtücher aus Leinen, sorgfältig wie Schätze aufbewahrt. Alte und neue Lappen, Bürsten und Seifen, alles vielfach vorhanden. Der ganze Kram, die verschiedenen geblümten Decken, Kissen, Vorhänge und Nippes-Figuren, die zu ihrem Wohnstil gehörten, das kannte ich ja alles, machte mich aber ganz traurig ohne ihre Anwesenheit. Und wenn ich daran dachte, dass meine Mutter nicht gerade beglückt über die wohnliche Veränderung sein würde, bekam ich ein mulmiges Gefühl.

Mitte Juli 2000 war alles für den Umzug bereit. Ich hatte ihre alte Wohnung besenrein an den Vermieter übergeben, das neue Apartment mit einigen ihrer schönsten Möbel und einer Auswahl an bequemen Kleidungstücken eingeräumt und war gespannt, wie sie auf die neue Umgebung reagieren würde. Sie hatte sich wieder ganz gut erholt, und als ich sie von der Reha abholte, war sie neugierig auf ihr neues Zuhause. Es ging soweit alles gut, meine Mutter fügte sich in die neue Situation. Nur als sie ihre Kleidung, die ich für sie ausgewählt hatte, sehen wollte, verlor sie die Fassung: "Und wo ist mein weißer Plisseerock?" Tja, den hatte ich in die Altkleidersammlung gegeben. "Aber der war doch noch ganz neu!", rief sie unter Tränen. Meine Mutter, mittlerweile 91 Jahre alt, war mit den Jahren geschrumpft, ging vornübergebeugt und trug schon seit längerer Zeit nur noch bequeme Pullis und Hosen. Aber die Eitelkeit, das erfuhr ich jetzt, ist auch im hohen Alter immer noch da. Es war manchmal nicht leicht, sie zufriedenzustellen. Nichts ging ihr schnell genug und oft, wenn ihr irgendetwas gegen den Strich ging, bekam ich die ganze Schimpfe ab. Schon wenn ich ihr Zimmer betrat, merkte ich an ihrem Tonfall, dass ich mich "warm anziehen" konnte: "Da bist du ja endlich!" – "Guten Tag, liebe Mutti!" – "Ja, ja. Mach mal schnell ..." Bald aber hatte sie sich in den Tagesablauf des Altenheims eingelebt, die Gesellschaft mit den anderen Bewohnern tat ihr gut, und der Leiter des Heims hatte immer ein offenes Ohr für sie.

Endlich war er da, unser Hochzeitstag! Ein strahlender Sommertag erwartete uns, leichter Wind kräuselte die Elbe am Hamburger Hafen, wo wir unsere Trauung feiern würden. Morgens holte Nikolaus meine Mutter ab, und diesmal bekam sie die schöne Kapitänskajüte auf dem Feuerschiff, in der sie sich zwischendurch ausruhen konnte. Tino, Gundula und ihr Freund waren aus dem Ruhrgebiet angereist und schenkten mir ein wunderschönes Bukett aus rosafarbenen Strauchrosen. Unsere beiden Trauzeugen, Jürgen und Andreas, hatten sich schick gemacht und kamen mit ihren Freundinnen zu der Zeremonie der standesamtlichen Trauung auf der "Gertje", dem kleinen Standesamt-Boot. Um elf Uhr steuerte Kapitän Wulf Hansen das Schiff vorsichtig durch den Hafen und suchte an einer stillen Stelle Schutz vor dem Wind. Der Standesbeamte erklärte uns die Ehepflichten und -rechte. Weil er schielte, deutete er auf das Auge, in das wir blicken sollten, wenn wir uns unser Jawort gaben. Durch diese lustige Bemerkung verflog unsere Ergriffenheit, sonst hätten wir womöglich losgeheult. Unsere Ringe trugen wir nun schon seit neun Jahren, als Zeichen unserer Verbundenheit; jetzt waren wir ganz amtlich verheiratet, glücklich und dankbar. Nach einem Umtrunk mit vielen herzlichen Umarmungen und Glückwünschen und zurück im City Sporthafen ging es auf das Feuerschiff zum ausgedehnten Mittagessen. Ich hatte für die Trauung ein schwarzes Minikleid, für darüber eine ältere, ockerfarbene Spitzenbluse und dazu eine schwarze Lederjacke gewählt. Aber bevor um 18 Uhr unsere Abendgesellschaft eintraf, kämmte ich meine Haare zurück, zog meine Lippen mit einem knallroten Lippenstift nach und bekleidete mich mit einem neuen, dunkelblauen, schulterfreien Armani-Oberteil. Mein Schatz liebte diesen Look, machte große Augen als er mich so sah, und ich fühlte, dass er stolz auf mich war. Er selbst trug an diesem Tag einen dezenten dunklen Anzug und sah mit seiner schwarzen Baseballkappe immer noch so aus wie vor zehn Jahren, als wir uns kennenlernten. Nur die Falten waren etwas tiefer geworden. Mit ungefähr hundert Gästen, unseren gemeinsamen Freunden, Nachbarn, Musikerkollegen und Familien, feierten wir bis spät in die Nacht. Auf dem geschmückten Vorderschiff gab es rustikales, hamburgisches Essen und im Maschinenraum spielten sich meine Musiker warm; die hatte ich speziell für diesen Abend angeheuert. Nikolaus und ich tanzten wie vor zehn Jahren beim ersten Mal, und er sagte: "Das ist so eine schöne Feier, ich möchte dich am liebsten gleich nochmal heiraten."

Später betrat auch ich die Bühne und stieg in die sich abwechselnden Jamsessions ein. Als wir nach dieser rauschenden Nacht in den Morgenstunden die Treppen zu unserer WG hochstiegen, lagen auf den Stufen und auf unserem Bett Rosenblätter, die unsere Trau-

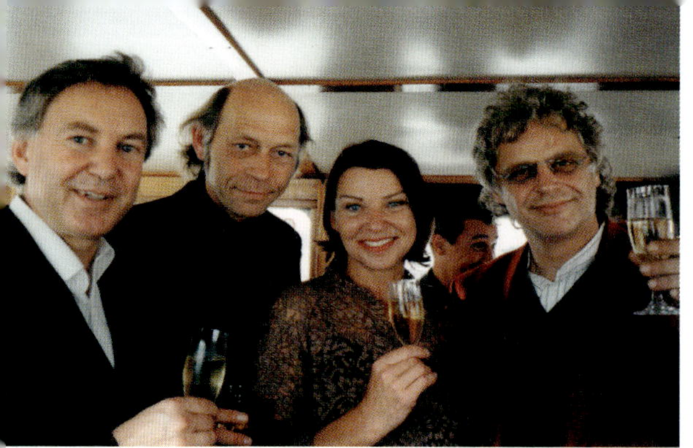

2000. Standesamtliche Trauung mit unseren Trauzeugen. Von links: Andreas Linke, Nikolaus, ich, Jürgen Hoffmann.

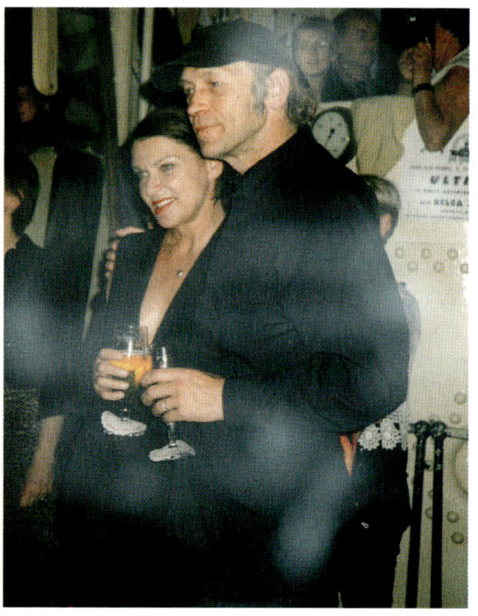

2000. Hochzeitsparty auf dem Feuerschiff.

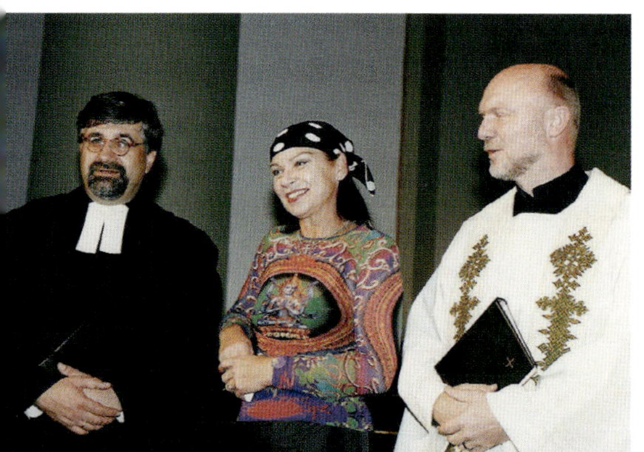

2000. Evangelisch-katholische Ökumene. Dazwischen ich im Shiva-Shirt und mit Kopftuch. Mulitireligiöse Gesellschaft.

zeugen zuvor verstreut hatten. Dann ging die Party in kleinem Kreis weiter, denn es gab ja noch so viel zu erzählen. Eine "Hochzeitsnacht" fand daher nicht mehr statt, sollte aber dringend nachgeholt werden.

Da wir ein paar Tage Ruhe nötig hatten, fuhren wir zurück aufs Land. Als wir unsere Geschenke auspackten, sahen wir, wie großzügig unsere Gäste gewesen waren. In unserer Einladung hatten wir um Spenden für den Ausbau unseres Hauses gebeten, und daran hatten sich die meisten gehalten. Viele hatten ihr Geldgeschenk zu einer fantasievollen Skulptur oder einem Bild gebastelt, sodass man auf den ersten Blick die kunstvoll zusammengefalteten Geldscheine übersah. In dem erstaunlichsten Werk, das einer pompösen Sahnetorte glich, befanden sich in bemalten Papprollen Zwanzigeuroscheine, die eine hübsche Summe ergaben. Alles zusammengerechnet, konnten wir so schon mal die Kosten der Hochzeitsfeier reduzieren. Bis auf den Fotojournalisten Jörg Lübbars hatten wir niemandem die Erlaubnis für eine Berichterstattung über unsere Hochzeitsparty gegeben. Jörg schrieb einen schönen Artikel, der am nächsten Tag mit einem großen Foto von Nikolaus und mir in der Hamburger *BILD* erschien.

Unsere Konzerte gingen weiter wie geplant. Die Auftrittsreihe im Christuspavillon ging mit der Abschlussfeier in der damaligen Hannoverschen *Preussag Arena* am 31. Oktober 2000 zu Ende. Wir hatten unser *Walking In The Light*-Programm nicht nur erfolgreich in vielen Kirchen gespielt, auch in der Bremer *Glocke*, in der *Alten Oper* in Frankfurt und im *Meerkabarett* auf Sylt waren die Häuser ausverkauft. Atze Schröder, der 1999 unser Vorprogramm im *Gruenspan* bestritten hatte, schwamm inzwischen mit der Comedyserie *Alles Atze (*RTL*)* auf einer Erfolgswelle und nahm sein erstes Album *Meisterwerke* auf. Mein Chor und ich besuchten ihn im Studio, und zusammen mit dem Musiker und Autor Till Hoheneder sangen wir die Backgroundvocals zu den Liedern *Jesus hätte ja gesagt* und *Schön isses nich*. Auch Rüdiger Hoffmanns Karriere ging steil nach oben, er nahm sein viertes Album *Ich komme* auf, und ich sang mit ihm im Duett das Lied *Immer On The Road (... Ein Leben in Gefahr)*.

Seit ich, zusätzlich zu meinen bisherigen Konzert- und Privatreisen, meinen Vater alle paar Monate in Bayern besuchte, war ich tatsächlich immer "on the road". Mein Leben war zwar nicht in Gefahr, aber ich erlebte eine gehörige Reisemüdigkeit. Von Oldenburg bis zu meinem Vater in sein Dorf war es, im planmäßigen Fall, eine zehnstündige Fahrt quer durch Deutschland, vom Nordwesten bis in den Südosten. Eine nicht enden wollende Reise mit vielen Umsteigestationen und immer unpünktlicher werdenden Zügen der Deutschen Bahn. Ich wusste zudem nie genau, welche Stimmung mich bei meinem Vater erwartete. Meistens war er guter Dinge, freute sich, wenn ich kam und mit ihm Ausflüge in die schöne Umgebung unternahm. Ich erfuhr neue Anekdoten aus seiner aktiven Seefahrerzeit und fragte ihn nach alten Familiengeschichten und Erinnerungen aus seiner Kindheit. In seiner Wohnung kramte er aus den Schubladen Dokumente unserer Ahnen, sein altes Zeichenbuch und seine Seefahrtsbücher hervor. "Die kannst du haben. Ich hab mein Leben gelebt, was will man mehr?" Ich sollte auch seine Modellschiffe und Ölbilder mitnehmen, aber das brachte ich nicht übers Herz. Jetzt noch nicht, alles hat seine Zeit, dachte ich. Nach solchen Tagen war er müde, aber vergnügt, und wir stießen abends mit einem Glas Rotwein oder einer Flasche Bier auf den schönen Tag an. Manchmal aber war sein Lebensmut erschöpft, und er reagierte auf meine Aufmunterung verschlossen und misstrauisch. Wie lange würde er nach dem Tod seiner zweiten Frau allein in seiner Wohnung durchhalten? Vor Weihnachten fuhr ich wieder zu ihm. Die freundliche Dame aus der Kirchengemeinde hatte sich weiterhin seiner angenommen, er erhielt Essen und eine Putzhilfe. Doch wegen seines körperlichen Zustands waren wir in Sorge. Deshalb rief sie einen Arzt, der ein Gutachten für eine eventuelle Pflegestufe erstellen sollte. Es ging noch, kein Pflegegrad. Mein Vater würde sich keinesfalls vor einer Dame gehen lassen. Alles, was der Arzt von ihm verlangte, hatte Papa, zwar unter Pusten, Schnaufen und mit hochrotem Kopf, geschafft. Als ich ihn fragte, wie er denn Weihnachten verbringen wollte, meinte er: "Ach, ich jammere der Frau ein bisschen was vor und frag sie, ob sie nicht für einen alten Ochsen

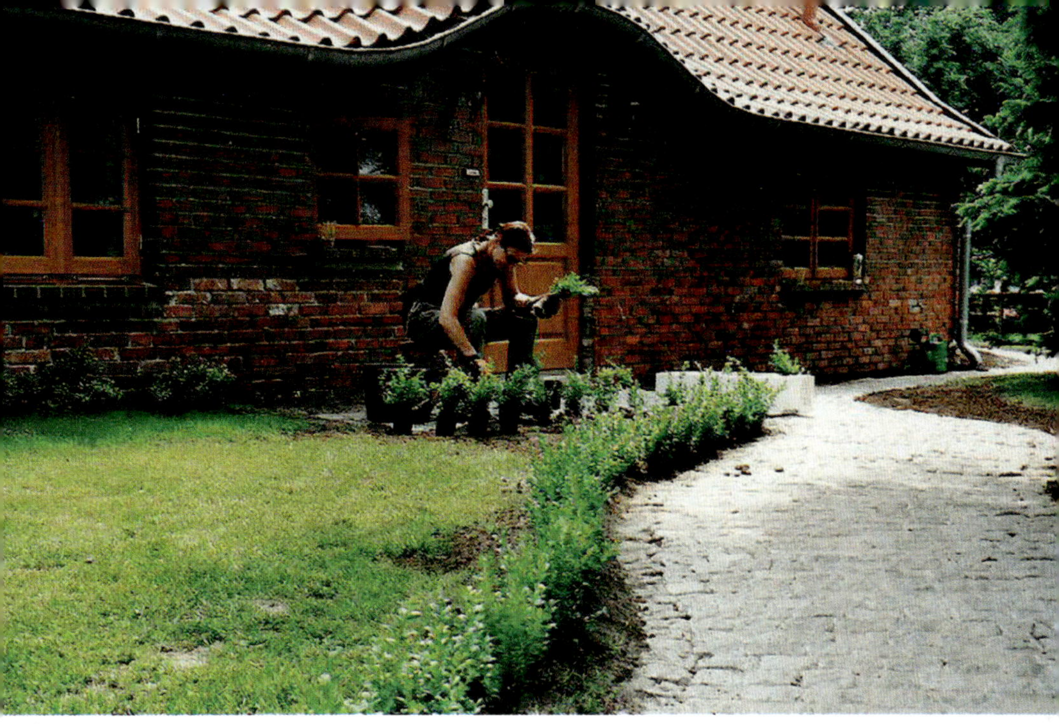

2001. Ich liebe
Buchsbaumhecken.
Da wusste ich noch nicht,
wie viel Arbeit das macht.

noch ein Plätzchen im Stall frei hat." So ein Schlawiner! Als wir nach ein paar Tagen Abschied nahmen, kullerten Tränen: "Wenn du weg bist, heul ich mich erstmal richtig aus." Was sollte ich machen? Mit meinen beiden Eltern konnte ich unmöglich zusammen Weihnachten feiern. Nach ihrer Scheidung vor nunmehr dreißig Jahren wollten sie nichts mehr miteinander zu tun haben. Und so holte ich meine Mutter zu uns aufs Land. Ich schmückte den Tannenbaum, backte Mohnstriezel und Kekse und briet den Puter, so wie sie es all die Jahre für uns getan hatte. Aber ihr Kommandoton ärgerte mich, und auch Nikolaus sah sie befremdet an. Obwohl ich lief und versuchte, all ihre Wünsche zu erfüllen, war sie nie zufrieden mit mir. Mein Kopf schwirrte von all den Aufgaben und Hilfeleistungen, die ich zu erledigen hatte. Muttis Nörgelei war wohl nur das Ergebnis ihrer eigenen Unzulänglichkeit. Ihr Leben lang war sie aktiv gewesen, nun konnte sie nicht mehr so agieren, wie sie es wollte. In ihrer Verzweiflung wurde sie tadelnd und überkritisch.

Zum späten Heiligabend-Gottesdienst fuhren wir in die alte Dorfkirche, die bis auf den letzten Platz besetzt war. Ich hatte mit dem Pastor der Gemeinde einen kleinen Auftritt verabredet und sang nun mit dem Pianisten zwei Weihnachtslieder, die wir zuvor einstudiert hatten. Ich war übermüdet und fühlte mich erschöpft, aber ich war auch glücklich, dass wir jetzt hier zusammen waren. Als wir nach dem Gottesdienst nach Hause fuhren, bedeckte glitzernder Schneepuder das Land, und es sah aus wie auf einer Weihnachtspostkarte. Das Ende des Jahres war ausgefüllt mit Besuchen und Gegenbesuchen bei Nachbarn und unseren neuen Freunden. Tino und Gundula kamen, wir aßen und tranken und saßen am Kamin, alles wurde entspannter und gemütlicher. In der Silvesternacht stießen wir um null Uhr an und öffneten die Dielentür ins Freie. Vor uns lag das winterliche Land, dunkel und still, nur in der Ferne stiegen ein paar Raketen hoch und eine Sekunde später hörte man deren Zischen. Es war 2001.

Station 11

Easy In My Soul
2001–2005

Überall ist Nine-Eleven.
Schicksalstage.
Ein eigenes Label.

Die CD *Walking In The Light* verpasste die Top 100-Charts nur ganz knapp. Das war schade, aber zu erwarten; Thomas M. Stein hatte Recht behalten, als er seine Bedenken äußerte, dass "Gospelmusik auf dem Markt per se nur einen homöopathischen Anteil hat". Trotzdem hatte er seine Zustimmung für dieses Projekt gegeben, und wir machten das Beste daraus. Es war ein Signal mit einer dynamischen Wirkung, denn viele, die gerne sangen, fanden sich zusammen und bildeten neue Chöre. Wir hatten etwa sechzig Konzerte mit dem Gospelprogramm absolviert, und es standen nur noch Einzelauftritte in den kommenden Monaten aus. Deshalb musste eine neue Herausforderung her: Jürgen, Andreas und ich planten eine "Blue Monday"-Konzertreihe im Zelt der wunderschönen *Fliegenden Bauten* auf dem Heiligengeistfeld in Hamburg. Ich hatte in den letzten Jahren so vielfältige Musik gemacht, dass es Zeit war, alles einmal Revue passieren zu lassen und noch einmal zu Gehör zu bringen. Das hieß, an jedem letzten Montag im Monat mit einem neuen Liveprogramm und verschiedenen Musikern und Gästen aufzutreten. Ich bereitete CDs mit "Best-Of"-Stücken aus meinem Gospel-, Soul-, Jazz- und Rhythm'n'Blues-Repertoire vor. So konnte sich jeder Musiker zu Hause vorbereiten, und die gemeinsamen Proben würden nicht allzu lange dauern. Außerdem wollte ich wieder auf der Bühne Gitarre, Klavier und sogar Akkordeon spielen, und übte nach langer Zeit mal wieder tagelang, bis sich meine 55

Jahre alten Finger fügten und sich das Gelernte in meinen Synapsen automatisierte.

Das erste “Blue Monday”-Konzert fand im März 2001 statt. Wir konnten Thomas Biller am Bass für diese Konzertreihe gewinnen. Mit dem Ostfriesen Thomas, inzwischen Hamburger, hatten wir schon beim *Joja Wendt Quartett* eine stabile Basis formen können. Er spielte nicht nur die Jazz-Standards geschmackvoll und sehr virtuos auf einem kostbaren alten Kontrabass, sondern fand sich auch mit seinem E-Bass in jede Stilrichtung ein. Auf sein Bassspiel konnte ich mich hundertprozentig verlassen – sofern er vor dem Auftritt eine kräftige Mahlzeit bekam. Dann war er bester Laune und lächelte sogar manchmal beim Spielen wie zur Bestätigung: schönes Konzert! Bei diesen Abenden lernte ich neue Kollegen kennen, die von meinen *Friends* empfohlen wurden: die Schlagzeuger Heinz Lichius, Helge Zumdieck, die Bassistin Susanne Vogel und den jungen schwedischen Pianisten Martin Tingvall, der gerade nach Hamburg gekommen war und bald als Songschreiber für Udo Lindenberg und sein eigenes Jazz-Trio Karriere machen würde. Auch meine musikalischen Langzeitfreunde durften natürlich nicht fehlen: Matthias Pogoda an der Gitarre und am Piano, Frank Delle am Tenor-Saxophon, Jost Nickel, jetzt am analogen Schlagzeug, und Joja Wendt kamen als Gäste auf eine Session vorbei. Zu meinen Chorladies Nermin Gönenc und Lisa Cash gesellte sich wieder einmal Linda Fields. Detlef Bösche vom *50 Voices*-Soulchor begeisterte mit seiner Hammondorgel, und mit Abi Wallenstein und Henry Heggen ließen wir *The Rolling Stones* hochleben: *Get Rolling Stoned.* Zu diesem Konzert luden wir den in den USA geborenen Songschreiber und Sänger der Band *The Jeremy Days,* Dirk Darmstaedter, ein. Jeder von uns vieren interpretierte seine Lieblingssongs der *Stones,* und das Publikum schmetterte die Strophen und Refrains fröhlich und laut mit – wir fühlten uns wie auf einem Kindergeburtstag.

Ich war auf dem Höhepunkt meiner Schaffenskraft und es war offensichtlich, woher ich meine Energie bekam und wer mir Halt gab: Mit Nikolaus an meiner Seite hatte ich einen Baum, der mir Schatten spendete, und einen Fels in der Brandung. Auch ich tat alles, um ihm beizustehen. Wir verstanden uns ohne große Worte und jeder erledigte das, was gerade vonnöten war. Zu den großen "Blumentagen", Valentinstag, Muttertag und Ostern, fuhr ich manchmal zu ihm in den Ruhrpott und stärkte ihm den Rücken. Ich kochte, spielte ein bisschen Hausfrau und verwöhnte ihn. Bewundernd sah ich zu, wie er seinen Laden im Griff hatte und auch unter Hochdruck mit Personal und Käufern scherzte. Es ging ihm gesundheitlich wieder ganz gut.

1998 hatte er nach seiner Herz-OP das Laufen für sich wiederentdeckt, sogar schon dreimal beim Marathon in Hamburg teilgenommen und drei Medaillen gewonnen. Auch dieses Jahr war es wieder soweit. Am Vorabend des Hamburg-Marathons kochte ich einen riesigen Topf mit Nudeln und Soße. Als er die verzehrt hatte, massierte ich seine Waden und Füße, während er langsam dabei einschlief. Schon im Morgengrauen des nächsten Tages fuhr er zum Start-Gelände, um sich mit den anderen Teilnehmern auf den Lauf vorzubereiten. Ich ging mit Andreas später zur Laufstrecke, wir erwarteten ihn am Kilometerpunkt 17, um ihn anzufeuern. Als ich ihn kommen sah, war ich beruhigt. Er hielt sich erstaunlich gut im hinteren Mittelfeld und winkte uns zu. Andreas hatte mit dem NDR und mir ein Interview vereinbart, außerdem einen kurzen musikalischen Einstieg bei der Hamburger Ärzte-Bigband *JAZZKULAP*, die auf einer Bühne der Versicherung *Hanse Merkur* an der Kennedybrücke spielte. Obwohl all das klappte, wurde ich bald ganz unruhig, denn es waren Menschenmassen unterwegs, die alle zum Zielpunkt strebten, um ihre Lieben zu empfangen. Endlich fanden wir einen Platz in der Zuschauermenge, als Nikolaus nach vier Stunden und 46 Minuten durchs Ziel kam. Ich war sehr stolz auf ihn, er war ein Kämpfer und trug seine vierte Medaille wie ein Sieger nach Hause. Danach gab es wieder Nudeln, Massagen und beruhigende Streicheleinheiten.

Nikolaus' fünfzigsten Geburtstag wollten wir auf dem Land feiern und dazu unsere Musiker, Nachbarn und Freunde einladen. Der Besitzer des örtlichen Dorfgasthofes würde uns Tische, Stühle, Geschirr, Gläser und Besteck leihen und uns mit Getränken und einer Küchenhilfe versorgen. Tage vorher begann ich, Kuchen zu backen,

Braten, Suppe und Salate vorzubereiten. Zwischendurch fiel mir ein Geburtstagslied ein, das ich am Klavier für meinen Schatz singen wollte. Nach all den Vorbereitungen, und als die weißgedeckten Tische standen, sah unsere Diele wie ein kleines Restaurant für vierzig Personen aus. Alles war bereit, als unsere Gäste eintrafen, und weil ich eine Hilfe hatte, konnte ich mich mit Nikolaus entspannt unseren Gästen widmen. Nach dem Essen baute Nikolaus' Sohn mein altes Schlagzeug auf, ich setzte mich ans Klavier und wir beide begannen mit der Session, in die nach und nach meine Musikerfreunde einstiegen. Es wurde eine wundervolle Party, die gegen sechs Uhr morgens endete. Meine Kollegen aus Hamburg hatten sich mit ihren Familien bei Freunden in der Nachbarschaft einquartiert, und so kamen alle am darauffolgenden Tag, so gegen Mittag, zum Frühstück. Es war ein warmer Frühlingstag, wir trugen Tische und Stühle in den Garten, genossen die Sonne und ließen die Seele baumeln, bis sich am Abend die kleine Gesellschaft auflöste.

Nikolaus brachte jede Menge Pflanzen mit: Rosen, Lavendel und Rittersporn. Na, ich war gespannt, ob die sich in diesem sauren Moorboden wohlfühlen würden. Ich kaufte Rhododendren und 350 Buchsbäumchen bei einer Baumschule und pflanzte sie an den neuen Wegrand. Ein Gemüsebeet mit gutem Mutterboden wurde angelegt, Gurken, Tomaten, Erbsen und Bohnen, Kapuzinerkresse, Petersilie und Kräuter gepflanzt. Langsam kam auch der neu gesäte Rasen ans Licht, der Mäher stand schon im Schuppen und wartete auf seinen Einsatz. Ich fühlte mich angekommen, aber an die ländlichen Gegebenheiten musste ich mich dennoch erst gewöhnen: Die Stare suchten unter losen Dachziegeln Schutz und machten Lärm und Dreck, Dohlen warfen für ihren Nestbau Stöckchen in den Schornstein, unzählige Kaninchen krochen aus Erdhöhlen und knabberten alles an, sogar den Lavendel. Die niedlichen Rehe, die frühmorgens übers Grundstück liefen, hatten es auf die Rosenblüten abgesehen, und eine Maulwurf-Invasion untergrub die Gemüse- und Kräuterbeete. Nachts hörten wir das leise Rascheln der Mäuse über unseren Köpfen, die durch ihr ehemaliges Revier tippelten. Da fielen mir gleich wieder Liedtexte ein. Obwohl wir noch immer unserer beruflichen Arbeit nachgingen, ich mich um meine Eltern kümmerte und ständig auf Achse war, hatten wir schon viel geschafft. Wer hätte das gedacht? Abends saßen wir verdreckt und kaputt von der Gartenarbeit auf der neuen Bank. Nikolaus legte seinen Arm um meine Schulter: "Guck mal, Kleine, unser Paradies."

Meinem Vater hatte ich versprochen, dass er noch einmal sein Hamburg wiedersehen würde. Da er nicht mehr in der Lage war, allein mit der Bahn zu fahren, wollte ich ihn in seinem Dorf abholen. Anfang Juli war es soweit. Tja, da hatten wir uns was vorgenommen! Der Koffer war noch nicht gepackt, der Ausweis und die Versicherungskarte unauffindbar. Er konnte gar nicht mehr richtig laufen, war so zittrig auf den Beinen, dass ich Angst hatte, er würde zusammenklappen. Doch die Vorfreude auf die Reise brachte ihn wieder in Schwung. Die Nachbarn kamen zum Verabschieden, der Rollator wurde eingepackt und schon konnte es losgehen. "Ich erkenn mein Hamburg gar nicht wieder", hörte ich ihn murmeln, wenn wir durch die Straßen zu den Plätzen seiner Kindheit fuhren. Nun ja, das Bild von Hamburg, das er noch von früher im Kopf hatte, war schon längst nicht mehr vorhanden. "Überall diese Autos, und der Lärm", jammerte er. Auch die schwüle Hitze, die in jenen Tagen über der Stadt lag, war eine Qual, sein Kreislauf spielte verrückt, sodass er Schwindelanfälle bekam. Nach ein paar Tagen mit Temperaturen über dreißig Grad dachte ich: Nichts wie raus aus diesem Brutkasten! Ich packte unsere Sachen ins Auto und wir fuhren aufs Land in unser Haus. Nikolaus empfing uns, mein Vater und er hatten sich erst einmal kurz in Hamburg gesehen. Damals war es eine etwas unterkühlte Begegnung gewesen, aber jetzt begrüßten sie sich freundlich, und ich machte schnell ein Foto von den beiden auf der Gartenbank. Papa war die Ruhe unheimlich. "Was für eine gottverlassene Gegend! Am Arsch der Welt." Er rollerte über die Wiese, begutachtete den Garten und rief Nikolaus, der gerade mit der Schubkarre einen Haufen schwerer Ziegelsteine ablud, zu: "Kann ich dir helfen?" Ich fuhr mit ihm an die Weser und zum Vareler Hafen. Den kannte er schon. Als 21-jähriger Leichtmatrose hatte er auf einem Küstenschiff seinen Kapitän, der in Rhauderfehn beheimatet war, begleitet. Nach ein paar Tagen wollte Papa ganz genau wissen, wann wir wieder zurück in sein Dorf führen. Er hatte Angst, dass er seine Wohnung verlöre, kein Essen mehr bekäme, und gab mir die Schuld dafür, wenn er dadurch Ärger hätte. Überhaupt bemerkte ich, dass er immer unruhiger und aggressiver wurde. Ich fühlte mich wieder wie früher als Kind, als er uns gegenüber so unberechenbar und streng war. Die Rückfahrt in sein Dorf verlief ohne schlimme Vorkommnisse: "Weck mich auf, wenn alles vorbei ist", sagte er, und war, endlich zurück in seiner gewohnten Umgebung, froh, dass doch alles geregelt war und kein Ärger drohte. Ich blieb noch einen Tag, kaufte ein und bot noch einmal an, für ihn in Norddeutschland bei mir in der Nähe ein Seniorenheim zu suchen. Nein, er wollte, solange es ging, in seinem Zuhause bleiben. Man kann niemanden zwingen, dachte ich, schon gar nicht meinen Vater. Dann besprach er noch mit mir, was im Falle seines Ablebens zu tun wäre. "Es wird schon alles gut gehen mit ihm", sagte ich mir. Ich stand vor eigenen Aufgaben und konnte auch meine Kollegen nicht im Stich lassen. Die Stimme meines Vaters geisterte allerdings noch tagelang in meinem Kopf herum: "Inge – komm mal ...", und ich stellte mir vor, wie ich wohl so im Alter wäre.

Viele Termine standen im Kalender und mussten vorbereitet werden: Konzerte mit den *Friends* in Halle, Essen, Ahlen, Solingen, Hannover, Stuttgart, Mainz und Hamm sowie unsere "Blue Monday"-Konzerte in Hamburg. Für Benefizveranstaltungen in der Kreuzkirche in Münster und für das *Tibetische Zentrum* in Lüneburg wollte ich ein Soloprogramm am Klavier ausarbeiten. Im Studio von Purple Schulz in Köln sang ich für das *Biene Maja*-Musical den Soundtrack *Ein Tag, wie ich ihn mag*. Rüdiger Hoffmann und ich traten als Duo mit dem Lied *Immer On The Road* in der NDR-Talkshow *Herman & Tietjen* auf. Ebenfalls für das Dritte Programm sang ich den Klassiker *La Paloma* zusammen mit vielen Promis, den "Hamburg Allstars". Mein Vers wurde im kunstvollen Schweriner Schlossgarten gefilmt, und aus dem gesamten Stück entstand später ein Pausenfüller des NDR. Auch zum Jubiläum des Altenheims meiner Mutter setzte ich mich ans Klavier und sang zur Freude der

Heimbewohner und des Pflegepersonals einige Lieder. Der Christuspavillon der EXPO 2000 war inzwischen abgebaut worden und fand in der Abgeschiedenheit eines einstigen Zisterzienserklosters in Volkenroda in Thüringen seinen endgültigen Platz. Zur feierlichen Einweihung spielten wir noch einmal unser *Walking In The Light*-Programm vor dem niedersächsischen Ministerpräsidenten Sigmar Gabriel, dem Ministerpräsidenten des Freistaates Thüringen, Dr. Bernhard Vogel, Bischöfin Margot Käßmann und vielen Klosterbrüdern und Bischöfen.

Ich war gerade zurück aufs Land gefahren und hatte meine Beine hochgelegt, da rief mich mein Patchworkfamily-Bruder Peter aus Hamburg an: Meine Mutter lag mit einem Oberschenkelhalsbruch im Krankenhaus. Sie war in ihrem Zimmer gestürzt und hatte drei Stunden auf dem Boden gelegen, bis man sie fand. Die OP hatte sie gut überstanden und sie war versorgt, bis ich sie in Hamburg besuchen und ihr ein paar Sachen bringen würde.

Aus meinem Tagebuch

Hamburg, 11. September 2001
Einkäufe für Mutti. Telefonieren wegen meiner kaputten Heizung. Der Monteur am Telefon sagt: "Da ist eben ein Flugzeug in den Tower vom World Trade Center in New York geflogen." Auf dem Weg zu Mutti kommt die Radiomeldung: "Ein zweites Flugzeug rast in den anderen Turm des WTC." Das muss ein Terroranschlag sein! Ich übersehe eine Radfahrerin und kann gerade noch bremsen, bevor sie auf meinem Kühler landet. Wir tauschen unsere Adressen aus. So ein Mist aber auch!

Im Zimmer von Muttis Heim packe ich ein paar Sachen für sie in den Koffer und lasse dabei den Fernseher laufen. Ein drittes Passagierflugzeug rast ins Pentagon in Washington. Später wird ein viertes Flugzeug vermisst und in Pennsylvania in den Boden rammen. Die Meldungen überstürzen sich. Es sind unfassbare Bilder, die immer wiederholt werden. Beängstigend, welche unabsehbaren Konsequenzen aus den Ereignissen für uns alle entstehen können. Mit dem ge-

packten Koffer zu Mutti ins Krankenhaus. Ich erzähle ihr nichts von dem Anschlag. Sie hat andere Sorgen. Ich verfolge die Meldungen bis in die Nacht. Apokalyptisch!

Das kollektive Gedächtnis speichert solche Ereignisse wie "Nine-Eleven" ab, jeder hatte seine eigenen Erlebnisse an diesem Tag und kann sie noch heute aus der Erinnerung abrufen. In den folgenden Wochen erfuhren wir aus den Hintergrundberichten der Medien viele Zusammenhänge über den Islam, Afghanistan, Irak und die Taliban. Veranstaltungen standen auf der Kippe, misstrauisch ging man größeren Gruppierungen aus dem Weg und schaute prüfend in den Himmel, den Flugzeugen hinterher. Der Alltag ging weiter. Unsere Konzerte fanden statt, meine Mutter kam in die Reha, danach wieder zurück ins Altenheim. Es ging ihr so lala, aber sie klagte nur noch. Mein Vater, dem die Lust am Leben immer mehr zur Last am Leben geworden war, freute sich über meinen erneuten Besuch. Bei unseren Gesprächen bemerkte ich aber, dass er zunehmend vergesslich wurde. Ich hingegen durfte nichts vergessen, musste an so viele Dinge gleichzeitig denken. Nach außen hin war ich ruhig und gelassen, fühlte aber eine merkwürdige Gespanntheit und Unruhe in mir und sehnte mich nach Nikolaus und der Stille auf dem Land. Nikolaus wollte nun bald die Geschäftsführung an seinen engsten Mitarbeiter übertragen. Endlich! Im nächsten Jahr sollte es soweit sein. Doch noch war viel zu tun, Adventskränze mussten bestellt werden, Weihnachten stand bevor. Für mich ging es weiter, kreuz und quer durch Deutschland. Ich lernte Götz Alsmann beim *Lebensfest*-Benefizkonzert in Münster kennen und gab zusammen mit Hubert von Goisern ein Interview für das Magazin der *Süddeutschen Zeitung*. Zusammen mit den *Gospelmäusen* sang ich in Hamburg, obwohl ich ein entzündetes Ohr hatte. Um meine Mutter machte ich mir große Sorgen, sie war zum zweiten Mal hingefallen und hatte sich Kinn und Nase aufgeschlagen. In unserer WG in Hamburg führten Jürgen, Andreas und ich nachts, nach den Auftritten, wie so oft tiefsinnige Gespräche über Glück und das Leben. "Ja, das Unglück kann jeden Tag kommen. Jeder Tag ist ein Gewinn."

Aus meinem Tagebuch

Wesermarsch, 8. November 2001
Etwas Gartenarbeit, Schwimmen, Einkauf. Freue mich schon auf Nikolaus. Abends sein Lieblingsessen gekocht: Wirsingkohl und Hackbraten. Nikolaus ist noch auf der Autobahn. Er kommt um 21 Uhr. Bringt weiße Lilien und die "teuersten roten Rosen, die ich je gekauft habe", so sagt er, mit. Er will sie unbedingt noch vor dem Essen in die Vasen stellen, damit es schön aussieht. Auch die roten Christsterne stellt er auf die Fensterbänke. Er isst mit Genuss sein Lieblingsgericht. Wir schauen TV und er kommt zu mir rüber und küsst mich leidenschaftlich. Wir gehen um 23 Uhr nach oben ins Schlafzimmer. Er ist müde, war morgens schon joggen. "Dann drehe ich mich jetzt um und schlafe." Ich schaue noch ein paar Minuten TV, J.B. Kerner (ZDF).

9. November 2001
Mein Gott, Nikolaus ist tot! Ich wache um 5.15 Uhr auf, als ich ihn röcheln höre. Es ist ernst! Licht an, zu ihm rüber, Herzdruckmassage, Mundbeatmung – wie war das nochmal? Mund zuhalten, Nasenbeatmung und wieder Herzdruckmassage. Mir läuft vor Anstrengung der Schweiß übers Gesicht. Ich rase die Treppe runter, Notruf 112, wieder treppauf, weiter mit Wiederbelebung. Es hat Nachtfrost gegeben, die Straßen sind vereist, aber zwanzig Minuten nach meinem Anruf kommen der Notarzt und drei Sanitäter. Ich öffne ihnen die Tür, soll unten bleiben, sitze im Morgenmantel in einer Ecke und bete. Ich höre, wie sie oben arbeiten, höre das Summen des Elektroschockgerätes. Um sechs Uhr kommen sie runter, der Notarzt sagt: "Keine Chance, hundertprozentiger Herzinfarkt." Ob ich jemanden habe, der mir jetzt Beistand leistet, fragt der Notarzt. Mir fallen unsere Freunde ein, beide Lehrer, fünf Kilometer von mir entfernt wohnend. Ich rufe sie an, sie sagen die Schule ab, und eine halbe Stunde später sind sie bei mir. Wir sitzen in der Küche, die Jacke von Nikolaus hängt noch über der Stuhllehne – was für ein Schmerz, ihn zu verlieren!

Der Bestatter kommt um halb neun, es geht alles viel zu schnell. Ich kann nicht glauben, jetzt einen Sarg aussuchen zu müssen. Wo ist sein

Personalausweis? Formalitäten sind zu erledigen. Der Bestatter ist so reserviert und kommt mir furchtbar spröde und herzlos vor, als ich schon eine Stunde später einen Anzug zum Einkleiden für Nikolaus raussuchen soll. Wie gut, dass meine Freunde bei mir sind! Ich möchte, dass Nikolaus noch bei mir bleibt, solange es unter diesen Umständen geht. Ich gehe zu ihm nach oben. Er liegt auf dem Rücken auf dem Bett, die Arme liegen seitlich am Körper. Ich setze mich zu ihm auf die Bettkante, streichle sein kaltes Gesicht. Der Bestatter hat ihn rasiert, ein paar Bartstoppeln dabei vergessen. "Oh, mein lieber, lieber guter Nikolaus, warum bist du von uns gegangen?" Ich stehe wohl noch unter Schock, kann nicht weinen. Erst als ich mich gewaschen und angezogen habe und wir unten am Frühstückstisch sitzen, heulen wir alle. Der Bestatter und sein Helfer tragen den offenen Sarg die Treppe herunter und stellen ihn in der Diele vor der Grotdöör ab. Ich zünde die Kerzen in zwei Leuchtern an, stelle Vasen mit den Lilien und den "teuersten" roten Rosen daneben und lege eine CD mit seiner Lieblingsmusik von J.J. Cale ein.

Meine Freunde hatten telefoniert, den ganzen Tag kam Besuch aus der Nachbarschaft zum Abschiednehmen. Ich hatte eine Adressliste weitergegeben, ein befreundeter Grafiker brachte die bedruckten Aufkleber und Trauerkarten vorbei und alle halfen mit, sie in die Umschläge zu stecken. Auch ich musste telefonieren und die traurige Nachricht weitergeben. Tino, Gundula und ihr Freund kamen am Nachmittag. Wir fielen uns weinend in die Arme. Ich rief meine Schwester in Kanada und meine Mutter in Hamburg an. Mutti konnte es nicht fassen: "Oh nein! Warum hat der Herrgott nicht mich genommen?" Jemand hatte Räucherfisch und Brot mitgebracht. Wir saßen alle bei Nikolaus in der Diele am großen Tisch, und ich hatte das Gefühl, er ist unter uns. Jeder konnte eine Geschichte über Nikolaus erzählen, wir lachten und weinten gleichzeitig über seine besondere Lebensart. Wir hatten nachts etwas geschlafen, der 18-jährige Tino beim Vater unten in der Diele auf dem Sofa, Gundula mit ihrem Partner im Gästezimmer. Nikolaus sah aus als würde er schlafen. Die Sanitäter hatten ihn wohl ziemlich zugerichtet, Blut rann aus seinem Mundwinkel. Das war kein schöner Anblick, ich deckte sein Gesicht mit einem schwarzen Tuch zu. Seinen Platinring am Finger sollte er mit auf die letzte Reise nehmen, und ich steckte ihm zusätzlich ein kleines Foto von mir in die Brusttasche seines besten Anzugs. Es kamen immer noch Leute vorbei, die Abschied nehmen wollten, er war sehr beliebt, und mir wollte man Trost spenden. Am Nachmittag kamen die Bestatter und trugen Nikolaus aus der Grotdöör. Wir gingen bis zur Landstraße hinterher – ein schmerzlicher Abschied mit unaufhörlich fließenden Tränen. Am Abend wollte ich allein sein und schickte alle weg. Ich lag auf der Couch und hatte das Gefühl, Nikolaus sei immer noch bei mir im Zimmer. Plötzlich sah ich in einem inneren Bild, wie zwei Engel ihn abholen wollten – sein verstorbener Vater und sein Bruder. Ich sah auch Nikolaus' fragendes Gesicht und musste furchtbar weinen, als ich leise sagte: "Ja, geh ruhig mit, du bist nun in guten Händen."

Am nächsten Tag kamen wieder Freunde vorbei, auch sein Geschäftsführer. Mein Herz war so schwer, ich konnte noch immer nicht begreifen, was passiert war, und musste wieder und wieder die gleiche Geschichte erzählen, was sich zwei Tage zuvor zugetragen hatte. So, als würde ich es dadurch besser verstehen. Meine Freunde ermunterten mich, etwas zu essen, und waren die ganze Zeit für mich da. Mit dem Pastor besprachen wir den Ablauf der Trauerfeier, ich suchte die Musik aus und erzählte für die Ansprache des Pastors aus Nikolaus' Leben. Alles wirkte so surreal. Abends sah ich seine Papiere durch. Er hatte alles Wichtige mitgebracht, ohne mir etwas davon zu erzählen. Aber ich verstand noch nichts davon und legte die Dokumente und Geschäftsbücher zur Seite. Ich hatte Herzschmerzen und dachte, ich müsste ebenfalls sterben.

Aus meinem Tagebuch

Wesermarsch, 13. November 2001
Morgen ist die Beerdigung. Ich fege das Laub der Kastanien im Vorgarten, es soll hier alles schön aussehen. Mit einer Freundin gehe ich ins Schwimmbad, die Bewegung tut mir gut. Schnell Einkäufe machen

und bloß nach Hause, es gibt noch so viel zu tun. Meine Gefühle fahren Achterbahn. Früh zu Bett, morgen wird ein harter Tag.

14. November 2001
Alle sind auf dem Weg hierher. Es ist ein strahlend sonniger, aber kalter Tag. Jürgen und Andreas holen mich mittags ab und wir fahren zur Kirche. Viele Kränze, ein Blumenmeer, die Sonne scheint auf Nikolaus' Sarg. Viele, viele Freunde, Kollegen und Dorfnachbarn, unsere Patchworkfamilien aus Hamburg und dem Ruhrpott sind gekommen, die Dorfkirche ist voll, etwa neunzig Leute. Glockengeläut, dann eines seiner Lieblingslieder: "Dreams Come True". Der Pastor hält eine berührende, sehr persönliche und aufbauende Andacht und singt selbst mit seiner Gitarre noch sein Lieblingslied: "Danke für die schönen Stunden, danke für den schönen Tag". Ich bin nur am Heulen, bekomme fast nichts mit. Die Sargträger kommen, ein letztes Lied, "Over The Hill", dann langes Abschiednehmen am Grab.

In unserer Dorf-Stammkneipe ist eine Kaffee- und Kuchentafel aufgebaut, die meisten sind vom Friedhof mitgekommen. Es tut gut, nach all den Tränen etwas im Magen zu haben. Nach ein paar Schnäpsen und heißer Suppe erzählen wir uns wieder Anekdoten und Geschichten von Nikolaus. Mit den engsten Freunden fahren wir zu mir und sitzen bis in den Abend zusammen. Später ruft meine Schwester aus Kanada an und wir weinen zusammen am Telefon.

Die nächsten Auftritte wurden abgesagt. Ich versuchte, mein Gleichgewicht wiederzuerlangen, verrichtete Gartenarbeit, harkte bis zum Einbruch der Dunkelheit die großen Kastanienblätter auf einen Haufen und machte auf dem Grundstück alles winterfest. Dabei hatte ich die ganze Zeit das Gefühl, Nikolaus wäre bei mir, auf eine feinstoffliche Art. Jeden Tag fuhr ich zum Friedhof, und am Grab weinte ich mich aus. Auch nachts, wenn ich ums Haus ging, liefen mir die Tränen übers Gesicht – ich konnte und wollte nichts dagegen tun, denn es tat mir gut zu trauern. Selbst nach seinem Tod war Nikolaus meine Muse. Ich schrieb alles auf, was mir in den Sinn kam, die Worte flossen nur so auf das Papier, und am Klavier entstanden daraus Verse und Kompositionen.

Meinem Vater schickte ich zu seinem 89. Geburtstag, Mitte November, Blumen, mir fehlte einfach die Kraft, ihn zu besuchen. Glücklicherweise hatten seine Nachbarn eine Feier für ihn arrangiert. Außerdem war meine Mutter schon wieder gestürzt, hatte sich aber nichts gebrochen. Ich musste erst einmal zu ihr. Doch auch mir ging es nicht gut, mein Hausarzt stellte einen viel zu hohen Blutdruck fest. Ich hatte Herzschmerzen, mir war schwindelig und übel. Zur Beruhigung nahm ich nur Baldriantropfen und nicht die Betablocker, die er mir verschrieb. Dabei musste ich jetzt hellwach sein, funktionieren. Schluss mit lustig. Die fröhliche Jugendzeit war endgültig vorbei. Mit dem Tod hatte ich bisher keine Erfahrung gemacht, bis auf den Unfall mit Todesfolge einer Klassenfreundin im vierten Schuljahr. Das war aber lange her, und als Kind kann man sich unter dem Tod sowieso nichts vorstellen. Ich hatte keine Ahnung, was als Witwe auf mich zukam. Gundula und ich trafen uns in Nikolaus‘ Büro und schauten alle Ordner und Versicherungen durch. Natürlich würde ich mit ihr den Nachlass teilen, und für Tino hatte Nikolaus vorgesorgt. Bei seinem Steuerberater bekamen wir eine übersichtliche Darstellung der Situation, und ich erfuhr, dass ich jetzt die Nachfolgerin seines Blumenladens war. Aber weil bereits mit seinem Geschäftsführer besprochen worden war, dass der den Laden übernahm, würde ich nur für ein paar Wochen Blumenfrau sein. Das war also geregelt.

Obwohl wir die nächsten Konzerte abgesagt hatten, war ich Ende November froh, dass noch nicht alle Auftritte für dieses Jahr gestrichen waren. Mir fiel die Decke auf den Kopf, und beim Konzert mit Joja Wendt in Dresden, Ende November, merkte ich, dass ich drei Wochen nicht gesungen hatte, und wie gut es mir tat, mal wieder unter Leuten zu sein.

Meinem Vater ging es schlecht. “Ihr müsst mit allem rechnen”, sagte er abends am Telefon. “Ich bin morgen bei dir”, versprach ich ihm. Auf meinem Anrufbeantworter hörte ich dann morgens: “Komm ein anderes Mal, mir geht es nicht gut.” Ich setzte mich dennoch in die Bahn, die Fahrt nahm wieder kein Ende, und alles erschien mir in meinem Leid wie ein Albtraum. Als ich bei meinem Vater ankam, schien es ihm doch nicht so schlecht zu gehen. Nach dem Abendessen tranken wir ein Gläschen Rotwein, und etwas beschwipst holte er seine Mundharmonika und spielte, mit kurzem Atem, aber ganz munter, einige Shantys. Ich half ihm, so gut ich konnte, beim Ausziehen und brachte ihn zu Bett. Ich war hundemüde, aber ich konnte nicht einschlafen, die Bilder der letzten Tage zogen in meinen Gedanken vorbei.

Aus meinem Tagebuch

Vachendorf, 5. Dezember 2001
Nach dem Mittagsschlaf trinkt sich Papa in seinem Zimmer einen Vollrausch an. Erst leert er die Rotweinflasche von gestern Abend, dann trinkt er den vierzigprozentigen Armagnac, den er in einem Schrank hatte. Im Delirium weint er und kann sich nicht beruhigen. Er will nur sterben. Ich weiß nicht, was mit ihm los ist, und rufe den Notarzt. Erst der Arzt macht mich darauf aufmerksam, dass Papa Alkohol getrunken hat. Er misst seinen Blutdruck, macht ein EKG und bringt ihn in den Notarztwagen für eine Infusion. Dann geht es ins Krankenhaus. Ich fahre mit. Papa hat immer noch Weinkrämpfe, ist nicht bei sich, bittet mich um Verzeihung. Er bekommt ein Bett und bleibt über Nacht. Ich bin nervlich am Ende.

6. Dezember 2001
Hab kaum geschlafen. Mein Blutdruck ist wieder hoch, ich habe Luftnot, kann nicht durchatmen. Morgens bin ich bei ihm im Krankenhaus. Papa ist noch etwas durcheinander, aber er fühlt sich okay. Er kann wieder nach Hause. Gott sei dank! Hat den ganzen Tag Dünnschiss und muss dauernd aufs Klo. Es ist ihm peinlich, was da gestern passiert ist, ich soll es niemandem erzählen. Die Nachbarn haben gestern den Krankenwagen gesehen, sind besorgt und kommen nun vorbei. Ich steh ein bisschen dumm daneben, als er dann selbst erzählt, er habe wohl ein bisschen zu tief ins Glas geschaut. "Wollen Sie Ihren Vater nicht mitnehmen?", höre ich. Tja, was soll ich darauf antworten? Hätte man alles machen können. Zum Abschied ist Papa wieder ausgeglichen und sagt liebevoll zu mir: "Mach man deine Musik. Ich

komm schon klar." Er wird abends zur Weihnachtsfeier gehen. Seine Putzfrau wird seine Wohnung säubern. Das Essen auf Rädern schmeckt ihm weiterhin. Die nette Nachbarsfrau wird ihn besuchen.

Die folgenden Wochen verliefen für mich wie unter einer Glocke. Ich konnte nicht fassen, dass das Leben um mich herum einfach so weiterging. Jede Nacht wachte ich um 5.15 Uhr auf und konnte nicht wieder einschlafen, die Bilder der Todesnacht zogen an mir vorbei. Ich versuchte, mich mit Lesen abzulenken, aber ich musste jeden Absatz mehrmals lesen, um den Inhalt zu verstehen. Nach meinem persönlichen Nine-Eleven 2001 fiel mir auf, dass die Zahlenkombination 9/11 eine denkwürdige Schicksalszahl ist.

Aus meinem Tagebuch

Wesermarsch, 31. Dezember 2001
Mein Schatz ist mir heute morgen im Traum erschienen. Darauf hatte ich schon so lange gewartet. Er lehnte am Türrahmen und schaute mich an. Es war so real. Ich war erstaunt und dachte, wie soll ich es den Leuten erklären, dass Nikolaus wieder da ist?

Solche Traumbegegnungen geschahen in den kommenden Monaten häufiger. Ich war jedes Mal dankbar dafür, weil sie so intensiv und greifbar erschienen. Irgendwann sah ich dann im Traum seinen grünen Overall, den er immer bei der Gartenarbeit getragen hatte, auf der Wiese liegen. Danach wurden die Träume seltener. Mein Unterbewusstsein hatte kapiert, dass er nicht mehr da war.

Wieder war das Konzert im Hamburger "Michel", Januar 2002, das Großereignis, das jedes Jahr eine Herausforderung und eine ganz besondere Veranstaltung für uns darstellte. Am Abend zuvor hatten wir uns in der ausverkauften Bremer *Glocke* mit großer Besetzung, das heißt Piano und Orgel, Bass und Drums und unseren drei Chorladies, warmgespielt. Ich war noch immer seelisch angeschlagen, aber froh, mit meinen Musikern zusammen zu sein. Unsere Hamburger Patchworkfamilie hatte meine Mutter aus dem Altenheim geholt, für sie waren die besten Plätze in der Senatorenbank des "Michels" reserviert. Als ich in einer Ansage erzählte, meine 92-jährige Mutter sei auch zugegen, erhob sich Mutti von ihrem Platz und verbeugte sich. Ich sehe sie noch heute vor mir, wie sie da stand mit ihrer weißen Strickmütze, und nicht wusste, wie ihr geschah, als ihr 2000 Leute begeistert applaudierten und mit den Füßen trampelten. Die Atmosphäre war wie jedes Jahr wunderschön und das Konzert besonders gefühlvoll. Nach dem Auftritt und zwei Zugaben war ich kräftemäßig am Ende. Ich lief schnell von der Bühne und brach in Tränen aus. Nikolaus fehlte mir so sehr. Meine Mutter fand das Konzert ganz toll und war stolz auf mich – unsere tiefe Verbundenheit tröstete mich.

Auch die vielen Abende, die ich komponierend am Klavier verbrachte, waren trostspendend. Stunden über Stunden flogen so schnell vorbei, und das Üben hatte gleichzeitig einen therapeutischen Effekt. Schließlich musste es weitergehen. Auch für unsere Konzertreihe "Blue Monday" bereitete ich neue Programme für unsere Stammbesetzung und die Gastmusiker vor. Die Veranstaltungen fanden nun im Lichthof der Versicherungsgesellschaft *Hanse Merkur* statt. Sie wurden im Januar 2002 mit dem Sänger und Autor Till Hoheneder eröffnet, der unter anderem *With A Little Help From My Friends* sang. Das Programm sollte eigentlich Joja Wendt am Piano spielen, aber der war mittlerweile schon auf Solokurs und hatte keine Zeit. Stattdessen bekamen wir einen fantastischen Ersatz, den Pianisten Joe Dinkelbach aus Braunschweig. Joe war schon einmal in den 1990er-Jahren für Joja eingesprungen. Beide hatten zusammen auf dem Konservatorium in Hilversum bei demselben Lehrer Jazz-Piano studiert und höchstes musikalisches Niveau erlangt. Joe hatte mit sechs Jahren die ersten Klavierstunden bekommen, in jungen Jahren mit diversen Bands gespielt und kannte sich in allen Stilistiken aus, die auch meine Programme beinhalteten. Er bewies nicht nur gestalterische Fähigkeiten an Klavier und Orgel, er war außerdem ein guter Grafiker, Handwerker und Jäger. Zudem hatte auch er einen Hof gekauft und wohnte nicht weit entfernt von meinem Haus, sodass wir zusammen zu den Auftrittsorten fahren konnten. Das waren sehr angenehme Touren mit interessanten Gesprächen über die neueste Computertechnik, Politik und gesellschaftliche Themen. So langsam bekam ich mich wieder in den Griff.

Dann erhielt ich einen beunruhigenden Anruf von der Nachbarin meines Vaters: Papa befand sich in der geschlossenen Abteilung der Gerontopsychiatrie in Gabersee bei Wasserburg. Er litt so sehr unter seiner Einsamkeit, dass er sich die Treppe heruntergestürzt hatte, nachdem er wieder eine Menge Alkohol getrunken hatte. Die Nachbarin hatte es im Treppenhaus poltern gehört, und war ihm zu Hilfe geeilt. Obwohl er nicht allzu schlimm gefallen war, hatte sie den Notarzt gerufen. Bei Verdacht auf Selbstmord wird man sofort in die Psychiatrie eingeliefert, und so landete auch mein Vater dort. Die düstere, deprimierende Zeit nahm kein Ende. Was war bloß los? Nicht nur mir bereiteten meine Angehörigen großen Kummer, auch Gundulas Mutter war an Krebs erkrankt. Der 15-jährige Sohn von Andreas erhielt ebenfalls eine Krebsdiagnose, und die Ärzte kämpften gegen den bösartigen Tumor. Lisa Cash, unsere Sängerin, kam auf die Intensivstation, aber keiner wusste genau, was mit ihr los war.

Ich fuhr sofort nach Bayern. Die Nachbarin gab mir den Schlüssel zur Wohnung meines Vaters. Dort fand ich auf dem Flurtisch einen kleinen Zettel, mein Vater hatte mir darauf mit krakeliger Handschrift einen Abschiedsbrief hinterlassen: "Verzeih mir, liebe Inge, aber ich kann dieses nutzlose Leben nicht mehr ertragen." Auch der Nachbarin hatte er mit freundlichen Worten für ihre Hilfe gedankt. Am nächsten Tag packte ich frische Wäsche für meinen Vater ein, und mit einem Mietwagen fuhr ich nach Wasserburg zum Krankenhaus. Ich war noch nie in einer psychiatrischen Klinik gewesen. Mein erster Gedanke war: Oh Gott, wo ist Papa hier gestrandet? Alle Türen und Schränke waren verschlossen, die Pfleger trugen Schlüssel, mit denen sie sie auf Nachfrage öffneten. Mein Vater freute sich, als er mich sah. Er hatte keine Ahnung, wo er sich befand. Aber er meinte: "Das kommt mir hier alles spanisch vor. Mir schwant nichts Gutes." Ich fuhr schnell mit ihm im Rollstuhl nach draußen, in die Sonne. Das Elend in der Station war traurig anzusehen. Es gab dort viele Alzheimerpatienten, schlimme Schicksale.

Ein Mann rief mit lauter Stimme Zahlen, andere machten die immer gleichen Bewegungen mit eigenartigen Geräuschen und Blicken. In den nächsten Tagen fuhr ich immer wieder in die Klinik. Papa hatte Beruhigungsmittel bekommen, weil er furchtbar aufgeregt war, wie der Arzt sagte. Er sollte nun nicht mehr in seine Wohnung zurück, ein gesetzlicher Vormund sollte ernannt werden. Na ja, das bin ja wohl ich, dachte ich. Nun musste dringend eine neue Unterkunft für ihn her, er konnte nur für eine bestimmte Zeit in der Psychiatrie untergebracht werden, denn er war ja nicht in dem Sinne geisteskrank. Als er eines nachmittags psychisch wieder stabil war, erklärte ich ihm, dass ich seine Unterschrift für Vollmachten in Bank- und Hausangelegenheiten bräuchte, und versprach ihm, mich um alles zu kümmern. Er konnte kaum den Stift halten, und ich war heilfroh, als er schließlich mit zittriger Hand seinen Namen schrieb. In Papas Wohnung schaute ich in seine Schränke und Schubladen, die voll unsortierter Papiere waren. Mit meiner Mutter zusammen hatte ich ja schon rechtzeitig Ordner für ihre Belege und Kontoauszüge von Strom, Wasser und anderem angelegt. Nikolaus hatte seine Papiere ebenfalls in Ordnung gehalten, mein Vater hingegen seit dem Tod seiner zweiten Frau zwei Jahre lang alle Papiere unsortiert in die Schubladen gestopft. Abends legte ich die Belege in Stapeln auf den Boden, sortierte sie in Mappen ein und notierte mir die Adressen der haushaltsnahen Dienstleister. Wie bei meiner Mutter und Nikolaus mussten jetzt Kündigungen wegen Auflösung des Haushaltes geschrieben werden. Für mich war das nun schon traurige Routine.

Die kompliziertere Arbeit stand mir jedoch in seinem Bastelzimmer bevor. Er war nicht nur ein Hobbymaler und Modellbauer für Schiffe, er liebte auch Eisenbahnen und Lokomotiven. Dafür hatte er ein großes Zimmer eingerichtet, liebevoll Landschaften mit Bergen, Brücken und Dörfern gebaut. Auf den Bahnhöfen standen Züge, auf den Bahnsteigen kleine Menschenansammlungen. Auf Knopfdruck ging das Licht in winzigen Laternen an und Lokomotiven setzten sich in Bewegung. Unter der selbstgebauten Landschaft befanden sich ein Plattenspieler und Schallplatten mit Bahnhofsgeräuschen und Marschmusik. In kleinen Schränken reihten sich zigfach Lokomotiven, Waggons, Schienen und Kartons mit Bastelmaterial. Das musste ein Vermögen gekostet haben. Was sollte nun damit geschehen? Wer kaufte in dieser Zeit der digitalen Spiele so etwas? Ich sollte später erfahren, dass alles fast keinen Wert mehr besaß. Mein Vater, geboren 1912, aufgewachsen im Kaiserreich, hatte auf die Embleme der Deutschen Bundesbahn den Deutschen Reichsadler geklebt. Außerdem fehlten für die Züge und Loks sämtliche, für Sammler so wichtige Originalverpackungen. Und – die Räder der Eisenbahnen waren "bespielt", heißt: geölt. Die Sachen waren also gerade gut genug für den Trödler.

Das alles konnte noch warten, ich musste erst einmal schnell ein neues Zuhause für meinen Vater finden. Zurück im Norden telefonierte ich herum und besuchte Alten- und Pflegeheime in Hamburg und in der Wesermarsch, in Friesland und im Ammerland. Kein einziges war frei, es gab Wartezeiten, trotzdem meldete ich meinen Vater bei einigen an. In der Zwischenzeit war meine Mutter wieder ins Krankenhaus gekommen. Sie konnte die Schmerzen in der Hüfte nicht mehr aushalten und war auf ihr Drängen hin nochmals operiert worden, unabhängig davon, welche Konsequenzen das haben würde.

Die folgenden Wochen kürze ich ab: Mutti überstand die Operation zwar, wurde aber immer weniger, wie man so sagt. Wenn ich bei ihr war, lächelte sie mich an, wollte "Pfefferminztee" trinken, aber ihr ging das Wort nicht über die Lippen, und sie zuckte resigniert mit den Schultern. Dann bekam sie eine Lungenentzündung, blickte ins Leere, fantasierte, als würde sie irgendetwas sehen. Der Arzt bekam die Infektion wieder in den Griff und sie wurde auf die Pflegestation ihres Heimes entlassen. Doch er meinte, in ihrem Alter könnte alles passieren. Ich versuchte, meine Schwester zu erreichen, die den Winter in Kalifornien verbrachte, und ärgerte mich, dass sie mich nicht zurückrief. Jemand musste sich während meiner Abwesenheit um unsere Mutter kümmern. Gut, dass ich nicht ganz allein war, mein Patchworkfamily-Bruder Peter übernahm die täglichen Besuche bei ihr.

Ich fuhr wieder nach Bayern zu Papa, seine Wohnung musste geräumt werden. Ich ließ die Nachbarn dort wissen, dass ich viele seiner Sachen verschenken wollte. Einen Teil der Möbel würde die Arbeiterwohlfahrt abholen, den Rest eine Entrümpelungsfirma erledigen. Das Eisenbahnzimmer aber blieb nach wie vor ein Problem. Einige Interessierte kamen, sahen sich die bespielten Loks und Waggons an, schmunzelten über die Reichsadlerembleme, fragten nach den nicht vorhandenen Originalkartons und gingen wieder. Für einen Minipreis und der Auflage, den gesamten Bastelkram aus dem Hobbyzimmer zu räumen, überließ ich die Modellbahn der Putzfrau meines Vaters. Sie sollte ihrem Sohn eine Freude machen. Eine kleine Kiste mit Lokomotiven und Waggons packte ich für meine kanadischen Neffen ein. Zu meiner Erleichterung hatte das Sozialamt in Gabersee einen Heimplatz in Waging gefunden. Mein Vater sagte: "Erstmal ansehen, nicht die Katze im Sack kaufen." Na, wenn der wüsste, wie schwierig das alles ist, dachte ich und gab dem Amt sofort meine Zustimmung. Peter kam mir zu Hilfe, und wir luden die restlichen Sachen, die ich noch gebrauchen konnte, in einen Sprinter und verteilten sie auf mein Landhaus und das Hamburger Studio. Meine Mutter wurde mit hohem Fieber und erneuter Lungenentzündung zurück ins Krankenhaus gebracht. Als ich sie besuchte, lag sie mit offenen Augen apathisch da und rang nach Luft. Ich wusch und massierte ihre Füße und fühlte, dass sie dadurch etwas ruhiger wurde. Auch meinem Vater ging es wieder schlechter. Er war verwirrt, nach dem Ortswechsel in das Waginger Altenheim dachte er, in eine neue Klinik verlegt worden zu sein. Es war zum Verzweifeln.

Nach ein paar Tagen wurde meine Mutter in ein Einzelzimmer verlegt, sie litt nun an beidseitiger Lungenentzündung. Ich fragte den behandelnden Arzt: "Was passiert denn jetzt?" Er sah mich an und sagte: "Ein langes Sterben." Meine Hand streichelte ihre heißen Wangen. Ich saß noch eine Weile an ihrem Bett, konnte es dann nicht mehr mitansehen, wie sie kämpfte. Also packte ich meine Sachen und verließ Hamburg. Abends ging ich durch meinen Garten und hielt mit Mutti eine innere Zwiesprache. Nachts fühlte ich für eine Millisekunde einen warmen, mütterlichen, tröstenden Impuls, der durch mich hindurchging. Am nächsten Tag erhielt ich die Nachricht vom Krankenhaus. Unsere liebe Mutter war erlöst! Sie starb nachts gegen zwei Uhr. Wieder harkte ich im Garten Laubreste, wieder waren meine Freunde für mich da. Endlich rief auch meine Schwester aus Kalifornien an, sie hatte meine Telefonnummer verbaselt. Wie tröstlich war es zu hören, dass sie bald, noch vor der Beerdigung, kommen würde. Trotz der Distanz über zwei Kontinente waren wir uns vertraut und nahe. Die Worte unserer Mutter klangen mir im Ohr: "Wenn ich einmal nicht mehr da bin, habt ihr nur noch euch. Also vertragt euch."

In Hamburg begann nun die gleiche Prozedur wie vier Monate zuvor bei Nikolaus' Beerdigung: Bestattungsinstitut aufsuchen, Besprechung der Trauerfeier mit dem Pastor, Dokumente ausfüllen, Heimvertrag und andere Verpflichtungen kündigen, Trauerbriefe an Verwandte schicken, Räumung ihres Heimzimmers. Überall, wo ich war, standen Kisten und Kartons mit den Sachen meiner Lieben herum. Unterm Arm trug ich Mappen mit ihren Papieren, um sofort die Dokumente und Belege zur Verfügung zu haben. Im Bestattungsinstitut hatte ich ein makaberes Erlebnis mit der Dame, die das Prozedere abwickelte. Ich traute meinen Augen nicht, als ich die vielen goldenen Eheringe an ihren zehn Fingern sah. Woher hatte sie die?, fragte ich mich. Aber es war mir zu gleichgültig, um sie um eine Erklärung zu bitten. Es ging mich nichts an, ich erhielt ja die Ringe meiner verstorbenen Mutter. Später stellte ich mir vor, was wohl aus dem Platinring geworden war, den ich an Nikolaus' Finger gelassen hatte.

Ich funktionierte nur noch, versuchte, mich abzulenken, putzte meine Wohnung und kaufte frühlingsbunte T-Shirts – ich konnte meine schwarzen Klamotten nicht mehr sehen. Meiner Trauer sollte ich dennoch nicht entkommen. Beim Schwimmen heulte ich ins Wasser, und abends zog ich mir die Decke über den Kopf. Ich fühlte mich wie durch den Wolf gedreht und hatte wieder Herzbeklemmung. In einem Artikel las ich, dass man eine Herzneurose bekommt, wenn man glaubt, man schafft das alles nicht. Eine Herzneurose ist eine psychische Störung. Betroffene klagen über Herzbeschwerden, die jedoch auf keine organische Ursache zurückzuführen sind. Man lebt dabei in der Angst, einen Herzinfarkt zu erleiden, bekommt Atemnot und Panikattacken. Danach beruhigte ich mich, wenigstens hatte ich kein physisches Herzleiden.

Endlich traf meine Schwester Regina in Hamburg ein, es war ein tröstliches, aber bedrücktes Wiedersehen. Zu Muttis Beerdigung kamen auch all unsere Verwandten, es gab eine schöne Ansprache vom Pastor und Musik, die ich ausgesucht hatte: *Aus lauter Liebe*, *Der Kreis* und das Lied, das sie stets inbrünstig beim Gottesdienst gesungen hatte: *So nimm denn meine Hände*. In einem Café am Ohlsdorfer Friedhof saßen wir noch mit der Familie zusammen, es gab viel zu erzählen, denn man hatte sich seit Muttis neunzigstem Geburtstag nicht mehr gesehen. Abends brummte mein Kopf vom Weinen und Zuhören.

Morgens, noch vor der Trauerfeier, passierte etwas Merkwürdiges: Bei der Sparkasse holte ich meine Kontoauszüge ab, schaute flüchtig auf die Zahlen. Ich stutzte: Da stand eine Gutschrift über die unglaubliche Summe von 448 000 Euro. Das kann ja gar nicht sein, dachte ich. So viele meiner CDs hatte meine Plattenfirma doch gar nicht verkauft. Schnell rief ich meinen Manager, Jürgen Hoffmann, an. Der riet mir, den Betrag erst einmal auf einem Termingeldkonto zu parken. Er würde sich mit der Plattenfirma in Verbindung setzen. Während ich am Grab meiner Mutter stand, geisterte mir diese Zahl durch den Kopf. Der Zwiespalt meiner Gefühle zwischen Trauer und Euphorie versetzte mich in einen unwirklichen Zustand. Und noch etwas anderes beschäftigte mich: Unsere Mutti war im Familien-Tiefgrab ihres zweiten Mannes Rudi beerdigt worden, das heißt, sie lag jetzt über ihm. Unter Rudi lag aber schon seine seit vielen Jahren verstorbene erste Frau. Somit lag er sozusagen im Sandwich seiner beiden Ehefrauen. Diese Art Begräbnis ist auf den Friedhöfen durchaus üblich, dennoch fand ich es ganz schön spooky. Doch den Toten ist es ja letztlich egal, wie sie liegen.

Ein paar Tage nach der Beerdigung fuhren Regina und ich zu unserem Vater ins Altenheim nach Waging, um ihn zu besuchen und nach dem Rechten zu sehen. Er war in einem Zweibettzimmer untergebracht, alles schien in Ordnung zu sein. Die Pflegekräfte waren freundlich, die Heimleitung machte einen guten Eindruck, die Umgebung war wunderschön, und auch Papa gefiel sein neues Zuhause. Mit dem Laufen klappte es bei ihm nicht mehr, deshalb fuhren wir ihn in einem Rollstuhl an den Waginger See. Er freute sich und meinte: "Ist immer schön hier an der Alster." (Die Alster ist ein Fluss in Hamburg, der sich in der Innenstadt zu einem See aufstaut.) Regina und ich sahen uns grinsend an: Unser strenger Vater, den wir als Kinder so fürchteten, war wohl ein bisschen verpeilt. Seine Verwirrtheit nahm später skurrile Züge an, die seltsamen Episoden und Sprüche, die er von sich gab, könnten ein ganzes Kapitel füllen. Als ich ihm erzählte, dass unsere Mutti gestorben sei, sagte er: "Na, das musste ja so kommen." Und auch, dass Nikolaus tot war, erzählte ich ihm, und dass ich traurig sei, jetzt ganz allein zu sein, keine eigenen Kinder zu haben. Er meinte: "Du hättest ja heiraten können." Ich sagte: "Ich war ja zweimal verheiratet, hat nichts genützt." – "Aha." So redeten wir oft sinnlos aneinander vorbei und ich wusste nicht, ob ich lachen oder weinen sollte. Der Arzt teilte mir den Befund mit: senile Demenz, Typ Alzheimer. Ich dachte, vielleicht ist diese Krankheit sogar eine Gnade, damit man das ganze Elend nicht mehr so mitkriegt. Nun brauchte ich noch den wichtigen Betreuerausweis, um den Heimvertrag abschließen und Kündigungen seines Haushaltes ausführen zu können. Mit meiner Schwester fuhr ich zum Vormundschaftsamt in Traunstein. Es war gut, dass sie bei mir war, so konnte sie bezeugen, dass ich eine zuverlässige "Person" bin. Das sprach man mir dort nämlich ab, ein amtlicher Betreuer sollte den Fall übernehmen. "Ich will das aber machen, ich bin seine Tochter und habe bisher auch seine Angelegenheiten erledigt und ihn versorgt", sagte ich. Der Beamte widersprach: "Das können Sie doch gar nicht. Sie als Musikerin sind doch immer unterwegs und auch gar nicht hier wohnhaft." Ich hatte es als Selbstverständlichkeit gesehen, dass ich als Tochter meinen Vater betreuen würde, und wollte ihn auf keinen Fall fremden Händen überlassen. Schließlich schafften wir es, den Beamten zu überzeugen. Mein Antrag auf Betreuung wurde vorläufig akzeptiert und einige Wochen später mit einer Bestallungsurkunde amtlich bestätigt. Dann endlich die Wohnungsabnahme, Schlüsselübergabe und der Post-Nachsendeauftrag.

So vergingen sechs Wochen äußerster Anspannung, in denen ich mich um den schweren, letzten Weg meiner Eltern kümmerte. Im Nachhinein empfand ich es als Geschenk, sie so lange bei mir gehabt zu haben und zu sehen, wie es ist, alt zu werden. So wurde ich gewissermaßen vorbereitet auf das, was möglicherweise auf mich zukommt, wenn ich so lange lebe wie sie. Zuhause setzte ich mich wieder ans Klavier, dachte an meine Mutter und widmete ihr das Lied *Up To Your Room*. Ich dachte daran, wie ich ihr in meiner Sturm-und-Drang-Zeit große Sorgen bereitet hatte, wenn ich zu spät nach Hause kam, sie mich ausschimpfte und ich darüber lachte. Daran, wie ich Liebeskummer hatte und sie mich mit ihrem wissenden, freundlichen Lächeln tröstete. Und auch daran, wie ich über die Stränge geschlagen hatte und im Spiegel mein eigenes Gesicht nicht wiedererkannte. Reumütig hatte ich bei ihr im Wohnzimmer gesessen und mir vorgenommen, irgendwann einmal so bodenständig zu werden wie sie.

Nach Singen war mir in dieser Zeit eigentlich nicht zumute, und glücklicherweise war in dieser Hinsicht auch mein Terminkalender ziemlich leer. Nur zwei Auftritte hatte ich währenddessen, und unser Gospelprogramm tat mir gut. In meiner Erinnerung geblieben ist unser kurzes Konzert auf der *CeBit* in Hannover. Nach der Vorstellung kam Steve Ballmer, damals Vorsitzender von Microsoft, hinter die Bühne und sagte aufgeregt: "Well, *Transformation*, a great title! That's also my vision." Ich wurde an den Tisch gebeten, an dem er zusammen mit Gerhard Schröder, dem damaligen Bundeskanzler, saß. Ich wollte nicht unhöflich sein und folgte der Einladung. Aber ich sagte nur kurz "Hallo" und ging bald wieder. Der ganze Trubel war mir einfach zu viel. Nachts, in den Nachrichten, sah ich mich zusammen mit den hohen Herren. Ich hatte gar nicht bemerkt, dass uns Kameras gefilmt hatten.

Allmählich kehrte der Alltag wieder ein. Die hohe Überweisung meiner Plattenfirma erwies sich natürlich als Fehlbuchung und wurde, nach gründlicher Prüfung, zurückerstattet. Die Kartons mit den Sachen meiner Eltern wurden geleert und auf meine beiden Haushalte verteilt. Die Seemannsbücher meines Vaters bekamen ein eigenes Regal, die würde ich später noch lesen. Seine Seebilder wurden aufgehängt, die Modellschiffe in meinem Haus aufgestellt. Die Papiere, Dokumente und hundertfachen Fotos aus vielen Jahrzehnten sah ich nach und nach durch, suchte die schönsten aus und stellte für jeden Elternteil ein kleines Album zusammen. Einige der Anzüge und Hemden von Nikolaus gab ich seinem Sohn Tino und unseren guten Freunden, aber es hing noch so viel in den Kleiderschränken in Hamburg und im Landhaus. Ich brachte es einfach nicht übers Herz, sie wegzugeben. Es dauerte Jahre, bis ich sie entfernte, weil ich einsah, dass er nicht mehr zurückkommen würde. Jeden Morgen beim Aufwachen und abends beim Einschlafen hatte ich Nikolaus im Kopf. Ich konnte nichts dagegen tun, außer Lieder zu schreiben und zu komponieren. Ich kaufte einen iMac, um das neue Songmaterial für Demos aufzunehmen. Inzwischen hatte sich die Technik weiterentwickelt, und wenn ich mal wieder nicht weiterwusste, fand ich bei meinen Kollegen Thomas Biller und Joe Dinkelbach geduldige Helfer beim Erlernen der neuen Funktionen des *Audio Logic*-Programms. So vergingen Stunden, Tage und Wochen, bis alle Songs aufgenommen waren und ich von meinen trüben Gedanken abgelenkt wurde. Auch die körperliche Arbeit im Garten erdete mich. Mit dem Frühjahr hatte sich mein Garten hübsch gemacht, in den neu angelegten Beeten rund ums Haus blühten Hortensien und Rosen, und im Gemüsebeet konnte ich bald Kohlrabi, Mangold und Karotten ernten. Bei schönem Wetter hörte die Schufterei draußen nicht auf, und wenn ich bei Sonnenuntergang frisch geduscht und erschöpft im Liegestuhl ein abendliches Bier trinken wollte, sah mich die Arbeit wieder an. “Mal eben schnell ...” Ich sprang auf, zupfte hier, korrigierte dort, und schon war ich wieder dreckig. Aber ich fühlte eine große Zufriedenheit, wenn ich sah, was ich tagsüber geleistet hatte.

Als mein Dorf 150-jähriges Bestehen feierte, luden mich meine Nachbarn ein, zu diesem Jubiläum etwas Musik beizutragen. Das war mir eine willkommene Ehre und Freude, denn so lernte ich bei Speis und Trank weitere Dorfbewohner kennen. Besonders bei “Trank” tauten die kühlen, etwas spröden Wesermarscher auf. In der Woche vor dem Ereignis wurden die Dorfstraße und Einfahrten der Höfe mit Buchsbäumen und bunten, wehenden Bändern geschmückt, in der Turnhalle der Schule Bänke und Tische aufgebaut. Für meinen Auftritt hatte man mir ein E-Klavier und eine kleine Gesangsanlage hingestellt, und am fortgeschrittenen Abend begann ich, wie verabredet, mit ein paar Songs. Am Ende des Sets sollte ich das schöne Lied *Amazing Grace* singen, und die dorfansässige Dudelsack-Kapelle sollte einsteigen. Wir hatten nur die Tonart abgesprochen, und ich begann gefühlvoll, die erste Strophe zu singen. Als die neunköpfige Band mit ihren acht Dudelsäcken und einer Pauke lautstark in den Saal einmarschierte, erschraken alle Anwesenden in der kleinen Halle, ich konnte mich nicht mehr hören und vor Lachen kaum noch halten. Aber ich hatte meinen Einstand gut über die Bühne gebracht und war im Dorf akzeptiert.

Nach all meinen persönlichen Herausforderungen fanden im Laufe des Jahres 2002 wieder unsere "Blue Mondays" und andere Konzerte statt. Zu einem meiner Lieblingsauftrittsorte wurde, fast alljährlich, der Hof des alten Rathauses in Berlin-Köpenick, 1956 einer der Handlungsorte des legendären Filmes *Der Hauptmann von Köpenick* mit Heinz Rühmann. Hierher kam das Publikum überwiegend aus Ost-Berlin, und die Zuhörer verfolgten ganz besonders aufmerksam unsere Musik. Genauso wie in Schwerin, wo mich Dieter Manthey, "Der Mann der Schelfstadt", regelmäßig in die Schelfkirche und in den Musikclub *Der Speicher* einlud. Auch im *Meerkabarett* auf Sylt fanden sich, wie jedes Jahr, unsere Fans ein. An dieses Zeltkonzert hängte ich noch einige Urlaubstage und fuhr etwas beklommen die Stätten der gemeinsamen Erlebnisse mit Nikolaus ab. Die *Bambus Bar* am Rande des Ellenbogens stand immer noch, Besitzer Klaus wärmte unaufhörlich die Dosen-Erbsensuppe auf, und die Flamenco-Musik aus den Lautsprecherboxen versetzte einen nach wie vor nach Andalusien. Im Restaurant *Manne Pahl* in Kampen verzehrte ich ein riesiges Wiener Schnitzel mit Gurkensalat und versackte mit Liedermacher Reinhard Mey und Gastwirt Pius Regli bei bestem Wein und vertieft in Gespräche über Gott und die Welt bis in die späte Nacht. Ausgeweitet hatte inzwischen Fischhändler Gosch sein Imperium am Lister Hafen und in Westerland; der kaputte Charme war Touristen-Schickimicki gewichen.

In der *Stadthalle Lahnstein* verlieh mir der Musikjournalist Tom Schroeder im September 2002 den "Blues Louis", ein SWR-Bluespreis. Nach dem "Goldenen Hammer" der 1970er-Jahre war das die zweite Medienauszeichnung, die ich je erhielt. Es ging aber nicht um Quoten oder Verkaufszahlen, Tom Schroeder war meiner Musik einfach nur zugetan und lud mich mit meinen verschiedenen Gruppen immer wieder nach Mainz und Lahnstein ein.

Beunruhigend war die Entwicklung der Weltgeschichte im Frühjahr des Jahres 2003. Es lag eine bedrückende Kriegsstimmung in der Luft. Die USA mit ihrem Präsidenten George W. Bush hatte massiv Druck auf die deutsche Regierung ausgeübt, sich an dem Krieg gegen das Regime von Saddam Hussein zu beteiligen. Grünen-Außenminister Joschka Fischer sagte damals den inzwischen legendären Satz: "I am not convinced", und auch Bundeskanzler Schröder blieb bei seinem "Nein" zu diesem unheiligen Irak-Krieg. Beunruhigend für uns Musiker war auch die Entwicklung der Konzertszene: Die Veranstalter leisteten keine Garantien mehr. Großveranstaltungen und Comedians zogen nun die Menschenmassen an und die riesige Schar kleiner Bands musste in den Kulturnischen um einen Auftritt ringen. Ich hatte den Vorteil, dass mein Name immer noch einen guten Klang hatte und genügend Publikum aus der alten und neuen Zeit anzog. Es blieb auch weiterhin eine gute Strategie, mit meinen verschiedenen Optionen aufzutreten, sei es Gospelchor und Band für die Kirchenauftritte, Rhythm'n'Blues mit den *Friends* auf Festivals und in größeren Clubs oder im Duo mit Joja Wendt, Matthias Pogoda oder Joe Dinkelbach bei kleineren Events. Nun fehlte noch eine weitere Konstellation.

"Inga, wir wollen deine Stimme hören!" Den Wunsch vieler Musikfans, meinen Gesang wieder mehr in den Vordergrund zu rücken, erfüllte ich nur zu gern. Ich wollte meine Lieder, die das Leben geschrieben hatte, mit einem neuen Bühnenkonzept unter dem Titel *Easy In My Soul* auf eine neue Weise präsentieren. Unplugged, im Trio mit Kontrabassist Thomas Biller und Pianist Joe Dinkelbach, die mein neues Repertoire kongenial begleiteten und damit gleichzeitig ihre Virtuosität zeigen konnten. Ich holte mir die alte *National*-Gitarre, die "Eiserne Lady", von Vince Weber zurück, stimmte sie auf "Open-D" und begleitete darauf mit dem Bottleneck einige der Songs. In den wunderschönen Balladen und bluesigen Nummern kam die Intensität meiner Stimme ganz besonders zum Tragen und entfaltete eine ganz eigene Wirkung.

Für ein Testkonzert meines neuen Repertoires buchte Andreas Ende Juni 2003 den Rockschuppen *Kulturtransport* in Frelsdorf bei Bremervörde. Unser Auftritt sprach sich in der Gegend schnell herum – der Laden platzte aus allen Nähten. Vor dem Eingang parkten schwere Motorräder und im Saal erwartete das Publikum ein Rockkonzert. Na, das kann ja heiter werden, dachte ich, als ich im Geiste unsere ruhigen Balladen durchging. Es war soweit, das Konzert konnte beginnen. Ich öffnete die Tür der Bühnengarderobe. Da sah ich zu meinen Füßen ein blitzblankes Eincentstück liegen. Einen Glückscent, den ich schnell aufhob und als gutes Omen für den Ausgang unserer Premiere ansah. Es wurde ein magischer Abend. Ich erzählte spannende und lustige Geschichten, die mir spontan einfielen und die ich mir nicht vorher ausgedacht hatte. Ich ließ das Publikum an meinem Leben teilhaben, an der Entstehung der Songs, an Erfahrungen und Erkenntnissen, die ich im Verlauf meiner langen Karriere gewonnen hatte. So gestaltete sich der Auftritt zu einem großen musikalischen und erzählerischen Gesamtkunstwerk, das die harten Jungs und Mädels in tiefster Seele berührte. Dieser umjubelte Musikabend war der Anfang von unzähligen Unplugged-Auftritten, die ich bis heute mit immer wieder neuen Kompositionen und Geschichten auffrische.

Unser Neujahrskonzert in Hamburgs schönster Kirche, dem "Michel", war wieder einmal ein besonderer Auftakt für 2004. Wie in den Jahren zuvor spielten wir unser *Walking In The Light*-Programm mit einer fantastischen Band und dem beseelten Chor unserer drei Ladies vor dem Hamburger Publikum, das diesen denkwürdigen Auftritt mit langanhaltenden Standing Ovations feierte.

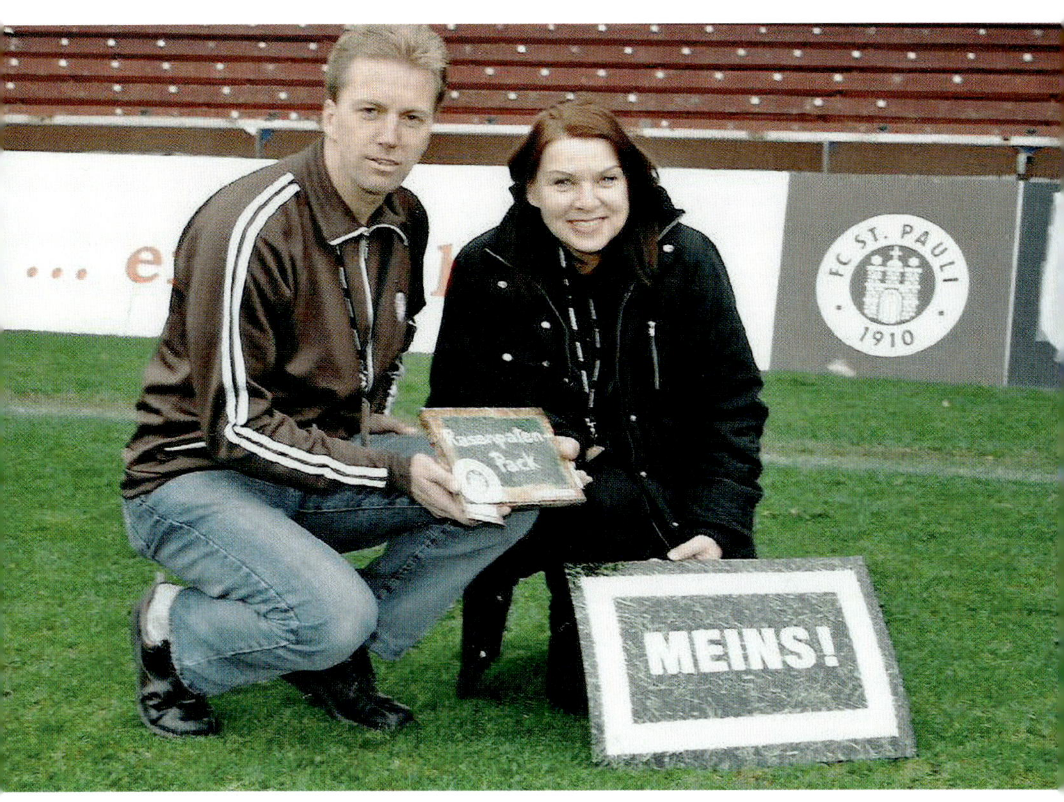

2004. Rasenpatin meines
Lieblingsvereins
FC St. Pauli. Mit Trainer
André Trulsen.

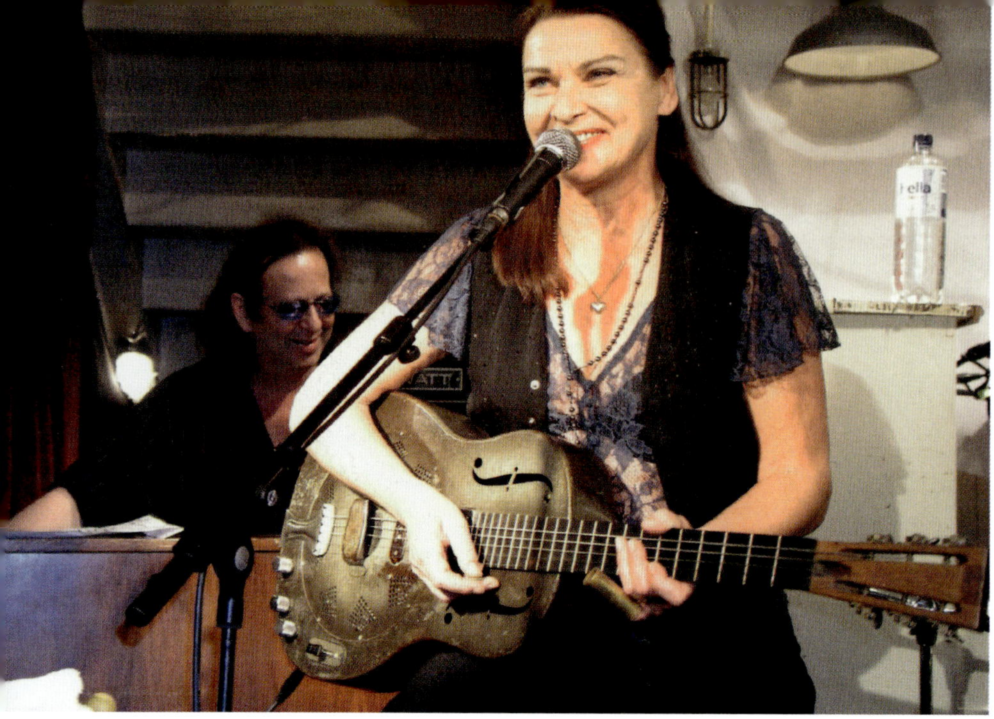

2005. Im Maschinenraum des Hamburger "Feuerschiffs". Jean-Jacques an der Orgel.

2004. Vince Weber besucht mich bei einem Konzert im "Michel".

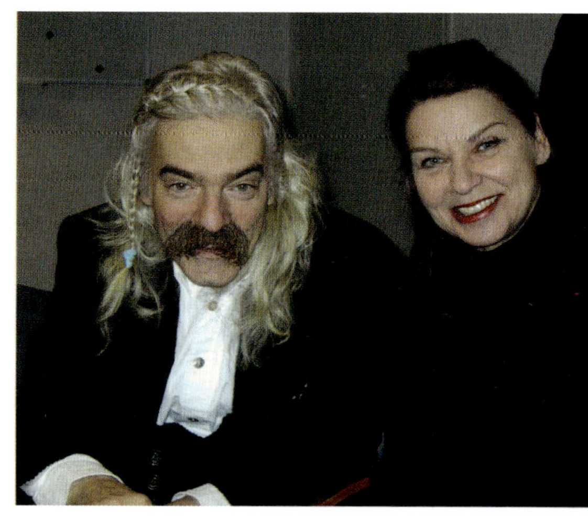

Wir hatten eine neue Techniker-Crew und ich bat den Toningenieur Rüdiger Hayk um einen Kontrollmitschnitt.

Als ich das Band einige Monate später abhörte, fand ich das Konzert und die technische Qualität sehr gelungen, zu schade, um es in einer Schublade verschwinden zu lassen. Dieses Konzert musste unbedingt veröffentlicht werden! Ich überlegte nicht lange und holte mir Tipps von Kollegen und aus dem Internet, wie man ein eigenes Musiklabel gründet. Mein erster Widerwille gegen die Formalitäten und die Administration wich meinem Interesse, und mit dem Gedanken, “Schwierigkeiten lassen sich nur durch Beharrlichkeit überwinden”, unternahm ich die notwendigen Schritte. Am 1. Juli 2004 eröffnete ich meine Plattenfirma *25th Hour Music.* Nun konnte ich unabhängig und ohne große Umstände Musik produzieren und im Handel und auf Konzerten verkaufen. In den *Bekegg Studios* bei Peter Patzer, der, ein paar Dörfer entfernt von meinem Haus, gerade seine Produktionsräume erweiterte, masterten wir 13 Titel für die CD *Live im Michel,* die mit einer überschaubaren Erstauflage von 2000 Exemplaren im Herbst erscheinen sollte. Durch die Vermittlung von Niko Müller, meinem Ex-Mann, der inzwischen Creative Director bei dem Hamburger Label *Edel* geworden war, konnte ich die Firma als Vertriebspartner gewinnen. Der Grafiker Gerd Schröder erstellte ein wunderschönes Booklet und, nach langer Zeit, Autogrammkarten.

Auch unser *Easy In My Soul*-Programm hatte sich durch viele Konzerte mittlerweile so gut entwickelt, dass es reif für eine Produktion war. Das Equipment und die Atmosphäre in den *Bekegg Studios* gefielen mir so gut, dass ich beschloss, die nächste CD ebenfalls dort zu produzieren. Zunächst nahmen wir 14 Basic Tracks auf, die in mehreren Sessions mithilfe meiner musikalischen Langzeitfreunde komplettiert wurden. Das dauerte bis Mitte 2005. Durch ein trauriges Ereignis entstand schließlich die dritte Produktion für mein neues Label: Andreas verlor seinen geliebten Sohn nach langer Krankheit. Der Münsteraner Verein *Herzenswünsche* hatte ihm in seiner letzten Krankheitsphase noch einen großen Wunsch erfüllt: Er durfte Ralf Schumacher beim Renntraining in Jerez, Spanien, kennenlernen. Andreas legte sich nun für den Verein ins Zeug, und ich wurde gebeten, ein Lied für eine CD zu schreiben. Es war mir ein Herzensanliegen, die Initiatorin Wera Röttgering und ihre Mitarbeitenden zu unterstützen, die manchmal geradezu Unmögliches möglich machten, um den oft leidvollen Weg kranker Kinder durch eine unvergessliche Freude zu erleichtern. So entstand das *Herzenswünsche-Lied,* das ich zusammen mit Joe Dinkelbach arrangierte und in den *Bekegg Studios* produzierte.

Soweit ich mich erinnern kann, waren meine Reisen und Urlaube stets mit Konzerten und Auftritten verbunden. Um einmal richtig auszuspannen, fuhr ich Ende Juli 2004 mit einem befreundeten Paar auf einen Kurztrip nach Irland. Wir mieteten ein Kabinenboot und schipperten gemütlich auf dem River Erne in den Nordwesten der Insel. Der mäandernde Fluss führte uns an mystische Orte aus keltischer Zeit durch Nebelschwaden, Nieselregen, aber auch plötzlichem Sonnenschein. Es ist kein Wunder, dass die Insel so unwirklich grün ist. So kamen wir auch von Belturbet über Enniskillen nach Belleek, das zwischen der Republik Irland und Nordirland liegt und im Nordirlandkonflikt von 1969 bis 1998 hart unter Beschuss der Bürgerkriegsparteien stand. 2004 waren es jedoch friedliche Ortschaften – bis in den Abendstunden beidseitig der Straßen die Pubs aufmachten. Ja, das Guinness schmeckte nur allzu gut, das kann ich bestätigen! Und richtig munter wurde es gegen 23 Uhr, wenn die kleinen Bands mit Hillbilly- und Countrymusik loslegten. Hier und dort gab es eine kleine Schlägerei, die auf der Straße ausgetragen und von den umstehenden Passanten kommentiert wurde. Dann ein Handschlag, und schon war die Sache vergessen – so sind die Iren. Schon bald kamen wir mit einigen der Pubgäste ins Gespräch, an den englisch-irischen Dialekt musste man sich allerdings erst gewöhnen, die Geschichten, die wir hörten, waren aber stets interessant und sehr ausführlich.

Auf dem Rückweg nach Dublin logierten wir in der Nähe von Trim, wo das berühmte Norman Castle aus dem Film *Braveheart* liegt. Dort legte ich dann doch noch, an meinem 58. Geburtstag, einen spektakulären Auftritt hin. Todd, unser Hotelwirt empfahl uns, einen 120 Jahre alten Pub zu besuchen, das *Marcie Regan's*. Wir bestaunten die bucklige, total verräucherte Kneipe und den winzigen Tresen. Auch ein Piano stand in einer Ecke, und ich schielte ab und zu hinüber. Nach zwei Guinness traute ich mich, aber das Klavier war total verstimmt, die Tasten klemmten und es fehlten Saiten. Weitere Guinness später setzte ich mich trotzdem auf den wackeligen Klavierhocker und spielte und sang einige Blues-Stücke. Na, das klang doch eigentlich ganz gut. "She's got the rhythm, she's talented", riefen die Leute. Als um ein Uhr der Laden dichtmachte, hatten wir ein paar Freunde dazugewonnen. Am nächsten Abend gingen wir erneut hin, wir wollten ein Geburtstagsbier trinken, aber nicht allzu lange bleiben, weil wir am darauffolgenden Morgen zurück nach Hamburg fliegen würden. Ich spielte wieder auf dem kaputten Piano, der Laden wurde voller und voller, und einige der Gäste sangen ihre Lieder. Nach Mitternacht wurde ein 77 Jahre alter Geiger aus dem Bett geholt, dem ich erst einmal etwas vorspielen sollte, bevor er seine Fiedel auspackte. Als er zufrieden mit meinem Spiel war, fing er an, wunderschöne alte schottische Weisen zu geigen, und ich begleitete ihn. Der Wirt gab uns eine Runde nach der anderen aus, und um halb fünf Uhr morgens endete die Session. Todd, übrigens Polizist in Dublin, wusste am nächsten Tag nicht mehr, wie er ins Bett gekommen war, und wir wussten es auch nicht mehr so richtig. Auch nicht, wie wir nach Hamburg zurückkamen.

Andreas hatte inzwischen mein Booking und Management von Jürgen komplett übernommen, und neben den laufenden Konzerten mit verschiedenen Besetzungen machten wir fleißig Werbung für den *Herzenswünsche*-Verein. Ich sang den Titel im Duett mit Atze Schröder im NDR-Fernsehen bei *Herman & Tietjen*, trat bei *Böttinger* (WDR) zum Thema "Gelebte Botschaft" auf, und in Westerstede im Ammerland hatte der Bäcker Piepers eine nette Idee: Zusammen mit dem Bürgermeister Klaus Groß wurde ich in Brotlaiben aufgewogen, die dann verkauft wurden. Der Erlös ging als Spende an den Verein, und es war ein großer Spaß für alle.

In der dunklen Frühjahrszeit 2005 wurde ich regelrecht zum Stubenhocker. Wieder war die technische Entwicklung vorangeschritten – ich legte mir ein iBook zu. Nachdem ich einige Systemabstürze durch Bedienungsfehler überstanden hatte, begann ich mit dem zwölfseitigen Booklet für die neue CD *Easy In My Soul*. Das war eine mühselige Fummelarbeit und Quelle vieler Makel in Texten und Typografien. Die Musiker und Peter Patzer hatten eine tolle Studioarbeit geleistet, es fehlte nur noch mein alter Freund Jean-Jacques Kravetz mit seiner Hammondorgel. Nach *Frumpy* und *Atlantis* war zwar jeder seiner Wege gegangen, aber als ich ihm im *VOX Klangstudio* bei Volker Heintzen die Musik vorspielte, war es genauso wie damals: Es gab nichts zu erklären und zu sagen, außer: "All will be changed, but our feelings stay the same." Er sagte bereitwillig seine Mitarbeit an der CD zu, auch im Andenken an Nikolaus, denn die beiden hatten sich sehr gemocht. Und so spielte er in wenigen Stunden seine feinen Töne auf sieben Balladen, und ich hatte das Gefühl, Nikolaus hörte ihm aus einer anderen Dimension zu.

Auch mit Moni Kellermann traf ich mich nach langer Zeit wieder. Sie schoss ein stimmungsvolles Foto für das Cover, und nebenbei entdeckte sie mit ihren Adleraugen etliche Fehler in den Texten. Meine To-do-Liste nahm kein Ende: Studio, Druckerei, Presswerk, Vertrieb, nebenbei Proben und Konzert- und Fernsehauftritte. Und Papa-Besuche. So viele Bälle hatte ich noch nie in der Luft gehalten.

Endlich, im September 2005, war die neue CD *Easy In My Soul* fertig. Auf dem Feuerschiff im Hamburger Hafen, wo ich mit Nikolaus Hochzeit gefeiert hatte, präsentierten wir sie an zwei Abenden. Alle eingeladenen Musiker und Freunde waren in den Maschinenraum des Schiffes gekommen, und in familiärer Atmosphäre spielten wir die Lieder über das Wunder der Liebe, die Rätsel des Lebens und Trauer und Abschied von lieben Menschen. Zwei Kamerateams filmten die beiden Konzerte. In einer Neuauflage der CD war das Video mit vielen Backstageszenen zu sehen. Auch die verrückte, waghalsige Szene, die zeigt, wie wir nach den Konzerten die schwere Hammondorgel die schmale Gangway hinaufstemmten. Nach der Veröffentlichung kämpfte ich wochenlang mit einer hartnäckigen Bronchitis, musste sogar ein Konzert absagen. Aber für das folgende Jahr 2006 hatte ich bereits neue Ideen.

Station 12

Back To The Roots
2006–2010

Himmlische Abende.
B. B. King.
“Ich bin kein Papa mehr”.
Jubiläumsfeiern.

Nie hätte ich gedacht, dass ich mit sechzig Jahren noch auf der Bühne stehen würde. Okay, ich hatte Höhen und Tiefen erlebt, aber nie aufgegeben und war auch meinem eigenen musikalischen Gewissen immer mehr gefolgt als den Trends des launischen Marktes. Ich hatte nie den Druck verspürt, einen Hit schreiben zu müssen, und meine künstlerische Devise fasste ich einmal in der Formel zusammen: “As long as it’s good music!” Ich hatte immer bekommen, was ich brauchte und so viel ich tragen konnte. Ich war mit meinem Status zufrieden, denn ich hatte gelernt, dass zum Erfolg viel Glück gehört, dass er Kraft und Geld kostet und eine Medaille mit zwei Seiten ist. Ich hatte mich nie darum gerissen, ein “Star” zu sein, denn der ganze Zinnober, der damit verbunden ist, kann furchtbar nerven. Im Laufe der Jahrzehnte gewann ich mit meiner Musik neue Zuhörer. Manche meiner früheren Fans haben sich seit meinen Gospelkonzerten von mir abgewendet. Mein kirchliches Engagement hatte sie wohl irritiert, denn viele beurteilten Kirche und Staat sehr kritisch. Dennoch sah ich mit Erstaunen, dass ich mehr und mehr zu einer “lebenden Legende” geworden war. Besonders meine älteren Fans verklärten die guten, alten Zeiten der ersten Rockfestivals und des “Krautrocks” und verlangten nostalgisch nach den Sounds der 1970er-Jahre. Ich dachte immer: Ja, okay, ich bin dabei, aber jetzt noch nicht. Ich muss doch noch so viel Erlebtes in neuen Songs ausdrücken. Nun endlich, zum vierzigsten Bühnenjubiläum,

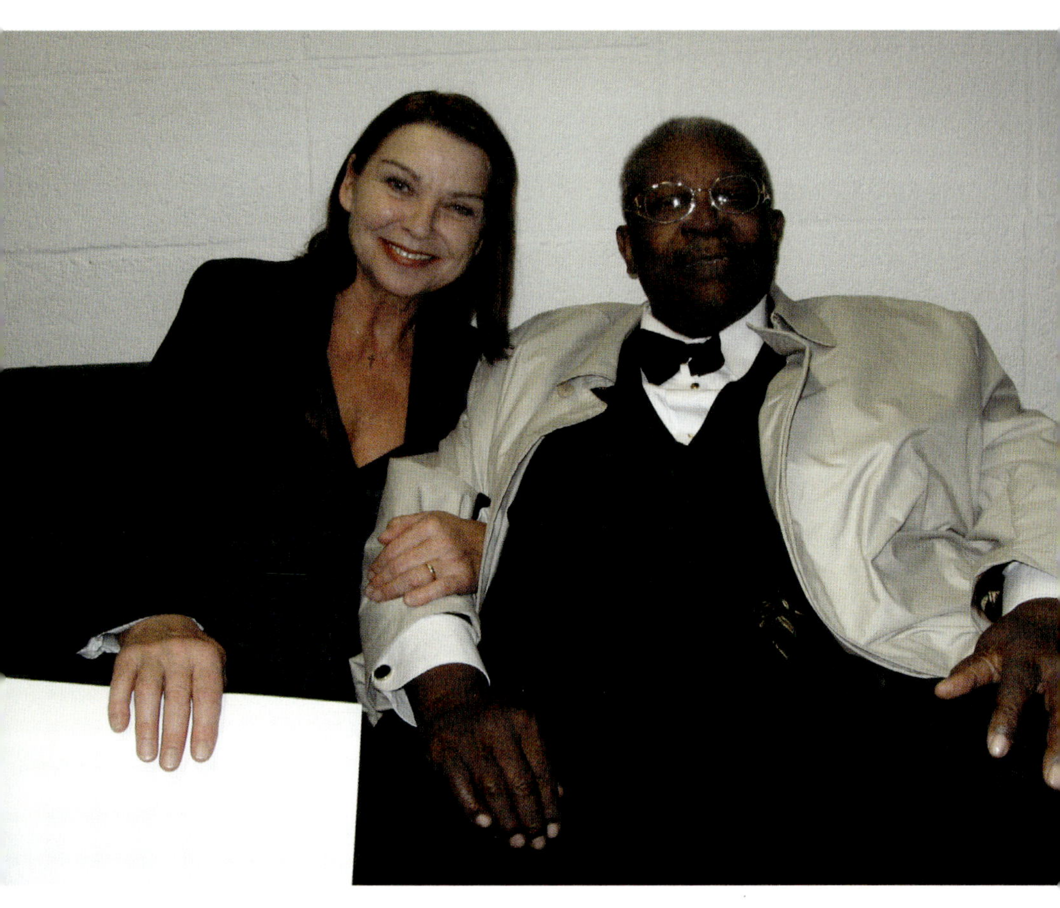

2006. “Give me your arm, my dear!” Der König des Blues, B.B. King.

wollte ich zurückschauen und meinen musikalischen Kreis schließen: "Back To The Roots"!

Zunächst begann, wie in den Jahren zuvor, auch 2006 mit unserem ausverkauften Neujahrskonzert im Hamburger "Michel". Am Vorabend hatten wir in Kiel in der Petruskirche ein Warm-up gespielt und mit dem *Easy In My Soul*-Programm und den Mitwirkenden der Studioaufnahmen, einschließlich Jean-Jacques an der Hammond, das Kieler Publikum begeistert. Ich freute mich, dass mein "musikalischer Zwilling" dabei war, und Jean-Jacques hätte sich wohl auch nicht träumen lassen, dass wir jemals in einer Kirche zusammen auftreten würden. Noch dazu in der schönsten Hamburgs. Es wurde wieder ein himmlischer Abend, der nicht nur die "Frohe Botschaft", sondern auch zwei neue Botschaften für meine Fans enthielt: Im Mai würde es mit der Band zu *The James Brown Tribute Show* in die USA gehen und im Herbst würden wir B. B. King auf seiner Deutschlandtour begleiten. Gute Schlagzeilen im Jahr meines "hundertjährigen" Jubiläums – sechzig Jahre alt, vierzig Jahre auf der Bühne!

Meine Verbundenheit mit dem amerikanischen Rhythm'n'Blues konnte ich schon Ende Januar bezeugen: Nach einer Hilfsaktion für die in Not geratenen Menschen in New Orleans nach dem Hurrikan "Katrina" Ende August 2005, spielte ich mit meinen *Friends* vor 4000 Gästen und anderen Künstlern ein Dankeschönkonzert in der *Campushalle* in Flensburg. Die Aktion wurde vom *Schleswig-Holsteinischen Zeitungsverlag (sh:z)* veranstaltet. Es kamen 130 000 Euro zusammen, die der anwesende Jim Amoss, Chefredakteur der *Times-Picayune* in New Orleans, dankbar und staunend über so viel Hilfsbereitschaft und Mitgefühl, entgegennahm. Wir unterhielten uns und ich erzählte ihm von meinem dortigen Aufenthalt 1977. Und auch, dass gerade wir Norddeutschen eine Brücke zum Mississippi-Delta schlagen würden, weil wir, wie die Menschen in den Lowlands, von Wasser umgeben seien. Jim Amoss meinte, wenn ich nach New Orleans käme, würde ich nichts mehr wiedererkennen, weil achtzig Prozent der Stadt überflutet seien. Das überstieg meine Vorstellungskraft, und ich war zutiefst dankbar, dass das alte Bild in meiner Erinnerung gespeichert war.

Nach langer Zeit sollte es im Mai 2006 wieder in die Vereinigten Staaten gehen. Zu Verhandlungen für die *James Brown Tribute Show* hatte ich mich im Februar mit einem Kontaktmann in New York verabredet. Andreas buchte mir ein schönes Zimmer im berühmten Hotel *Waldorf Astoria*, und ich genoss einige Tage die Atmosphäre im "Big Apple". Leider war das Festival von vornherein ein Windei, und wir sagten das Ganze kurzfristig ab, als wir herausfanden, dass Planung und Organisation ein totales Desaster waren. Schade, ich hatte mich sehr darauf gefreut, mit Usher, P. Diddy, Justin Timberlake und Bruce Willis auf der Bühne zu stehen und James' Songs zu performen. Umso trauriger war die Nachricht von dessen Tod am 25. Dezember 2006 in Atlanta. Gern hätte ich ihm meine Verehrung erwiesen.

Mit jenem Ausflug nach New York verbinde ich noch eine kuriose Geschichte, die in den USA nach Nine-Eleven fast unglaublich klingt: Wenn ich schon mal in den Staaten war, wollte ich auch meine Schwester und meinen Schwager in ihrem Winterquartier in Palm Springs, Kalifornien, besuchen. Meine Flüge dorthin waren gebucht, und ich stand am Newark Airport in der langen Warteschlange zum Check-in. Es war Freitag, Wochenende, die Menschen drängten sich vor den Abfertigungsschaltern und hielten ihre Ausweise bereit. Ich suchte meinen Pass – er war nicht in meiner Handtasche. Ich überlegte, wo er geblieben sein könnte, und mir fiel ein, dass ich ihn wohl beim Besuch der Deutschen Botschaft in New York City vergessen haben musste. Ein Anruf dort bestätigte meine Vermutung, aber es war unmöglich, ihn auf die Schnelle mit einem Taxi zum Flughafen zu befördern. Ohne Pass konnte ich jedoch nicht ins Flugzeug steigen. In der Zeit nach dem elften September wurden die Fluggäste, besonders deutsche, akribisch gefilzt. Sogar die Schuhe musste man bei der Sicherheitskontrolle ausziehen, und an den Händen wurden DNA-Abstriche genommen. Ich quetschte mich aus der Warteschlange, durchsuchte noch einmal mein Gepäck und fand – meinen Personalausweis. Versuch macht klug, dachte ich und checkte mit dem Perso ein. Der Beamte schaute nur kurz drauf, und ich wurde durchgelassen. So ein Glück! In den USA kommt man damit eigentlich nicht weit. Mein Pass wurde dann einen Tag später mit dem Overnight-Express an die Adresse meiner Schwester zugestellt. Ich hatte meine Siebensachen wieder zusammen und konnte ordnungsgemäß nach ein paar Tagen Urlaub nach Deutschland zurückfliegen.

Unser Support für die B. B. King-Tournee im September 2006 stand inzwischen fest. Jürgen Hoffmann hatte uns für vier Auftritte in Berlin (*ICC*), Essen (*Grugahalle*), Mannheim (*SAP Arena*) und München (*Olympiahalle*) gebucht. Für unsere 45-minütigen Kurzauftritte war, als Kostprobe, das *Back To The Roots*-Programm wie geschaffen. Ich nahm mir die *Frumpy*- und *Atlantis*-Klassiker vor und suchte diejenigen aus, die auch ohne überlange Improvisationen genügend kompositorische und textliche Substanz besaßen. Beim Anhören der Platten kamen viele Erinnerungen hoch: an die langen Fahrten im vollgepackten Ford Transit mit fünfzig Stundenkilometern über die Kasseler Berge. An verregnete Festivals, geplatzte Schecks und verschlossene Hoteltüren. Aber auch schöne Erinnerungen an die ersten Küsse, die ersten Jeans und die ersten Joints. Zusammen mit meinen Musikern "entkrautete" ich die Klänge, setzte neue Akzente auf die Rhythmen und modernisierte die Songs, ohne dass sie ihren Charakter verloren. Bevor es im September auf die B. B.-King-Tour ging, spielten wir uns auf einigen Konzerten mit einem Mix aus alten und neuen Klassikern warm. Und wie nicht anders erwartet, bejubelte unser Publikum besonders die Stücke *Indian Rope Man, How The Gipsy Was Born, Get On Board* und *Friends* mit Standing Ovations. Für mich und meine Männer war es natürlich eine riesengroße Ehre, B. B. King auf seiner "Farewell"-Tour durch Deutschland zu begleiten. Ich hatte keine Ahnung, was da auf mich zukommen würde. Ob sein Publikum uns akzeptieren würde? Ob er überhaupt etwas von uns mitkriegen, er vor den Shows früh genug Backstage sein würde? Oft ist es bei Stars dieses Kalibers ja so, dass sie erst kurz vor knapp auftauchen, direkt auf die Bühne gehen und anschließend sofort wieder verschwinden.

Welch ein Erlebnis, B. B. King und seine grandiose Band spielen zu hören. Seine Show wurde jeden Abend frenetisch gefeiert. Meine

Verehrung für diesen großartigen Blues-Meister wurde noch tiefer, ebenso die Gewissheit, dass man auch mit achtzig Jahren noch auf der Bühne stehen und gut sein kann. Er saß in einem eleganten Dreiteiler auf einem Stuhl, während er mit unvergleichlicher Mimik und der Aura eines Godfathers seine Welthits sang und auf "Lucille", seiner Gitarre, spielte. Am dritten Abend traute ich meinen Ohren nicht: "Inga Ruuuuumpf", rief der King immer wieder in die Runde. Ich sollte noch einmal auf die Bühne kommen. Ja, das Publikum war auch bei unseren Auftritten von Anfang an begeistert, das hatte der Hauptact schon am zweiten Abend in der Essener *Grugahalle* mitgekriegt. In der *Olympiahalle* in München winkte uns sein stets streng dreinblickender Zeremonienmeister, der ihn vom Rollstuhl auf die Bühne begleitete, nach der Show in die Garderobe. Zu einer Audienz mit dem King. "Give me your arm, my dear", sagte der König des Blues mit einem charmanten Lächeln und nahm mich fast auf seinen Schoß. Erst dann durfte Andreas fotografieren. Meine Musiker, allen voran Matthias Pogoda, dessen Gitarrensound von dem des Blues-Veteranen beeinflusst war, erstarrten fast vor Ehrfurcht, als sie vom Meister kleine Gitarren-Anstecknadeln, Autogramme und natürlich auch ein Foto bekamen. Ich wollte nicht glauben, dass es B. B. Kings Abschiedstour sein sollte. Das sagte er nämlich schon seit ein paar Jahren. Ich kenne das, irgendwann beginnt man, mit dem Alter zu kokettieren.

Zu meinem runden Geburtstag, dem sechzigsten, freute ich mich nicht nur sehr über die vielen Glückwünsche und die Mooreiche für den Garten, die mir meine Freunde schenkten. Dass die Zeitungen und einige Radiostationen mir mit groß aufgemachten Artikeln und Rundfunksendungen gratulierten und mich nicht vergessen hatten, freute mich besonders und war gleichzeitig eine schöne Werbung für meine Konzerte und die Produktionen meiner kleinen Firma. Da ich nun ein eigenes Label besaß, konnte ich, nach den ersten drei Veröffentlichungen, zu meinem Jubiläum auch einen wichtigen, fast vergessenen Teil meiner Karriere erstmalig auf CD bringen: drei vergriffene Langspielplatten aus den Jahren 1978 bis 1981, für die Raritätensammler inzwischen tief in die Tasche greifen mussten:

My Life Is A Boogie, I Know Who I Am und *Reality.* Dazu drei unveröffentlichte Songs aus jener Zeit. Mein Anwalt hatte zwei Jahre daran gearbeitet, die Freigabe der Rechte aus den alten Verträgen zu bekommen. Die drei Vinyl-Scheiben masterte ich in den *Bekegg Studios,* das Artwork des Booklets gestaltete ich zusammen mit einer Werbeagentur. Das Doppelalbum benannte ich nach den Städten, in denen die LPs produziert wurden: *London – New York – Berlin.* Es erschien im September 2006 und viele, die keinen Plattenspieler mehr besaßen, freuten sich über die beiden CDs.

“Rockpalast proudly presents: Inga Rumpf & Friends”, hieß es im Oktober 2006 in dem Bonner Musikclub *Harmonie,* der inzwischen auch zu meinen beliebtesten Auftrittsorten gehörte. Bei gefühlt 45 Grad holte ich mit meinen *Friends* die guten, alten Zeiten zurück. Endlich hatte es geklappt, in dieser legendären Rockshow des WDR aufzutreten. Warum es dazu noch nie gekommen war, verwunderte nicht nur mich und Jean-Jacques, der bei diesem Ereignis natürlich nicht fehlen durfte. Nun, man muss es nehmen, wie es kommt. Ich betrachtete es als Geburtstagsgeschenk, dass Redaktionschef Peter Sommer mit seiner exzellenten WDR-Mannschaft unser Konzert aufzeichnete und in Ausschnitten mehrmals sendete. In Kooperation mit der Plattenfirma *in-akustik* veröffentlichte der WDR 2007 den Mitschnitt von 13 Titeln als CD und DVD. Fast zehn Jahre später, zu meinem siebzigsten Geburtstag, wurde ein Jubiläums-Doppelalbum daraus.

Mit zunehmendem Alter spürt man dann doch seine Grenzen. Auf der Bühne fühlte ich mich, durch das gute Adrenalin, wie 25 Jahre jung. Am nächsten Morgen fünfzig Jahre älter. Meine Gelenke schmerzten, mein Gesicht war verknittert, das Bindehautgewebe fing an zu schlabbern, und meine Taille ging in die Rundungen meiner Hüften über. Ich hätte auch eine ganze Tournee stimmlich nicht mehr durchgehalten. Weil ich meine Stimme schonen und meinem Publikum stets die beste Inga zu Gehör bringen wollte, buchte Andreas nur noch höchstens zwei aufeinanderfolgende Konzerte. Das war auch gut mit dem Musikerpool vereinbar, der mir zur Verfügung stand. Wenn Thomas Biller, unser fester Bassist, unabkömmlich war, sprangen Susanne Vogel oder Gerold Donker ein. Matthias Pogoda, unser Gitarrist, war inzwischen Vater geworden und Martin Scheffler übernahm zunehmend dessen Funktion. Seine musikalischen Wurzeln streifen die Swing-Gitarristen der 1940er-Jahre und den Rhythm'n'Blues-Stil von Freddie King. Folglich setzte er die Tradition der besten deutschen Blues-Gitarristen in meinen Bands seit *Frumpy* fort. Helge Zumdieck hatte bei uns seinen festen Platz an den Drums. Er setzte alles daran, immer pünktlich vor Ort zu sein, aber manchmal sah er beängstigend blass und müde aus und man merkte ihm an, wie sehr er unter Druck stand. Als Leiter der *Hamburg School Of Music* hatte er reichlich viel um die Ohren, aber als Vollblutmusiker war er natürlich froh, wenn er aus dem Schulbetrieb raus auf die Bühne durfte. Last but not least hatten wir mit Joe Dinkelbach an den Keyboards einen verlässlichen Partner. Trotzdem kam es hin und wieder vor, dass wir als Vertretung für Joe den jungen Schweden Martin Tingvall, der an der Hochschule für Musik in Malmö Jazz-Klavier, Komposition und Improvisation studiert hatte, buchten. Damit hatten wir eine Spitzenkraft, genauso wie mit dem Keyboarder Kai Fischer, der bei Bedarf hin und wieder einsprang. Mit Martin Tingvall, Andreas und deren Frauen Jenny und Ute ging es nach langer Pause, am Jahresende 2006, wieder mal auf Kreuzfahrt in die Karibik für einen weihnachtlichen Auftritt.

Aus meinem Tagebuch

AIDA vita, 23. Dezember 2006 – Seetag
Um acht Uhr klingelt mein Handywecker. Ich drehe mich nochmal um und genieße meine kuschelige Koje. In meinem Kopfkino fantasiere ich über die frühere, schlimme Zeit der Seefahrt hier in der Karibik. Im "Calypso"-Restaurant nehme ich zum Frühstück um 9.30 Uhr frisches Obst, etwas Lachs und Kaffee. Um 10.20 Uhr ist Seenot-Rettungsübung. Alle müssen mit ihren Schwimmwesten an Deck zu den Booten. Einige Gäste haben immer noch ihre Reisekleidung an – ihre Koffer sind verschollen, und sie sind am Schwitzen – nicht nur wegen der Hitze. "Meet and Greet" um 13 Uhr im Theater. Das AIDA-Team

stellt Martin und mich den anderen Künstlern vor. Wir werden für die Weihnachtsshow eingewiesen: Wir sind für drei Songs eingeplant, ich soll eine Strophe "Silent Night" singen. Andreas kämpft immer noch um Außenkabinen für uns. Am Abend bekommen wir sie, am Bug des Schiffes, aber ich bleibe in meiner Innenkajüte, wo ich schon alles eingeräumt habe. Mir sind sind die Geräusche in der Außenkabine im Vorschiff zu laut. Weiterhin verläuft der Tag ganz entspannt: umziehen, Dinner (ich nur Suppe, Salat und Käse, werde sonst zu fett für mein Abendkleid morgen). In der "Ocean Bar" draußen am Heck ein Absacker. Die Luft ist unvorstellbar milde, fast seiden, die Sterne funkeln. Wir schauen uns die Swing-Show im Theater an, aber Andreas ist auf einmal verschwunden. Er liegt mit Schüttelfrost in der Koje. Seekrank? Ich besuche ihn, er soll mal einen Rum trinken – wird schon wieder. Der Fluch der Karibik ...

24. Dezember 2006, Tortola, Virgin Island
Um acht Uhr machen wir am Pier von Road Town fest. Nach dem Frühstück verabreden wir uns zu einem Landgang mit Badeausflug. Andreas geht es ganz schlecht und er hat vom Hospital Medikamente bekommen, sodass er schläfrig in der Koje liegt. Der Arme! Heiligabend in der Karibik und dann sowas! Um 10.30 Uhr haben wir im Theater eine Probe. Die Klimaanlage schlägt mir auf die Stimme, macht mich heiser, und ich bin froh, als wir an Land gehen können, in die feuchte tropische Luft. Ein Taxi bringt uns zur Brewers Bay auf die andere Seite der Insel. Es geht durch Road Town, die Straßen und Plätze sind mit lustigen, sehr bunten Figuren geschmückt – Weihnachten ist überall. Der einheimische Fahrer ist gut drauf, Reggae ertönt laut aus dem Radio. Er lacht, als er hört, dass bei uns in Deutschland rechts gefahren wird. Ich wusste von meiner letzten Reise, dass die Karibik schön ist, aber dass sie so schön ist, hatte ich vergessen. Als wir über den Bergkamm fahren, sehen wir die traumhafte Bucht palmengesäumt und türkis in der Sonne leuchten. Im Hintergrund kleine Inseln, so wie wir es von kitschigen Postkarten kennen. Die Insel Dead Man's Chest, Stevensons Inspiration zur "Schatzinsel", liegt da irgendwo im Dunst. Wir schwimmen, und der Klang der leichten

Brandung wiegt mich in ein Nickerchen am schattigen Strandsaum. In einer Strandbude essen Martin und Jenny einen Burger, ich trinke ein Heinecken-Bier. Ein Tourist hat eine Nikolausmütze auf seinem Kopf. Irgendwie unwirklich alles. Ich kannte Weihnachten nur auf Deutsch. An Bord Soundcheck, Probe, alles wie gehabt und wie an Land. Leider ist die Monitoranlage sehr schwach, das Keyboard sehr laut und ich höre mich kaum. Egal. Das kennen wir ja schon. Muss eben so gehen. Heute Abend gibt es tatsächlich Gänsebraten, Ente, Rotkohl, Klöße – und alles! Ganz viele leckere Sachen, die ich mir von weitem ansehe, aus Platzgründen in meinem Abendkleid. Die Gäste haben sich weihnachtlich schick gemacht, überwiegend schwarz, auch die Frauen. Komisch, das schwarze Zeug hier an Bord erinnert an eine Trauerfeier und passt so gar nicht zur karibischen Wärme, dem türkisfarbenen Wasser und den knallbunten Farben an Land. Sehr festlich und deutsch geschmückt sind die Weihnachtsbäume und Dekorationen auf allen Decks. Die philippinischen Köche verlieren nie ihr freundliches Lächeln, trotz des Ansturmes aufs Essen. Um 21 Uhr treffen wir uns alle, aufgebrezelt und lackiert, im Backstagebereich des Theaters der AIDA. Hier wuseln die Akteure herum, die Show ist in vollem Gange. Die Geschichte vom Geizhals Mr. Scrooge läuft über die Bühne. Auf ganz kleinem Raum wird den Künstlern alles abverlangt: umziehen, schminken, singen, tanzen, dabei immer das Headset-Mikrofon aufbehalten und lächeln ... Inzwischen kommt die Schiffsbesatzung, die das Finale singen soll. So an die hundert Leute werden auf der Bühne stehen. Der Platz wird eng. Um 22.30 Uhr ist unser Auftritt. Ansage, kurzer Applaus. Martin und ich spielen drei Stücke: "I Cover The Waterfront", "Travellin' Round The World" und "Cakewalk Into Town", das ich weihnachtlich umtexte in "St. Claus Comes Into Town". Während unseres ersten Stücks, einer langsamen Jazz-Ballade, huschen die Eltern mit ihren Kindern aus dem Theater. Beim zweiten, schnelleren Stück klatscht das Publikum im Rhythmus mit. Ein gutes Zeichen. Das Ende der Show wird angesagt und die Mannschaft singt in verschiedenen Sprachen "Stille Nacht". Ich fange an mit "Silent Night, Holy Night" ... Das Publikum soll die letzte Strophe auf Deutsch mitsingen. Ach ja ... Da glänzt so manche Träne in den Augen. In der Ocean Bar ist alles besetzt, und so verziehe ich mich mit einem Gin Tonic in meine Kajüte, schaue noch etwas Bord-TV und schlafe hundemüde bis morgens durch. Eigenartig war diese weihnachtliche Seereise, und der Heiligabend "Made in Germany" wurde mir umso lieber.

Da hätte mir mein Vater, der noch auf den alten Segel- und Dampfschiffen um die Welt geschippert war, sicher zugestimmt. Meine Besuche zu ihm hielt ich weiter aufrecht. Alle drei Monate fuhr ich für einige Tage runter nach Oberbayern, mietete ein Zimmer in einem Gasthof und verbrachte den Tag in seinem Altenheim. Er lag die meiste Zeit im Bett, döste, lebte in seiner Welt, und seine Stimmungen wechselten täglich. Ich nannte es insgeheim die Vorhölle, durch die er ging. Musik, besonders Shantys und Volksmusik, hatte einen beruhigenden Effekt auf sein Gemüt, dann wurde er fröhlich und stimmte ein in die Melodie. Einmal sang er inbrünstig mit hoher Fistelstimme *Tochter Zion*. Ich konnte kaum glauben, dass er, der selten in die Kirche gegangen war, dieses schwierige Lied Ton für Ton bis zum Ende sang. Die Pflegerin erzählte, dass er, als sie einmal meine CD *Walking In The Light* aufgelegt hatte, so fürchterlich zu weinen anfing, dass sie die Musik wieder ausmachen musste. "Papa, möchtest du was trinken?" – "Ich bin kein Papa mehr – ich will meine Ruhe haben." Er sang den ganzen Tag über mit Falsettstimme vor sich hin. Von *Oh Tannenbaum* bis *In der Lüneburger Heide*. Eines Vormittags rief mich der Pfleger aus dem Altenheim an, und ich wusste, was los war: Papa war um sechs Uhr morgens, mit 96 Jahren, sanft eingeschlafen. Die Abendschicht hatte ihn noch singen gehört, und die Frühschicht ihn ganz entspannt in seinem Bett liegend tot aufgefunden. "Ein schöner Tod", hätte Mutti gesagt. Und pünktlich zur Geburtstagsfeier von Kaiser Wilhelm II., am 27. Januar.

Es war ein sonderbares Gefühl, nun so ganz ohne familiäre Verpflichtung und Verantwortung zu sein, niemandem Rechenschaft über mein Kommen und Gehen, mein Tun und Lassen abzulegen. Aber ich gewöhnte mich bald an diese neue Freiheit und nahm mir die Programmpunkte vor, die ich mir immer für das Alter auf-

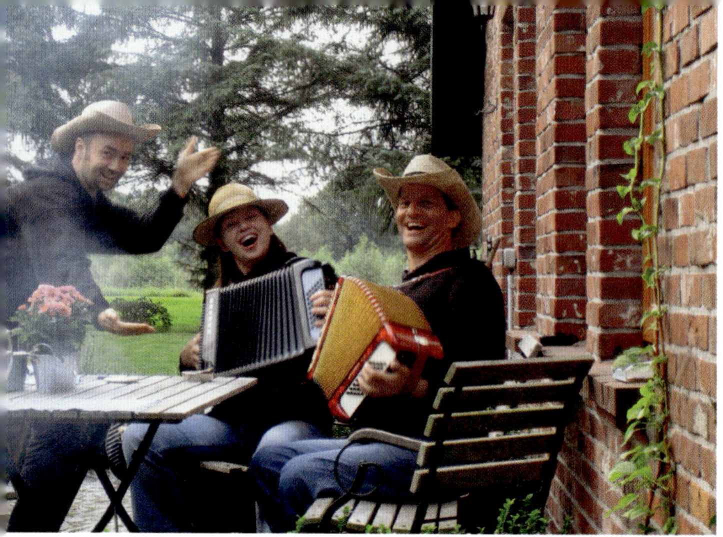

2007. Geselligkeit auf dem Land mit brüderlichen Freunden. Stefan Weiss (rechts) und Marc Hofmann.

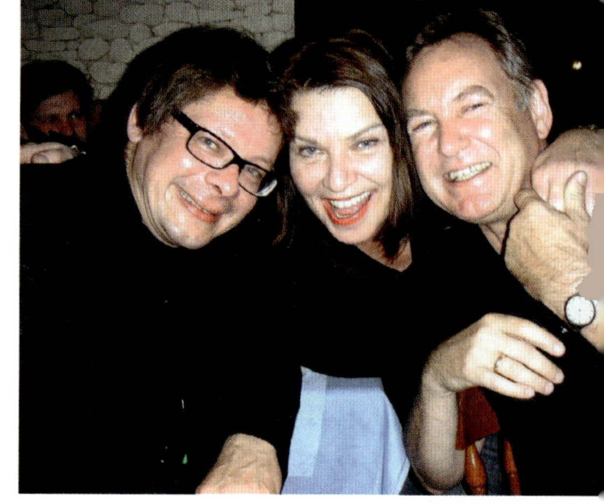

2007. Unsere Hamburger WG. Buggy Braune, ich und Andreas Linke.

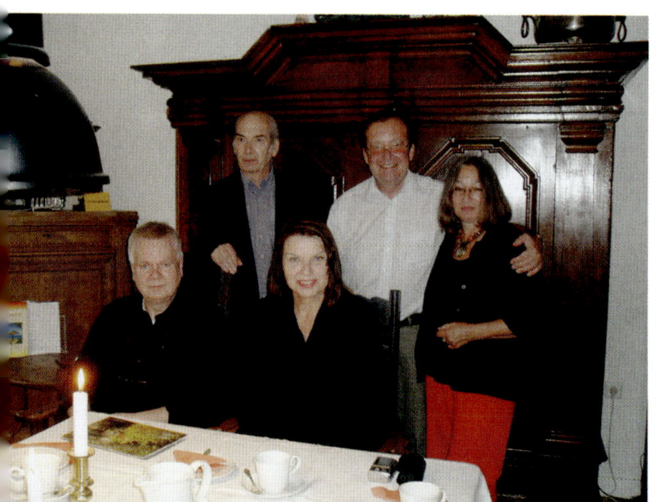

2007. Wiedersehen mit den *City Preachers*. Von links: Michael Laukeninks, Götz Humpf, ich, Sepp Plecher, Sibylle Kynast.

gespart hatte. Seit ich nun mehr Zeit hatte, wollte ich die Länder und Städte, die ich nur im Schnelldurchlauf gesehen hatte, näher kennenlernen. Zu den Gigs fuhr ich oft einen Tag früher und blieb einen Tag länger, als der Auftritt dauerte. Dann sah ich mir die Altstadt und die Umgebung des Ortes an, genoss die Gastfreundschaft der Veranstalter und festigte die Eindrücke, die ich von den Einheimischen bekam. Die Deutschen, sagt man, sind Weltmeister im Reisen – ich gehörte schon immer dazu. Auch ohne Musik ging ich auf große und kleine Fahrt. Mich interessierte es weniger, am Strand unter südlicher Sonne zu faulenzen, als historisch bedeutsame Kulturen zu erkunden.

Mit meinen Freunden besuchte ich noch einmal Irland, das plötzlich durch die Leistungen der Europäischen Union in die Moderne aufgerückt war und viel von seiner Urtümlichkeit verloren hatte. Am Jordan sah ich die mutmaßliche Taufstelle von Johannes dem Täufer, und im Toten Meer stellte ich überrascht fest, dass man tatsächlich auf dem See in Rückenlage Zeitung lesen kann. Beeindruckend fand ich auch die Ruinen der alten Mittelmeerkulturen, und die karge Wüste in Jordanien versetzte mich in die Erzählungen der Bibel. Italien zu bereisen, davon hatte ich schon immer geträumt, denn ich hatte viel über die spannende Kulturgeschichte des Römischen Reiches gelesen. Aber die paar Tage, die ich in Rom verbrachte, reichten gerade aus, um ein wenig die Architektur der Stadt und die (Raub-)Kunstsammlungen in den Vatikanischen Museen zu bewundern. Sprachlos stand ich auch im Petersdom, hin- und hergerissen von der riesigen Größe des Kirchenschiffs, in das der Grundriss vom Kölner Dom locker hineinpasst.

Meine langersehnten Ziele aber waren Polen und Litauen. Immer noch klang der ostpreußische Singsang meiner Mutter in meinem Kopf, wenn sie von der hügeligen, seenreichen Landschaft ihrer "Kalten Heimat" und der furchtbaren Flucht im Januar 1945 erzählte. Ich hatte mich seit meiner Jugend mit dem Thema beschäftigt und hatte eigentlich mit ihr dorthin fahren wollen, aber sie hatte sich geweigert. Nun, auf den Spuren meiner Mutter, sah ich genau die Bilder, die sie mir geschildert hatte. Ich kannte sogar den Weg zu ihrem Heimatort, als wäre ich ihn selbst schon gegangen. Dank Google Earth hatte ich immer wieder die Ortschaften und Straßen verfolgt, deren ursprüngliche Namen durch die polnische Umbenennung hindurchschimmerten. Nun dirigierte ich meinen Begleiter Fidi, der am Steuer unseres Leihwagens saß, über die holprigen Straßen: "Gleich müssen wir links abbiegen, am See vorbei, noch zwei Kilometer, dann kommt das Dorf. Dort links ist die Kirche, in der Mutti gesungen hat. Und da muss die Dorfschule gewesen sein. Im Winter ist sie den Weg mit Holzpantinen im hohen Schnee gelaufen, immer ihrem größeren Bruder hinterher, der die Schneewehen wegtrampelte." Ich sah die grasüberwachsenen Bahnschienen und stellte mir vor, wie 1942 der junge Heinrich Rumpf, also mein Vater, aus dem Hamburger Bombeninferno zu Besuch kam, an dem kleinen Bahnhof aus der Bimmelbahn stieg und mit Pferd und Wagen von seiner jungen Frau Martha und seiner zweijährigen Tochter Regina freudestrahlend abgeholt wurde. Jetzt waren es noch zwei Kilometer bis zu ihrem Hof. Natürlich stand dort nichts mehr, bis auf ein paar Steinreste des Kartoffelkellers. Ich wusste das schon von meinen Verwandten, die kurz nach der Wendezeit die alte Heimat besucht hatten. Als ich endlich an dem kleinen See ihres ehemaligen Hofgrundstücks stand, überkam mich unendliche Traurigkeit über die Vertreibung und das Schicksal, das die Flüchtlinge erlitten hatten und immer noch überall auf der Welt durch Kriege erleiden müssen. Auch der Nachkriegsgeneration steckt das Trauma der Flucht noch "in den Knochen" – auch wenn sie nicht direkt beteiligt war. Die Umstände der Flucht meiner Familie ähneln denen jener, die im eisigkalten Januar 1945 Hals über Kopf Haus und Hof verließen. Erst, als schon der russische Kanonendonner zu hören war, gestattete es der unbarmherzige Gauleiter Erich Koch, die Wagen zu beladen und zu fliehen. Dann folgte eine neunwöchige Irrfahrt mit unvorstellbarem Elend über das Frische Haff, die Flüsse Weichsel und Oder bis nach Schleswig-Holstein, wo der Treck meiner Mutter beim Bauern Breckwoldt einquartiert wurde.

Auf den Autofahrten kreuz und quer durch Masuren besuchte ich auch das Dorf mit der Hochzeitskirche meiner mir unbekannten

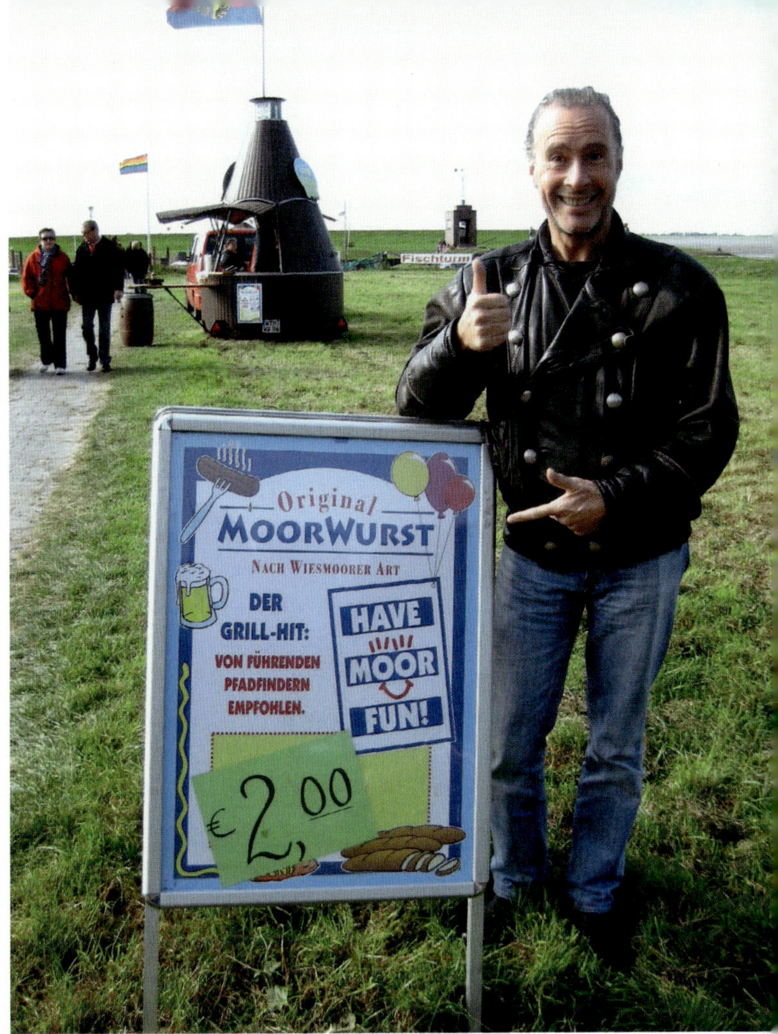

2008. Ja, die gute Moorwurst! Niko Müller macht Spaß in Dangast.

Großeltern Adam und Wilhelmine Nadolny. In Gedanken verglich ich die wenigen Fotos vom Hof, die den Krieg überstanden hatten, mit den Holzhäusern der Neuzeit. So viel hatte sich gar nicht verändert, und ein bisschen uraltes Ostpreußen war auch noch da: Backsteingebäude aus der Wilhelminischen Epoche erinnerten an vergilbte Fotopostkarten, so wie die riesigen Markplätze, wenn man sich die moderne Straßengastronomie wegdachte. In dieser Nord-Ost-Ecke Polens, nahe der litauischen Grenze, war die Zeit stehengeblieben. Die Ortschaften wiesen das Flair der 1960er-Jahre auf, das mich angenehm in meine Jugendzeit zurückversetzte. Ich war überwältigt von der Schönheit Masurens, deren Eindrücke sich mit einer beschaulichen Kajakfahrt auf dem Flüsschen Rospuda noch verstärkten. Als wir in dem Nachbarort ihres Dorfes in einem "Lidl"-Supermarkt einkauften, hätte ich zu gern Muttis Gesicht gesehen. Schwer war das Leben damals gewesen, als eine Einkaufsfahrt ins zwanzig Kilometer entfernte nächste Dorf mit Pferd und Wagen, über Kopfsteinpflaster, fast eine Tagesreise bedeutet hatte. Heute flitzen wir mal eben mit dem Auto sonst wohin.

Während ich diese Zeilen zurzeit der COVID-19-Pandemie im April 2020 schreibe, wird mir wieder bewusst, welche wunderbaren Reisemöglichkeiten wir durch ein Europa ohne Grenzen haben. Ich hatte mit allem gerechnet, das uns diese Freiheit verhageln könnte: ein Atomreaktor-Unglück oder Umweltkatastrophen. Aber dass ein winziges Virus die Weltbevölkerung so in Not bringen würde, das haben wir, außer vielleicht die Virologen, nicht erwartet. Vor allem meine Generation in dieser Ecke der Welt kann dankbar sein für die wunderbaren siebzig Jahre plus, die wir in Frieden, Freiheit und Wohlstand leben durften. So fuhr ich zu jener Zeit oft privat mit Freunden in der Weltgeschichte umher. Aber auch auf der Bühne gingen wir auf musikalische Reisen, mit Gästen und immer neuem *Back To The Roots*-Repertoire. Und nicht nur ich feierte mein Jubiläum ausgiebig, in diesen Jahren wurde auch in meinem Kollegenkreis viel jubiliert.

Ein Highlight bereitete uns Jean-Jacques Ende Mai 2008. Er rief zu seinem Stadtparkkonzert "40 Jahre Rockmusik in Deutschland", und alle kamen und huldigten ihrem Weggefährten: Maffay und Band,

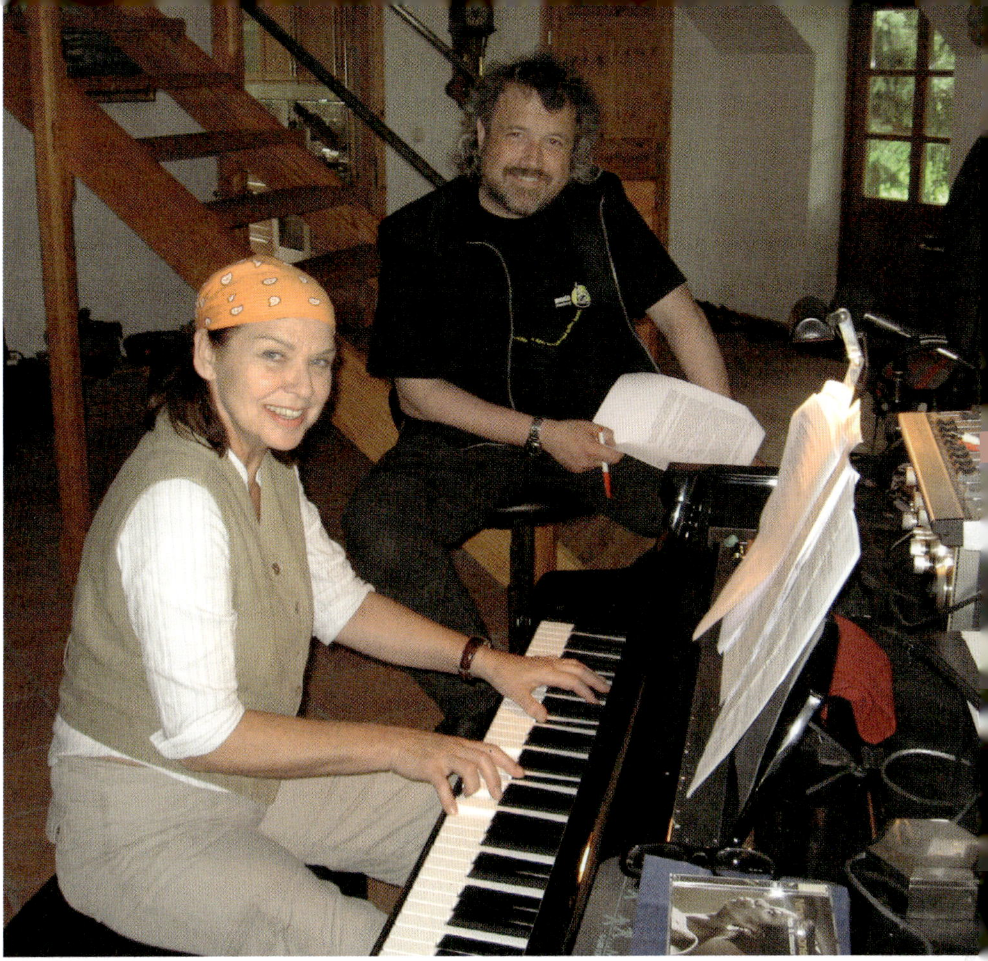

2008. MoGo-Pastor
Erich Faehling besucht
mich auf dem Land.

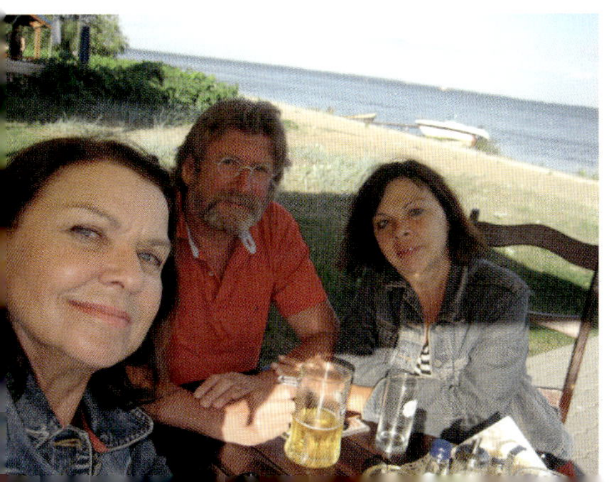

2008. Auf der Kurischen
Nehrung mit meinen
Freunden Fidi Renken
und Anne Kluwe-Krasel.

Lindenberg mit dem *Panikorchester, The Scorpions,* Heinz Rudolf Kunze, Caro, Julia Neigel, Dorkas Kiefer, die ganze Kravetz-Family, Überraschungsgast Achim Reichel und ich. Vier Stunden dauerte dieses tönende Gipfeltreffen – eigentlich viel zu kurz, um das ganze Potenzial der Rocklegenden auf die Bühne zu bringen. Zu seinem vierzigsten Jubiläum veröffentlichte Jean-Jacques eine CD, die einige seiner Lieblingssongs enthält, darunter auch unsere gemeinsamen Werke *How The Gipsy Was Born* und *Maybe It's Useless,* und seine Biografie erinnerte mich an manch vergessene Begebenheit. Hin und wieder reflektierte er einige Geschehnisse anders als ich, die ich anhand meiner Aufzeichnungen und aus meiner Sicht korrigierte oder ergänzte. Die Erlöse der Jubiläumsprojekte gingen an seine neugegründete Stiftung *Entrée,* mit der er junge Musiker unterstützt.

Gefeiert wurde auch bei den westfälischen Kollegen. Die Firma *Westfalen Sound,* 1978 von Carl Cordier gegründet, wurde zu dem mittelständischen Unternehmen *POOLgroup* und ein Markführer in sämtlichen Bereichen der Eventbranche. Carl Cordier hatte 1981 auf einer meiner Tourneen noch selbst seinen LKW gefahren und am Mischpult gesessen. Zum dreißigjährigen Jubiläum veranstaltete er in der Zentrale der *POOLgroup* in Emsdetten ein großes Fest, bei dem wir die alten Zeiten noch einmal hochleben ließen. Nach langer Zeit begegnete ich wieder häufiger Jocelyn B. Smith auf den deutschen Bühnen. In New York geboren, lebte sie nun in Berlin, und seit unserer gemeinsamen Arbeit an den CDs *Frumpy NOW!* und *Frumpy NEWS* in den 1990er-Jahren hatte sie ihre eigene Karriere verfolgt. Im Rathaushof in Köpenick feierten wir ihren fünfzigsten Geburtstag mit einem grandiosen Konzert. Mit dieser wunderbaren Kollegin, bei deren Stimme ich Gänsehaut bekomme, sang ich die Songs *Sisters Are Doing It For Themselves* (*Eurythmics*) und *Knocking On Heavens Door* (Bob Dylan) im Duett.

Unvergessen ist auch der achtzigste Geburtstag des großen Fritz Rau, den wir 2010 in der *Alten Oper* in Frankfurt feierten. Es war eine Ehre, dem "Kartenverkäufer", wie er sich selbst nannte, mit einem Ständchen zu gratulieren. Für meine erste Gruppe, *Die City Preachers,* hatte er schon 1967 Veranstaltungen in Hessen arrangiert, und nie werde ich vergessen, wie er mich 1987 auf einer Deutschlandtournee mit Lionel Richie zusammenführte. Das waren tolle Konzerte gewesen, und Fritz war immer voll des Lobes für mich und meine Band. Fritz Rau hatte wie kein anderer die Konzertszene in Deutschland bereichert. Von *The Rolling Stones* bis Nana Mouskouri hatte er eine schier unerschöpfliche Bandbreite in der Livemusikszene kreiert, von der Künstler und Publikum gleichermaßen profitierten. Sein Festkonzert ermöglichte somit auch ein großes Wiedersehen mit all seinen Stars und Mitarbeitenden aus fünf Jahrzehnten. Fritz spendete die Einnahmen zugunsten der *Tabaluga Kinderstiftung* von Peter Maffay.

Ach ja, da war ja noch diese Banken- und globale Finanzkrise, die 2008 begann und in der uns Kanzlerin Angela Merkel und Finanzminister Peer Steinbrück versicherten, dass unsere Spareinlagen sicher seien. Ich war heilfroh, dass ich keine “Finanzprodukte” gekauft hatte und keine finanziellen Verluste erlitt. Die Zügellosigkeit und Exzesse dieses Jahrzehnts aber verärgerten und inspirierten mich folglich zu dem Song *Spooky Yesterday* (Der Spuk von Gestern). Darin dachte ich an das, was war, was ist und was vielleicht kommen wird. Die Annahme, dass nun das Ende der Fahnenstange erreicht sei, und die Hoffnung, dass sich ein neuer Weg zeigte, erfüllte sich jedoch leider nicht. Es muss wohl alles immer noch schlimmer kommen, bis es eine globale Wende in der Finanzwelt gibt.

Im Laufe der Zeit verkaufte ich mithilfe meines neuen Vertriebspartners *Indigo* und bei Konzerten alle Auflagen der CDs, die ich mit meinem Label *25th Hour Music* produziert hatte. Das Risiko, dass ich die relativ hohen Produktionskosten durch Verkäufe nicht einspielen würde, war dennoch groß. Inzwischen hatten die Downloadportale und Streamingdienste einen immer höheren prozentualen Anteil im Musikhandel. Von meinem Vertriebsberater erfuhr ich, dass sich auch kleine Auflagen “On Demand”, also auf Anfrage, verkaufen ließen. So entstand die Reihe meiner *Official Bootleg*-CDs. Das waren schnell hergestellte CDs der technisch und musikalisch ziemlich guten Konzertmitschnitte aus Worpswede, Stuttgart und Schwerte mit meinen *Friends* sowie dem gelungenen *Get Rolling*

Stoned-Auftritt aus Kiel feat. Abi Wallenstein und Henry Heggen.

In den Wintermonaten saß ich wieder am Computer – inzwischen ein iMac Pro – und digitalisierte Fotos, Musikkassetten und Videos, die ich irgendwann einmal bekommen, in eine Kiste gelegt und noch nie zuvor gesehen hatte. Ich war überrascht von den vielen Interviews und Fernsehauftritten und probierte, daraus kleine Filme zusammenzuschneiden. Das machte mir großen Spaß, und als ich das Videoschnittprogramm verstand, wagte ich mich an einen unveröffentlichten Film, den wir 2008 im "Michel" mit Rüdiger Hayk und seinem *Soundworks*-Team gedreht hatten. Mit dem *Final Cut*-Programm verarbeitete ich die Bilder zu dem zehnminütigen Kurzfilm *Rocks & Diamonds.* Wie gut, dass wir dieses Bild- und Tondokument besaßen, denn es sollte unser letztes Neujahrskonzert im "Michel" gewesen sein. Danach wurde das Kirchenschiff komplett renoviert, ein Veranstaltungsmanagement übernahm die Buchungen, und uns wurde der ganze Aufwand zu teuer. Ab 2010 trat ich fast nur noch bei den Motorradgottesdiensten im "Michel" auf. Was sollte da noch kommen? Na, Zugaben!

Station 13

Still Got The Rock

2011–2014

"Schönheit kommt von innen".
Mein musikalischer Ozean.
"So alt wird kein Schwein".
Die BAPtisten.

Eines Morgens wachte ich auf und – hoppla – war 65. Na sowas, das ging ja schnell! Alles gut, es könnte schlimmer sein. Okay, der erste Lack ist ab. Es kneift und knirscht überall ein bisschen, man sieht nicht mehr so gut (aus), und wo sind eigentlich die Haare geblieben? Aber Hauptsache ist doch, man wacht überhaupt auf. Ich dachte: Jetzt schreibe ich mir auch mal ein Geburtstagslied, am besten einen langsamen Blues. Und wie jeder gute Blues begann auch *Lazy* mit den Worten: "I woke up this morning ..."

Es gilt, sich von den Dingen der Jugend mit Würde zu verabschieden. Ich gehöre nicht zu der Sorte Frau, die krampfhaft versucht, jung zu bleiben. Man kann aber auch mit 65 noch sexy, cool und lässig sein. "Schönheit kommt von innen", sagte schon meine liebe Mutter. Ich führte auf dem Land ein regelmäßigeres Leben als in der Stadt, ging zeitiger zu Bett als früher, kochte fast jeden Tag gesund, hielt Haus und Garten in Ordnung, pflegte meine Gewohnheiten und Rituale und wurde ausgeglichener. Schon oft hatte ich mit dem Rauchen aufzuhören versucht, besonders dann, wenn sich die Zahnärzte so große Mühe mit meinem maroden Gebiss gegeben hatten. Aber ich war immer wieder rückfällig geworden, denn nach einigen Wochen Abstinenz passte ich, wegen wuchernder Kilos, nicht mehr in meine Garderobe. Weil der Mensch ein Gewohnheitstier ist und sich die schlimmsten Dinge an-, aber auch abgewöhnen kann, schaffte ich es dennoch nach und nach, bis auf eine

Zigarette zur "Happy Hour" um 18 Uhr, das Rauchen einzuschränken. Durch den langsamen Entzug konnte ich mein Gewicht halten. Nachdem mich alle meine Lieben verlassen hatten, war ich niemandem mehr Rechenschaft schuldig. Ich hatte ein ruhiges Gewissen, schuldete keinem etwas und bereute auch nichts – meine Schubladen waren sozusagen aufgeräumt. Früheres Schwanken zwischen Euphorie und Ernüchterung vergingen, und ich sah es als Privileg und Freiheit an, berufliche Umwege genommen zu haben und manchmal auch Einbahnstraßen gegangen zu sein. No risk – no fun! Meine "Spielsachen" holte ich mit der Zeit komplett aus Hamburg ins Landhaus und baute alle Instrumente in der großen Diele auf. Die Räume des Hamburger Studios teilte ich seit dem Auszug von Jürgen Hoffmann im Jahr 2003 mit dem Jazz-Pianisten Buggy Braune, und später, als Andreas eine kleine Wohnung ganz in der Nähe fand, zog der Keyboarder Kai Fischer ein, und nach ihm die Pianistin Aida Sikira. Es war also immer noch viel Musik in der Bude, manchmal auch rund um die Uhr, wenn tagsüber die Klavierschüler gegangen und abends die Kollegen zum Proben kamen. Ich fand es gut, dass meine Räume für Musik und Begegnungen offenblieben, obwohl es oft wie in einem Taubenschlag zuging und das benutzte Geschirr und die unaufgeräumte Küche mich an alte WG-Zeiten erinnerten.

Mit meinen Freunden hielt ich regelmäßigen Kontakt. Sogar zu den längsten meiner Beziehungen: Fast jedes Jahr trafen sich meine Klassenkameradinnen der Mittelschule Koppel in St. Georg. Aus Termingründen war ich viele Jahre nicht in der Lage gewesen, an den Treffen teilzunehmen, aber irgendwann schaffte ich es dann doch. In unserer alten Turnhalle zwischen der Koppel und der Langen Reihe, wo sich nun ein Restaurant befand, hingen nach wie vor die Trimmseile von früher. Ich vermeinte, immer noch das Leder der Medizinbälle und den Schweiß der Schülerinnen zu riechen. Das Wiedersehen mit meinen Kameradinnen fand in der Ecke der Turnhalle statt, in der wir früher gymnastische Aufwärmübungen absolviert hatten und uns nun kichernd umarmten. Hinter den älter gewordenen Gesichtern entdeckte ich schon nach wenigen Minuten die vertrauten Kindermienen. Die Lebensumstände der Mädels hatten sich verändert, aber die Wesenszüge waren die gleichen geblieben. Besonders mit meiner früheren besten Freundin Gina gab es ein großes Hallo, viel Gelächter und laute Juchzer über Anekdoten aus der Schulzeit. Gina hatte nach der Mittleren Reife ebenfalls einen künstlerischen Weg eingeschlagen und wurde von Beruf Grafikerin. Seit diesem Wiedersehen sind wir in regem Austausch unserer Lebensgeschichten. Bei einem dieser Klassentreffen fanden wir übrigens heraus, dass unter uns Mädels eine Cousine von Bob Dylan saß. Das war in der Schulzeit zwar noch kein Thema gewesen, aber nun, als ich meine Klassenkameradin Ingrid so als Erwachsene von der Seite ansah, fiel mir auf, dass ihr Profil dem des berühmten Poeten und Sängers glich. Natürlich – er hieß ja mit bürgerlichem Namen Robert Zimmermann! Verblüfft fragte ich Ingrid, ob sie mit ihm verwandt sei, und tatsächlich nickte sie zögerlich und ihre Wangen röteten sich leicht. Wir waren sehr erstaunt und betrachteten sie auf einmal mit ganz anderen Augen. Gern hätten wir mehr über diese verwandtschaftliche Beziehung erfahren, und ob sich jemals die Wege der beiden gekreuzt hatten, aber aus Höflichkeit fragten wir nicht weiter nach. Und so blieb diese kleine Sensation für immer im Verborgenen.

Wiedersehen feierten wir auch fast jedes Jahr mit der Stammbesetzung der *City Preachers*, meiner ersten Band. Wir trafen uns meistens bei Sibylle Kynast und ihrem Mann Paul, die auf der anderen Weserseite bei Worpswede in einem schönen Haus wohnen. Sibylle kann herrliche Kuchen backen und beide sind sehr gute Gastgeber. Jeder brachte zu unseren Treffen etwas mit: Eckart Kahlhofer und seine Frau Kaida selbstgefangene Forellen, Michael Laukeninks seine Kamera, Götz Humpf und seine Frau Annegret ein paar gute Flaschen Wein, und ich bereitete eine große Schüssel Kartoffelsalat zu. Diese Treffen liefen immer total entspannt und fröhlich ab, wir kannten uns in- und auswendig und machten uns nichts vor. Einmal war auch Jean-Jacques dabei, es fehlten nur noch Karl-Heinz und Udo, sonst hätten wir einen Neustart machen können. (War nur Spaß ...)

Über die Jahre kreuzten viele Leute unseren Weg, und zu meinem 65. Geburtstag, beim restlos ausverkauften Konzert in der *Kulturetage* in Oldenburg, ließ sich Andreas etwas Besonderes einfallen: Bevor der erste Ton meiner *Friends* erklang, lief ein Film über die Leinwand auf der Bühne: "Happy Birthday, Inga!" Ich staunte über die vielen Gratulanten, die Andreas in den vergangenen Wochen vor die Kamera bekommen hatte: Annett Louisan, Klaus Lage, Otto Waalkes, Stefan Gwildis, Edo Zanki, Chi Coltraine, Der Graf von *Unheilig*, Julia Neigel, Steffi Stephan, Steffen Henssler, Christian Pfarr und Tom Schroeder, "MOGO"-Pastor Erich Faehling und viele andere Protagonisten. Am meisten freute ich mich über die freundlichen Worte von Wolfgang Niedecken und dem *BAP*-Gitarristen Helmut Krumminga. Die beiden, sowie die ganze *BAP*-Band, hatte ich kennengelernt, als Radio Bremen-Redakteur Jörg Sonntag uns im April 2011 anlässlich des Jubiläums "10 Jahre Bremen Eins" zur Feier ins *Aladin* einlud. Die *BAP*tisten waren meine Begleitband, Helmut Krumminga führte als musikalischer Direktor durch die Proben und das Konzert, das ganz hervorragend lief. Wir verstanden uns auf Anhieb, so als würden wir schon lange zusammen Musik machen. Von den drei Songs, die wir spielten, kamen *Friends* und *Still Got The Blues* (Gary Moore) so gut rüber, dass Helmut nach dem Auftritt erstaunt sagte: "Das kann doch noch nicht alles gewesen sein!" Das fand ich auch, und wir versicherten uns, in Kontakt zu bleiben.

Schon zwei Monate später stand ich bei ihrem Hamburger Stadtpark-Konzert mit Wolfgang Niedecken und *BAP* auf der Bühne. Vor dem Auftritt wurde ich hinter den Kulissen feierlich zu einem zeremoniellen Drink eingeladen. Eine Art Schrein mit allerlei Mojos, Glücksbringern, Fetischen, Abzeichen und Maskottchen war aufgebaut und Wolfgang verteilte Schnaps in kleinen Gläsern. Ich glaube, er murmelte noch eine Beschwörungsformel, dann prosteten wir uns förmlich zu und spülten das "Zielwasser" in einem Zug hinunter. Etwa 3000 *BAP*-Fans waren in Hamburgs "grünes Wohnzimmer" gekommen und feierten Niedecken und seine Band. Ich sang mit ihm im Duett den *Redemption Song* (Bob Marley) und *Still*

Got The Blues, den Gitarrist Helmut gefühlvoll interpretierte und bei dem er vom Publikum stürmisch bejubelt wurde. Hinterher saßen wir noch lange zusammen, und ich lud alle zu meiner Geburtstagsparty in die *Kulturetage* in Oldenburg ein. Aus Termingründen wurde daraus nichts, aber die Band hatte eine andere Idee, über die ich gleich noch berichten werde.

Zu den Gästen meines Geburtstagskonzertes zählte außerdem Reinhold Beckmann, der mit meinen Musikern auch schon im Studio gewesen war, zwei Lieder seines neuen Albums vortrug und den Abend moderierte. Nach zweieinhalb Stunden geballter Spielfreude meiner Klassiker aus vier Dekaden war das Publikum euphorisiert und sang stehend Beifall klatschend "Happy Birthday". Ich war sehr berührt und fast verlegen über so viel Temperament der sonst ziemlich kühlen Oldenburger und meiner Freunde aus der Wesermarsch. "Oh Leute, 65! So alt wird doch kein Schwein – hätte ich fast gesagt", lachte ich. Um meine Rührung zu übergehen, setzte ich mich ans Klavier und sang die allerletzte Zugabe. Ich hatte ein Geburtstagslied und weitere neue Songs geschrieben, die ich produzieren würde.

Trotzdem behielt ich meinen Back-Katalog im Blick, denn ich wollte nicht, dass die alten, schönen Aufnahmen in Vergessenheit gerieten. Besonders die mit der *NDR Bigband* aus den 1990er-Jahren und die Produktion der *NDR Radiophilharmonie* mit den Songs aus dem *Great American Songbook,* die nur einige Male im NDR Hörfunk gesendet worden und dann in den Tiefen des NDR-Archivs versunken waren. Vielleicht war das Tonband sogar aus Ersparnisgründen überspielt worden, was damals durchaus üblich war. Ich konnte nicht fassen, dass diese Produktionen einfach so verschwanden. Ich nahm Kontakt mit dem ehemaligen NDR-Redakteur Wolfgang Kunert auf und rannte bei ihm offene Türen ein, diese Aufnahmen noch einmal zu veröffentlichen. Die Bänder waren leider tatsächlich nicht mehr auffindbar, aber ich verfügte noch über gute Kopien. Als ich die Freigabe aller drei Produktionen bekam, begann ich mit dem Mastern der 35 Songs. Mir schwebte ein CD-Dreierpack vor mit dem Titel *Radio Love,* das die Aufnahmen von *It's A Man's*

World und *The Spirit Of Jimi Hendrix* sowie die Produktion mit der *NDR Radiophilharmonie* beinhalten sollte. Für das Booklet suchte ich drei der schönsten, unveröffentlichten Schwarz-Weiß-Fotos des Fotografen Werner Gritzbach aus den 1990ern aus. Mit diesem Konzept konnte ich auch das Label *Edel* überzeugen und war ziemlich glücklich, als das Triple-Album 2012 mit einem wunderschönen Booklet von Gerd Schröder erschien und sogar den Sprung in die Jazz-Charts schaffte. Gleichzeitig vereinbarten wir eine Vinyl-Schallplatten-Produktion, über die es später noch einiges zu berichten gibt.

Zunächst aber war spannend, was aus der Idee der *BAP*tisten und ihrem Drummer Jürgen Zöller geworden war. Jürgen, der in Karlsruhe lebte, trat dort regelmäßig im Club *Jubez* mit Gastmusikern in seiner *Zöller Network Sessions* auf und lud auch mich und die *BAP*-Band für einen gemeinsamen Auftritt ein. Ich sagte erfreut zu, und nach einigen Telefongesprächen hatten wir das Datum, den 27. Januar 2012, und ein Repertoire für zwei Stunden Musik mit unseren Lieblingssongs vereinbart. Wolfgang Niedeckens Schlaganfall im November 2011 machte uns alle, die ihn kennen und seine Musik lieben, sehr betroffen. Besonders seine Band, die jedes Jahr mit ihm tourte und neue Alben aufnahm, war geschockt. Auch das Publikum im überfüllten *Jubez* schaute etwas befremdlich drein, als es die komplette Band des krank darniederliegenden Chefs mit mir als Galionsfigur am Mikrofon sah. Das änderte sich aber schnell, als wir loslegten. Weil uns nur ein Tag zum Proben blieb, saßen die Songs etwa zu 95 Prozent. Die restlichen fünf Prozent wurden zu einem Erlebnis, das das Publikum unmittelbar verfolgen konnte: Hier und da ein kleiner Fingerzeig, dann die erfreuten Blicke, wenn die Nummer schließlich, manchmal auf ungeplantem Kurs, sicher landete. Die Fans staunten nicht schlecht, was die Jungs da oben musikalisch zu bieten hatten. Die ersten drei Nummern spielte die Band noch ohne mich, während ich hinter der Bühne auf und ab ging, um meine Spannung zu lösen. Dann der Groove von *Friends* und Helmuts Ankündigung, während ich mich langsam im Rhythmus auf das Mikro zubewegte und rief: "Ahoi! Heute wird's funky, soulig, gospelig und rockig!" Die Band war in Höchstform, Saitenmeister Helmut und Tastenkünstler Michael Nass lieferten dampfende Gitarren- und Orgelsoli, während untenrum der Bassist Werner Kopal und Drummer Zöller für den richtigen Groove sorgten. Bis auf Michael Nass hatten sich die drei dieser beseelten Combo ehemals bei Wolf Maahn eingespielt, und so spannte sich der Bogen bis zu den funkinfizierten Songs aus *Atlantis*-Zeiten. Dass Helmut schon als Teenager ein begeisterter Fan von *Atlantis* und Gitarrist Alex Conti gewesen war und unsere Titel auf seinem DUAL-Plattenspieler rauf und runter gespielt hatte, erfuhren die Zuschauer in einer Geschichte, die er mit seiner sonoren Stimme und rollendem Papenburger "R" zum Besten gab. Und als er offenbarte, dass er sich als 15-jähriger Jüngling nie hatte vorstellen können, nun hier mit mir, seiner früheren Heldin, auf der Bühne zu stehen, genoss das Publikum umso aufmerksamer Helmuts und mein Duett des recht abgenudelten Schmachters *Love Hurts (*Boudleaux Bryant*),* der sich zu einer ausdrucksstarken Blues-Nummer entfaltete.

Helmut ist nicht nur ein fantastischer Gitarrist, er besitzt auch mit seiner jungenhaft männlichen Ausstrahlung eine besondere Anziehungskraft. Ich schaute ihm gern zu, wie er mit seiner Gitarre gefühlvoll und völlig versunken eins wurde. Das fand wohl nicht nur ich ziemlich cool und sexy – sondern auch seine vielen Verehrerinnen. Bei den Konzerten versuchten sie, einen Platz möglichst nahe vor seinem Mikrofon auf der Bühne zu ergattern, um ihn anzuhimmeln. So stand manches Mal die Damenabteilung auf der einen Seite, während sich auf der anderen meine männlichen Verehrer drängten. Unser Konzert blieb kein einmaliges Ereignis. Wir hatten einen starken Eindruck hinterlassen, und es sprach sich ziemlich schnell herum, dass wir noch weitere Gigs spielen würden. "Just for fun" und ohne Hintergedanken an eine CD-Produktion oder Tour.

Tatsächlich wiederholten wir ein halbes Jahr später, im Juli 2012, das Konzert vor etwa tausend Musikbegeisterten im Karlsruher *Tollhaus* anlässlich des *ZELTIVALS*. Einen Monat später, im August, standen wir auf der Gießener Stadtfestbühne und versetzten Tausende Zuhörer in Hochstimmung. Andreas zögerte nicht lange und begann mit Buchungen für 2013 in unseren Lieblingsclubs. Weil ich neben all dem Gospel, Jazz und Soul ja auch immer noch Rockerin war, fand er den passenden Titel für unser Programm: *Still Got The Rock*. Und Krumminga, Kopal, Nass und Zöller dachten sich einen kryptischen Bandnamen aus: *KK'nZ*. Na, wofür die Buchstaben wohl stehen …? Währenddessen ging es bei mir weiter wie in den vergangenen Jahren – immer alles schön parallel und auf vielfältige Weise: Konzerte mit dem Trio und den *Friends* in Kirchen und Clubs. Zu Gast in Flensburg bei Richard Westers "Nacht der Lieder" im *Deutschen Haus*. Im *Kulturpalast* in Dresden bei der "Langen Thomas-Stelzer-Nacht". Bei Till Hoheneder und den *Altobellis* im Hammer *Hoppegarden*. Mit der Band um Nils Gessinger auf der *Kieler Woche* und auf Tour in ganz Deutschland. Mit Andreas Böther und seiner *Skyliner Bigband* im Hamburger *St. Pauli Theater*. Mit *STOPPOK & Artgenossen* in Landsberg am Lech. Mit *Söhne Hamburgs*, bestehend aus Joja Wendt, Stefan Gwildis und Rolf Claussen, im Hamburger Stadtpark. Bei Peter Bursch und seinem "Weihnachts-Special" in Duisburg. Und schließlich mit der *Hamburg Blues Band* auf dem *Burg-Herzberg-Festival*, das seit Juli 1968 auf der Burg Herzberg, nahe dem hessischen Alsfeld, stattfindet, auch "Bonsai-Woodstock" genannt wird, ein Musik- und Literaturfestival der Hippie-Kultur ist und mit 12 000 Besuchern als das größte Freiluft-Hippie-Festival Europas gilt. Einige Male schon hatte ich die Einladung für das *Herzberg-Festival* ausgeschlagen, denn ich wollte nicht auf den Nostalgie-Zug aufspringen. Doch als Gert Lange mich fragte, ob ich zu einem Auftritt mit der *Hamburg Blues Band* und Brian Auger an der Hammond Lust hätte, sagte ich sofort zu. Ich hatte schon viele tolle Konzerte mit der *Hamburg Blues Band* gespielt, zudem sollte mein *Atlantis*-Kollege Adrian Askew die Keyboards und Clem Clempson (*Colosseum, Humble Pie*) die Gitarre übernehmen. Also eine vielversprechende Besetzung aus englischen und deutschen Rock-Heroes.

Meine Songs waren schon in Hamburg geprobt, und auf der Fahrt nach Fulda verinnerlichte ich noch einmal die Arrangements der

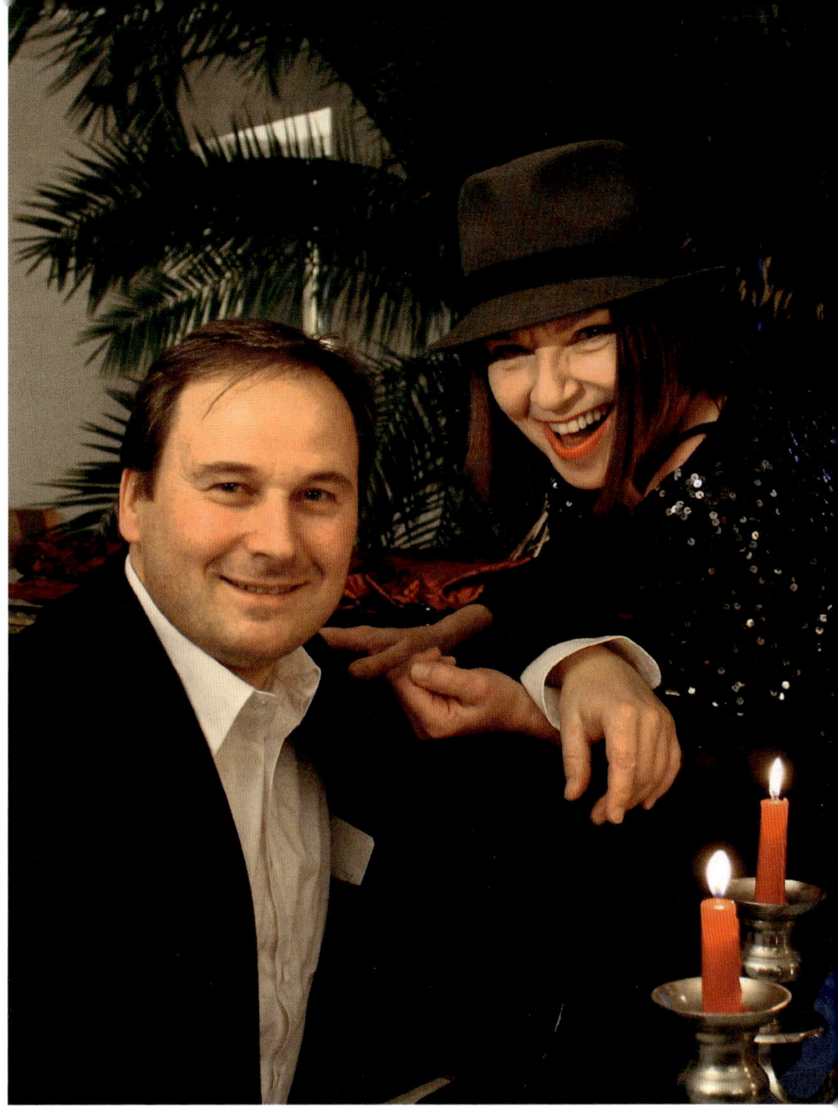

2012. Nils Gessinger und ich gehen noch einmal auf Tour.

beiden Titel, die Brian Auger begleiten sollte: *Indian Rope Man* und *Wheels On Fire* in der Brian Auger-/Julie Driscoll-Version. Als ich am Nachmittag des 22. Juli 2012 in Bad Herzberg ankam, war mein erster Gedanke: "Ich hab's geahnt, es ist genauso wie damals!" Es hatte die Tage und Nächte vorher stark geregnet und das Festivalgelände war total verschlammt. Die Organisatoren versuchten, wenigstens hinter der Bühne für die Musiker und Roadies ein Durchkommen zu ermöglichen. Um nicht buchstäblich im Morast zu versinken, mussten wir auf den ausgelegten Matten balancieren. Im Backstagebereich erinnerten mich die Möblierung auf den ausgelatschten Teppichen und die Zigtausenden Menschen vor der Bühne an die frühen 1970er-Jahre. Rechts und links des Festivalgeländes hatten allerlei Händler ihre Stände aufgebaut, dazwischen Imbissbuden und Bierwagen. Alles so wie früher. Wir machten uns für den Auftritt bereit. Brian Auger schlenderte an mir vorbei: "I think it's time for a nice cup of tea!" Ich sang drei Songs mit der *Hamburg Blues Band*, dann kam Brian Auger unter riesigem Applaus dazu. Er spielte die Hammond B3 über zwei Leslies, drehte gewaltig auf und wurde so durchdringend laut, dass wir anderen auf der Bühne uns nicht mehr hörten. Wir schauten uns achselzuckend an: "Da müssen wir wohl durch." Clem Clempson hatte anscheinend mehr Whisky als Tee getrunken und war so blau, dass er kaum noch seine Gitarre halten konnte. Ich ließ mir nichts anmerken, sang munter weiter, aber was wir da spielten, muss ein ziemliches Durcheinander gewesen sein. Nach dem Auftritt flüsterte Brian Auger mir zu, dass ich ihn auch für meine Konzerte buchen könnte. Ich dachte: Nee danke, bei allem Respekt!

Die Idee von Dirk Mahlstedt, damals Kulturmanager der *Edel*-Gruppe, im selben Jahr eine Vinyl-Schallplatte mit mir zu produzieren, fand ich großartig. Ich besprach die Sache mit dem Produzenten Dirk Sommer und war mit ihm einer Meinung, dass es eine Live-Aufnahme sein müsste. So wie früher – wie es schon vor vierzig Jahren üblich war – direkt ins Band eingespielt, ohne Computer-Schnickschnack. Auch meine Kollegen Joe und Thomas waren sofort mit einem Konzert einverstanden; als Trio mit Joja Wendt als

Gast in dessen *Nullviernull*-Studio in Hamburg. Es war ein einmaliges Ereignis, und auch für unsere dreißig Ohren- und Augenzeugen interessant zu sehen, dass so etwas noch funktionierte.

Die Atmosphäre ähnelte einem Konzert auf Tour, nur mit noch höherer Konzentration, noch stärkeren Emotionen und großem, gegenseitigem musikalischen Verständnis. In zweieinhalb Stunden hatten wir so viele One Takes auf Band, dass wir uns kurzerhand für eine Doppel-LP entschieden. Und weil es ein einmaliges Ereignis darstellte, fiel mir sofort der Begriff "White Horses" ein, ein Idiom für die Schaumkronen auf den Wellenkämmen und ebenso einzigartig wie eine Live-Aufnahme, die nicht wiederholbar ist. Für Liebhaber analoger Platten war das Doppelalbum ein besonderer Hörgenuss, und für die Musikfans, die nur noch einen CD-Player besaßen, brachte ich 2014 auf meinem Label eine CD-Kopplung mit 16 der insgesamt 18 Titel heraus.

Oft wurde ich gefragt: "Inga, welche Musik hörst du eigentlich zu Hause?" Da musste ich immer erst überlegen, denn zu Hause hörte ich kaum Musik. Außer der, die ich gerade selbst machte. Im Auto, wo meistens irgendein Infosender lief, hörte ich manchmal Klassik Radio. Klassische Instrumentalmusik beruhigte mich und verband sich wunderbar mit der Landschaft, etwa bei einem schönen Sonnenuntergang. Von klassischen Komponisten hatte ich allerdings wenig Ahnung, außer etwas Allgemeinwissen über die großen Genies wie Beethoven und Mozart. Da bekam ich eine Einladung nach London in die Royal Albert Hall zu einer Aufführung von Carl Orffs *Carmina Burana*. Die Arztfamilie Seggewiß war in den vergangenen Jahren zu unseren Freunden geworden, und schon einmal hatten mich die Musikliebhaber Hubert Seggewiß und seine Frau Connie zu einem der legendären Eric Clapton-Konzerte in der *Royal Albert Hall* eingeladen. (So wie auch ich meine "Wohnzimmer" besaß, so war eines von Claptons "Wohnzimmern" die *Royal Albert Hall*, in der er etwa 200 Konzerte gab). Ich war sehr beeindruckt von dem Kuppelbau, der einem römischen Amphitheater nachempfunden und Zeugnis viktorianischer Architektur ist. Der Saal, in dem 9500 Zuschauer Platz finden, zeugt von imperialer Macht und Größe, wie auch die Bühne, auf der sich etwa 400 Musiker und Sänger in festlicher Garderobe zur Aufführung der *Carmina Burana* versammelten. Die Vorstellung war großartig, ich konnte nicht genug bekommen von der eigenartigen Vertonung der Texte aus dem 12. Jahrhundert. Später sah ich noch einmal im *Oldenburgischen Staatstheater* die *Carmina Burana,* die hier zwar viel kleiner und mit bayerischer Symbolik inszeniert, aber ebenso faszinierend war. Und inspirierend.

Als Andreas mich fragte, ob ich bei einer CD, die er zum 200. Jubiläum der Kinder- und Hausmärchen der *Brüder Grimm* herausbringen wollte, mitmachen würde, sagte ich begeistert zu. Ich liebe Märchen, sie transportieren emotionales Wissen, verlorene Werte, menschliche Höhen und Abgründe – so wie das Leben eben ist. Ich wählte das Märchen von *Hänsel und Gretel.* Es war für mich eine besondere Herausforderung, den drei weiblichen Charakteren Gretel, Stiefmutter und Hexe meine Stimme zu geben. Aber nicht nur sprechen, auch den Soundtrack dazu wollte ich komponieren. Das Timing war perfekt – ich hatte immer noch die Orff'schen Klänge der *Carmina Burana* im Ohr. Im April 2013 begann ich den langen Text des Märchens in mein *Logic*-Programm zu lesen. Ich hatte gerade eine Erkältung überstanden, kämpfte aber immer noch gegen Hustenanfälle. Für die Hexe war mein Krächzen wie geschaffen, für Gretel musste ich hingegen mehrmals ansetzen und viel heißen Holunderbeersaft trinken, um meine Stimme sanfter klingen zu lassen. Nachdem ich mit den Sprachaufnahmen einigermaßen zufrieden war, setzte ich mich ans Keyboard und suchte nach einer Idee für die Titelmusik. Ich hatte keine Vorgaben, mir stand alles offen, und so ließ ich meine Fantasie den imaginären Bildern des Märchens folgen. Das bereitete mir richtig Spaß, und wie im Rausch entstand eine Sequenz nach der anderen. Das wird ja 'ne Oper, dachte ich. Nach zehn Tagen hatte ich den 18-minütigen Soundtrack fertig. Aber auch ich war fix und fertig und meine Augen brannten vom Starren auf den Computerbildschirm. Und ich hatte vergessen, das Ganze mit einem Stereosignal aufzunehmen! Irgendwas ist immer. Aber irgendwas geht auch immer ... Als Dieter Krauthausen die Aufnahmen schließlich in seinem Kölner Studio masterte, waren wir doch recht zufrieden mit dem Ergebnis. Für das Märchen *Rotkäppchen,* das nur sechs Minuten dauerte, komponierte ich eine etwas leichtere Musik, die mich deutlich weniger Zeit kostete.

Rotkäppchen & seine Freunde wurde eine sehr ausdrucksstarke Märchen-CD mit prominenten Künstlern und Moderatoren: Manni Breuckmann animierte *Der gestiefelte Kater,* Wilfried Schmickler *Rotkäppchen,* Sabine Heinrich *Frau Holle* und Gerd Köster *Der Teufel mit den drei goldenen Haaren.* Helmut Krumminga, der zwei Soundtracks auf seiner Gitarre lieferte, sprach den Text von *Die Bremer Stadtmusikanten* und meinte dazu sehr treffend: "Wenn die Schwachen sich zusammentun, wird es für alle besser. Außerdem ist die Gründung einer Band immer eine gute Idee."

Eine schlechte Nachricht erreichte mich im Januar 2013 von Helge Zumdieck, unserem Drummer. Er litt an einer Entzündung im Ohr, sein Trommelfell war betroffen, und er musste die Teilnahme an unseren Konzerten absagen. Das traf uns hart, denn es standen zwei wichtige Konzerte in Bonn und Hamburg bevor. Aber Thomas Biller wusste Rat und empfahl Robin Fuhrmann (der seit der Hochzeit mit der Sängerin Sarajane 2017 deren Nachnamen McMinn trägt). Robin, in Bonn geboren und in Hamburg ansässig, war ein Schüler von Helge, und Thomas hatte mit ihm in der Rhythmus-Section bei Konzerten von Reinhold Beckmann bereits gute Erfahrungen gemacht. Als wir dann zusammen unser *Back To The Roots*-Material probten, waren wir von Robins Disziplin und Musikalität beeindruckt. Zudem war er ein junger Kerl, der erfreulicherweise unser Durchschnittsalter erheblich senkte. Spielend bestand Robin eine Woche später die Bewährungsprobe bei unserem Konzert mit den *Friends* in der Bonner *Harmonie,* unserem geliebten Musikclub, sodass er ein festes Mitglied wurde. Auch ein Teil der *BAP*tisten kam zu dem Konzert. Sie hörten genau zu. Vor allem unserem neuen Drummer. Auch in Hamburg, in der ausverkauften *Fabrik,* gelang uns ein umjubelter Auftritt. Der damalige Bürgermeister der Stadt, Olaf Scholz, stand mit seiner Frau im Publikum, und Andreas bat ihn nach dem Konzert in meine Garderobe. Ganz leger, in Pullover und Jeans, und mit seinem berühmten verschmitzten Lächeln trat er ein, beglückwünschte mich zu dem gelungenen Konzert und sagte, er sei direkt aus dem Urlaub in die *Fabrik* gekommen. Mit seiner hamburgischen stillen, besonnenen Art hatte er nicht viel Aufhebens gemacht, sich wie jeder andere eine Karte und ein Bier gekauft und war ohne Personenschutz erschienen. Ich war noch ein bisschen benommen von dem Auftritt und auch überrascht von dem hohen Besuch, aber nach dem üblichen Smalltalk sprachen wir über die Hamburger Wohnraumknappheit, und er versicherte, dass er an der Situation arbeiten würde.

Andreas hatte für unser Projekt *Still Got The Rock* über den Zeitraum 2013 bis 2015 zahlreiche Auftritte, überwiegend Einzelkonzerte, in unseren Lieblingsclubs gebucht. Und so ging es kreuz und quer durch Deutschland, von Nordenham über Münster nach Ulm und von Oldenburg über Worpswede nach Köpenick. In Köln, der Hochburg von *BAP*, spielten wir im *Gloria*. Wolfgang Niedecken ging es nach seinem Schlaganfall wieder besser und er kam vorbei, um mir und *KK'nZ* bei der Arbeit zuzusehen. Darüber freute ich mich, und ich glaube, es gefiel ihm, was er da hörte. Zwei Dutzend Songs umfasste unser Repertoire und zeigte die Bandbreite von Blues, Rock und Soul. Aber nicht nur ich glänzte am Mikrofon und an der Slidegitarre. Auch die Männer, allen voran Helmut mit *The Messenger* von Daniel Lanois und David Bowies *Heroes* sowie Jürgen hinterm Schlagzeug mit Dylans Mitsingklassiker *Like A Rolling Stone,* bewiesen ihre Gesangskünste. Wolfgang, der zu diesem Zeitpunkt ebenfalls im Saal anwesend war und dessen Nähe zu Bob Dylan bekannt ist, weigerte sich jedoch, eine Strophe als Überraschungsgast mitzusingen. Auf die Frage eines Journalisten: "Hat es da nicht gejuckt?", meinte Niedecken cool: "Schon, aber man muss die Jungs auch mal was alleine machen lassen."

Wir waren gut eingespielt, doch weil Jürgen Zöller noch andere Verpflichtungen hatte, mussten wir uns für die restlichen Konzerte einen neuen Drummer suchen. Da kam nur Robin infrage, und im Oktober 2014 probten wir für das Konzert in der Oldenburger *Kulturetage.* Robin hatte sich gut vorbereitet und in fünf Stunden hatten wir das ganze Programm drauf. Mit frischem Wind in den Segeln verlief das ausverkaufte Konzert kraftvoll und fast fehlerfrei, und das Oldenburger Publikum feierte uns mit Standing Ovations. Beim darauffolgenden Auftritt in der Worpsweder *Music Hall* konnten wir die kleinen Patzer korrigieren und nach dem Konzert war klar, wie wir nun hießen: *KKNF* – F für Fuhrmann.

Der nächste Gig in der Hamburger *Fabrik* am 21. November 2014 musste unbedingt in Bild und Ton festgehalten werden. So traf es sich gut, dass Tino Voelkle, ein versierter Roadie und Toningenieur, für uns arbeitete. Mit seiner Firma *CUELIVE* verfügte er über das notwendige Equipment, um die Begeisterung und Energie dieses Konzerts tontechnisch festzuhalten. Und so entstand das fünfte *Official Bootleg*-Album, eine raue, ungeschliffene Live-Aufnahme mit vielen Songs aus meinem "musikalischen Ozean" der jüngsten Vergangenheit und Klassikern wie *Friends, Mr. Bigshot* oder *Rock Me Baby* – vierzig Jahre nach dem legendären Doppelalbum *Atlantis Live* von 1974: *Inga Rumpf feat. KKNF – Still Got The Rock.*

Station 14

Singing Songs
2015–2020

Musikalische Zeitreisen und Gänsehautmomente mit den Friends, Inga + Krumminga, Stoppok, Ron Williams und Sarajane.

Immer wenn ich jedes Jahr Anfang Januar meinen neuen Terminkalender einrichte, schreibe ich einen Spruch, der mir spontan einfällt, auf die erste Seite. 2015 schrieb ich: "Man kann nichts dagegen tun, dass wir älter werden, aber wir können verhindern, dass es langweilig wird."

Langweilig wurde es bei mir nie, dazu habe ich zu viele Interessen. Aber dass ich krank und gebrechlich würde, dagegen konnte ich etwas tun. Es nützt ja nichts, wenn man ab einem bestimmten Alter nur noch die *Apotheken Umschau* liest oder sich die *Visite* im Dritten Programm anschaut. Vielmehr gilt es, aktiv gegen seine Beschwerden vorzugehen. Ich bekam allmählich Arthrose, und da es immer wieder heißt, gegen Gelenkschmerzen helfe Bewegung, verzichtete ich auch selten auf mein wöchentliches Schwimmen in den umliegenden Hallenbädern. Außerdem stellte ich immer wieder verwundert fest, dass ich nach längeren Klavierübungen am nächsten Tag schmerzfreie Hände hatte. Ich ging jedoch schon hart auf die Siebzig zu – was also konnte ich da noch erwarten?

Bei einem unserer Konzerte ermunterte mich Nelia, eine Freundin aus der Schweiz, mit Helmut Krumminga im Duo aufzutreten. Die Idee war reizvoll, denn unsere Stimmen ergänzten sich, und trotz unserer Dominanz ließen wir uns jede Menge Raum zur Entfaltung. Ich überlegte ein paar Tage, saß stundenlang am Klavier und überprüfte meine spielerischen Fähigkeiten. Schließlich wollte ich nicht nur im Duett mit Krumminga singen und Gitarre spielen, sondern mir auch meinen alten Traum erfüllen, mich am Klavier zu begleiten. Einige Songs hatte ich schon länger drauf. Neben Eigenkompositionen wie *Love Is Gold* und *My Life Is A Boogie* hatte ich unter anderem den *Mr. Backlash Blues* von Nina Simone, *Just Like You* von Keb' Mo' und *What A Wonderful World* in der Louis Armstrong-Version gelernt und war auch ein paar Mal ganz allein mit einem halbstündigen Programm aufgetreten. Zum Beispiel im Jahr 2011 beim "Frauenball" im Hamburger CCH, wo ich eigentlich mit Joe am Piano hatte antreten wollen. Für Männer aber hatte es geheißen: Wir müssen draußen bleiben!

Ich brachte meine Finger also wieder auf Vordermann und ging mit meiner Freundin Niko Kazal als Begleiterin zu der Veranstaltung. Doch beim Spielen merkte ich, dass ich an meine Leistungsgrenze geriet, und traute mir ein langes Programm nicht zu. Aber aufgeben ist nicht meine Sache. Als Erstes nahm ich mir den Ray Charles-Klassiker *I Don't Need No Doctor* vor, fand eine passende Basslinie für die linke Hand und vereinfachte ein paar Akkorde für die rechte. Das übte ich stundenlang, sang dann den Text dazu und nahm alles mit meinem Smartphone auf. So machte ich es auch mit Helmuts Cover-Versionen *Seagull* (*Bad Company*) und *Have A Little Faith In Me* (John Hiatt), die er mir schickte, und die ich so lange übte, bis ich mir sicher war, dass ich ein volles Konzertprogramm schaffen könnte, ohne Helmut in Verlegenheit zu bringen. Jeder von uns arbeitete so an den Songs des jeweils anderen. Helmut hatte für meine Kompositionen und seine Lieblingsstücke *Friends* und *No Cross – No Crown* einen genialen Drumgroove gefunden, den er als Konserve von seinem iPad zuspielte. Nach unserer ersten gemeinsamen Probe fanden wir, dass wir mit den ausgewählten Titeln und unserer Bühnenerfahrung durchaus reif für Konzerte waren und nannten unser Duo-Programm *Inga + Krumminga – Just Friends*. Die Premiere fand im März 2015 im idyllischen *Haus Waldfrieden* auf dem Weingut Stein in Alf an der Mosel statt. In dem schönen kleinen Saal mit Plätzen für sechzig Personen und herrlichem Blick über eine Moselschleife konnten wir noch zwei Tage entspannt unsere Performance üben. Wir fühlten uns

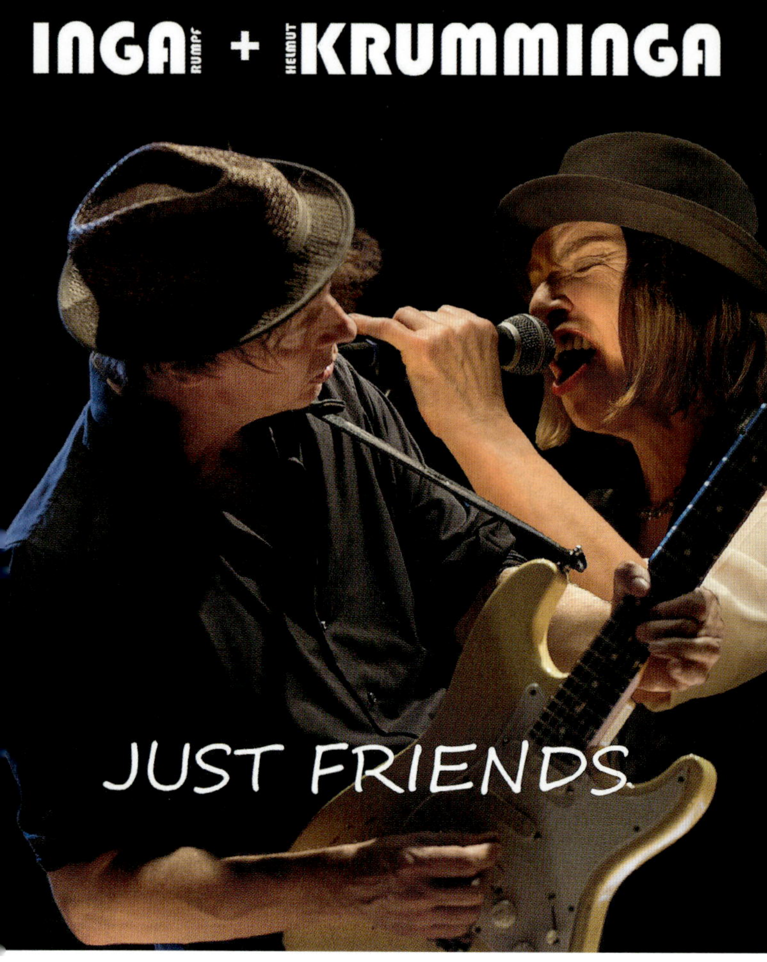

2015. *Just Friends* and just for fun. Helmut Krumminga und ich spielen unsere Lieblingssongs.

bei Uli Stein und seiner Frau Ruth Schiffer gut aufgehoben und wie bei Freunden, deren Tisch für uns und ihre Gäste immer reichlich gedeckt war. Die Abende an diesem magischen Ort waren lang, denn Ulis wunderbare Geschichten aus seinem Winzer-Leben versiegten so selten wie sein köstlicher Wein.

Aus meinem Tagebuch

Alf, 21. März 2015
Am Abend der Premiere sitzen die Stammgäste und Freunde erwartungsvoll und dicht an dicht bis zum Bühnenrand. Uli macht eine bezaubernde Ansage, Helmut und ich drängen durch den freigelassenen Gang zur Bühne. Es geht ganz gut los mit "I Don't Need No Doctor". Im Publikum sehe ich Hubert Seggewiß, den Doktor, wie er seine Arme vor der Brust verschränkt. Bestimmt denkt er jetzt: "Na, dann kann ich ja gehen." Nach einigen Stücken setzt meine Monitorbox aus, geht nach kurzer Zeit wieder an. Wackelkontakt. Ich kann meine Stimme nicht mehr kontrollieren, fange an zu schwitzen, die Finger rutschen von den Klaviertasten und ich verspiele mich. So 'n Mist! Krumminga guckt kurz rüber, ich konzentriere mich, verliere aber die Freude am Spielen. Die Leute merken, dass ich angespannt bin, und nach dem Stück sage ich Tino, dass er den Monitor ganz ausschalten soll. Ich komme wieder ins Spiel, höre mich nun vom Saal-Lautsprecher. Aber das ist anstrengend wegen der kleinen Zeitverzögerung und überhaupt – kein guter Auftakt.

In der Pause hat Tino den Fehler beseitigt, wir spielen drei Zugaben und bekommen Standing Ovations. Alle sind begeistert!

Unserer Premiere im malerischen *Haus Waldfrieden* sollten noch viele weitere Auftritte folgen. Andreas konnte wieder etwas Neues bei den Veranstaltern und unserem Stammpublikum anbieten und buchte Konzerte für *Inga + Krumminga,* für das Trio, für die *Friends* und *KKNF*. So war ich immer in Bewegung, hielt den Kontakt zu meinen Kollegen und – mir blieb keine Zeit zum Altwerden.

Mitte September 2015 kamen alle, um einem guten Freund zu gratulieren: Die legendäre Musiksendung *Beat-Club* feierte ihr fünfzigjähriges Bestehen in bester Tradition mit einem abendfüllenden Konzert im Bremer *Pier 2*. Es war wie ein großes Familientreffen mit alten und neuen Mitgliedern: Peter Maffay, Wolfgang Niedecken und Udo Lindenberg mit ihren Bands. Die Solisten Achim Reichel, Annett Louisan, Senta-Sofia Delliponti (Oonagh), Jennifer Haben, Max Buskohl und auch ich wurden von der zur *Beat-Club*-Hausband beförderten *KKNF* begleitet. Special Guest des Abends waren *The Pretty Things*, eine der prägenden Bands der Beat-Ära. Der Musiker und Satiriker Heinz Strunk führte als Storyteller mit eigener *Beat-Club*-Geschichte durch den Abend und die Legenden Uschi Nerke und Gerd Augustin, beide *Beat-Club*-Moderatoren der ersten Stunde, unterstützten ihn mit interessanten und vergnüglichen Geschichten aus den Anfangsjahren der Sendung. Ich trug meine Haare an diesem Tag relativ lang und hatte zu dem Ereignis eine schwarze Lederjacke angezogen, so wie damals vor vierzig Jahren bei unserem *Beat-Club*-Auftritt mit *Frumpy*. "Man merkt gar keinen Unterschied zu damals", schmeichelte mir Andreas, als ich *How The Gipsy Was Born* gesungen hatte. Danke, lieber Andreas, so etwas hört man immer gern, auch wenn ich da anderer Meinung war.

Ein weiteres Wiedersehen gab es im September 2015 mit meinem Blues-Bruder Abi Wallenstein in der *Stadthalle Lahnstein*, wo er den "Blues-Louis", eine Auszeichnung der Organisatoren des *Lahnsteiner Bluesfestivals*, empfing. Ich kannte Abi seit unserer Anfangszeit im Hamburger *Jazzhouse* und fand seinen Stil so unverwechselbar, dass ich ihn ermuntert hatte, weiterzumachen. Deshalb bezeichnete er mich oft als seine Mentorin und Muse. Ich hatte diese schöne Würdigung schon 2002 bekommen und hielt für meinen alten Freund nun die Laudatio. Dann hielt Abi eine fast schüchterne Dankesrede, schnappte sich seine Gitarre, und zusammen mit Georg Schroeter (Piano), Steve Baker (Harmonica) und Martin Röttger (Drums), seiner Band, brachten wir das Lahnsteiner Publikum zum Toben.

Im Dezember 2015 feierten wir seinen siebzigsten Geburtstag mit siebzig befreundeten Musikern im Hamburger *Downtown Bluesclub*. Draußen war ein Zelt aufgebaut, es gab gutes Essen und Getränke, interessante Gespräche und natürlich jede Menge Musik.

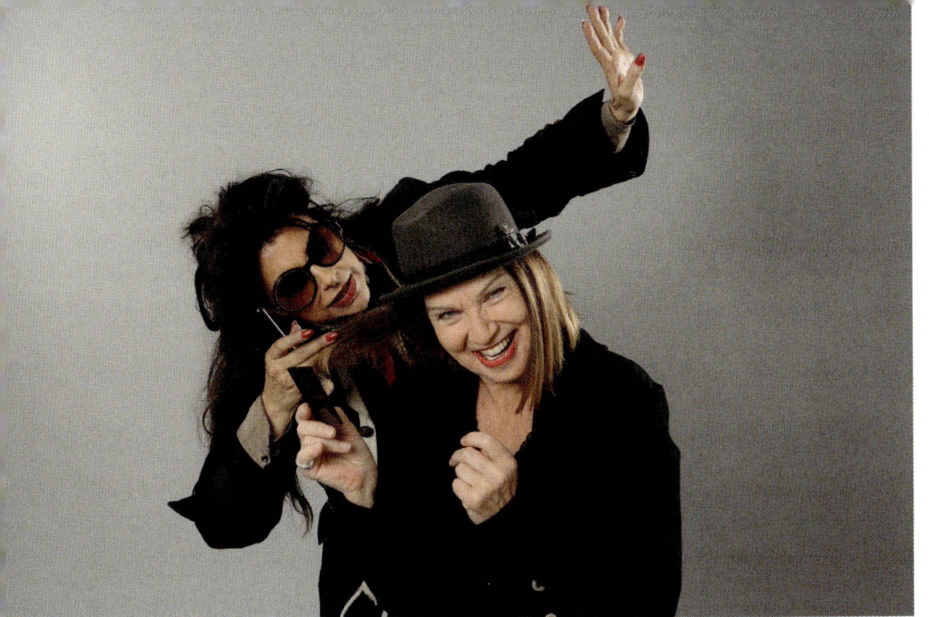

2016. Niko Kazal macht
mein Hairstyling.
Unsere Geheimgespräche
bleiben in ihrem Atelier.

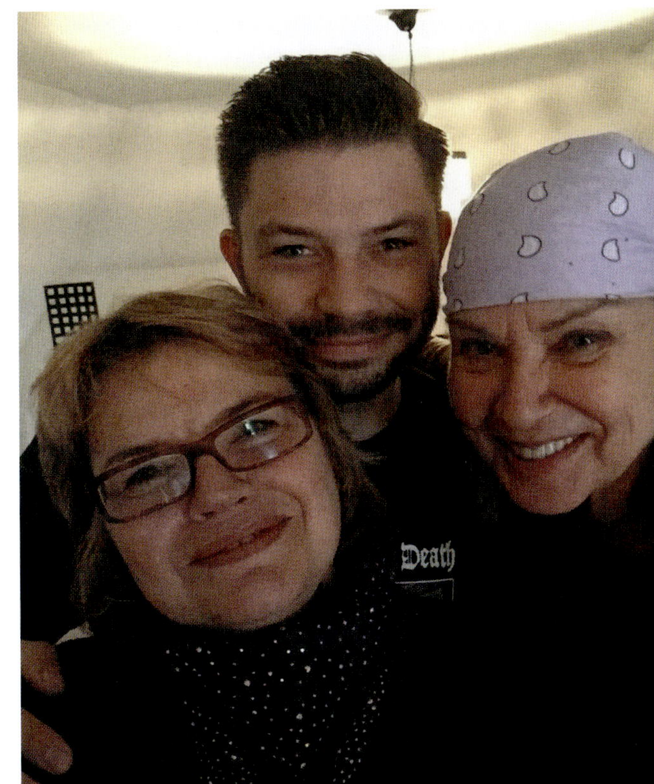

2017. Leben geht
eigenartig. Gundula und
ich wurden Freundinnen.
Tino, unser Jung.

Ich sang mit ihm *The Hunter* im Duett und *Shame, Shame, Shame* im Chor mit den Hamburger Sängerinnen Jessy Martens und Petra Schechter. Auch Vince Weber war mit seiner Frau Annette gekommen, aber es ging ihm nicht gut. Seit er einen Schlaganfall erlitten hatte, konnte er nicht mehr Klavier spielen und trat nur noch manchmal mit seinem Gesang auf. Wir schauten uns traurig an, uns fehlten die Worte, zu viel war inzwischen geschehen.

2016 erlebte ich Udo im Volksparkstadion. In diesem Jahr wurden wir beide siebzig Jahre alt. Alle waren sehr beeindruckt von seiner Leistung und davon, wie er mithilfe seiner neuen Partner und der Methode "Think Big" die größten deutschen Stadien füllte. Klug wie er war, brachte er auch wieder die jungen deutschen Sänger aus Rock und Pop mit auf die Bühne und band sie in seine *Mega-Panik-Show* ein. Eine Win-win-Situation für alle Beteiligten, die *Sein Ding* noch größer machte. Ich hatte Udo immer als Musiker und Komponist geschätzt, staunte über seinen Ehrgeiz und blickte manchmal auch neidisch auf das, was er erreicht hatte. Oft empfand ich ihn aber auch als konfus und seine Sprüche klamaukig und fade. Denn eigentlich ist er ein poetischer, sensibler Dichter. Aber als ich sah, wie er mit grünen Socken durch das Stadion flog, dachte ich: Jetzt hast du es wirklich geschafft!

Meinen siebten runden Geburtstag wollte ich nicht groß feiern, sondern mit einer kleinen Freundesrunde bei einem Grillabend auf meinem Landsitz verbringen. Ich halte nichts von großen Geburtstagsfeiern, denn davon hat man selbst am wenigsten. Aber natürlich gab ich im August 2016 zwei Geburtstagskonzerte in der Oldenburger *Kulturetage* und in der Hamburger *Fabrik*. Schon Monate vorher hatte ich meine ehemaligen musikalischen Wegbegleiter eingeladen, ihr Okay bekommen und ihnen die notwendigen Materialien für die Konzerte zukommen lassen. Ich erstellte detaillierte Setlisten für die *Friends* sowie die Gastmusiker und die Crew, die an beiden Tagen variieren würden. Es sollte eine musikalische Zeitreise werden und eine Quintessenz meines Schaffens. Die Probe mit den *Friends* in der *Kulturetage* verlief gut, und wir kamen gut voran. Zu Hause stand ich dann mal wieder zweifelnd vor meinem Kleiderschrank und wusste nicht, ob ich die richtigen Klamotten für den Auftritt ausgesucht hatte. Wie immer.

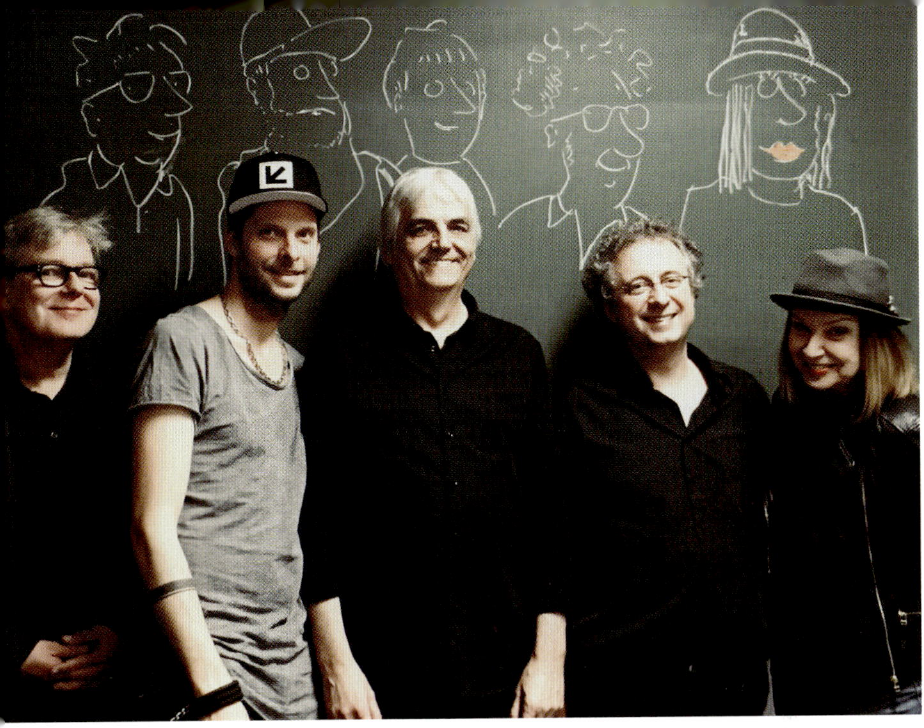

2018. Zeitvertreib vor dem Auftritt. Die Karikaturen macht Martin Scheffler (links).

2018. Ready to play! *Friends* mit Jean-Jacques und Ron Williams.

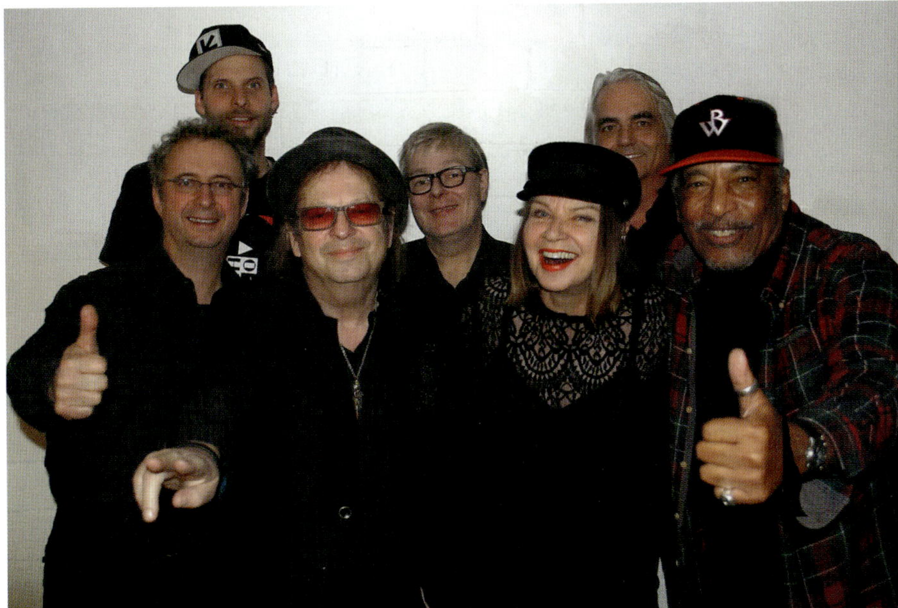

2018. Mein kreativer Freund Moncha Hofmann. Selbstportrait.

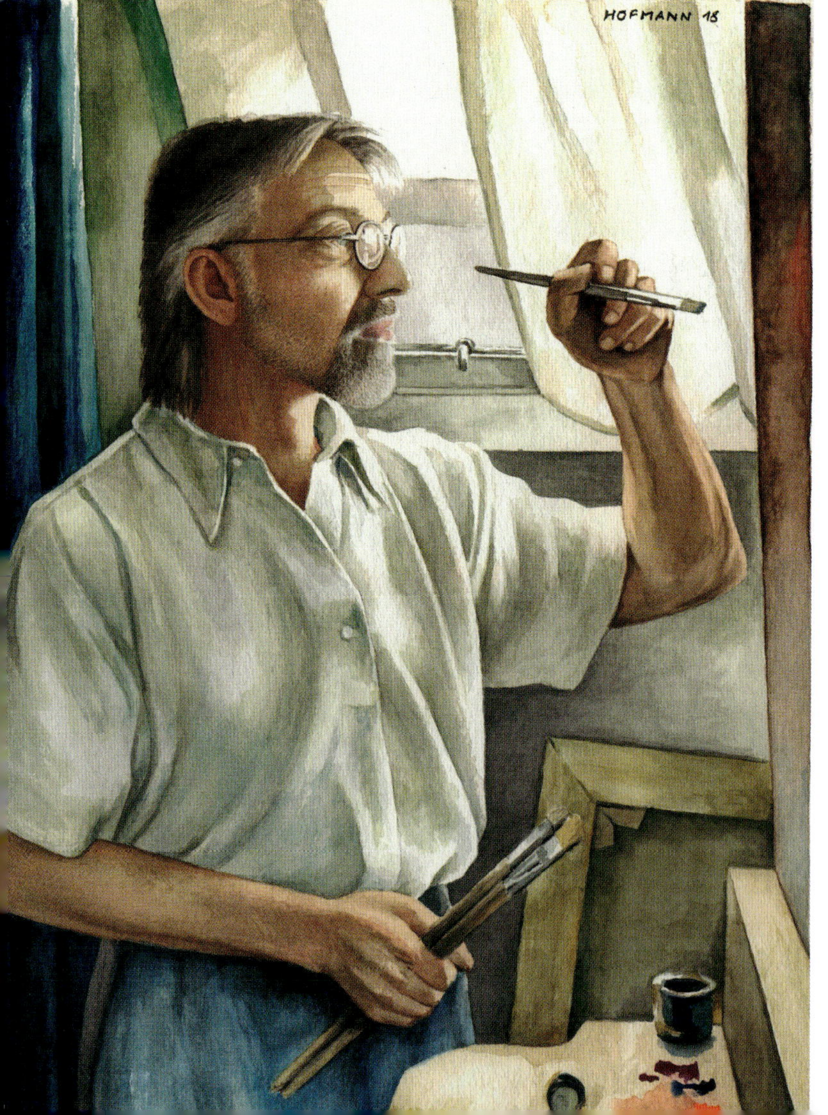

Aus meinem Tagebuch

Oldenburg, 18. August 2016
Um 16 Uhr Probe mit den "Friends", Helmut, Stoppok und Sebel. Alles läuft prima. Das "Kulturetage"-Team hat mir Blumen und Champagner in die Garderobe gestellt. Um zwanzig Uhr Konzert. Helmut singt "The Messenger" und dann wir zusammen unsere Duette "It Takes Two" und "Love Hurts". Auch Stoppok, den ich am Klavier begleite, hat seinen Soloauftritt mit Sebel an der Cajon. Drei Stunden volle Power. Alle hochkonzentriert und bestens gelaunt. Die Oldenburger begeistert! Vier Zugaben. Schnell gepackt und nach Hamburg. Um zwei Uhr zu Bett, vorher noch Reste-Essen. Kann natürlich nicht einschlafen, bis vier Uhr hellwach.

Hamburg, 20. August 2016
Gurgeln, duschen, das Übliche. Um 16 Uhr mit Taxi zur "Fabrik", wo seit 14 Uhr aufgebaut wird. Alle sind da, Jean-Jacques und Alex Conti mit ihren Damen, Steffi Stephan, Stoppok und Helmut Krumminga. Hans-Otto Mertens ist mit Kati, der früheren Freundin von Udo aus Florida gekommen. Später sind Rosa und Ewald Lienen, Trainer vom FC St. Pauli, Pastor Erich Faehling und meine Leute da. Soundcheck. Haben Soundprobleme mit der Hammond B3. Schaffen es aber bis zwanzig Uhr sogar noch, die wichtigsten Songs durchzuspielen. Tino, unser Backliner, macht einen Superjob. Etwas Essen vom Catering. Um 21 Uhr Konzert vor ausverkauftem Haus. Bei Stoppoks Set steht plötzlich Bassmann Reggie auf der Bühne und begleitet uns. Ich bin ganz glücklich, alles läuft rund, tolle Musik, die Leute begeistert, singen "Happy Birthday". Schöne Blumensträuße und Geschenke. Ein Fan ist sogar aus den USA gekommen und schenkt mir einen großen Rosenstrauß und eine selbstgezeichnete Chronologie meiner Bands von den "City Preachers" bis "Atlantis". Er ist "Aerosmith"-Fan und hatte 1975 "Atlantis" im Vorprogramm von "Aerosmith" bei einem Konzert in Springfield, Massachusetts, gesehen und meinen Werdegang seit damals aus der Ferne verfolgt. In der Garderobe geht es munter zu, Steffi hat schon ordentlich einen im Tee und haut mit Stop-

pok einen lustigen Spruch nach dem anderen raus. Buddy Lüders (Manager der Fabrik) spendiert noch eine Kiste Bier. Aftershowparty bis um 2.30 Uhr. Absacker und zu Bett.

Der Spruch in meinem Terminkalender für 2017 lautete einsichtig: "So ein altes Zirkuspferd wie ich springt nur noch so hoch, wie es muss." Unsere traditionellen Neujahrskonzerte hatten wir seit der letzten großen "Michel"-Nacht in kleinere Kirchen verlegt. Von der Harburger Dreifaltigkeitskirche, der "Klangkirche", die als Konzertbühne umgewidmet war und in der ich 2011 Schirmherrin wurde, wechselten wir nach drei Jahren in die St. Gertrud-Kirche auf der Uhlenhorst. Dort spielten wir bis 2015. Dann wurde die *Fabrik* wieder zu meinem Hamburger "Wohnzimmer", in dem meine Fans von nah und fern immer gern mitfeierten und ich, so wie auch in der Oldenburger *Kulturetage* ab 2017, jedes Jahr Anfang Dezember ein traditionelles Weihnachtskonzert gab. Statt vor dem Kirchenaltar nun also wieder auf der Konzertbühne. Aber ich sang hier nicht nur meine Rhythm'n'Blues-Klassiker, sondern auch meine Gospels und viele Songs aus meinem alten Repertoire.

Zum Beispiel 2018, zusammen mit dem großartigen Ron Williams, dem wunderbaren Entertainer, Schauspieler und Sänger aus Oakland, Kalifornien, der 1961 als GI nach Stuttgart gekommen war und AFN-Moderator wurde. Ron ist eine Naturgewalt am Mikrofon und eroberte sofort mit dem Ray Charles-Song *Georgia* das Publikum. Wir sangen zusammen *Knocking On Heavens Door* und *The Dock Of The Bay* von Otis Redding (und Steve Cropper). Meine Songs *Only God Makes Stars* und *Transformation* fand Ron so interessant, dass er sie bei seinen eigenen Auftritten singen wollte.

2019 hatten wir dann mit der wunderbaren deutsch-englischen Sängerin und Songschreiberin Sarajane McMinn wieder eine Lady am Mikro. Sarajane, die als Backgroundsängerin für viele Showgrößen, allen voran Ina Müller, bekannt wurde und 2017 unseren Drummer Robin heiratete, brachte gerade ihr zweites Album heraus. Die beiden Eigenkompositionen, die sie mit meinen *Friends* sang, kamen mit ihrem modernen Soulcharakter auch bei meinen

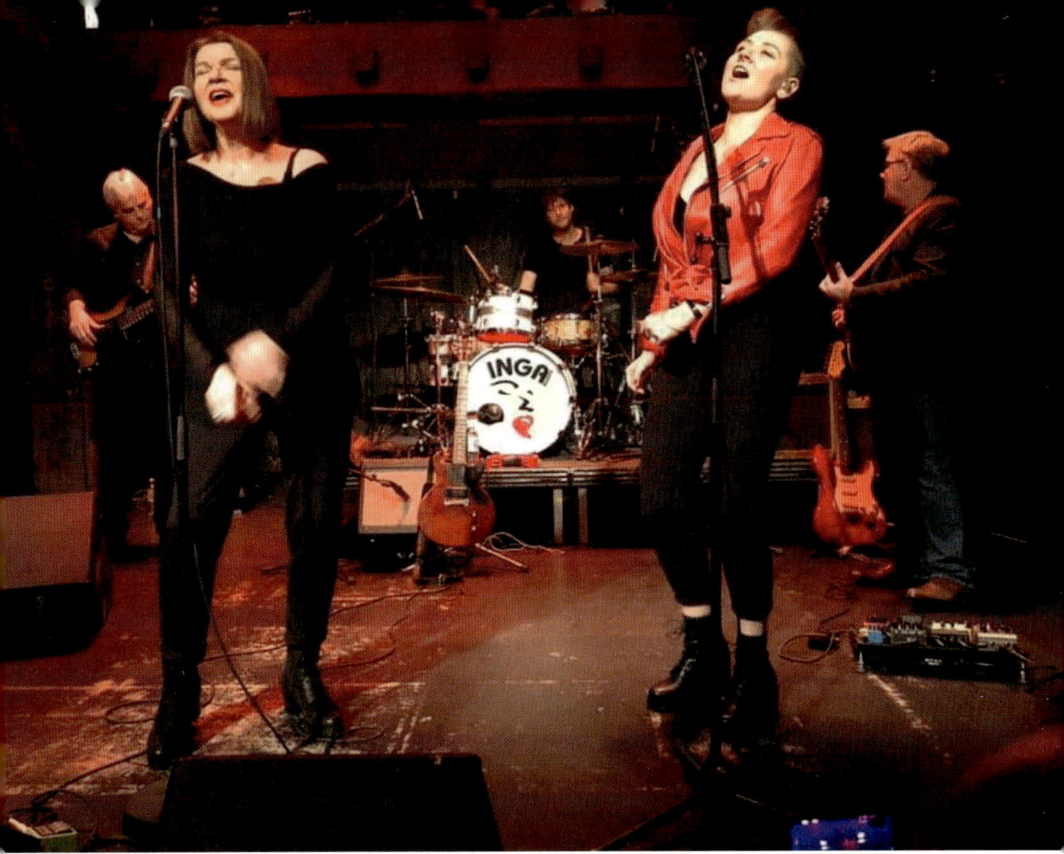

2019. *Sisters Are Doing It …*
Letztes Konzert mit
Sarajane in der *Fabrik*.

älteren Fans gut an. Der Klassiker *It's A Man's World* und *Sisters Are Doing It For Themselves* waren wie für uns geschrieben, und trotz unterschiedlicher Stilistik vereinten sich unsere Stimmen bei *Only God Makes Stars* zu einem Gänsehautgefühl. Zum Abschluss sang das Publikum zusammen mit uns *Knocking On Heavens Door,* und wie so oft hatte ich den Eindruck, dass jeder Anwesende beim Singen dieses Liedes seinen eigenen Träumen und Wünschen für die Zukunft nachhing.

Nun befinden wir uns schon auf der Zielgeraden ins Jahr 2020, in dem ich meine Schreiberei beende. Im August 2019, als es draußen zu heiß war, um vor die Tür zu gehen, saß ich in meiner kühlen Diele und stöberte gedankenverloren in meinem alten Geschichtenordner und meinen Terminkalendern. Zu diesem Zeitpunkt hätte ich nicht gedacht, dass ich auf eine Zeitreise gehen würde. Ich hätte auch nicht gedacht, dass ich 2018 mit 72 und 2020 mit 74 Jahren noch einmal eine Auszeichnung, nämlich den *German Blues Award* des Baltic Blues e.V. in der Kategorie "Beste Sängerin" bekäme. Und auch nicht, dass der 7. März 2020 ein besonderes Datum sein würde.

An diesem Tag fand im *Kasch* in Achim mein (vorerst) letztes Konzert mit den *Friends* statt. Danach war wegen der Corona-Pandemie Schluss. Wer weiß, wie es weitergeht, aber das weiß man ja nie. Früher stand ich auf so vielen Bühnen, dass die Auftritte zu einem einzigen unscharfen Bild verschmolzen. Eine Wahrnehmung ist mir dabei jedoch nie entgangen. Diese skizzierte ich in einem Text, den ich 1971 auf dem Weg zu einem Konzert mit *Frumpy* schrieb. Ich dachte an das Publikum, das auf uns wartete. Ich dachte: Ja, ihr macht mich auf der Bühne groß, und ich fühle mich toll dabei. Aber wenn ich aus dem Scheinwerferlicht trete, bin ich genauso wie ihr auch. Ich habe genauso meine Erfahrungen gemacht wie ihr, das Wunder der Liebe erlebt, über die Rätsel des Lebens gestaunt, über Trennung von lieben Menschen getrauert und über Alltagssorgen und unlösbare Weltprobleme gegrübelt. Und weil das so ist, konnte ich meinen Lebensweg gehen. Danke, liebe Freundinnen und Freunde, dass ihr mich auf diesem Weg begleitet habt!

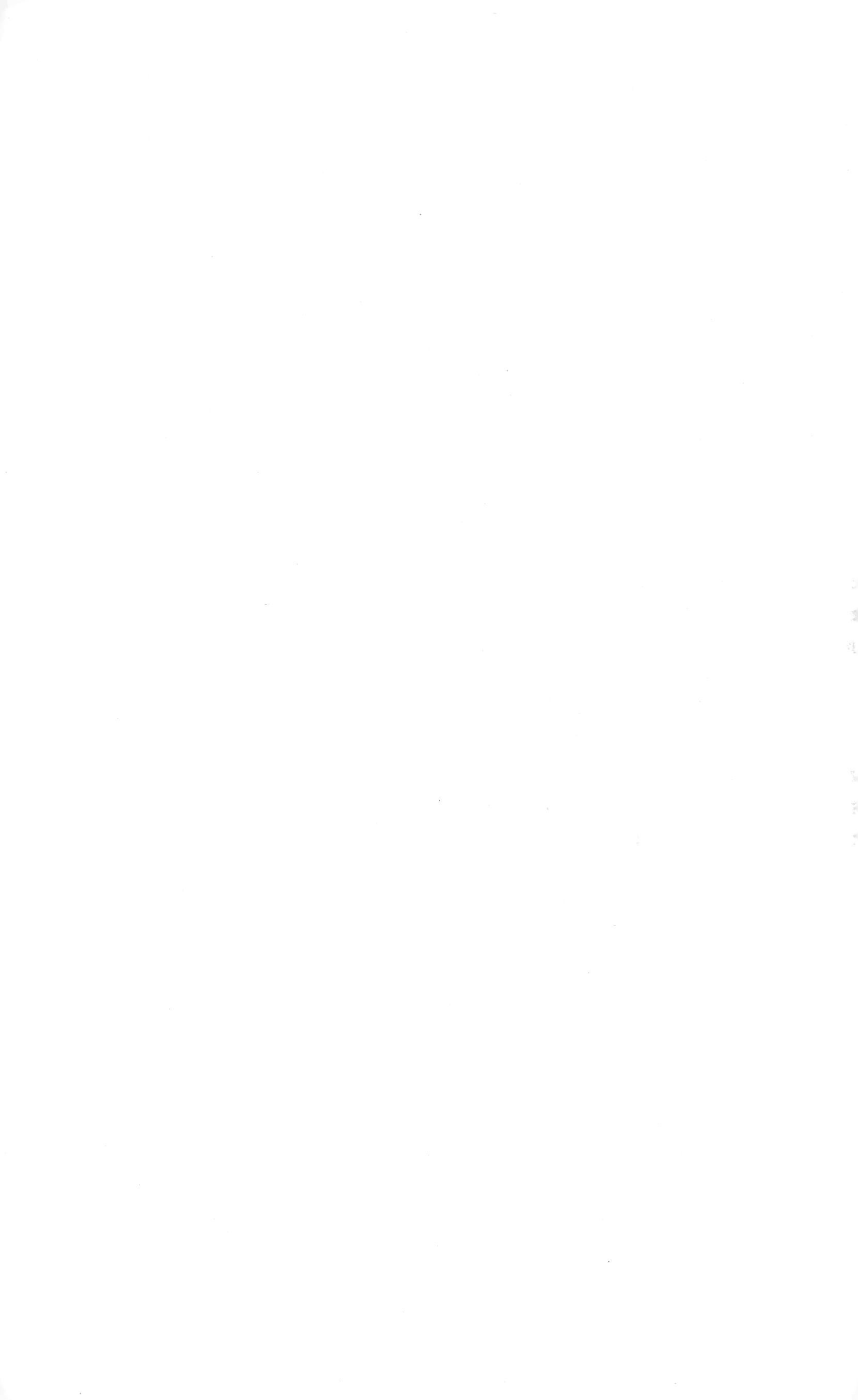

Schlusswort

Ich wollte immer nur singen, mit Musik meinen Lebensunterhalt verdienen, Menschen und die Welt kennenlernen. Damals dachte ich, ich würde es wohl bis zu meinem dreißigsten Lebensjahr machen können. Nun bin ich siebzig plus und stelle fest, dass Singen und Musikmachen kein Ablaufdatum haben, sondern Lebensmittel sind, die man bis zum Lebensende genießen kann. Es war eine lange Reise bis hierher. Viele meiner Mitreisenden sind vorher ausgestiegen. Ruhm, Schönheit und Reichtum können verschwinden – im Alter sind Gesundheit und Zeit knappe Ressourcen und die wichtigsten Währungen, die einem bleiben und die ich für diese autobiografische Zeitreise genutzt habe. In meinem Leben hatte ich viele Mentoren und viel Glück, auch im Unglück. Das war mir früher gar nicht so klar, ich war meistens gesund, talentiert und risikofreudig. Heute bin ich glücklich, wenn sich mein Garten schönmacht, wenn ich einen guten Song geschrieben habe oder ein leckeres, selbst zubereitetes Essen auf meinem Tisch steht. Politik und gesellschaftliche Veränderungen beobachte ich interessiert, aber in der Stille und Abgeschiedenheit meines Hauses fühle ich mich nur bedingt zuständig für die Irren und Wirren der Welt. Die jüngeren Leute werden das richten, und mit meinen Mitteln kann ich sie vielleicht dabei unterstützen. Denn es tut mir leid, dass wir ihnen einigen Mist hinterlassen haben. Doch jede Generation scheint wohl gefangen in ihrer

Zeit. Beim Schreiben meiner Biografie hatte ich manchmal das Gefühl, mich in einem vorgezogenen Fegefeuer zu befinden. Bei solch einem Seelenstriptease muss man alle Hüllen fallen lassen, bis man sich selbst gegenüber nackt dasteht. Alles andere macht keinen Sinn, auch wenn man manchmal an seinem Ich verzweifelt. Doch voller Freude kann ich sagen: Die ganze Arbeit hat sich gelohnt, es geht mir gut damit, so, wie es war, und so, wie es ist. Vielleicht konnte ich auch einigen Menschen ein paar Impulse geben, die in einer ähnlichen Situation sind wie ich. Mein Fazit ist: Es geht nicht um WIE VIEL – WIE HOCH – WIE SCHNELL. Es geht darum, wie man den Herausforderungen in seinem Leben begegnet, um glücklich zu sein. "Survival of the fittest" bedeutet nicht, dass der Stärkere überlebt, sondern diejenigen, die im Sinne der Darwin'schen Evolutionstheorie am besten angepasst sind. Ganz klar zeigt sich, was Sache ist: Wir sind nur Gäste und nicht die Herrscher der Welt. Die Coronakrise hat verdeutlicht, wie schief die globale Entwicklung auf so vielen Ebenen unseres Lebens gelaufen ist. Wir haben die Erde ausgebeutet und die Hinweise der Natur nicht beachtet. Die kleine große Greta Thunberg und andere engagierte Menschen haben es nicht geschafft, dass auf ihre Warnungen und Forderungen gehört wurde. Vielleicht werden wir ja doch noch einsichtig und korrigieren unseren Lebensstil. Denn unsere Erde ist wunderschön, und wir müssen dafür sorgen, dass sie so schön bleibt. Das sollte Plan A bis Z sein. Denn es gibt keinen Plan B. Punkt!

Erinnerungen

Liebe Schwester,

hier sind einige Erinnerungen aus unserer Kindheit, die Dich betreffen.

Als Du ungefähr drei Jahre alt warst, ließ Mutti Dich für einen kurzen Augenblick unten im Treppenhaus stehen, um schnell etwas aus der Wohnung zu holen. Als sie zurückkam, warst Du verschwunden. Mutti rannte in der Nachbarschaft herum und suchte Dich. In dem Milchgeschäft, in dem wir immer einkauften, traf sie die Tochter des Inhabers mit Dir an der Hand. Sie war Dir auf der Straße mit einer fremden Frau begegnet und hatte Dich von ihr weggenommen. Ja, wer weiß, wo Du gelandet wärst.

Wenn wir Appetit auf Salmis hatten, schickte ich Dich in den Kaufmannsladen “Günnel”. Mit einem Pfennig. Dort bekamst Du eine Spitzentüte voll.

Beim Betriebsausflug von Papas Firma erwähnte Papa beim Chef, dass Du singen könntest. So trugst Du ein paar Lieder vor. Die Leute waren begeistert. Vom Chef bekamst Du dann fünf DM, was damals viel Geld war. Du warst vielleicht vier oder fünf Jahre alt.

Zum “Rummeln” an Silvester bin ich weniger in die Geschäfte mitgegangen. Ich war zu schüchtern. Das meiste hattest Du in der Kneipe, die unserem Haus gegenüberlag, “verdient”. Aber die Wohnungen haben wir zusammen abgeklappert.

Du tauchtest plötzlich in meiner fünften Klasse in der Schule auf. Du warst vielleicht fünf Jahre alt. Du wolltest mich mal in der Schule besuchen und auch etwas vorsingen. Ob Dich jemand brachte, weiß ich nicht mehr. Meine Klassenkameradinnen und die Lehrerin, Frau Warnholz, haben sich über Deinen Besuch amüsiert. Aber mir war es so peinlich.

Es gab Schlagerwettbewerbe in Hamburg, zu denen wir mit unserem Cousin gingen. Wo diese stattfanden, weiß ich nicht mehr. Du bist mit Deiner Gitarre aufgetreten. Das Lied fällt mir im Moment nicht ein. Als Preis hast Du eine Flasche Sekt oder Pralinen bekommen.

Das Tagesheim Moorwerder hast Du sehr geliebt. Du lerntest viele neue Lieder und konntest sie auch vortragen.

Ansonsten fällt mir nichts mehr ein. Ach ja, die Ferien bei Tante Minna, die wir so genossen. Vor allem die Freiheit auf dem Land und nicht so eingeengt zu sein, wie in unserer kleinen Wohnung, war schön.

Liebste Grüße,
Deine Schwester Regina
Vancouver, 21. März 2020

"She's A Rainbow"
The Rolling Stones: Their Satanic Majesties Request; 1967

Inga ist acht, als ich geboren werde.

Acht Jahre später ist sie schon auf dem besten Wege, ihr Leben ganz der Musik zu widmen. Nach weiteren acht Jahren sehe ich sie zum ersten Mal als Sängerin von *Frumpy* auf der Bühne – und ich bin geliefert.

Meine Eltern mögen Mozart, ich die *Rolling Stones,* Jimi Hendrix und, ja, Inga Rumpf. Ob *Die City Preachers* oder *Frumpy,* später *Atlantis,* egal – Hauptsache Inga. Die langen roten Haare, passend zum freakigen Outfit, die Seelentiefe in den Augen, die roten Lippen, der schlanke Körper und diese tiefe, elektrisierende Stimme – das ist hypnotisch, pure Erotik, Rhythmus und Blues in seiner verführerischsten Form.

In meinem "Kinderzimmer", das ich mir auch noch mit meinem kleinen Bruder teilen muss, hat Inga eine ganze Wand für sich. *Bravo, Sounds, Musikexpress, Neue Revue* – ich finde alle Fotos von ihr, und die Collage wird immer schöner, größer und bunter. Mein Vater guckt gar nicht hin, meine Mutter meint, das erledigt sich nach der Pubertät von selbst.

Denkste! Da geht's erst richtig los. Ich will in ihre Band. Aber als was? Bass geht immer, denke ich, auch ohne viel Üben. Nun ja, stimmt nicht ganz, und deshalb brauche ich einen Plan B. "Musikjournalist" – das klappt schon besser, und als Kulturredakteur einer kleinen, aber feinen Tageszeitung im Ruhrgebiet führe ich mein erstes Interview mit ihr – im Club von Steffi Stephan (Udo Lindenbergs *Panikorchester*) in Münster, Anfang der 1980er-Jahre.

Sie schenkt mir zum Abschied ein Foto, mit Autogramm und einem Herzchen. Ich falle fast in Ohnmacht und glaube lange, das sei nur für mich, quasi ein Auserwählter. Später stelle ich fest, dass Inga fast immer so unterschreibt.

Fortan wird sie mich nicht mehr los, und ich probiere alles, um in ihrer Erinnerung zu bleiben. Ich schreibe über die Konzerte und Platten, führe weitere Interviews, lungere im Keller von Steffis Tonstudio herum, wo die *Frumpy*-Reunion geprobt wird, lade sie in meine Kneipe ein, die ich damals nebenbei betrieb, und: Sie kommt tatsächlich. Leider nicht allein, sondern mit ihrem Freund Nikolaus und der ganzen Entourage. Immerhin.

Mitte der 1990er ist es soweit. Inga sagt: "Wenn du irgendwann mal in Hamburg bist, komm' doch vorbei." Irgendwann? Für mich heißt das sofort! Ich nehme Urlaub.

Wir cruisen in ihrem roten Kübelwagen über die Reeperbahn, feiern Party auf dem Spielbudenplatz und landen in der kultigen Musikkneipe *Sperl,* wo auch Joe Cocker gern mal reinschneit und wo nach Mitternacht erst richtig die Post abgeht. Ich leuchte, ich bin im Paradies!

Ja, es ist der Beginn einer wunderbaren Freundschaft. Wir entdecken viele Gemeinsamkeiten: Wir lieben Musik und Konzerte mit allem Drum und Dran, das Millerntor und unseren FC St. Pauli – für den Inga sogar Rasenpatin wird! –, die tiefschürfenden Gespräche über Gott und die Welt und den höheren Blödsinn einfach so. Manchmal denken wir sogar zur gleichen Zeit dasselbe. Das kann doch kein Zufall sein.

Und was kommt dabei noch heraus? Zwanzig Jahre, in denen wir verdammt erfolgreich die Szene rocken – Inga auf der Bühne und ich als ihr Tourmanager. Inga und ich – das ist eine fabelhafte Geschichte über mehr als fünfzig Jahre, und sie ist noch nicht zu Ende.

Und wenn Ihr jetzt fragt, was das mit "She's A Rainbow" zu tun hat, dann hört mal genau hin ...

Andreas Linke

Inga, ich kenne Dich vom Hamburger Kirchentag 1995.

"Frau Rumpf", habe ich am Anfang gesagt. Und der, der uns beide zusammenbrachte, stieß mich damals an und sagte: "Das ist Inga." "Ja", hast du gesagt. Das war ein sehr grundsätzliches "Ja", so empfinde ich es im Rückblick. Ja zum Ort, ja zum Anlass, ja zu den Menschen, ja zu einer sehr besonderen gottesdienstlichen Beziehung. Die Farbe deiner Kirchenmusik war echt, rau, hamburgisch, einfühlsam und hinreißend. Und sie ist es noch.

Als wir beide beim "MOGO" aufhörten, haben die Menschen gesagt, dass wir diesen Gottesdienst viele Jahre gemeinsam gerockt haben, zusammen mit Matthias Pogoda, na und natürlich mit den Hunderten Helfer*innen und Mitarbeitenden und bei bis zu 40 000 Bikern. Einen Blumenstrauß habe ich Dir zum Abschied mitgebracht – eine fast hilflose Geste an die Frau eines Blumenhändlers, wie Du Deinen Mann liebevoll betitelt hast, als Du beim "MOGO" um ihn getrauert hast. Aber die Blumen kamen von Herzen. Denn herzlich war es zwischen uns geworden – ist es bis heute. Unvergessen, als ich Dich in Deinem Zuhause besuchte, wir an der Idee einer gemeinsamen Predigt schmiedeten und du mich zum Abschluss in einer Lieblingskneipe zu Kotelett mit Kartoffelsalat eingeladen hast. Geprobt haben wir das Projekt dann in der Hamburger Musikwohnung. Und zum Klingen gebracht haben wir es auf dem "MOGO" 2007 unter der Überschrift "aufmachen" und mit Dylans Welttitel *Knockin' On Heaven's Door*. Im Jahr darauf haben wir dafür gemeinsam den Celler Predigtpreis bekommen – sicher kein Standarderlebnis in der Beziehung zwischen Rockröhre und Pastor.

Wir haben uns aufgemacht und von 1997 bis 2013 gemeinsam den Hamburger Motorradgottesdienst gefeiert. Inga, ich hab das sehr genossen. Du hast großes und sturmerprobtes musikalisches Format in den "Michel" gebracht. Dazu haben wir ein paarmal die Brücke geschlagen zu Deinen Adventskonzerten im "Michel", bei denen ich Dich mit Tausenden zusammen mal als Gast genießen durfte. Und du hast mich mit deinen Musikern sogar zu Hause in meiner kleinen Landgemeinde besucht – für die Menschen in der rappelvollen Bokhorster Kirche ein wunderbares Erlebnis.

Ich hab Dich all die Jahre immer ein klein wenig besser kennenlernen dürfen; deine Liebe zum "Michel", diesem kirchlichen Heimatpunkt über dem Hafen. Ich habe erfahren, dass mit dir eine Frau im "MOGO" singt, die ein ganz eigenes und tiefgegründetes Gottvertrauen hat. Wen haben wir nicht alles gemeinsam vom Himmel herab zuschauen sehen, wenn deine Musik quer durch den "Michel" stürmte oder ganz leise und behutsam die Biker-Seelen streifte und dabei sehr berührte. Du warst dabei immer ganz da, immer voller Respekt vor dem viel Größeren, der uns zum Feiern zusammenbrachte. Du warst zugleich ganz dicht dran an den Menschen, an Gott und an der Freude dieses hellen und wunderbaren Kirchraums. Wenn du gesungen hast, waren Himmel und Erde wie tanzend beieinander, und du hast dich dem hingegeben. Ich weiß, wie erschöpft du manchmal nach dieser Arbeit warst; und zugleich warst du fröhlich, ausgelassen und zufrieden, weil die Biker dir abgenommen haben, wie ernsthaft du ihren Herzen nahe sein wolltest.

Inga, ich staune, wie du diese musikalische Kraft in Rock und Soul unfassbar gegenwärtig bis heute ausstrahlst. Ich habe dein Geburtstagskonzert zum Siebzigsten in der *Fabrik* miterlebt. Du bist hinreißend, nach wie vor.

Danke für Herz und Seele, Stimme und Zuneigung, so oft ich das erleben durfte und darf.

Gott behüte dich auf all deinen Wegen.

Erich Faehling,
Probst der Probstei Plön

Finde Inga! – ein Jugend-Drama in vier Akten

Das erste Mal Es geschah Anfang der 1970er-Jahre, es geschah im Zimmer meines Cousins und es geschah anhand eines Albums, auf dem in großen Buchstaben "Release" stand und dessen Cover Abbildungen verschiedener Bands in einer Art Collage vereinigte. Ich war zwölf, und mein Cousin Christoph, ein Jahr älter als ich und mir deshalb in Sachen Rockmusik naturgemäß um Lichtjahre voraus, spielte mir dieses Album vor. An das allermeiste kann ich mich nicht mehr erinnern, allerdings an einen finster dreinblickenden Frank Zappa, der *Willie The Pimp* beigesteuert hatte, und SIE! Ich weiß nicht mehr, welcher Song am Start war, und ich wusste seinerzeit nicht mal ihren Namen. Ich weiß aber noch, dass mich sowohl die Stimme als auch das Bild nachhaltig beeindruckten. Mein Cousin erklärte mir, dass *Frumpy* eine deutsche Gruppe sei und der Bandname so viel wie "Vogelscheuche" bedeute – was nicht ganz zutrifft, aber die Richtung stimmt ...

Wiederhören Ein, zwei Jahre später. Aus *Frumpy* war *Atlantis* geworden, und ich wusste mittlerweile, wie die Sängerin hieß. *8 Days in April* hieß das Album, das mein bester Freund bei einem Fischzug im damals sagenumwobenen "Saturn" in Köln aufgetan hatte. Das Projekt nannte sich *The Hamburg Scene* und spielte einen ziemlich aufregenden, dabei irgendwie poppigen Mix aus Prog-Rock, Wishbone Ash-Melodik und ein paar Spritzern Jazz. Jean-Jacques Kravetz ließ die Hammond schwellen, Udo Lindenberg trommelte und sang, Steffi Stephan zupfte die tiefen Saiten. Und bei einem Song war Inga mit im Boot. *I'd Like To Be A Child Again* ist das Highlight des Albums, knapp zehn Minuten Krautrock de luxe, tolles Gitarrensolo von Thomas Kretschmer und über allem: Ingas Stimme, die in die Musik eintauchte und sie dadurch erst ermöglichte, die bis dato hierzulande unbekannte Soulfarben auftrug und dabei niemals übertrieb. Da haben Norbert und ich seinerzeit nicht groß drüber gesprochen und auch wohl nicht gekonnt. Aber instinktiv gespürt – sonst hätten wir speziell diesen Song nicht wieder und wieder gehört ...

Kult Nächste Station: 1974. Alles, was rund um die Alster krauchen und fauchen kann, ist bei Udo Lindenbergs Album *Ball Pompös* an Bord. Auch Inga, die hier zur Abwechslung mal nicht singt, aber durch eine kurze gesprochene Passage ins kollektive Gedächtnis (nicht nur) meiner Alterskohorte eingegangen ist. Im Song *Cowboy Rocker* versucht der Möchtegern-Outlaw die Rockerbraut zu überreden, mit ihm nach Las Vegas zu reiten, "die Sonne putzen". Worauf jene mit der Stimme von Inga antwortet: "Willst du mich anmachen, oder was ist hier los, Alter? Das einzig Starke an dir ist deine Moto Guzzi, aber sonst bist du ja so ein Fuzzy!" Den Platz im Rock-Olymp hätte Inga auch dann sicher, wenn sie nur diese seinerzeit geflügelten Worte eingesprochen hätte – was Gott sei dank nicht der Fall ist ...

Überraschung! *Second-Hand-Mädchen* lief 1975 und danach auch im Radio. Inga Rumpf und deutsche Sprache? Die einen (ich zum Beispiel) mochten es, andere weniger – vor allem Kritiker, die sich daran rieben, dass das Ganze doch sehr nach Udo Lindenberg klinge. Wo natürlich was dran ist – aber mit einem unüberhörbaren Unterschied: Ingas Stimme trieft auch im Deutschen vor Blues und Soul, was bei Udo, bei allem Respekt, nicht der Fall ist. Muss ja auch nicht unbedingt – ist aber in jedem Fall ein Bonus ...

Epilog Mitte der 1970er war meine – auch musikalische – Pubertät weitgehendabgeschlossen, mein Geschmack erlesen und gefestigt, meine Kenntnisse umfassend. Glaubte ich damals jedenfalls. Dass Inga später meine einheimische Lieblingssängerin wurde, mein Respekt mit der Zeit immer mehr gewachsen ist, die freundschaftliche Zuneigung bei jedem persönlichen Zusammentreffen vertieft wurde, steht auf einem anderen Blatt als diesem – to be continued ...

Christian Pfarr

Helmut Krumminga über Inga

1976 war ich 15. Ich verbrachte die Zeit nach der Schule hauptsächlich vor dem Plattenspieler im Jugendzimmer meines Elternhauses in Ostfriesland. Ich hatte schon einige Jahre mit Rockmusik hinter mir. War natürlich Fan von den *Stones, The Who, Led Zeppelin, Deep Purple*. Und plötzlich landete *Atlantis Live* auf meinem Plattenteller. Ich war fasziniert von der Erkenntnis, dass es wohl auch deutsche Gruppen gab, die auf internationalem Level agierten. Die Band, bestehend aus Ringo Funk (Drums), Karl-Heinz Schott (Bass), Adrian Askew (Keys) und Alex Conti (Git), haute mich mit ihrer kraftvollen, virtuosen Performance einfach um. Und mittendrin Inga Rumpf, die mit lässiger Autorität diesem Männerbund vorstand.

Es gab und gibt eine Menge Sängerinnen, die scheinbar zwischen jeder Zeile zeigen wollen, wie toll sie singen können. Schon damals sang Inga einfach nur den Song! Und das so zwingend und mit einem hanseatischen Understatement, dass man einfach nur hingerissen war. Wenn mir damals jemand gesagt hätte, dass ich Jahrzehnte später mit Inga in einer Band spielen würde, hätte ich wie ein Ostfriese geantwortet: "Du hast se ja wohl nicht alle, ne!"

Als ich 35 Jahre später, im Jahr 2011, als musikalischer Direktor für die TV-Sendung *10 Jahre Bremen Eins* eine Band zusammenstellte, war unter anderem auch Inga eine der Künstlerinnen, die wir begleitet haben. Während auf der Bühne noch mit technischen Schwierigkeiten gekämpft wurde, kam der Regisseur Jörg Sonntag zu mir und sagte: "Inga ist gerade angekommen. Sie kann sehr schwierig sein!" Meine Antwort: "Danke für die Info. Das hilft gerade sehr ...!"Die erste Nummer, die wir mit ihr probten, war *Friends*. Der erste Song von besagtem *Atlantis Live*-Album! Die Band groovte los, Inga schnappte sich das Tamburin mit einem Lächeln auf ihrem Gesicht und alles ward gut!

Nach der Aufzeichnung der Sendung am nächsten Abend sagte ich zu ihr: "Das kann doch jetzt nicht alles gewesen sein!?"

Sie antwortete: "Wir lassen uns was einfallen!"

Das war der Anfang von vielen Konzerten unter dem Banner *Inga Rumpf & KKNF*. Irgendwann sagte sie zu mir: “Du musst mehr singen.”

Ich: “Wie soll denn das gehen?” Sie: “Wir machen ein Duo!”

Das haben wir dann auch gemacht!

Inga ist eben nicht nur Sängerin, sondern echte Musikerin! Sie weiß genau, was sie will, und das macht es für mich so einfach, mit ihr Musik zu machen. Und einfach ist in der Musik richtig und gut!

Ein wundervoller Mensch ist sie sowieso!

PS: Hab gerade noch mal das komplette *Atlantis Live*-Album angehört und kann es nicht fassen!!!

Helmut über Inga und die Rolling Stones-Gitarristen

Als Inga und ich schon eine Weile zusammengearbeitet hatten, erzählte sie mir eines Tages von einer legendären Session mit Keith Richards und Ronnie Wood. Das Ganze fand in einem Londoner Übungsraum statt und endete mit einer Produktion im *Compass Point Studio,* Nassau/Bahamas. Nicht nur diese beiden *Stones*-Gitarristen, auch Mick Taylor hatten auf den Tracks gespielt. Ich war natürlich völlig aus dem Häuschen. Musste dann aber erfahren, dass sie die Aufnahmen für nicht so gut befand und in den “Giftschrank” eingeschlossen hatte. Und dies über mehrere Jahrzehnte. Irgendwann hatte ich mich damit abgefunden, dass ich diese Aufnahmen wohl nie hören würde. Umso überraschter war ich, als sie mich Anfang Juni 2020 anrief, ob ich auf einer der Aufnahmen mit Ronnie eine zusätzliche Gitarre spielen möchte. That really made my day! Zumal, coronabedingt, für die vorangegangenen und kommenden Monate alle Aktivitäten bis auf weiteres abgesagt waren.

Der Produzent hatte wohl seinerzeit vergessen, ein Solo spielen zu lassen ...!

Und das sollte nun meines werden! Als sie mir die Aufnahme schickte, konnte ich kaum glauben, wie stark der Song war, wie gut das groovte und klang. Und Inga singt wie eine Göttin! Hätte damals durchaus ein Hit werden können ... weltweit!

Happy Birthday, liebe Inga!

Tamm tadamm – Inga Rumpf – schon ihr Name ist Musik. Und er landet treffsicher auf dem Backbeat, vielleicht *dem* Unterscheidungsmerkmal des Blues zur westlichen Kunstmusik. Aber das ist sicher nur ein Zufall. Treffsicher ist sie selbst jedoch ebenfalls immer: die Souveränität und die Geschmackssicherheit, mit der sie den tiefen, anrührenden Ausdruck für ihre Songs findet, suchen ihresgleichen. Fernab vom Koloraturgebaren heutigentags sogar akademisch ausgebildeter Soulsternchen *hat* sie einfach Soul – von innen, gefühlt und nicht aufzuhalten.

Das ist bei ihr so: Kunst kommt schließlich von Müssen, nicht von Können (im besten Fall ist – wie bei ihr – beides vorhanden). Und das erklärt, warum sie in einem der ersten unserer Gespräche über das nun realisierte Album die Zweifel äußerte: "... und wenn mir nichts mehr einfällt?", und ich diese Sorge als absolut verständlich, aber nicht beunruhigend empfand. Weil ich Vertrauen hatte – wenn es raus muss, muss es raus.

Und so landeten schon kurze Zeit später zwei bis drei neue Songideen wöchentlich in meinem Postfach, eine schöner als die andere. Wunderbare Kompositionen mit berührenden Texten, die alle mit *ihr* zu tun hatten, *ihrem* Leben, *ihren* Erfahrungen, ein Ausdruck *ihrer* Persönlichkeit waren – und das war ja die ursprüngliche Idee hinter diesem Album zum 75. Geburtstag gewesen: ein sehr persönliches Album, bei dem sie ganz vorne steht.

Dabei erinnere ich mich an die erste “Begegnung” mit ihr: 13 Jahre alt, von meinem älteren Bruder bereits umfassend mit der Musik, die unser Leben veränderte, angefixt, hörte ich bei meinem damaligen besten Nachbarsfreund die wenigen Vinylscheiben, die man hatte, immer wieder aufs Neue. Wie Trophäen, die wir bewunderten, standen die Coverhüllen auf dem Schrankbett meines Freundes. Ein Bild, das ich nie vergessen habe: links *Electric Ladyland,* daneben *Frumpy Live.* Aber das ist ja sicher nur ein Zufall.

Happy Birthday, liebe Inga!

Dieter Krauthausen
im April 2021

Personenregister

Familie / FreundInnnen / Bekannte / Roadies

Diskografie
Inga Rumpf auf Schallplatte und CD
1966–2021

Die City Preachers

Folklore – Decca, 1966

Die City Preachers – Decca, 1966

Warum? – Philips, 1966

Cool Water – Decca, 1967

Der Kürbis – Decca, 1969

Originals – Decca, 1972

Comeback/Back to the City Metronome/Hör Zu, 1972

Inga Rumpf And The City Preachers – Teldec, 1982

Folklore – eastwest, 1998 (CD)

Frumpy

All Will Be Changed – Philips, 1970 Frumpy 2 – Philips, 1971

By The Way – Vertigo, 1972

Live – Philips, 1972

In And Out Of Studios – Fontana, 1973

Now – Mercury, 1990

News – Mercury, 1991

Live Ninety Five – SPV, 1995

Atlantis

Atlantis – Vertigo, 1973

It's Getting Better – Vertigo, 1973

Ooh, Baby – Vertigo, 1974

Atlantis Live – Verigo, 1975

Get On Board – Vertigo, 1975

Best Of Atlantis – Fontana, 1977

Top Of The Bill – Venus, 1978

Atlantis Live – Venus/Zweitausendeins, 1983

Rockship

Rough Enough – TinCan/NewMusic, 1997

Solo

Second Hand Mädchen – Philips, 1975
My Life Is A Boogie – RCA, 1978
I Know Who I Am – RCA, 1979
Reality – RCA, 1981
Lieben.Leiden.Leben. – Pläne, 1984
Two Is One – Pläne, 1986
Fifty Fifty (Joja Wendt Quartett) – Merkton, 1994
Open Up Your Door – LVG, 1994
In The 25th Hour – Nullviernull, 1996
The Best Of All My Years (so far) – Repertoire Records, 1997
At Lloyd's (Joja Wendt Quartett) – Mailorder, 1997
In The Beginning – eastwest, 1998
At Lloyd's (Lovetrain Gospel-Chor) – Mailorder, 1998
Walking in the light – BMG-Ariola, 1999
Live im Michel – 25th Hour Music, 2004
Easy (In My Soul) – 25th Hour Music, 2005
London-New York-Berlin – 25th Hour Music, 2006
Get Rolling Stoned – 25th Hour Music, 2006
At Rockpalat – in-akustik, 2007
At Rockpalat – in-akustik, (CD/DVD) 2016
White Horses D-LP – edel content, 2013
White Horses CD – 25th Hour Music, 2014
Universe Of Dreams & Hidden Tracks D-CD, D-LP – earMusic, 2021

Mit anderen

I.D. Company (mit Dagmar Krause) – Hör Zu/Black Label, 1970
Kravetz (J.J. Kravetz, Udo Lindenberg u.a.) – Vertigo, 1972
Hip Walk (Peter Herbolzheimer) – Polydor, 1976
Boogie Man (Vince Weber) – EMI, 1977
Intensivstationen (Udo Lindenberg Live) – Teldec, 1982
Rock Gegen Atom (Live Sampler) – Polydor, 1986
Cookin' (Joja Wendt) – BMKK, 1992
Große Freiheit (Achim Reichel) – WEA, 1994

Künztler Pech (Sampler) – Hinz und Kunzt, 1994
It's A Man's World (NDR Big Band) – NDR/extra records, 1995
The Spirit Of Jimi Hendrix (NDR Big Band) – NDR / extra, 1995
Ducks `N`Cookies (Nils Gessinger) – MCA, 1995
Icecold Daydream (Rainer Baumann) – conTour Music, 1997
The Soul (50 Voices' Groove) – Mailorder, 1997
Hamburg Blues Celebration (Abi Wallenstein & Friends) – Polymedia, 1998
Radio Love 3-CD (NDR Big Band, NDR Radiophilharmonie) – edel content, 2012
Rotkäppchen & seine Freunde (Diverse Künstler) – Pänz Verlag, 2014
Still Got The Rock, Official Bootleg D-CD (Inga + KKNF) – 25th Hour Music, 2015

Danksagung

Andreas Linke, dem ich dieses Buch widme, danke ich für seine Treue und Ermutigung, für Tipps und die ersten Korrekturen meines Manuskripts. Dieter Krauthausen, meinem Produzenten, und Andreas danke ich für den Anstoß, neue Musikstücke anlässlich meines 75. Geburtstags zu schreiben. Die Geschichte der Entstehung des Doppelalbums *Universe Of Dreams* bringt noch einmal viel Schwung in mein Leben und würde ein weiteres Kapitel füllen.

Meinem schon erwähnten Patchworkfamily-Bruder Peter Klähn und meinen Freunden Moncha Hofmann und Stefan Weiss danke ich herzlich für ihre brüderliche Freundschaft und Hilfe in allen Lebenslagen.

Meinen Freunden in der Wesermarsch und umzu, die mir in schweren Zeiten zur Seite standen, gilt mein ganz besonderer Dank: Rita und Jürgen Becker, Insea und Günther Frels, Fidi Renken, Anne Kluwe-Krasel, Jörg Hinck und Dr. Wolf-Dietmar Röcher.

Last but not least danke ich dem Verleger-Ehepaar Marita Ellert-Richter und Gerhard Richter für die freundliche Aufnahme in ihren Verlag sowie Sophie Niemann, die meinen Text mit Professionalität und Feingefühl lektoriert hat, ohne meine sprachlichen Eigenheiten stilistisch zu verändern.

Impressum

Bibliografische Information der Deutschen Nationalbibliothek
Die Deutsche Nationalbibliothek verzeichnet diese Publikation in der Deutschen Nationalbibliografie; detaillierte bibliografische Daten sind im Internet über http://dnb.d-nb.de abrufbar.

ISBN 978-3-8319-0823-3

Sonderausgabe

Text und Bildlegenden:
Inga Rumpf, Hamburg
Redaktion: Andreas Linke, Hamburg
Lektorat: Sophie Niemann, Bad Bramstedt
Gestaltung: BrücknerAping
Büro für Gestaltung, Bremen
Gesamtherstellung: ADverts printinghouse, Riga/Lettland

Wir haben uns nach bestem Wissen und Gewissen um die Klärung der Fotorechte bemüht. Bei vielen Fotografen konnten wir die Abdruckrechte einholen, aber leider nicht bei allen, auch aufgrund des Alters der Fotos. Sollte hier eine Rechtsverletzung vorliegen, bitten wir die entsprechenden Fotografen, sich mit uns in Verbindung zu setzen.

Bildnachweis

Alle Fotos stammen aus dem Privatarchiv von Inga Rumpf, bis auf:

Cover: Gardner, Tony Joe; Aachen

Gehner, Ulrich; Hamburg: Seite 128 o.
Gessinger, Nils; Hamburg: Seite 305
Groeneveld, Wolf-Hinrich; Hamburg: Seite 31 o., u.
Lassi, Michael; Wien: Seite 106 o.
Laukeninks, Michael; Hamburg: Seite 36 o., 38 o., u. 42 u., 51 o.
Lechtenbrink (Roberts), Carmen; Hamburg: Seite 218 o.
Linke, Andreas; Hamburg: Seite 213 u., 218 u. , 222, 271, 272 o., u., 278, 293 o., 319 u.
Müller, Niko; Hamburg: Seite 136 u., 154 o.
Rakete, Jim; Berlin: Seite 120 o., u., 149 o.
Schult, Emil; Viersen: Seite 154 u.
Schumacher, Jacques; Hamburg: Seite 57, 58 o., u.
Zint, Günther; Hamburg: Seite 32 u.

Von den folgenden Fotografen haben wir leider keine Rechte für den Abdruck einholen können, weil sie entweder verstorben sind, nicht auffindbar waren und wir auch keine Rechtsnachfolger ausfindig machen konnten.

Alert, Rudolf; Hamburg: Seite 38 u.
Bohn, Marcia: Seite 161 o.
Fichel, Rainer; Hamburg: Seite 103 o.
Malz, Peter; Hamburg: Seite 115 o.
Nasser, Amin; Paris: Seite 171 o.

Trotz aller Bemühungen ist es uns bei einigen Abbildungen nicht gelungen zu ermitteln, wer über die Urheberrechte verfügt. Wir bitten diese, sich gegebenenfalls mit uns in Verbindung zu setzen.

Peter Kraus-Schule: Seite 22
Inga-Joja: Seite 190
Inga-Gerd Lange: Seite 203 o.
Inga-Arnd Geise: Seite 203 u
Inga-Pastoren: Seite 238
Inga-Sarajane-Friends-Fabrik: Seite 323